細川三代

幽斎・三斎・忠利

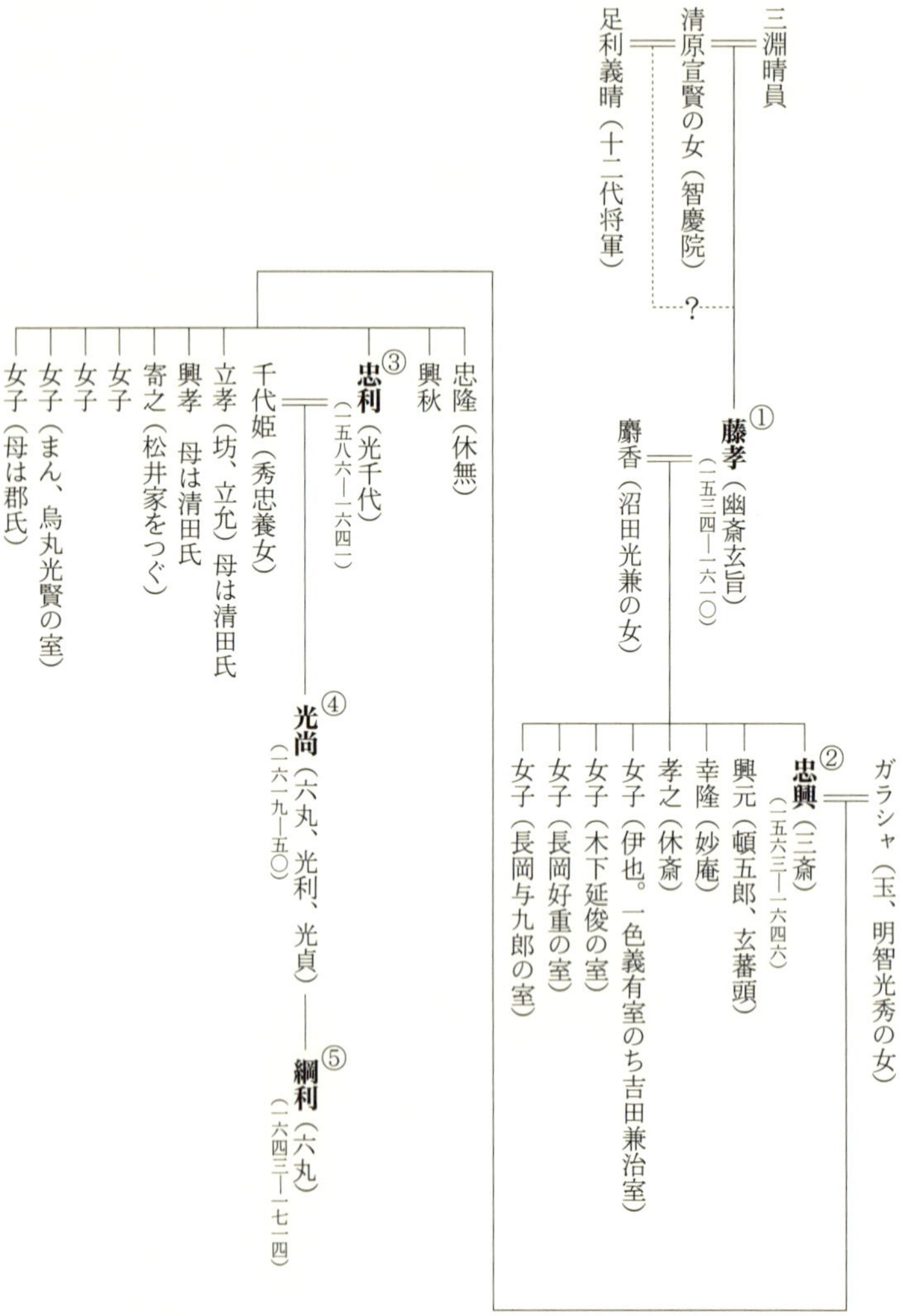
三淵晴員
清原宣賢の女（智慶院）
足利義晴（十二代将軍）
?
①藤孝（幽斎玄旨）
（一五三四—一六一〇）
麝香（沼田光兼の女）
ガラシャ（玉、明智光秀の女）
②忠興（三斎）
（一五六三—一六四六）
興元（頓五郎、玄蕃頭）
幸隆（妙庵）
孝之（休斎）
女子（伊也。一色義有室のち吉田兼治室）
女子（木下延俊の室）
女子（長岡好重の室）
女子（長岡与九郎の室）
忠隆（休無）
興秋
③忠利（光千代）
（一五八六—一六四一）
千代姫（秀忠養女）
立孝（坊、立允）母は清田氏
興孝　母は清田氏
寄之（松井家をつぐ）
女子
女子
女子（まん、烏丸光賢の室）
女子（母は郡氏）
④光尚（六丸、光利、光貞）
（一六一九—五〇）
⑤綱利（六丸）
（一六四三—一七一四）

細川家系図

序章　わが子への手紙

世代継承の政治学

混乱した戦国の時代から、織田信長・豊臣秀吉政権を経て、徳川幕府の安定した時代に至る歴史の転換期に家を興し、それを保ち、さらに次の世代へと継承することに成功した細川幽斎《ゆうさい》（藤孝《ふじたか》）、子の三斎（忠興《ただおき》）、さらにその子忠利《ただとし》にいたる細川家三代の系譜はきわめて興味ぶかい歴史をしめすものである。

幽斎は、足利将軍に近い血筋に生まれ、乱世を生き抜くためには将軍、織田信長、豊臣秀吉とつぎつぎと主人を変えたが、精緻な政治感覚を発揮して一度も選択を誤らなかった。そして文芸にも心を寄せ、武が盛んであった時代にもかかわらず、むしろその教養によって重んじられるようになった。

子の三斎忠興の性格は、父にくらべると、やや直情径行《ちょくじょうけいこう》の趣があるが、武器を取っては勇猛果敢、教養人としては利休の正統を伝える茶人であり、秀吉没後の混乱のなかでは、ためらうことなく家康を支持し、徳川幕府が成立するや、大名としての地位を守るために細心な注意を払う政治家でもあった。父とは違う性格が、変化する時代にむしろプラスに作用したのである。

その忠興の三男に生まれた忠利は強運の人で、兄たちをさしおいて家督を継ぐことになる。彼はまた父から政治というものの本質を具体的なさまざまな局面で、刻み込むように教えられていた。そして不安定な要素を含んでいた秀忠―家光政権にひたすら忠誠を示してその信頼をかちとり、ついには外様大名としては異例の肥後五十四万石の太守にまで登りつめた。さらに彼は大名としての政治学を子の光尚《みつなお》に伝え、細川家は十三代続いて明治維新を迎えるにいたる。

関ヶ原合戦の前夜

わたしがこの三代の物語に関心をひかれるきっかけとなったのは、たまたま目にした忠興の手紙であった。彼は忠利にあてた分だけでも、千八百通あまりの手紙を残したが、とりわけわたしに強い印象を残したのは、現存するもっとも早い時期のもの、すなわち慶長五年（一六〇〇）に書かれた二通の書状である。丹後宮津十二万石の領主であった忠興は、この年正月に十五歳になったばかりの三男忠利、当時はまだ光千代《みつちよ》とよばれていた少年を徳川家に人質として差し出していた。

光千代は徳川秀忠に仕えて江戸にいた。関ヶ原合戦の序幕となる会津の上杉景勝征伐が布告されたため、忠興は、兵を率いて丹後を進発し、中山道をひたすら進んで、七月九日には、浅間山を遠望する望月《もちづき》（長野県佐久市望月）に宿った。そこへ江戸の光千代から、秀忠が前軍を率いて七月十九日に出

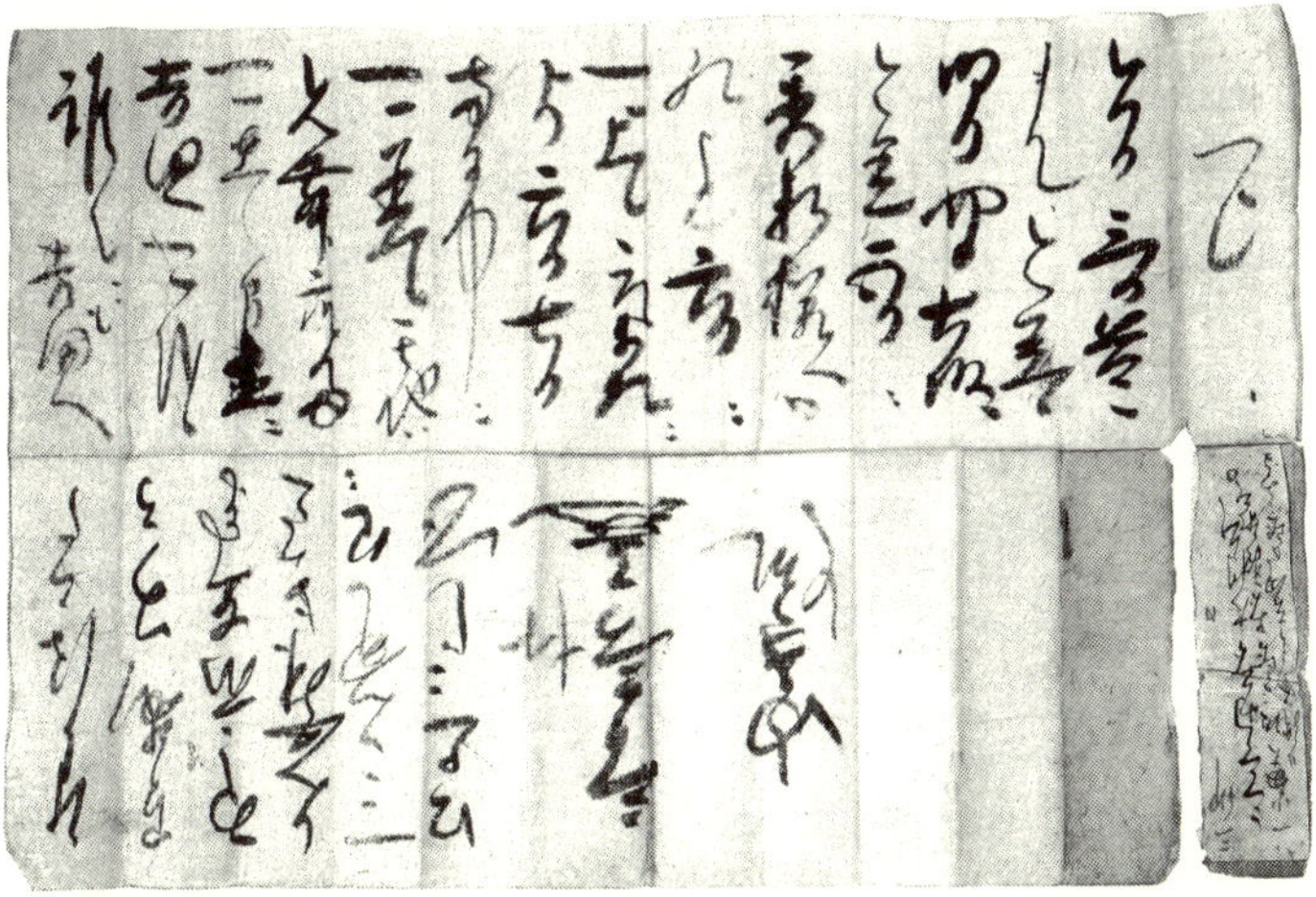

細川忠興書状（細川忠利宛）（永青文庫蔵・熊本大学附属図書館寄託）

陣と決まった、と報じる書状がもたらされた。現存する最初の忠利あて忠興書状はその返事として書かれた。

「書状を拝見した。中納言殿〔秀忠〕は十九日に御出馬とのこと、お供できるように願い出るがよい。もし供まわりに加えられないならば、二里でも三里でも前へ前へと出て、着陣〔つまり宿泊〕ごとに、御陣屋へ挨拶にまかり出て御目にとまるようにせよ。これは御見舞いなのだから規律違反のお咎めを受けることはあり得ない〔そして熱意を認められれば供廻りに加えていただける可能性も生じよう〕。加えていただけない場合には、状況次第では、戦場に着けば、汝をわが軍に呼び寄せるからその心構えでいるように」

そして「謹言《きんげん》　越〔越中守〕、七月九日忠〔花押〕／ミツまいる」と結んでいる。「ミツ」は光千代の略である。

この後に追而書《おってがき》がつくが、そちらは実務的な内容で、自分は十九日までには必ず古河《こが》（茨城県古河市）に到着する予定だとむしろそっけなく告げている。実務を追而書にまわしたことが、いっそう本文の内容である精神的な部分を強調する効果をあげて「夜をこめ二里も三里も御先へ出」という句から、迷わず秀忠に忠誠を尽くせ、という忠興の言葉の力を感じさせる。

この評伝を書くにあたって、わたしは、熊本大学図書館が管理している永青文庫を訪ねて原文を閲覧した。内容はすでに承知していたが、筆跡を眺めて、忠興その人の時代のなかでの息づかいを実感してみたかったからである。

「ほんとうに二里も三里も御先へ出、とはねえ」

書状を取り出してくださった永青文庫史料専門委員の川口恭子《やすこ》さんは、熟知しておられる内容であるにもかかわらず、改めて感に堪えぬという風情で筆跡をなぞるようにして、くりかえされた。

上杉征伐は名目上、豊臣家のために反逆者を討つ行動であり、徳川家康が采配《さいはい》をふるったが、じっさいには留守中に大坂で石田三成らの反徳川勢力が事を起こすことを予期した行動だったといわれる。そのあたりの機微をどこまで忠興が察していたかは判らないが、この書状には、微妙な情勢のもと、忠興が将来の細川家の命運をためらうことなく徳川家に賭けるという決断が示されている。さらにそのような政治選択の線上でわが子の光千代を教育しようという忠興の強い自覚をも感じることができるのである。

ただしこの手紙は右筆《ゆうひつ》に書かせたもので、忠興自筆の最初の書状は次の八月一日付のものである。

第一と第二の書状が書かれる間の二十日あまりの短い時間に情勢は劇的に変化していた。

すなわち七月十七日に、石田三成が、秀吉没後の申し合わせに違反していると十三個条を列挙した弾劾《だんがい》書「内府ちかい〔違い〕の条々」を家康に送りつけ、事実上の宣戦布告を行った。同じ日に、大坂方（西軍）は忠興の大坂玉造《たまつくり》の屋敷を包囲し、忠興が熱愛していた妻の玉（洗礼名ガラシャ）に人質となるよう迫った。彼女はかねての覚悟どおりに老臣に自分の首を刎《は》ねさせ、屋敷に火を付けて、炎の内に凄惨な最期をとげた。一方、忠興の父、幽斎が留守を預かる丹後田辺（舞鶴市西舞鶴）の城は大坂方に包囲されていた。

七月二十五日の小山《おやま》の軍議で上杉攻めに参加した諸将に忠誠を誓わせた徳川家康は、大坂方攻撃を指令し、西へむかって兵を返した。書状の日付の八月一日には、忠興は東海道を大磯（神奈川県大磯町）まで馳せ上っている。やがて九月十五日の関ヶ原の戦場で両軍はまみえることとなるだろう。

忠興は妻ガラシャの死をすでに知り、光千代にもそれを伝えてあった。その光千代はまだ秀忠とともに宇都宮にいる。緊迫した歴史的瞬間にあって、個人的にも悲運に耐えねばならなかった危機的な状況のなかで、忠興の態度が一貫した徳川家への忠誠であることが、むしろ注目されるのである。

「……丹後へ上方から人数を下した（つまり石田三成の西軍側が攻めよせている）由なので、幽斎を救援するため北国へ下る。めでたく本望をとげた上で会いたいものだ。お前は中納言殿（徳川秀忠）へのご奉公が大切であることを忘れないように」

そして汝につかわした品々は、欲しがる者には惜しみなく与えるがよい。万事に心配りをしなけれ

ば、対人関係は円滑に運ばない。たしなみが肝要である……と訓戒を与え、

「恐惶謹言《きょうこうきんげん》／八月一日　越（花押）／光まいる」

で結ぶ。

それでも気掛かりだったのか追而書では、

「よろつ〳〵たしなみかん用（肝要）候　わるき名とり候てからは、かへらぬ物にて候　以上」

とだめ押しをしている。

この書状は、前便と同じく当時一般的であった折紙《おりかみ》という体裁で書かれている。縦三〇センチ弱、横は五〇センチ近くもある檀紙《だんし》を二つ折りにした横長の紙面に文言を記す。最後に署名（この場合は花押）を書き、宛名を記す。そしてあらかじめ取ってあった巻頭の余白に一段下げて追而書をしたためる。全部で二十四行、走り書きとはいえ利休十哲の一人に数えられる茶人でもあった忠興の筆は墨つぎの濃淡まで計算したかのように美しい。

これらの書状を読みなおしてみると、改めて関ヶ原戦前後に細川家が受けた艱難が諸大名のなかでも特異なものであったことに気づく。東西の開戦とともに忠興は妻を失い、大坂屋敷を焼かれ、本拠の丹後で父のこもる田辺城を包囲されたのである。そのことを考えあわせるなら、書状の冷静さには、改めて驚かされるものがある。そこからひしひしと迫って来るのは、徳川政権のもとで家を保つためにどのように行動すべきかの政治学を子に伝えようとする執念である。

そして結果的にみるなら、忠興はこの時、家康に加担することで充分に報われたのであった。まず

関ヶ原の戦功によって加増され、あらたに木付《きつき》（大分県杵築市）で六万石を得た。これには光千代を人質としたことへの評価も含まれている、徳川をとるのか豊臣をとるのか、諸大名の意思がまだ定まっていなかった時期に、徳川家に人質を差し出すという行為に先鞭をつけたのは、じつは忠興だったのである。

この光千代は秀忠に可愛がられ、八月二十一日に「忠」の一字を与えられて忠利と名乗り、しかもこの時代に一時、故あって長岡姓を名乗っていた細川一族のなかで、父の忠興よりも先に本姓の細川を名乗ることを許された。外様《とざま》大名にたいしては格別の好意といえよう。結果的に彼を人質とした意味は大きかったのである。忠利は朝廷からは（もちろん幕府の助言と勧告のもとに）内記の職を与えられ、これ以後、忠興からの書状にも「内記殿」と記されるようになる。

さらに小山軍議の後の慌ただしさのなかで見落とされがちだが、忠興は諸大名の忠誠心にたいして不安を感じていた家康の心理を見越して、さらに次男与五郎興秋《おきあき》をも人質に差し出したいと申し入れている。家康は二重の必要はないといってこれを受け入れなかったが、時を得た忠興の行動が心証をよくしたことは疑いない。

茶人として知られた忠興の権力者にたいする細心な対応そのものが、文化と政治のかかわりにかんして、刺激に満ちた材料を提供している。だが、わたしがこの二通の書状に心動かされるのは、忠興が子の忠利に対して懸命にその政治学を伝えようとする物語だけではない。背後にもう一つの物語——すなわち忠興自身の偉大な父幽斎（藤孝）からの自立の物語が秘められているように思われるからである。

忠興の父である藤孝——法名は幽斎玄旨《げんし》——は万事に有能であり過ぎるほどの人物だった。足利将軍の側近として出発し、やがて織田信長の臣下に加わり、ついで秀吉の側近となり、しかも家康とも親密という絶妙の政治感覚。和歌に親しみ、『古今集』の伝統をつたえる歌学では一流の教養人である一方、武将としての采配は鮮やかであり、若い頃には牛の角をとって押し返したといわれる力自慢であり、鼓を打たせても一流、乱舞（仕舞のようなもの）、包丁（儀式化した調理法）などでも名が高かった。

このような出来すぎるほど出来た父をもつことは、子の忠興の立場からすれば、かなりの重荷であったといえる。もともとこの父と子のあいだには微妙な肌合いの違いのようなものが感じられる。何をとっても太刀打ちできない圧倒的な父親をもってみれば、反発して生きることの他に自立の道はなかったのではないか。

秀吉の没後、父幽斎が家康の信頼を得ながらも距離を置いていたにもかかわらず——あるいは、だからこそいよいよ——忠興は家康に対して忠誠を示した。こうした傾倒ぶりは父の目には苦々しく写ったかもしれない。そのような父の目を感じれば感じるほど、忠興はいっそう徳川家への忠誠を志し、その意志を子の忠利にも伝えたいと願ったのではなかったか。

忠利にあてた二通の手紙からは、そのような忠興自身の父幽斎から離れたいという気持を読み取ることも可能だと思う。

二代忠興から忠利へ

その忠興は、豊前に移封され、大名の政治学を教え込んだ子の忠利が、やがて将軍家光の時代に肥後五十四万石の藩主として外様大名にとっては望み得るかぎり最高の地位にのぼりつめるまで見届けた。

忠利が肥後の藩主となってからも、忠利が江戸にあるときは肥後八代から、忠利が在国のさいは江戸から、手紙のやりとりを続け、情報を交換しながら徳川政権のもとで必死に忠誠をアピールして一家の安定を計るのだった。忠利の妻には将軍家光の養女、千代姫を迎え、その子光尚《みつなお》の将来の安定のために抜け目なく布石をしてもいる。

忠利は統治しにくい肥後の地に安定した支配体制をもたらし、島原の乱という家光政権最大の危機にあたって軍を率いて勇戦し、藩主としての力量を示したが、その後、まもなく五十六歳で急死する。ここで六歳の光尚がつつがなく家督を継ぐことができたのは、長年の幕府への貢献のたまものである。老いた忠興は思いがけずもう一度、今度は孫の光尚を二代目藩主にたてて肥後細川の家を守るために、再度奮闘するのだった。

光尚が受け継いだ肥後藩主の座を守って、細川家は徳川時代を生き延びる。このように乱世のなかで家を保ちおおせ、徳川幕府のもとで外様大名としては最高ともいえる地位にまでのぼりつめ、さらにそれを維持した細川三代の物語は、権力の獲得と維持の物語であるとともに世代間の葛藤の物語でもあり、さらに文化と政治とが複雑にまじりあって時代を形成していく物語でもあるのだ。

第一部　幽斎藤孝

その一　足利将軍家に仕える

第一章　将軍の血筋

出生の秘密

細川家三代の基礎を作った幽斎《ゆうさい》・細川藤孝《ふじたか》が生まれた時代は、秩序の転換期にあたっていた。天皇とそれをとりまく貴族（公家）が、曲りなりにも権威を保ち、その下で武家の棟梁《とうりょう》として将軍が支配の頂点におり、その下に管領《かんれい》職があり、国ごとに守護《しゅご》が置かれているという建前が崩れはじめ、管領が将軍を支配し、あるいは守護大名が背き、さらには地侍が力を蓄えて土一揆を起こす、あるいは一向一揆など宗教的結合による反乱が生じる、といった状況が生まれていた。いわゆる下剋上《げこくじょう》の時代である。その背景には、農業生産力の向上と、それにともなう商工業の発展による社会の変動があった。

そのような秩序の崩壊しかけていた時代に、旧秩序のシンボルともいえる将軍家に近い場に生まれたにもかかわらず、もっとも革新的な織田信長という存在に接近し、自ら戦国大名へと変貌をとげたところに彼の抜群の政治感覚が認められる。
藤孝は十二代足利将軍義晴《よしはる》の側近、三淵大和守《みつぶちやまとのかみ》晴員《はるかず》の次男である。母は学者として名声の高い清原《きよはら》宣賢《のぶかた》の娘である。ところが、じつは藤孝の本当の父は将軍義晴その人であるともいわれている。

事情はつぎのようなものである。生母の宣賢の娘（法名は智慶院《ちけいいん》）は将軍義晴の側室であったが、義晴は後奈良天皇の命令で近衛尚道《なおみち》の娘を正室に迎えることになった。二十三歳の若い将軍は、すでに懐妊していた宣賢の娘の処遇に困って、これを三淵晴員に与えた――というのである。そのこと自体は当時の倫理では、とくに咎め立てするような性格のものではない。むしろ晴員は、主君から妻を与えられたことを名誉とすら感じたことであろう。

将軍義晴は政治闘争に敗れて近江朽木谷《くつきだに》（滋賀県高島市朽木）に亡命中であった。晴員は許しを得て懐妊中の妻を伴って京都にもどった。彼は室町御所の近くに屋敷をもっていたが、妻のために岡崎の地に新たに屋敷を建ててやった。その位置がいまの南禅寺の山門に近い塔頭《たっちゅう》、聴松院の場所であるという。こうして晴員の子として生まれたのが藤孝（童名は万吉）である。父が義晴であることは、細川家そのものから出た資料にもとづく『寛政重修諸家譜《かんせいちょうしゅうしょかふ》』でも一説として引用されているし、江戸時代の後期に、熊本藩士小野武次郎が「綿を紡ぐように考えあわせて」考証した綿密な細川家の家伝である『綿考輯録《めんこうしゅうろく》』（細川家記）の巻頭にも明記されているので信憑性は高い。

藤孝の出生は天文三年（一五三四）午の年、四月二十二日の生まれである。これは織田信長と同年で、秀吉よりは三歳、家康よりは八歳上である。藤孝、童名万吉は母の実家清原家で育てられた。清原

細川幽斎（部分）（南禅寺天授庵蔵）

宣賢は明経博士として儒学の正統を伝える学者である。唯一神道の創始者、吉田兼倶《かねとも》の三男だったため国文学や神道学にも通じ、『日本書紀』や『伊勢物語』の注釈を手がけ、有職故実や式目解釈にも一家言をもつ幅広い知識の持ち主であった。藤孝はたしかにこの祖父の血の幾分かを継いでいる。また学問的な雰囲気が満ちた環境で育ったことも彼に影響を与えたと思われる。中国風ないいまわしをするなら、彼は「書香《しょこう》」の家に育ったのである。

清原宣賢の肖像画を目にしたことがあるが、冠をつけて端座した典型的な体裁で、細身で小柄な印象を与えるが、ひたとこちらを見据えている眼光は鋭く、浮世離れした知識人ではけっしてない。彼の自筆原稿をみると肖像の面構えにふさわしい骨太な楷書の文字が連なっている。幽斎は母方からこういう文化人の血を引き継いだのである。

幽斎その人の肖像画は、妻の麝香《じゃこう》が追善のために描かせた晩年の姿を写したものが菩提寺の南禅寺天授庵《てんじゅあん》にある。剃髪《ていはつ》後の姿で、坊主頭に団扇を片手にして絽《ろ》の羽織をつけてくつろぎ、斜め上方を見上げる形は月を眺めているかのような姿である。闊達そのものだが、眉は濃く、目は鋭い光りを帯び、多彩な教養人であるとともに、武人であり充分に政治的でもあった人柄が巧みに表現されている。

さまよう将軍

当時は将軍の地位そのものがいちじるしく不安定であった。権力の基盤をなす筈の御料所（直轄領）は、地方の実力者にほとんど押領《おうりょう》されて収入源がなくなっている。ということは直属の家臣を養えないので、自前の軍事力に欠ける。勢い将軍の権威という実体の定かでない栄光によりかかって実力者の均衡の上で辛うじて地位を保っているのが実情であった。

本来、将軍の家を掌握する職であった管領とくに細川家が実権を握って将軍を左右したのも束の間、もっと下の実力者、たとえば細川家の執事にすぎぬ三好氏が管領を操って政治を左右する時代が始まっていた。

現将軍義晴にしても、管領細川高国の支持を受けて将軍職についたのだが、高国と対立する細川晴元が、阿波の実力者三好元長と結託して京都に侵入したため、大永七年（一五二七）に近江に亡命したのである。

晴元と元長とが代わりに擁立したのは義晴の義弟にあたる足利義維《よしつな》であった。彼は朝廷から従五位下、左馬頭という将軍職の要件となる叙任は受けたものの、なぜか将軍宣下《せんげ》を得ることができず、堺《さかい》公方《くぼう》とよばれて三好元長の権威の及ぶ範囲で辛うじて力を保っているにすぎなかった。したがって全国的には、虚名にもせよ、まだ将軍の地位にある義晴の名の方が知られていた。彼が朽木氏の庇護のもとでひたすら機会をうかがっていたのには理由がないわけではなかったのである。

この後、しばらくは、堺公方を擁立して権力を掌握しようとする阿波の三好一族と将軍とのあいだの駆け引きに、管領の家細川氏がからんで、互いの思惑で離合集散をくりかえす政治情勢が続く。

万吉が生まれたのは、この情勢に変化が生まれようとしていた時期であった。三好元長と不和になった細川晴元が、一向一揆と結んで京都から三好の勢力を一掃したのである。追い詰められた元長は堺で切腹した。彼は憤りのあまり自分の腸をつかみ出して天井に投げつけたといわれる。堺公方義維は阿波に逃れた。この政変の後、晴元は将軍と接近し、和解が成立した。

こうして将軍義晴は都に戻った。亡命から七年が経っていた。万吉が生まれて六ヵ月ほど後のことである。将軍のもとで細川晴元が政権を掌握する短い安定の時代が来た。このため万吉＝藤孝は平穏な幼年時代を過ごすことができたのであった。

将軍は南禅寺に館を設け、後奈良天皇の斡旋によって娶った近衛尚道の娘とのあいだに菊幢丸《きくどうまる》（のちの義藤＝義輝）と義昭（幼名は不明）の兄弟が生まれた。

しかしこの平穏も長くは続かない。阿波の三好家が復活のきざしを見せはじめたためである。天文八年（一五三九）一月、十八歳になった元長の嫡男・長慶《ながよし》は二千五百の軍兵を率いて上洛し、父元長が授けられていた河内十七個所の幕府御料所の代官職を要求した。この軍事的示威行動に京都の騒動はひとかたならず、将軍も一時、八瀬《やせ》に避難した。少年万吉すなわち藤孝は、この八瀬の避難先において六歳で将軍にお目見えした。前途の多難さを予感させるものがある。

この機会に三淵晴員は、自分のような小身の者には万吉は養いきれないので、しかるべき家を継がせてくださいますように、と申し出、万吉は和泉《いずみ》細川家の当主・細川元常《もとつね》の養子となる。もともと三淵晴員は和泉細川家から出て三淵の家を継いだ人であり、元常は実の兄であるからこの選択は自然であった。和泉細川家は応永十五年（一四〇八）に和泉国半守護となった細川頼長《よりなが》に始まる家柄で、管領細川の一族ではあるが、やや傍系に属し、そのため管領職をめぐる凄惨な抗争を免れていた。元常はこの時、将軍御供衆として仕えており、長岡京の青龍寺城（現在は勝龍寺城とよぶ）の城主であるとともに、京都の一条戻《もど》り橋の西詰に屋敷をもっている。万吉はこの細川屋敷で起居することとなった。

　こうして藤孝の運命は、否応なしに将軍家と深く結びついていくこととなる。

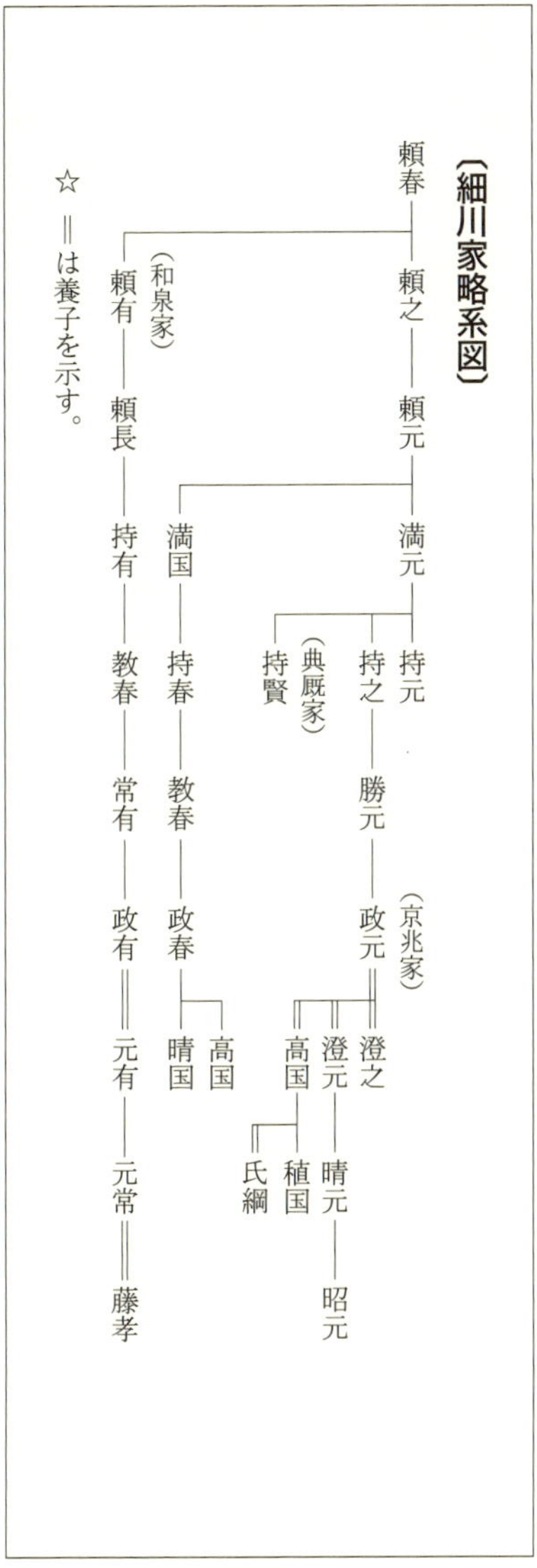

十一歳の新将軍

万吉が養父を得るきっかけとなった三好長慶の上洛にともなう騒動は、彼が摂津半国の守護代として越水城《こしみず》（西宮市城山町、桜谷町など）を与えられることで譲歩したため、思いがけず早く鎮静化した。だが三好長慶は、そのまま引き下がるような人物ではない。父元長にいたる三好三代はことごとく戦死したという家として、権力への執念がある。夙川《しゅくがわ》のほとりに位置し、西国から京都へ向かう交通の要となる越水城を拠点に、次第に摂津、河内への影響力を拡げていった。

彼には三人の弟がいて互いに協力しあった。阿波の本拠地は三好義賢《よしかた》（法名は実久）が支配し、讃《さぬ》岐《き》の国人十河《そごう》氏を継いだ十河一存《そごうかずあり》と淡路の海賊衆安宅《あたぎ》氏を継いだ安宅冬康とが瀬戸内海東部の海上交通路を握っている。つまりいざという時には阿波、讃岐の兵力を水軍によって短時間で京都に送ることができるのが強みになっていた。

一方、義晴を支持していた細川高国が晴元に敗れて死んだ後、いとこの子にあたる氏綱が高国の跡目と称してしきりに管領の地位を要求した。細川家内部におけるこの管領職をめぐる暗闘は、将軍義晴が政治的手腕をふるう好機となった。将軍はひそかに細川管領家の家督を晴元から氏綱に代え、自分の地位の強化を計った。

将軍の変節に気づいた晴元は、敵対していた三好長慶と結び、天文十五年（一五四六）十月、長慶は安宅冬康、三好義賢の四国勢を堺に上陸させた。これに対して、将軍は北白川の勝軍地蔵山（京都市左京区一乗寺松原町）に大規模な城を築かせ、三好勢に備えた。京都と近江との国境をなす山塊を利用した強固な山城である。

十三歳になった万吉（藤孝）は、養父の元常とともにこれに従って勝軍地蔵山の城に籠もった。しかし三好の大軍が堺に結集しているという風聞が伝わると、将軍はあっさり城を捨てて近江坂本へ退いた。年の瀬も押し迫った十二月十八日のことである。

翌日、義晴は十一歳の嫡男菊幢丸を元服させ義藤と名づけた。さらに翌二十日、朝廷に願い出て、将軍職を義藤に譲ってしまう。十三代将軍義藤（のち義輝）である。まだ三十六歳の義晴にとって引退には早すぎる時期であるが、彼はとりあえず身を引くことによって細川晴元の矛先をかわし、義藤を後見しながら、自分が作りだした混乱を収拾するつもりだったのだろう。

義藤の元服の日、将軍の命で万吉も元服することになった。義藤の諱《いみな》の藤の一字を与えられて藤孝、通称は与一郎。新将軍の申次《もうしつぎ》（客の取次ぎをする役）に任ぜられた。

新将軍の元服と即位はあわただしく行われた。坂本の仮の宿となっていた日枝神社祠官・樹下成保《きのしたなるやす》の屋敷が元服の式場にあてられる。将軍元服の加冠役には管領職があたる慣習であるが、適任者がいないため、やむなく近江守護の六角定頼《ろっかくさだより》を管領代に任命して勤めさせた。翌日の将軍宣下にあたって皇室にお礼として納めるべき砂金代三万匹にしても、目録を呈上しただけで、実際には一万匹を納めただけ、残りは十日後の年末になっても納められないままだった、と宮中の女房が書きつぐ「御湯《おゆ》殿上日記《どののうえのにっき》」に実情が記されている。

しばらくの間、政局の変化にしたがって義晴―義藤の将軍父子の動きはあわただしい。それにしたがう藤孝の日々も同様にあわただしかった。

年末の十二月二十四日、新将軍は東山慈照寺（銀閣寺）にもどった。しかし天文十六年（一五四七）になっても政局は安定しない。七月、三好の軍事力を背景に細川晴元が京都に入る。将軍父子はこれを勝軍地蔵山城で防いだが、猛攻に耐えかねて七月十九日、城を焼き、坂本へ退いた。

翌年になってようやく晴元との和解が成り立ち、将軍は京都へ戻った。ところが今度は晴元と三好長慶とが不和となり、天文十八年（一五四九）、長慶はかつての政敵細川氏綱と結んで京都に入った。この事件の巻き添えで将軍父子とともに藤孝も近江に逃れる。

十六歳になっていた藤孝は、この時、はじめて戦闘を経験した（『寛政重修諸家譜』）。もっとも養父元常とともにこれ以前から従軍していたとする説もある。いずれにしても初陣は一種の成人儀礼であるから、物慣れた武士が付き添って刀を振るうだけだっただろう。子の忠興が幼少の頃、家臣の兜の鹿の角の前立に摑まって戦場を眺めて喜んでいたというような華やかな話題性には乏しい。むしろ慣習どおりに控えめに、というところが藤孝らしさといえるかもしれない。

前将軍義晴は、勝軍地蔵山城が陥落した後、京都奪還の足掛かりとして東山の銀閣寺奥に中尾城（京都市左京区浄土寺大山町）を築いた。義晴には政治をもてあそぶ気味があるが、武家の棟梁としての自覚も強く、軍事には関心が高かった。

中尾城の築城については、鉄砲に備えるために堀を三重にし、塀も二重にして間に石を入れたと『万松院殿穴太記《まんしょういんでんあのうき》』という書物に記してある。しかしこの記述の解釈は分かれていて、鉄砲がポルトガル人によって種子島にもたらされたのは天文十二年（一五四三）であるから、すでに将軍は鉄砲の威力を知っていたのだと考える学者がある一方、鉄砲への対策としては、この築城は大げさにすぎるから、じつは義晴はまだ鉄砲の威力がどの程度のものであるのか、よくは知らなかったのだろうと考える説もある。

いずれにしても、これから間もない天文十九年（一五五〇）七月十五日の『言継卿記《ときつぐきょうき》』に、将軍側と三好側との北川端の戦闘で「三好きう介の与力が鉄■《てっぽう》に当たって死んだ」という記事がある。京都で鉄砲が実戦に使われた最初の例である。

足利義晴（土佐光茂筆）（京都市立芸術大学芸術資料館蔵）

『言継卿記』は山科言継（一五〇七〜七九）の漢文体の日記で、この公家は禁裏の財政を扱う内蔵頭という地位から最後には権大納言まで異例の昇進を遂げた。雅楽を管掌し、詩歌や故実に明るく、副業として庶民に医薬を施し、町衆に音曲や舞踏を指導するなどさばけた一面をもつ一方、窮乏化する朝廷の財政を建て直すため有力者の間を奔走した。何よりも好奇心が旺盛で、この日記は時代を知る上で欠かすことのできない史料となっている。

先の記事ではまだ鉄砲という文字を知らずに、とりあえず「鉄[redacted]」と記したのだろう。戦争にかんしても時代は変わりつつある。そして間もなく、藤孝の名もまたこの高名な公家の日記に登場することとなるだろう。

天文十九年、前将軍義晴は、中尾城に入るつもりで坂本から穴太《あのう》に移ったところ、前年の冬以来、患っていた水腫が悪化して動けなくなってしまった。五月四日、穴太で死去。享年四十歳、将軍在職二十五年、後見三年半、思い残すことの多い死といえる。将軍義藤は十五歳、藤孝は十七歳になっていた。

第二章　朽木谷へ

和歌の詠み初め

天文十九年（一五五〇）五月、父義晴の葬儀を東山の慈照寺（銀閣寺）で営んだ十五歳の将軍義藤は、四十九日の忌があけるとただちに細川晴元とともに中尾城に入り、麓の古田、浄土寺、北白川などへ兵を出して三好方と小競り合いを演じた。先にあげた『言継卿記《ときつぐきょうき》』七月十五日の鉄砲使用の記事はこの一連の戦闘に関連するものである。

しかし十一月二十一日、ついに中尾城は三好方の猛攻を受けて陥落し、将軍はまたも京を追われて敗走した。追撃する三好勢は大津の松本まで進撃し、民家に火を放った。この戦闘で藤孝も将軍方に立って勇戦した。

だが藤孝にとってそれよりも重大なことは、年が改まった天文二十年（一五五一）に、和歌を詠んだ最初の記録が残っていることである。三月二十二日に近江を支配する六角定頼《ろっかくさだより》の子の義賢《よしかた》が本拠である観音寺城で和歌の会を催し、将軍を招いた。この時、十七歳の藤孝も一座に加わったのである。この日の集まりは「武備百人一首」と称して、古典から選んだ武にかんする漢語を題とする趣向であった。「一をもってこれを貫く」という題に対する将軍の和歌は

音もなく　香もなく道のいたれるは
　　ただそのままの　ありあけの月

であり、
「欽《つつしみ》」という題を与えられた藤孝は、

つつしみの　うやうや敷《しき》は人の人
　　たつとまれぬる　うやまひのみち

と詠んでいる。

与えられた題を無難に詠んだという程度の出来で、ぎこちなさも目立つが、ともあれこれが記録に残る彼の最初の文学的成果であった。

おそらく彼はまだ自分にとっての文学というものを自覚していない。将軍側近の素養として和歌をたしなまなければいけない、という程度の認識であったろう。しかし時としてそのようにして習い覚えた技術が、その人の一生の支え、あるいは救いになることもあり得る。そのように考えるならば、のち教養人としての名をほしいままにした藤孝の出発点として注目に値する。

翌天文二十一年（一五五二）一月、密かに三好長慶と接触していた将軍義藤は、細川氏綱に管領家

の家督を継がせる条件で和解し、京都にもどった。若い将軍を自分の意のままに操っていたつもりの細川晴元は完全に足元をすくわれ、剃髪して若狭へ出奔した。一方、氏綱は管領職の前提となる従五位下、右京大夫の叙任を受けた。

こうして将軍義藤―細川氏綱―三好長慶という体制が確立したかに見える。四月十二日、藤孝も従五位下に叙され、兵部大輔《ひょうぶのたいふ》に任ぜられた。十九歳である。以後、生涯にわたって彼は公式には細川兵部大輔の職名でよばれるようになり、公家の日記などには、略して細兵《さいひょう》と書かれている。彼はようやく京都で社会的に認められるようになっていた。

秋十月、義藤は焼けた中尾城の代わりに同じ東山連峰に霊山《りょうぜん》城を築き始めた。細川晴元に備えたのである。実際に十一月には、侵攻した晴元の兵を退けている。

しかし政治的な暗闘は続いている。晴元はひそかに手を回して将軍奉公衆の上野民部大輔ら六人を抱き込み、三好長慶を除こうとした。動揺した将軍は、三好長慶との和約を破って霊山城に立てこもり、晴元の赦免を宣言する。こういうところは貴族的とでもいうのだろうか、その場しのぎではなはだ腰が据わらない。

三好長慶はいったん摂津に退いたが、二万五千の兵を率いてふたたび京に入った。将軍は晴元とともに船岡山に布陣してこれを迎え討とうとする。ところが頼みの霊山城が奇襲を受けて陥落してしまったので、決戦を避けて晴元は若狭に逃れ、将軍も丹波に退き、やがては父の前将軍義晴同様に近江朽木谷《くつきだに》に亡命した。結局、彼はこの地で五年間を過ごすこととなる。天文二十三年(一五五四)七月のことであった。

朽木谷の日々

これに先立ち、二月二十二日、将軍は諱を義輝と改めている。六月十六日には藤孝の養父細川元常が七十三歳で亡くなり、彼は二十一歳で和泉細川家の家督を継いだ。将軍を補佐すべき責務はいっそう重くなる。その上、朽木谷の亡命生活を強いられることとなったのである。生涯をふりかえって見て、自分のものならぬ運命に身をゆだねざるを得ないという印象がもっとも強い時期である。だが、その代わりに、彼はこの地で文学を知る結果となった。

朽木の支配者は近江六角氏（佐々木氏）の支族である朽木《くつき》稙道《たねみち》で、古くから将軍に属し、政治的な変動のなかでこれまで五人もの将軍の亡命を受け入れて来た。

朽木は、琵琶湖の西北部から安曇《あど》川をさかのぼった奥まった小盆地である。外部からの侵入を防ぐに便利であるばかりでなく、京都から大原を経て若狭へ至る若狭街道が通る交通上の要衝でもあった。一見、山深い土地とみえるが、中心部にあたる市場《いちば》という名の土地から南に折れる奥行きの深い安曇川の両岸は杉で覆われ、筏《いかだ》に組んだ良質の杉材を琵琶湖を経て京都へ運ぶことで富裕な土地であった。将軍が京都を望みながら反撃の機会を窺うには適した位置といえる。

わたしは京都から朽木への道をバスで辿ったことがある。京都から若狭街道の入り口となる出町《でまち》柳《やなぎ》は下加茂神社に近く、叡山電鉄の始発駅である。この駅前から一日わずか二本のバスが朽木に通っている。夏のことで、たまたま祇園祭の宵山の朝だった。午前七時半のバスの乗客の大半は中高年の登山客である。北へ進むバス路線の安曇川沿いの道と琵琶湖西岸とのあいだには、京都の登山のメッカ比良山系が横たわっているためだった。

比叡山の西側からの登山道の入り口をすぎ、大原を抜け、バスは山間の国道三六七号線を北へ進む。途中越《とちゅうごえ》とか花折峠《はなおりとうげ》とか美しいイメージをもつ名の土地を通って行く。残念ながら現実には産業社会がもたらした味気ない舗装道路や効率だけを考えたトンネルの荒涼が続く。停車する度に登山客は下車して、とうとうわたしはただ一人の乗客になった。

北へどこまでも続く道は安曇川に沿っている。この谷の奥行きの深さにひそかに驚いた。両岸の斜面はすべて見事な杉林である。次第に両岸が開け、水田が拡がり、つぎつぎと集落が現れる。終点よりひとつ手前の岩瀬でバスを降りた。ここに将軍が住んだ館がある。

バス道路から山沿いの集落のなかの道へ入ると杉の香のする製材所がある。近くの一段高い場所が興聖寺である。山門をくぐってすぐ左に「足利将軍義晴庭園」の表示があり、立派な石組みが残っている。将軍の館の跡は秀隣寺という寺になり、その後、興聖寺が移転して来たのである。この庭園は細川高国らが将軍のために作ったものという。

山から引いた水が境内を走り、山門の脇を流れて庭園の石組みに滝を作る仕組みになっている。台地の端に設えられた庭園からはバスの通る若狭街道が見下ろせる。石組みは荒れてはいるが、風格があって古い面影を残している。将軍義晴も義輝も、藤孝もさまざまな時期にこの庭を眺めたはずである。歴史上の人物が確かに眼差しを注いだ筈の同じ視点から眺めると、それらの人物の存在感が新たになる思いがする。

寺を出て、さらに北上すると近世の朽木の宿場跡がある。この付近には古い寺院なども残っていて将軍の館を囲んで臣下が住んでいたものと思われる。

朽木谷の五年の間には、さまざまなことが起きた。しかし藤孝は思いがけぬ平穏をも実感したのではなかったろうか。亡命地での日常は、少なくとも京都におけるようには政治にふりまわされることはなかったろう。彼は次第に和歌や連歌の世界に心惹かれるようになった。

連歌の祖といわれる宗祇《そうぎ》が延徳三年(一四九一)十一月に弟子の肖柏《しょうはく》、宗長とともに有馬温泉で巻いた連歌に孤竹斎宗牧が注をつけた『湯山三吟百韻注』に、天文二十四年(一五五五)十一月に藤孝が校合を加えた奥書がある。この年は十月二十三日に弘治と改元されたが、その報知はまだ朽木谷に届いていなかったものと見える。

この後、弘治三年までに、彼は宗牧の連歌集を編んだり、作法書を写させて校合したり、連歌の座に連なったりしている。

連歌の師は谷宗養《そうよう》や里村紹巴《じょうは》であった。宗養は宗牧の門人で、後年、藤孝は「宗養ほどなる連歌師もいでくまじきなり」と高い評価を与えている。紹巴とは、しばしば連歌の座に同席する終生の友となった。宗養、紹巴はともに三十歳前後で、藤孝の文学修業の師となるにはふさわしい年廻りであった。

この時期の藤孝が、灯明の油を買う金に窮して神社の灯明の油を盗んだという逸話がある。

灯明の油の減り方が激しいので、神社は番人を付けた。すると犯人は藤孝であることが判った。てっきりいたずらと思いこんだ番人が、

「どうも意地の悪いことをなさいますな」

と、軽くたしなめると、藤孝は悪びれずに、

「いや意地悪ではない。昼間は将軍さまへのお勤めもあって忙しいので、勉強もままならぬ。そこで夜、勉強しようと思うのだが、なかなか油を買う銭の工面がつかぬ。そこで勉強のためなら神様もお許しくださるだろうと、こっそり油を盗んでいたのです」

と白状した。

神社の者は驚いて、

「そこまでお困りとは知りませんでした」

と、徳利いっぱいの油を恵んでくれたので、藤孝は以後、安心して勉強できるようになったという。

朽木での藤孝の住まいの場所は判らないが、現在、市場の付近で目立つ大きな神社としては宿場の入り口の高台の山神社や邇々杵《ねねぎ》神社がある。住まいはその周囲ででもあったのだろうか。どちらも将軍の館までは徒歩十五分ほどでの距離である。

弘治二、三年は前に触れたように彼の文学修業時代で、弘治二年六月、『宗牧連歌集』を編んだ。これは自筆本が伝わっている。八月には『中江千句』という永正十三年（一五一六）に月村斎宗碩《そうせき》の庵で興行された連歌集を書写させ校訂を施した。

九月には坂本で催された連歌百韻興行「折のこす」に参加。連衆は梅（近衛稙家《たねいえ》）、細川晴元、言（聖護院道増《しょうごいんどうぞう》）、紹巴などの将軍に近い有力者を含む十五人である。京都には入れずとも、私的に坂本あたりまで出掛けることは可能だったとみえる。

弘治三年（一五五七）三月、彼は牡丹亭肖柏の発句集『春夢草』を写させ、校合して奥書を記した。

永正十二年夏之間録之《これをろくす》　夢庵居士　在判　　右一冊以陽明御本　片時之間ニ令書写《うつさしめ》
遂一校畢《ちくいちこうしおえんぬ》　可為証本者也《しょうほんとなすべき》
于時弘治三年三月日　　細川兵部大輔
藤孝
南曲写

夢庵居士（肖柏）が永正十二年（一五一五）に記し、捺印もある由緒正しい陽明文庫の蔵本を南曲という者に写させ、自分で校訂を終えた、証拠として記す、というのである。

この写本だけに「片時之間ニ」とあることが印象に残る。藤孝も次第に忙しくなりつつある。同時に、むしろ俗事に多忙な時期ほど文学にも心を尽くすという彼の特性が早くも現れているのである。

政治と文学と

わたしは藤孝の行為を時間の順に整理してみて、彼が政治的、軍事的に多忙な時期に文学活動も活発に行っているという事実に気づいて深い感銘を受けた。

藤孝の伝記の基礎を作った元禄時代の『綿考輯録《めんこうしゅうろく》』(細川家記)は、その生涯と文学的な業績とを分けて記した。その後、「細川幽斎」の名を冠した伝記は、池辺義象《よしかた》(明治三十六年)、細川護貞《もりさだ》(昭和四十七年)、桑田忠親(昭和六十年)と、ことごとく、この形式を踏襲している。これでは藤孝の個性は明らかにならない。おそらくその基礎には、文学は日常性とは無縁のものだという日本独特の感覚があるのだろう。

藤孝はむしろ現実の過酷さのなかで風雅の道を求めた人であった。連歌の道の追求は現実から逃避して花鳥風月に遊んだということではなさそうである。本来、芸術とはそういうものではなかったろうか。

朽木村の興聖寺の山門の両脇には立派な墓石が並んでいた。近づいて文字を読んで行くと、日中戦争から太平洋戦争にかけての戦死者の墓であった。昭和十三年(一九三八)に中国山西省で戦死した兵士の墓がもっとも古い。この静かな村に戦争が入り込んで来た時期はそのころだったということか。

「敵弾に頭部を貫通され、壮烈な戦死を遂げた」という墓碑銘を見ているうちに、ふと宮柊二《みやしゅうじ》の和歌が頭をよぎった。

左前頭部左顳顬《しょうじゅ》部穿透《せんとう》性貫通銃創と
すでに意識なき君がこと誌す
（歌集『山西省』「晋察冀《しんさつき》辺区」）

宮が一兵士として従軍していた時期の山西省は、共産党系の八路軍の行動圏で、中国側は、この地域を「晋察冀辺区」とよぶ。それは朽木村出身の陸軍歩兵上等兵が戦死した地区でもあり、中国側からいえば、中国映画の新しい波として世界に衝撃を与えた陳凱歌《チェンカイクー》監督の『黄色い大地』の舞台となった土地であり、時代でもある。

宮柊二はまた、

ひきよせて　寄り添ふごとく刺ししかば
声も立てなく　くづをれて伏す

のように戦場の極限状況を直視して詠んだ歌人でもある。芸術とはそのような場で生まれるものではないのか。

わたしは駆け出しの編集者だった時代に会った宮柊二を思いながらそう考える。年譜でみると、宮が富士製鉄を依願退職する直前の一九五九年から六〇年ごろの時期、雑誌の投稿短歌の選者を依頼していた宮の勤務先を、月に一度は訪れていた。歩いて通える距離にあった出版社から、日本橋の宮の勤務先を訪ねると、ワイシャツの腕を捲った姿のサラリーマンとしての宮が柔和な眼差しで、席から立ち上がって応対してくれる。宮は優しい人だった。それは青年の未熟さに対する哀れみをこめた優しさだったのだと、いま思う。

細川藤孝、あなたもまたそのような人だったのだろうか、と考えるのである。

第三章　将軍暗殺

京へもどる

弘治四年（一五五八）になった。藤孝は二十五歳、将軍義輝は二十三歳をむかえた。朽木谷《くつきだに》の亡命生活も五年を迎えようとしている。

この年三月十三日、将軍は状況の打開を計るべく、細川晴元の兵三千を率いて琵琶湖の畔を南下し、龍華《りゅうげ》（滋賀県大津市伊賀立上龍華町）に進出した。ここから京都はもはや一日行程にすぎない。その後、五月三日には、さらに進んで比叡山の麓、坂本の本誓寺に入った。

将軍の行動は、京都を揺るがせた。三好方との戦争は必至とみて、避難する者まで現れたが、三好長慶《ながよし》配下の松永久秀、三好長逸《ながやす》らは、一万五千の兵による「打ち廻し」すなわち軍事的示威行進を行って動揺を抑えた。将軍は勝軍地蔵山城まで進出して京都に兵を出す。六月九日、これを阻止しようとする松永久秀の兵と白川口で衝突があったが、その後は目立った動きもなく、双方の睨みあいが続いた。

この年は二月二十八日に永禄と改元されていたが将軍のもとには通知されず、彼が改元を知ったのは六月七日になってからだった。さすがに将軍は驚き、武家伝奏《てんそう》（幕府のことを宮中に取り次ぐ公家）の万里小路《までのこうじ》惟房《これふさ》をつうじて朝廷に抗議している。このように軽視されていること自体が、忘れられた存在となってしまうことを恐れた将軍が積極行動に出ることの引き金でもあったろう。

将軍と三好の対立の長引くのをみて、近江守護の六角義賢《ろっかくよしかた》が調停に乗り出す。彼の娘は細川晴元の妻であるから、将軍方に肩入れするには充分な理由があった。三好長慶にしてみれば、五年前に将軍が管領を細川元綱から晴元に乗り換えた裏切り行為への不信感は根強く、なかなか応じない。それでもようやく晴元が隠居し、その子信良（のちの昭元）が三好党に補佐されるという条件で十一月六日に和議が成立し、将軍は相国寺徳芳院に入った。その後、いったん勝軍地蔵山城にもどり、十二月三日、白川口まで出迎えた細川氏綱、三好長慶らを従えて正式な入洛を行った。五年四ヵ月ぶりのことである。

「けふは　むろまちとの御のほりの事にて、天下おさまりてめてたしめてたし」

と『御湯殿《おゆどの》上日記《のうえのにっき》』にある。天皇に近侍する女官が当番で記した日記なので宮中の雰囲気をよく伝えている。室町殿（将軍）が都に戻ったことは、ともあれ秩序があるべき姿にもどった、めでたいことと感じられたのである。事実、将軍は京都にもどることによって一定の政治的威信を取り戻したといえる。将軍身辺の人の動きがあわただしくなる。それは久しぶりに京都の春を迎えようとする藤孝にとっても、申次役としての役割が重みを増したことを意味していた。

永禄二年（一五五九）一月四日の山科言継《やましなときつぐ》の日記には、年賀の客として、奉公衆（将軍の側近）の一色式部少輔（義有《よしあり》）、藤孝の異母兄三淵弾正佐衛門尉（藤英《ふじひで》）そして細川兵部大輔（藤孝）の名が記されている。この高名な社交家の日記に細川藤孝の名が現れるのはこれが最初である。二十八歳を迎えた藤孝は、ようやく将軍側近として京都で認められるようになった。

和泉細川家の当主として藤孝の手元に残されたものは、一条戻り橋西の屋敷のほかに京都南郊、長岡京の青龍寺《しょうりゅうじ》の城があった。この城は、勝龍寺城と書くこともあり、いま勝龍寺城公園（長岡京市勝龍寺町十三番一号）となっているが、細川系の古い資料ではすべて「青龍」なので、ここではそれに従う。最初、山城守護の畠山義就が乙訓《おとくに》郡の郡代役所をこの地に設けた。その後、応仁の乱の時代に次第に軍事施設としての体裁を整え、青龍寺城と呼ばれるようになった。和泉細川家の伝承では、明応六年（一四九七）に細川元有が将軍義澄から山崎で三千貫の土地を拝領したさい、ここへ築城したと、少し異なった事実を伝えている。三千貫とは永楽銭三千貫の意味で、およそ三千石に相当する。

青龍寺城は、大坂方面から京都に入る口を扼《やく》する位置を占めている。京都盆地から桂川に沿って南に下ると石清水八幡宮の丘陵と、西側の天王山の山稜にはさまれた狭い地帯となる。西側の山地から流れ出した小畑川と犬川の流れが合流して桂川に注ぐ。城はその合流点となる台地の端に築かれた。西側に西国街道が、東側には山崎から京都へ一直線の久我畷《こがなわて》の道が走るので、城はこのふたつの道を抑えることができる。

藤孝は、要地の城主として、将軍のもとで次第に軍事的にも重要な役割をはたすこととなる。当番の日には将軍の室町御所に出仕し、時に青龍寺城に下るという生活だったようである。

現在の烏丸《からすま》通りと今出川《いまでがわ》通りの交差点西北にあった室町御所を本拠に、将軍義輝は京都で積極的に外交に乗り出そうとしている。この面では叔父にあたる聖護院《しょうごいん》門跡道増《どうぞう》が側近として辣腕《らつわん》をふるったが、義輝自身も父義晴以上の手腕を発揮してみせた。将軍は「御内書《ごないしょ》」という私文書を効果的に使って各地の有力者のあいだの調停を行った。権力を左右している三好勢に対抗するためには、それらの有力者を結束させる必要があるからである。

将軍外交の展開

将軍がもっとも期待を寄せたのは上杉謙信である。古い気質の武将である謙信は、将軍の権威を重んじ、これを支持することによって天下を安定させることを心底から信じている。将軍は、彼を上洛させるため、背後を脅かすことがないよう武田信玄とのあいだの調停を試みた。

さらにこの年には出雲の尼子《あまご》晴久《はるひさ》と安芸の毛利元就《もとなり》、隆元《たかもと》父子のあいだの和平を調停し、翌永禄三年には日向の伊東義祐《よしひろ》と薩摩・大隅の島津貴久《たかひさ》のあいだを調停して上洛をもとめた。これらの工作は京都に旗を立てる野心を密かに抱いている大名たちの心を動かすものをもっていた。

まず永禄二年（一五五九）二月に、織田信長が八十人ほどの部下を率いて入京し、将軍に拝謁した。彼はまだ尾張の一勢力にすぎなかったが、将軍に会うことによって尾張支配を正当化しようと計算したようである。帰国後、尾張を統一し、翌年、三河に進出して今川義元を敗死させて一躍、注目を浴

足利義輝（国立歴史民俗博物館蔵）

びるようになるのだが、当時はまだ軽い存在である。

信長と入れ代わりに四月、越後の上杉謙信が五千もの軍兵を率いて上洛した。義輝は謙信への期待が大きく、すでに天文十九年（一五五〇）には白の傘袋と毛氈《もうせん》の鞍覆《くらおおい》を使用する許しを与え、上洛して忠誠を尽くすよう命じた。これを受けて二十二年に上洛した謙信を謁見している。

したがって今回は二度目の上洛である。名目は義輝の京都帰還を祝うことであったが、現実的には、関東管領上杉憲政を奉じて関東に出兵することと、北信濃の国人の要請を受けて武田信玄と戦うことの大義名分を得る目的があった。彼は兵を近江にとどめ、天皇や将軍の地位を回復するまでは京にとどまると公言して三好長慶との対決の姿勢を示した。

四月二十七日に将軍に謁見した後、五月一日には、正親町《おおぎまち》天皇にも拝謁している。御苑を拝観していたら、たまたま天皇が御遊歩中であったという体裁をとっているが、将軍からの周旋あってのことだろう。これも彼を感激させるに充分であった。

将軍への贈り物は吉光の太刀、馬一疋の代金として黄金三十枚、将軍の生母慶寿院には蝋燭五百挺、綿三百把、白銀千両という気前のよさを見せた。将軍はこれに対して「輝」の一字を与えて輝虎と改名させる。感激した謙信は将軍の守護に努めることを誓う。しかし謙信がいかに勇猛でも、五千程度の兵力で三好長慶と対抗することはできない。彼は近江で機会を窺っていたが、やがて越後へ去った。

一方、三好長慶は、当然このような将軍の動きをすべて承知していたはずだが、静観している。畿内をほぼ完全に制圧した実力のもたらすゆとりであろうか。しかし五月一日には将軍の上加茂神社参詣に供をし、四日に相国寺万松院で催された前将軍義晴の忌辰の法会にも参列しており、それとなく謙信の動きを牽制しているようにも見えるのである。

申次役の地位にあった藤孝は、将軍がこのように有力者を操るさまを密かに観察していたはずである。それにともなう文書の保存も彼の職掌だったはずで、そこから細川家の綿密な文書保管とそれにもとづく政治判断の力が養われていったと思われる。

この時期、三好長慶は権力の絶頂を極めようとしていた。当時の彼は五畿内（山城、大和、河内、和泉、摂津）をほぼ完全に支配下におき、ほかに丹波の主要部、播磨の一部にまで手をのばしている。さらに本拠の阿波と伊予の一部、讃岐、淡路を三好義賢、十河一存《そごうかずまさ》、安宅冬康《あたぎふゆやす》の三人の実弟が支配し、瀬戸内海東部の制海権を保持していた。

これだけの実力を備えていたにもかかわらず、彼はあえて京都に入って権力を握ろうとはしない。わずかに本拠を夙川《しゅくがわ》の越水城から河内の芥川城（高槻市殿町ほか）を経て、永禄三年には飯盛城（大東市北条ほか）に移し、阿波の本拠地を背景に中央に睨みを効かせていた。下剋上の代表のようにいわれる三好長慶であるが、その心情は存外に古く、将軍の権威にとってかわるだけの覇気は持ち合わせていなかったようである。将軍の側も三好長慶にたいして、表面はあくまで丁重である。同年十二月には嫡子慶興に自筆で檀紙に義の一字を書き与え、義興と改名させた。

翌三年正月、長慶を幕府御相伴衆に加えた。これは管領家（細川、斯波、畠山）に次ぎ、侍所の頭人（赤松、一色、山名、京極）とならぶ高い格式である。長慶は正月十七日、幕府に出仕して年賀をのべ、礼として太刀と銭二万疋を献じた。

永禄四年（一五六一）二月一日、将軍は三好長慶、義興父子と松永久秀に足利将軍家の桐の紋の使用を許し、久秀には塗輿《ぬりこし》の使用をも許した。久秀だけを優遇したとは思えぬから、長慶、義興にはすでに塗輿の許しを与えていたのであろう。長慶は桐の紋の使用を形式的に辞退してみせたが、将軍は重ねて使用を命ずる。同じころ子の義興もまた御相伴衆に加えられた。

三月三十日、返礼として三好長慶は将軍を京都立売町《たてうりまち》の新邸に招いた。天下の実力者とはいえ、将軍からすれば陪臣にすぎない。そういう者の招待を将軍が受けたのは前代未聞のことと噂された。

二十六歳の将軍は、この日、立烏帽子、檜肌《ひはだ》色という赤みを帯びた黒色の袷《あわせ》に同じ色の袴を着けていた。気品のある姿である。そのような細部まで記録に残るほど、この日の訪問は話題となったのである。

この扮装で塗輿にのり、この日のために新築した立売町の仮館に赴く。三好長慶、義興父子が冠木《かぶき》門まで出迎える。輿はそのまま門を入り、将軍は奥の座敷に導かれた。式三献のあと、多くの献上品が披露される。その多くは太刀である。とくに義興は七腰もの太刀を贈った。

盃が献ぜられ主客がなごやかに歓談するなか、正面に設けられた舞台では式三番のあと十四番の能が演ぜられる。やがて細かい雨が降り始めたが、将軍はこの屋敷に一泊する予定だったから何の差し障りもない。翌日、将軍は館へ戻った。藤孝もこの日の将軍に随行している。

三好長慶の没落

しかし将軍を招待した日は、文字どおり三好長慶の絶頂であったといえる。この日を境に彼の運勢は急速に衰えて行った。

一月も経たぬうち勇猛をもって知られた弟の十河一存が病死した。同じころ、近江の六角義賢と紀伊の畠山高政はつぎの三好の侵略の対象が自分たちに向かうことを予期して、先制攻撃のため共謀して兵を挙げる。京都では三好義興と松永久秀が六角勢にあたり、和泉に兵を進めた畠山勢にたいしては三好実休（義賢）が岸和田城に拠って戦う。戦争は長引いて翌永禄五年（一五六二）に持ち越したが、三月五日、実休が戦死してしまった。

その後、三好勢は和泉を回復したが、翌永禄六年八月には嫡子義興が河内の芥川城で急死する。まだ二十二歳であった。翌七年五月、長慶はただ一人残る実弟の安宅冬康を飯盛城に招き、従者十八人ともども皆殺しにした。これは松永久秀が長慶に安宅冬康が謀叛を企んでいると思い込ませた謀略によるとされている。すでに病気がちだった長慶は、嫡子義興を失ったころから判断力が衰えていたのかもしれない。

そして永禄七年(一五五六)七月四日、すなわち安宅冬康を誅殺して一ヵ月後、三好長慶は飯盛城で病死した。享年四十二歳。彼には義興の他に子がなかったので、十河一存の子義継《よしつぐ》を家督に据え、喪を秘したまま同族の三好長逸、政康、岩成友通のいわゆる三好三人衆がこれを補佐するという体制をとった。しかし長慶の死をもって三好氏による天下を制する企図はついえたといってよい。

大徳寺聚光院には、追善のために描かれた彼の肖像画がある。髭をたくわえ端然と坐っている姿には自ずから備わった威厳がある。しかし意外にも、眼差しは沈鬱ともいえる表情を湛えていることが強く印象に残る。下剋上の典型のようにいわれる彼の外貌は、権力欲の強い野心的な人物というよりは、むしろ文化人の匂いをもっているのである。

後に信長は三好三人衆を滅ぼして、料理人として名声の高い坪内某を生け捕った。この男の評判を聞いて信長が朝食を作らせたところ、水っぽくて口に合わない。怒る信長に対して坪内は、もう一度、調理してお気に召さなければ腹を切りますといって、翌日は、じつに美味な料理を出した。信長は感心して坪内を召し抱えた。ところが本人が後から洩らしたところでは、最初の味付けは三好家の最上の料理、二度目は野卑な田舎風だとのことである。

この話を伝えた『常山紀談』は「信長に恥辱を与えた坪内の言葉よ」と、人々が噂したといっている。しかしそれは所詮、権力の座につけなかった人間の負け惜しみにすぎない。勝利はつねに微妙な味覚などわからぬ野卑な人間の側にあるものだ。政治は美食（ガストロノミィ）ではない。この逸話は、三好長慶が文化的に洗練されすぎてしまったこと、そして将軍の地位を奪って自分がとってかわるにはあまりにも古い秩序感覚に支配されていた事実を暗示しているように思われる。

三好長慶の栄華と没落が細川藤孝の立場からどのように見えたのかは興味あるところだが、後年、長慶の連歌の作法についてだけ語っている。

「連歌における作法の大事さを自分は三好修理太夫（長慶）から学んだ」

と彼はいう。

「人形のようにじっと坐っておいでになる。膝のかたわらに扇を少し斜めに置いて、夏のごく暑いときなどには、いかにも静かに右手で取り上げ、左の手を添えて三、四間だけ開き、音をたてぬように使う。終えるとまた左手を添えて畳み寄せ、もとの位置へぴたりと置く。それが畳の目一分と違っていないのだ」

三好長慶が飯盛城で連歌を催したとき、

すすきにまじる芦の一むら

というむずかしい句が出され、一座が付け句の工夫に悩んでいるところへ、実休の戦死を告げる書状がもたらされた。彼は静かに書状を開いて見た後、

古沼の浅きかたより野となりて

と、見事な付句を披露し、その後おもむろに一同にむかって実休の討死を告げると、「今日の連歌こ

れにてやむべし」と席を立って兵を出したという。これは芸術の問題としては美しい振舞いかもしれないが、政治的指導者としては滅亡を運命づけられていると感じられる。藤孝が政治と文学とを一致させようと試みるのは、じつは文学や芸術のもろさ、はかなさを知っていたからではなかったか。所詮、筆は剣に勝つことはできない。であるならば、芸術を守るためにも剣を磨かねばならない。それが乱世における文化人としての決意だったとはいえまいか。

藤孝の世界の拡がり

三好長慶の栄華と没落の時期は、細川藤孝にとっては発展の時期であったといえる。

永禄五年(一五六二)ごろ、幼なじみの沼田氏麝香《じゃこう》と結婚している。時期は不明だが、翌六年十一月十三日に嫡男・忠興《ただおき》(幼名は熊千代、与一郎のちの三斎)が一条戻り橋西詰の屋敷で生まれていることから逆算できる。

麝香は沼田上野介光兼の娘である。光兼はもと将軍家の臣下だったが、将軍義晴が側室清原宣賢《きよはらのぶかた》の娘を三淵晴員《みつぶちはるかず》に与えたとき、それに従って三淵に仕え、藤孝が和泉細川の家を継ぐこととなった時もこれに従った。二人の結婚はそのころから約束されていたという説すらある。藤孝と麝香の夫婦の愛情は控えめで、穏やかであったように見える。二人のあいだには四男四女が生まれたが、藤孝には他に側室らしき女性の影もない。当時としては異例ともいえる。

藤孝は自分の世界の拡がることを実感してもいた。永禄五年(一五六二)、近江の六角義賢が同族の義秀と争ったとき、藤孝は将軍の意向を受けて調停におもむいた。将軍の介入を嫌った六角義賢が、なにも内輪もめはないとしらばくれるのに対して、藤孝は冷静に理非を説いてついに調停に成功した。外交面での最初の仕事である。

藤孝は、

こほりゐし　津田の入り江も打ちとけて

国もゆたかに　春風そふく

と詠んで六角義賢に与えた。津田の入江は現在の近江八幡市の長命寺山と八幡山のあいだにあった。この歌、義理にも秀歌とはいえぬが、この場にはふさわしい。言葉による祝福もまた当時の和歌の役割であった。

永禄六年元旦の聖護院殿和歌会始に参会、三十余人にまじって和歌を詠んだ。

翌七年五月、将軍の母慶寿院が伊勢へ参宮することとなり、藤孝はこれに随行し、参拝後には二見浦などを見物して無事に帰京した。さらに翌八年四月五日、将軍義輝は慶寿院ともどもに藤孝の屋敷を訪れている。これも将軍の信頼の現れとみてよいだろう。山科言継の日記によると、多数の公家や能楽師なども同行したというから、能楽の催しも行われたのだろう。場所は一条の細川屋敷でもあろうか。

しかし、この直後に運命は激変した。すなわち一ヵ月あまりの後、将軍義輝は松永久秀らの手にかかって横死するのである。

〔足利将軍略系図〕

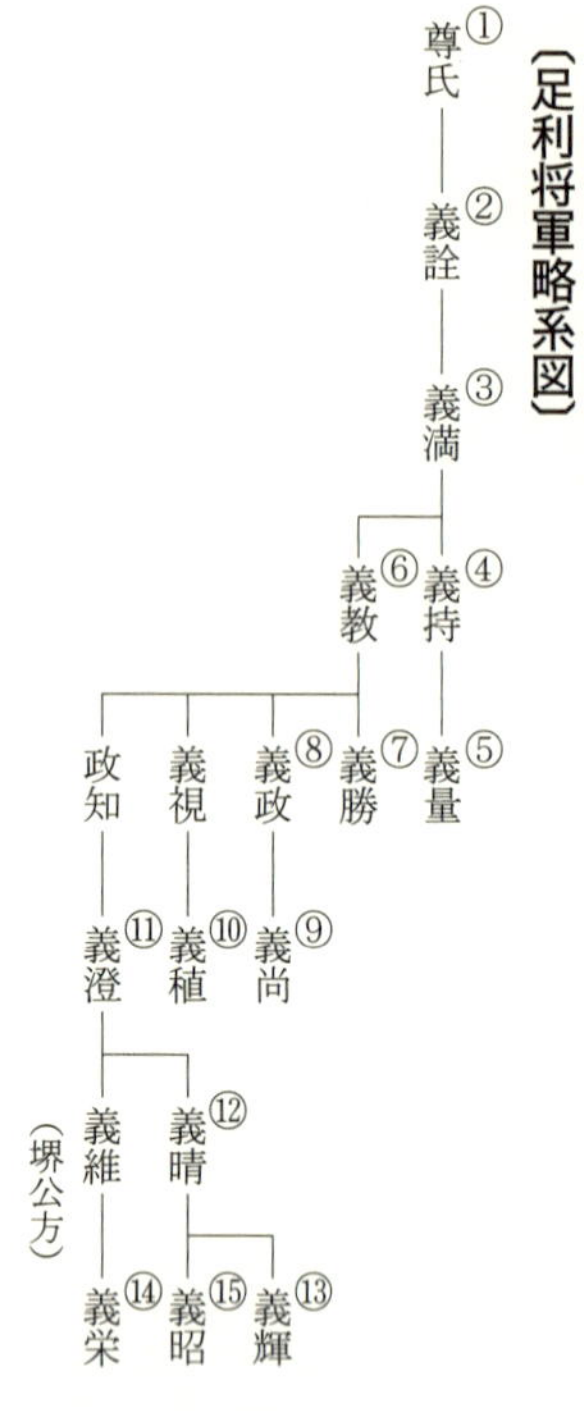

将軍義輝は、あるいは父の義晴以上に政治家としては有能であったかもしれない。武家の棟梁という自覚も充分で、かつて塚原卜伝《つかはらぼくでん》について剣を学び、相当の使い手でもあった。

　そのような将軍は自分から危機を招き寄せたともいえる。なまじ才能があったことが三好勢力の支配下にいる現状へのあきたらなさを助長する。このため機会があるごとに反三好勢力と結ぼうとする。永禄五年の六角、畠山氏の挙兵にしても、背後に将軍の策謀があったとされる。

　一方では上杉謙信を信頼し、その上洛を促すためにさまざまな手段を講じた。上杉謙信、武田信玄、北条氏康のあいだの和平工作もその一つだが、永禄七年（一五六四）に長慶の病死を知ると、かさねて謙信と氏康とのあいだに講和を促した。これは謙信に拒絶されるが、翌永禄八年三月に両者に改めて御内書を送って和平と上洛を促している。

　これらの動きは次第に三好・松永方にとって無視できなくなって来た。三好方は有力な将軍候補として堺公方足利義維《よしつな》を擁していたことはすでに見たとおりだが、その死後、子の義親《よしちか》（義栄《よしひで》）は阿波で養育され、将軍職につくことを熱望している。

将軍の権威をまがりなりにも尊重していた長慶が死ぬと、次の世代の三好三人衆や松永久秀にとって将軍はもはや無用の長物となっていた。いやそれ以上に義親を将軍職に就ける上で障害となってきたのである。

永禄八年五月十九日の京都は晴天であったという。早朝から松永久秀、三好三人衆の率いる兵が二条の将軍の館を囲んだ。将軍が人生の達人なら、この場から逃げている。しかし彼は若く、自負もありすぎた。退去を勧める臣下の言葉をふり切って、剣を抜いて立ち向かう。鎧も着けず、鞘を払った名刀を何本も畳に突き立てておいて、取り替え引き換え、散々に敵を斬った。正午ごろまで持ちこたえたが、ついに力尽き、館に火を放たせて自害した。近臣六十人あまりもことごとくこれに殉じた。将軍の母慶寿院も火中に身を投じて死ぬ。

「不可説《とくべからず》不可説　先代未聞儀也」と山科言継は日記で慨嘆している。もっとも「不可説不可説」はこの公家の口癖のようなもので、彼は日記に何度もそのように記さなければならなかった。これも乱世に生きた人間の宿命といえるのかも知れない。

また『言継卿記』によると事件の前日、三好日向守（長逸、三人衆の一人）、三好左京大夫義重、松永右衛門佐義久（久秀の子、のちの久重）が、参内してそれぞれ太刀を献じている記事が注意をひく。将軍暗殺に先立つ朝廷工作を意味しているのだろうか。

第四章　流転の日々

後継者・一乗院覚慶

将軍暗殺の当日、細川藤孝は非番で青龍寺城にさがっていた。変事を知って、ただちに居合わせた侍わずか二十八騎を引き連れて京都へ向かって馬を馳せた。しかし京都へ入ると、はるか二条の将軍の館の方角から黒煙が上がるのが見えた。やがて将軍の死を確認すると藤孝は機敏に引き返した。将軍が死んでしまった以上、必要となるのは次の手段である。こういう冷静な現実認識は、おそらく生来のもので、将軍側近としての観察がさらに磨きをかけさせたのであろう。しかし日本的な風土では往々にして血が冷えている、と見られがちではある。

この事変を例にとって、細川幽斎は文芸には秀でていたかもしれぬが、武芸には達していなかった。兄の三淵藤英《みつぶちふじひで》は急を聞いて丹波から馳せ上って来たのに、藤孝はさっさと丹後に下ってしまったではないかとそしる者がいたという。藤孝がこの時、丹後に下った事実はないので、この誹謗《ひぼう》は歴史的な事実が曖昧になった後年になって生まれたものだろうが、藤孝が世間からどのような印象をもたれていたかを知る一助にはなる。

この話は、藤孝の和歌の弟子である松永貞徳の『戴恩記《たいおんき》』に出ており、貞徳の目的は藤孝を弁護することにあるので、「美女は悪女の仇《かたき》」という諺のとおり藤孝が万事に秀でているのを嫉妬する輩がおり、悪口として勝手なことをいうとしている。ともあれ貞徳が記録してくれたおかげで、わたしたちは彼の冷静さがその種の誹謗の種になった事実を知ることができるのである。

将軍暗殺の報知が衝撃をもって伝わるなか、藤孝は前将軍の側近として一色義直とともに後継者を選ぶ工作の実務を担った。背後には近江守護の六角義賢《ろっかくよしかた》と将軍の伯父にあたる大覚寺義俊がいたと見られる。

将軍義輝には弟が二人いた。次弟の興福寺一乗院門跡覚慶(二十九歳)と末弟の鹿苑寺院主周暠《しゅうこう》(十四歳)である。しかし周暠は、すでに松永の手の平田和泉守という者に誘殺されてしまっていた。近臣がことごとく逃げ去るなかで美濃屋小四郎という十四、五歳の小姓がその場で平田を討ち取って仇を報じ、自分もその場で討ち死にしたことが美談としてもてはやされたが、死んでしまった事実に変わりない。

こうして一乗院覚慶だけが将軍と血のつながる唯一の後継者として残った。覚慶は、松永久秀の手の者の監視下におかれた。将軍家の血統を絶つために懐妊中の側室まで殺すという徹底ぶりを示した久秀であるが、あえて手をくださなかったのは門跡《もんぜき》の地位と興福寺僧兵の実力をはばかったのだろう。

門跡とは貴族の入室した格式のある寺院のことで、その坊にはとくに四足門《よつあしもん》を作ることが許されている。平安時代の末ごろから貴族の子弟が寺院に入ることが盛んになったため寺院は貴族化し、寺領をもち、広大な建築や庭園を備え、俗世間と変わらぬ豪華を誇るようになった。中でも一乗院は十世紀に起源をもつ有力寺院である。

覚慶は天文六年（一五三七）十一月三日生まれ、母は兄の義輝と同じ近衛尚道の娘（慶寿院殿）である。父の将軍義晴は、彼が四歳のとき一乗院の門跡覚誉の弟子として入室させる取り決めを行った。十歳くらいで仏弟子にするのが通常だから、これは当時の基準から見ても早い。おそらく財政の逼迫から養育費を捻出するために取った措置だったのだろう。

永禄五年（一五六二）に師の覚誉が没したため、覚慶は門跡を継ぎ、権少僧都に進んだ。有力な門跡寺の住持として将来は興福寺そのものの別当になることが期待されていたところに、突然の暗殺事件である。

奈良脱出

世間知らずの覚慶にとっては周りを監視されているだけでも恐ろしかったろう。出入りの商人を使ってひそかに連絡をとった藤孝は、「病気を装うように」と指示を与えた。そして医学の心得がある米田求政《こめだもとまさ》という将軍側近の人物を送りこんだ。

米田を連絡係として脱出計画が練られた。二ヵ月が過ぎ、七月二十八日、覚慶の病気が治ったからと快気祝いが催された。警護の者にも酒が振舞われる。彼らが酔った頃を見計らって米田求政は自分で覚慶を背負って一乗院を脱出して、甲賀の和田へ逃れた。巧妙な計略で、数日間はその行方は探知されなかった。

和田は奈良から直線距離にして六〇キロあまりの小盆地にある。甲賀武士といわれる小豪族が割拠した土地で主要なもの五十三家、和田家はこのうちでも二十一家とか南山五家とかに数えられる有力者の一人であり、六角氏の支配下にあった。和田惟政《これまさ》はどうやら前もって六角義賢から覚慶を保護する了解を得ていたようである。

こうして貴族的僧侶として出世コースを歩んでいた覚慶は突然、将軍候補としての期待の中心に置かれた。彼はとまどったかもしれない。しかし人は期待されることによって、それらしく振舞うようになり得る。後半生の行動をみれば、期待以上のものになりおおせた、とさえいえるかもしれない。

今日、知られている限りで、彼がはじめて将軍家再興の決意を示したのは八月五日付の上杉謙信あて書状である。

「この度の京都の事件（将軍暗殺）は至極残念なことであった。自分は江州和田に退いているが、今後の行動はすべて一任するから早く無念を晴らせるよう尽力してもらいたい。委細は大覚寺門跡に申しつけたから聞いてほしい」

大覚寺は嵯峨にある一乗寺の末寺で、門跡義俊《ぎしゅん》は近衛尚通の子であるから、覚慶にとって母方の伯父にあたる。義俊が覚慶担ぎだしの黒幕であったことは既にのべた。

その義俊が書いた添状《そえじょう》は、覚慶の脱出の経過をのべ、幕府再興に力を貸してくれるようにと覚慶本人も言っていると強調している。本人の言葉に添状を付け、そのことによって言葉に重みをもたせるという中世的な装置である。だがいかに謙信が心から将軍家の復興を願う旧式な心情の持ち主であろうと、北条氏と対決中で、すぐさま京都へ兵を送る余裕はなかった。

覚慶はさらに九月二十八日、謙信の仇敵武田信玄にも出兵を求め、十月には薩摩の島津貴久《たかひさ》・義久父子や人吉《ひとよし》の相良義陽《さがらよしはる》など九州の有力者にも出兵を求める書状を送った。当然とはいえ伝統的な将軍外交の手段のくりかえしにすぎなかった。

こういう動きのなかで細川藤孝は自然に将軍家再興の中心に座るようになる。十月十一日付で京都の清水寺成就院に与えた禁制は、一色藤長、細川藤孝、飯川信堅《いがわのぶかた》の名で発給されている（『成就院文書』）。これは成就院が覚慶に将軍なみの権威を認めた文書として注目されるが、私たちの物語の文脈で見るなら、藤孝の地位の重みを証明するものでもある。

十二月には織田信長にも御内書を与えた。貴人からの手紙への作法として取次役の藤孝にあてた返書が残っている。

御入洛の儀に就きて重ねて御内書をなし下され候、謹《つつし》みて拝閲いたし候。度々御請け申しあげ候如く、上意次第、不日なりとも御供奉《ぐぶ》の儀、無二にその覚悟に候。しからば越前〔朝倉義景〕、若州〔武田義統〕、早速仰《おお》せ尤《もっとも》に存じ奉り候。猶《なお》、大草大和守、和田伊賀守申し上げらるべきの旨《むね》、御取成し仰ぐ所に候。恐々敬白《きょうきょうけいはく》。

十二月五日　　　　　　　　　　　　　　　　　　信長〔花押〕

細川兵部大輔殿

（奥野高広『増訂　織田信長文書の研究』六〇号文書）

現存する信長文書のなかで藤孝の名が出る最初の文書でもある。言葉づかいはあくまで丁重であるが、現実には信長はまだ尾張一国さえ統一しきれず、他方で美濃の斎藤龍興《たつおき》と事を構えており、これも実情は上洛どころではなかった。

置き去りにされた忠興

一方、将軍暗殺の騒動のなかで藤孝は、三歳になったばかりの嫡子熊千代（のちの忠興）を京都の屋敷に置き去りにするという個人的な犠牲を払っている。

熊千代の乳母は藤孝の家臣中村新助という者の妻であったが、さいわい機転のきく婦人で夫の新助が主人の藤孝に従って近江に去ったあと、後の証拠に御守りと脇差だけを持ち、熊千代を連れて城を脱出し、京都の田町という所に裏屋を借りて潜伏した。中村家には娘が三人いたが、二人は置き捨て、末のごうという娘だけを共に連れていった。熊千代の名は宗八と変えた。

藤孝は将軍義昭となった覚慶とともに京都に戻った永禄十一年（一五六八）に、ようやく熊千代を青龍寺の城に呼び戻した。この功績で中村新助は百五十石、妻も別に百石を与えられ大局《おおつぼね》という地位についたという（『綿考輯録』巻九）。

たしかにこの家は幕末まで続いており、細川家最後の幕末・明治期の分限帳にも「二百石　中村新助」の名が見える。そこには「青龍寺以来」という朱書の肩書がついている（『肥後細川家分限帳』青潮社）。肥後細川家では、もっとも由緒の古いのがこの「青龍寺以来」で幕末・明治期の最後の藩士千三百十五人のうちわずか十人にすぎない。徳川家の直臣が「三河以来」を誇ったような家柄といえよう。

ちなみに肥後細川家では、これに次ぐのが「丹後以来」で二十九人を数える。天正八年（一五八〇）、藤孝が信長から丹後を与えられて宮津に居城して以来の意。さらに「豊前以来」は二代忠興が慶長五年（一六〇〇）、関ヶ原合戦の戦功で家康から豊前と豊後を与えられ、豊前中津城に入って以来の家。そして寛永九年（一六三二）、三代忠利が加藤家の後を襲って肥後に入って以来の家柄「御入部以後」へと続くのである。

妻の麝香《じゃこう》は藤孝と行動をともにしたらしく、永禄九年には次子頓五郎《とんごろう》（玄蕃頭興元《げんばのかみおきもと》）が生まれている。

覚慶の還俗と将軍への道

永禄八年（一五六五）十一月、覚慶は交通の便のよい野洲《やす》郡矢島《やしま》（守山市矢島）に移った。琵琶湖の水上交通上の要地である木浜に近く、豊かな水田地帯でもある。この地には「義秋陣所跡」と称する堀や遺構が残っているという（奥野高広『足利義昭』吉川弘文館人物叢書）。六角氏の部下である矢嶋越中守を総領とする矢嶋同名衆が身辺の警護にあたった。

十二月二日、六角義賢は、上杉謙信にたいして、はじめて覚慶を公方様《くぼうさま》とよび、御内書を持参した使者大館藤安を下向させるから、上意におうじて帰洛できるよう努力するように、と命じた。

このように将軍となる工作が進行するなか永禄九年（一五六六）を矢島で迎える。覚慶は三十一歳、藤孝三十三歳である。二月十七日、覚慶は還俗《げんぞく》、すなわち僧籍を脱して俗人にもどり、名を「義秋」と改めたことを宮中に披露し、太刀と馬代《うまだい》（馬の代価にあたる金品）を献上した（『御湯殿上日記《おゆどののうえのにっき》』）。四月二十一日、従五位下に叙せられ、左馬頭に任ぜられる。これはしばしば見て来たように将軍に任命される前段階である。しかし本人は依然として矢島を動けない。またこの叙爵は「御隠密」であると山科言継《ときつぐ》が書いている。おそらく三好衆の動向を気づかったためであろう。

還俗の日に、武家としての儀式である着袴《ちゃっこ》、乗馬始、判始《はんはじめ》も行われた。しかし元服はなかった。朝廷への報告も公式の手続きである武家伝奏役の公家をつうじていない。代わりに吉田神社の吉田兼右《かねみぎ》が周旋した。

山科言継はこの手続きにかんして、例によって「不可説不可説《とくべからず》」と慨嘆している。そして「義秋」とは僧侶が考えたことでもあろうか、と新しい諱《いみな》にたいしても批判的である。将軍になろうとする人間としては「秋」の凋落《ちょうらく》のイメージがよくないということであろう。

覚慶の還俗の正式な日は不明で、先にあげた『御湯殿上日記』の記載から、すくなくともそれ以前、あまり遠くない日に還俗が行われたと推定するしかない。また武家伝奏をつうじなかったので、消息通の山科言継さえ、四月二十一日にはじめて「一乗院殿御還俗、今日、叙爵《じょしゃく》」と日記にあるとおり、この日まで、還俗事情を知らなかったのである。彼の不満は、自分が知らなかったということに起因するのかもしれない。

もっとも『言継卿記』には、一月八日に細川兵部大輔の家臣で公家とも関係する血筋の野村文介という者が四、五日、京都へ来ているので、招いて対面し、「細兵《さいひょう》（藤孝）、一色式部少輔、三淵弾正左衛門尉、二階堂駿河守」などへ書状をことづけたとある。矢島の覚慶＝義秋の暫定政権から、言継などを介して京都の朝廷への工作が開始されており、そこで藤孝がかなり重要な役割を果していたことを読み取ることができる。三月七日には布施弥太郎という者が江州矢島から上洛して言継を訪問している。

覚慶あらため義秋は、まだ矢島から動こうとしない。いや動くに動けないのが実情であった。とうとう上杉謙信が、自分には盛んに上洛を勧めながら、ご本人はなぜ矢島に留まっているのかと質問して来たほどである。

これに対して義秋は、自分は若狭と越前へ行くつもりだが、周囲に与える影響が大きいので矢島に留まっていると苦しい回答をしている。また自分の近習《きんじゅ》は若くて未経験なので覚悟をきめさせる必要がある。急いで入京しても後援が続かないだろうから、上洛の時期を過たぬように、とこれは本音で依頼している。しかし謙信にしても北条氏と事を構えていて、現実には上洛できる状況ではないのである。

しかし皮肉なことに松永久秀と三好三人衆のあいだにも不和が生じており、将軍暗殺後に一挙に自分たちの持ち駒である足利義親を将軍に擁立し、上洛するという事態にはならなかった。三好義継は河内高屋城（大阪府羽曳野市古市）に移り、久秀と断交する。久秀の側は根来《ねごろ》寺の僧兵を味方につけ、紀伊の畠山高政をいただいて三好と対抗の構えをみせていた。

はじめて信長に会う

義秋は一方では織田信長に期待していた。信長の上洛にとって当面の障害は美濃の斎藤龍興であるから、彼は藤孝を両者の調停工作に当たらせた。藤孝はまず美濃井ノ口城（のちの岐阜城）の斎藤龍興のもとにおもむく。龍興はまだ十九歳、父義龍が急死した後を継いで五年になる。彼は義秋を「公方様」と呼んで将軍としての礼をとった。隣国の織田信長は信じがたいが、義秋の権威にさからって上洛の邪魔をしているといわれるのも本意ではない。藤孝は、このような心理状態にある龍興を巧みに説得して、誓紙を書かせることに成功した。

ついで藤孝は信長の本拠、那古屋（名古屋）城へ向かった。これがはじめての対面である。信長に斎藤龍興との和解および上洛を誓わせて藤孝の任務は終わった。

信長は自ら膳部を運び出して来て藤孝を供応した。このやり方は相手の意表をつく信長得意の人心獲得術で、のちにイエズス会の宣教師たちを驚かせている。恐ろしいほどの威厳を備えながら、時に気さくな面を示す信長は、どこか人の心を引きつけるものを持っていたようである。

「そこもとはお幾つになられる」

信長が尋ねた。

「上様と同年」

「さては午の歳か」

「午の歳には相違ありませぬが、少し変わった馬ではござりまする」

「何と、変わったといわれる？」

「されば、上総殿は金覆輪《きんぷくりん》の鞍置き馬、私は小荷駄《こにだ》馬で、いつも背中に物を背負っておりまする」

息をこらしてこの問答を聞いていた一座は「笑壺《えつぼ》に入った」つまり笑いに包まれた、と古書は記している。

藤孝らしいそつのなさだが、この時、信長とのあいだにうまれた同世代の共感のようなものは、将来、大きな意味を持ってくる。

しかし斎藤龍興と織田信長の関係は間もなく決裂し、信長は八月二十九日に美濃へ侵入し、木曽川流域の河野島まで進んだ。ところが駆けつけた龍興と対峙しているうち激しい風雨と洪水に見舞われ、閏八月八日の戦いでは大敗した。このあたりは木曽川、揖斐川《いびがわ》、長良川の流れが錯綜しており、拠るべき場所がない。焦った信長は彼には珍しく敗戦を重ねて敗退し、上洛どころではなくなってしまった。

不安定な義秋の地位

永禄九年（一五六六）八月三日の夜半に三好長逸方の人数三千あまりが、義秋の勢力圏である近江の坂本に侵攻した。すでに京都を手中に収めていた三好は、義秋方の上洛の動きに不安を感じたのだろう。襲撃は撃退したものの矢島の根拠地でも内応する動きがあったという。危機感を抱いた義秋は、八月二十九日夜、四、五人の側近だけを連れてにわかに琵琶湖を渡った。目指すのは若狭である。若狭の武田義統《よしずみ》は義秋の妹婿であるから、それを頼ろうとしたのである。従う者は細川藤孝、一色藤長、三淵藤英、飯川信堅、智光院頼慶、和田の服部要介などであった。

しかし武田義統は子の元次と紛争中で上洛どころではなく、若狭も安住の地ではなかった。そこで朝倉義景が奔走して越前敦賀の金ヶ崎城（敦賀市金ヶ崎町）に移った。義景は一族の朝倉景鏡《かげあきら》を代官として派遣し、義秋の越前入りを歓迎した。そのまま一乗谷に迎えるつもりだったが、その冬は寒気が強く、雪の木ノ芽峠を越えることができずに敦賀で越冬したと朝倉系の史料は説明している（『朝倉始末記』『朝倉記』）。しかしその後の朝倉氏の優柔不断ぶりをみると、義秋の受け入れをめぐって内部で不一致があったのかもしれない。

この時期の義秋にかんして『松平記』という著者不明の書に、「朝倉を御頼み候へは叶《かな》はず、美濃の長井山城守〔斎藤龍興〕を頼み給へど、是も頼まれず、その時分の落首あり」として、

こよこよと　すりあけ物の奈良刀
みのながいとて　頼まれもせず

と記してある。世間の目は責任がないだけに辛辣である。興福寺一乗院門跡であった覚慶（義秋）を奈良刀に見立て、すりあげもの（刀を研ぐことと剃髪者の双方を意味する）と諷している。「こよこよと」（来よ来よと）は上洛勧誘の意であろうか。「みのながい」に美濃の永井と刀身の長いことをかけて、他力本願でしかない義秋の立場を巧みにからかう。僧侶あがりが武家の棟梁（つまり征夷大将軍）を志して慣れぬ刃物三昧、という寓意もあるかもしれない。

永禄九年、十年は事件の多い年だった。三好党の推す足利義親は摂津富田（大阪府高槻市）の普門《ふもん》寺に入り、九年十月二十八日に名を義栄《よしひで》と改め、従五位下、左馬頭に叙任された。つまり征夷大将軍職に就く前段階の準備を整えた。宮中の『御湯殿上之日記』にも、十月から十二月にかけて「あわのむけ」（阿波の武家）つまりは足利義栄の任官にかんする記事が散見する。ということは宮中を介して義栄にかんする情報は間もなく敦賀へもたらされ、同様に義秋側の動きも三好方へ伝わっていたことだろう。

しかし三好方でも、永禄十年（一五六七）二月に三好義慶が三人衆と不和になり、松永久秀に接近したため、情勢は不安定であった。三好義慶を奉じた久秀は大和多聞《たもんやま》山城に籠もり、三人衆と対決の構えを示す。これでは義栄も動くに動けない。秋十月十日夜、久秀は奈良東大寺に陣をとった三人衆を夜襲して、敗走させ、政局の主導権を握る。しかしこの時、東大寺の大仏殿は兵火にかかり、大仏は焼け落ちた。このことによって彼は天下に悪名を轟かせた。

「一、今夜、子《ね》之初点より、大仏の陣〔三好方〕へ多聞山〔久秀方〕より打入、合戦数度に及ぶ。兵火の余煙ニ穀屋ヨリ法花堂へ火付、ソレヨリ大仏ノ廻廊へ次第ニ火付テ、丑刻《うしのこく》ニ大仏殿忽《たちまち》焼了《やけおえんぬ》、猛火天ニ満、サナカラ雷電の如し、一時ニ頓滅了尺《〔ママ〕》迦像モ湯ニナラセ給了、言悟《〔ママ〕》道断、浅猿《あさまし》〱トモ思慮及ばざる処也〔中略〕此剋《こく》ニ生きて逢う事歎《なげき》之内ノ歎也、罪業之縁悲しむべし〱」（『多聞院日記』十月十日条。一部を読み下しに改めた）。

「十一日、去夜南都東大寺大仏殿炎上云々、三国一之伽藍《がらん》、嘆入之儀也、不可説」（『言継卿記』十月十一日条）。

当時の人々の乱世もきわまったという絶望的な思いがひしひしと伝わってくる。

この事件の後、十一月に、ようやく三人衆の推す義栄は将軍宣下《せんげ》を願ったが、正親町《おおぎまち》天皇の朝廷はこれを拒絶した。松永勢との対決で戦費がかさみ、将軍宣下にさいして朝廷に払うべき献納金が不足し、その値引き交渉が不調だったためと伝えられる。いずこも乱脈、金次第の時代であった。

越前一乗谷へ

身の置き場のなかった義秋もようやく大仏炎上の直後に朝倉義景によって越前一乗谷の本拠に迎えいれられることとなった。（二月とする説もある）。

朝倉義景は義秋に将軍としての礼をとって丁重に扱った。招待や宴会についてはおびただしい記録が残っており、盃の応酬、太刀や馬の献上、能楽の催しなど、かつて将軍義輝を京都の屋敷でもてなした三好長慶の宴を連想させる。しかし肝心の上洛については義景は何の保証もせず、行動もおこさなかった。

永禄十一年（一五六七）二月八日、ようやく阿波の義栄に征夷大将軍宣下があった。義秋は一歩で遅れをとったが、将軍になれた義栄にしても三好党と松永久秀の対立のなか、高槻の普門寺から一歩も動けない状況であった。

対抗するかのように四月に朝倉館で義秋は義昭と改名、元服を行った。京都からは前関白二条晴良《はれよし》が招かれた。故実に詳しい山科言継も招く予定だったが費用が不足で晴良一人となったという。『言継卿記』によると二月八日に越前から元服のため下向を依頼する使者が来た。この同じ日、彼は義栄にたいする将軍宣下の儀式のために奔走していたが、数日後には越前の使者にも承諾の返事を与えている。両面に賭けた公家らしいしたたかさであるとともに、将軍をめぐる義栄と義昭の競争には優劣さだめがたいものがあったともいえる。

朝倉義景は義昭の元服を祝う盛大な席を設けたが、依然、上洛へは動こうとしない。義昭の心は次第に朝倉を離れていった。

信長をたよる

上洛とはすなわち天下を取ることである。現代風にいえば国家権力の掌握のために首都を制圧することである。政治は一面ではシンボル行為でもあるから、公式の権威である征夷大将軍を奉じ、朝廷の認可を得、首都を押さえることは、重要な意味をもつ。

多くの戦国大名のなかでも、上洛の意義を認め、積極的にその計画を推進したのが尾張の織田信長であった。

目先の利害にとらわれがちな義昭の側は、二年前に信長が斎藤龍興に敗北したことで、自分の上洛の役には立たなくなったと見てとると、たちまち興味を失ってしまった。しかし信長は、着々と地歩を固めつつある。部下の木下藤吉郎を使って、前年苦戦した揖斐《いび》、木曽、長良《ながら》の三川の合流点付近の墨俣《すのまた》に短期間で城を築き、美濃への侵入に重要な意義をもつ拠点を作った。そして永禄十年（一五六七）八月、墨俣を足掛かりに斎藤龍興の本拠、井ノ口城を陥れ、一気に美濃を手中に収めた。井ノ口を岐阜と改称、そこを本拠とする。これは中山道から京都への道の確保につうずる。上洛への妨害となるのは近江の六角氏（佐々木氏）だけとなった。

他方で信長は伊勢へ手を付けた。伊勢は分裂状態で、北八郡には関、工藤一族や四十八家といわれる大小名が割拠し、南五郡には国司の北畠一族が勢力を張っている。信長は美濃侵攻に先立って配下の滝川一益《たきがわかずまさ》に伊勢の北境を攻めさせ、その後も兵を出して結局、関一族の総領である神戸友盛《かんべとももり》を下して三男の信孝を養子に押しつけ、工藤一族には弟の信包《のぶかね》を入れて、血縁によって北伊勢を勢力下に置いた。

迂遠なようだが、北伊勢を支配することで六角氏の勢力を背後から脅かすことができる。伊勢から近江へは有力な千種越《ちくさごえ》の交通路があるからである。――このような信長の動きに一貫し注意を払っていたのは、おそらく義昭の側近では細川藤孝その人であったと思われる。彼はかつて斎藤龍興とのあいだを調停したさいに信長と面識があった。

ここに仲介者として明智光秀という人物が登場する。明智にかんしては良質な史料が少ないのだが、もと土岐氏で大筒（大砲）の術によって朝倉義景に仕え、五百貫の土地を与えられていた。一乗谷で藤孝と知り合い、その後おそらく朝倉氏とのあいだに何らかの軋轢を生じ、結局、信長に仕えるため美濃へ去った。

藤孝は信長と義昭を会わせたいのだが、織田家中に仲介を依頼できる伝手《つて》はない。そこで旧知の明智光秀を頼った。このあたりはその後の出来事の経緯から推測しているのだが、大筋は間違っていないはずである。

永禄十一年（一五六八）の元服を祝う宴からわずか二ヵ月後の六月、義昭は信長に御内書を与えて美濃へ移る希望を述べた。細川藤孝と上野清信はこれに添状を書き、和田惟政が使者に立った（『足利季世記』）。藤孝自身が使者となったという『綿考輯録』その他の説は、義昭の政治機構とそのなかの藤孝の地位を考慮するなら信じがたい。

六月二十一日、義昭は元服の宴の返礼として朝倉義景を館に召した。この席で義昭は信長のもとへ移ることを通告したものと思われる。そこへ二十五日、義景の一子阿君が急死するという事件が起きる。義景はふかく悲しみ、当座は何も手がつかない状況に陥ったようである。しかしそれは朝倉氏の歴史からの退場の一歩となった。

六年後の天正元（一五七三）年、織田信長軍の侵入によって一乗谷は破壊され尽くし、中世の時間が停止したままの姿をとどめることとなる。このため堀をめぐらした豪華な朝倉屋敷跡やなかば土に埋もれたままの甕がずらりと並ぶ台所をもつ武家屋敷の遺構、義昭の仮邸のあった安養寺の跡、整然とした町割りなどが今に残っている。高い山の背に強固な山城を築き、その裾の一乗谷川の河谷に沿って北から南へむかってわずかに開けた土地に城下町を作った特殊な形態であるが、秩序だってはいるものの、いくらか閉鎖的な遺構は、朝倉義景から感じられる慎重さ、ときには鈍重ともとれる現実への対応、無意味とも思える権威主義の発揮などに似つかわしい地形ともいえる。

その点では、一乗谷とならぶ中世遺跡の双璧《そうへき》である、芦田川の河口近くの交通の発達した地域にあって、洪水のため埋もれた広島県福山市の草戸千軒遺跡が、にぎやかな庶民の商工業の繁栄をしのばせる街であるのとは顕著な対照をなしている。

義昭は義景に対して、この度、一乗谷を退くことになった。滞在中はたいそう世話になった。今後ともそなたを見捨てることはないだろうという趣旨の御内書を与え、七月十六日に一乗谷を去った。まず木ノ芽峠を越え、南下して近江浅井氏の小谷城に入る。当主浅井長政の妻は信長の妹お市である。また伝統的に浅井氏と朝倉氏は協力関係にあったから、義昭の一行の旅の安全は保証されていたといってよい。

流転の日々は終わろうとしていた。信長の岐阜で義昭と藤孝にはどのような運命が待ち受けているのであろうか。

第五章　織田信長の登場

疾風のような上洛

永禄十一（一五六八）年七月二十七日、「公方様《くぼう》」（義昭をさす）が越前から近江の浅井の元へ立ち寄ったのち美濃へ入った。尾張の上総介《かずさのすけ》（織田信長）がお供して上洛なさるとのことだ、と奈良の多聞院《たもんいん》英俊《えいしゅん》が日記に書いている。足利義昭と藤孝を含む側近たちが織田信長に迎えられて岐阜の立政寺《りゅうしょうじ》（岐阜市西荘三丁目）に入ったのは、七月二十五日である。二日後には奈良で噂が流れていたわけだ。報知の伝わり方の速さは関心が高かったことの反映といえよう。

二十七日、信長ははじめて義昭と会った。信長は銭千貫、太刀、鎧、武具、馬などを献じ、義昭に将軍としての礼をとった。八月七日、信長は浅井氏に属していた近江の佐和山《さわやま》城（彦根市佐和山町）へ出向いて上洛の邪魔にならぬよう六角《ろっかく》（佐々木）義賢《よしかた》―義治父子へ説得工作を行った（『信長公記』）。しかし六角氏は応じない。矢島の義昭を狙って坂本を攻めた事件のころから、三好と組んでいたからである。近江守護として将軍の擁立にかかわって来た家柄からみれば、たかだか守護代にすぎぬ身分の上総介(信長)ごときは見下していたともいえる。

十七日に三好三人衆が「天下の事を談合する」ために近江に下ったと『言継卿記《ときつぐきょうき》』が記している。山科言継も理由は判らぬ、としてはいるが六角氏と三好党との連合は公然の事実となっていたわけである。

一方、すでに上洛の準備を整えていた信長は、「公方様」の上洛に供奉《ぐぶ》するという大義名分を得た。これを最大限に利用して、まず武田信玄と和解して背後の脅威を除いた。朝倉義景にも共に上洛しようと誘ったが拒絶される。そこで浅井長政や徳川家康と語らい(家康は代理として松平信一を参加させた)、近江でも甲賀の小豪族たちには和田惟政《これまさ》を派遣して忠勤をもとめ、六角氏の基盤を掘り崩した。

このように着々と準備を整えた上で九月七日に進発すると、六角氏の本拠、観音寺城(滋賀県安土町石寺)を衝くとみせて、支城の箕作城《みづくりじょう》(東近江市五箇庄)を馬廻りの佐久間右衛門、木下藤吉郎、丹羽五郎左衛門、浅井長政らに攻撃させ、猛攻の末、これを陥れた。支城を失って動揺した六角親子は堅城、観音寺城を捨てて伊賀へ逃れた。信長の武力の前に六角氏の近江支配はあっけなく崩壊し、京都への道が開けた。

いち早く十四日には迎えの使者が義昭のもとに着く。義昭は二十一日に岐阜をたち、翌日、近江の桑実寺《そうじつじ》(滋賀県安土町桑実寺)に迎え入れられた。観音寺城の西の麓、長い石段の上にある堅固な古刹《こさつ》である。信長自身は湖水を渡って三井寺に陣した。水運を利用したところがこの男らしい機動性である。もはや京都は一日行程の距離にあった。

永禄十一年の九月二十日は土用の入りで、京都は晴天の暑い日であった。織田軍が来る、一両日には必ず入京すると、噂がとびかい、騒動が翌朝まで続いた、と山科言継《やましなときつぐ》は日記に記している。すでに信長が動き出した頃から、その動向については報知が乱れ飛んでいたが、六角氏の誇る堅固な観音寺城があっけなく陥落するとは誰もが予想しなかった。それが秩序の崩壊を予感させたからこそ、人々はおののいたのである。

二十三日、細川兵部大輔と和田伊賀守（惟政）が総大将として近江衆一万余を率いて京都の近郊に入ったと『多聞院日記』にある。すでに京都に入ったというのは誤報であるが、信長が藤孝と和田惟政に先鋒を命じたことは事実で、一乗院覚慶（義昭）の擁立に功績のあったふたりにさりげなく先鋒を命ずるあたりに信長の繊細とすらいえる政治感覚をみることができる。

和田惟政は、すでにみたように甲賀の地侍で六角氏の支配下にあったと思われるが、覚慶の奈良脱出を援助したことで足利将軍家との関係が生まれ、そこから信長とも関係を生じた。この後、高槻《たかつき》の城主となり、キリスト教に帰依して、ルイス・フロイスの信長との会見を周旋したことで知られる。

三好勢はほとんど防戦らしい防戦もせぬまま京都を捨てて逃れ、信長は義昭を奉じて二十六日、京都に入り、自分は東寺に、義昭は清水寺に陣をとった。義昭、藤孝主従にとっては流浪三年目に念願かなって上洛をはたしたことになる。長い待機の時間にくらべると、あっけないほどのめまぐるしい展開であった。

『御湯殿上日記《おゆどののうえのにっき》』九月二十六日条に「一ちょういんとの（一乗院どの）きよみつまで御しやうらく（清水まで御上洛）、みつふちき（ひ）やうふのたゆふ（三淵兵部大輔＝藤孝）、みやういん（明院良政《みょういんりょうせい》）まいられて、おたのかつさ（織田の上総すなわち信長）おほせつけられ、御けいこ（御警護）かたく申付られ候よし」とある。信長が藤孝と近臣の明院良政に御所の警備を命じたというのである。ここでも将軍側近として朝廷にも信頼のあつい藤孝に御所警護を命じたあたりに信長の人材配置の妙と人心を静める計算の巧みさを感じる。それは藤孝にたいする信頼の現れでもあった。明院良政は信長の右筆《ゆうひつ》で上洛にあたって御所警備をもとめる朝廷との窓口となっていた。

京都を退いた三好三人衆の一人、岩成友通は山城青龍寺城に籠もった。この城が山城から摂津への通路の喉もとを扼する地にあり、古くから和泉細川家の所有にかかること、したがって藤孝が領していたこと、彼が一乗院覚慶を奈良から脱出させるにあたってやむなく捨て去ったことは、すでにみたとおりである。信長は柴田勝家、蜂屋頼隆《はちやよりたか》、森可成《よしなり》、坂井政尚を先鋒としてこれを攻めた。岩成は支えきれずに敗走した。細川家の系統の『綿考輯録《めんこうしゅうろく》』は藤孝がとくに願って独力で城を回復したといっているが事実に反する。これは「かくありたかった」という願望の物語が歴史に転じたものであろう。

義昭ついに将軍となる

反対勢力を一掃した織田信長は、義昭をつうじて寺社の所領を安堵《あんど》し、厳正な軍規を示して、たちまちのうちに京都の秩序を回復した。他方では余勢をかって三好勢の一掃を計る。義昭を奉じた織田軍団は摂津へ流れ込んだ。その勢いに高槻や茨木の城は戦わずに降伏する。信長はさらに細川信良と三好長逸《ながやす》の守る摂津の芥川城（高槻市原）、池田勝正の池田城（池田市城山町）を降伏させて摂津を制圧した。

この騒乱のあいだに三好党が推戴した将軍義栄は摂津富田の普門寺（高槻市富田町）で病死していた。『公卿補任《こうけいぶにん》』永禄十一年の部には「九月日征夷大将軍薨去《こうきょ》（腫物）。同入道殿以下出奔（阿州）」とある。九月（十月とする史料もある）に義栄が腫れ物のため死亡、堺公方といわれたその父の義維《よしつな》は三好党とともに阿波へ逃れたという意味の記事である。京都に入れぬまま病死した義栄もまた悲劇の将軍といえよう。

機をみるに敏な大和の松永久秀は、すばやく信長に降伏した。九月二十八日に人質を差し出し、九十九髪《つくもがみ》の名をもつ唐物の茄子《なすび》型の茶入れを献じている。三好義継も降伏した。義昭は兄将軍義輝を殺した二人の降伏を認めたがらなかったが、信長がそのように個人的な恨みに執着していては天下を治めることはできぬと諭して、降伏を受け入れた。

信長と義昭とは摂津を平定して京都にもどり、義昭は本国寺（京都市六条にあった）に館を構えた。そして十月十八日、義昭はついに念願の征夷大将軍、参議、左近衛権中将に任ぜられ、従四位下に叙せられた。

天皇も公家も京都の町衆の多くも、伝統の回復は繁栄と安定の始まりと安堵したことであったろう。女房日記のことば遣いを借りるなら、「めでたし〳〵」である。それが終わりの始まりであったことを予想した者がいたかどうか。歴史はやがて足利義昭を「最後の将軍」として記憶することとなるだろう。

十月二十二日、新将軍義昭は御礼のために参内した。藤孝も和田惟政とともにこれに従った。太田牛一の『信長公記』は、信長が公方様から上洛のことをお請けしてからわずか百日で実現してしまった、と信長の功績を誇っている。たしかに将軍上洛にともなうさまざまな問題を、信長は一挙に武力で解決してしまったのである。義昭もそのことは自覚しており、信長に対して「御父」という、卑屈とすら感じられる尊称をつけた感状を与えている。もっとも文書によってはこの二字を欠くものもあるが。

今度、国々凶徒等、日を歴《へ》ず時を移さず、悉《ことごと》く退治せしむるの条、武勇天下第一なり。当家の再興これに過ぐべからず弥《ますます》国家の安治、偏《ひとえ》に憑《たの》み入るの外、他なし。
尚、藤孝、惟政申すべきなり。

十月二十四日　御判
御父　織田弾正忠殿

御追加
今度大忠に依つて、紋桐、引両筋遣はし候。武功の力を受くべき祝儀なり。
十月二十四日　御判
御父　織田弾正忠殿

形式上はあくまで将軍が臣下に与える感状である。その形式と「御父」という奉り方とのあいだにははなはだしい落差がある。桐の紋は皇室から足利尊氏《たかうじ》が拝領したもの、引両筋《ひきりょうすじ》（二引両）は丸に二本の筋を引いた足利家伝統の紋である。かつて義輝が三好長慶にしたように、それらの使用を信長に許すというのである。

文書の形式の上からいうと、ここで添え状を細川藤孝と和田惟政に書かせていることに注目したい。この種の文書は習慣的に当事者の仲介的な位置の人物に書かせるものである。和田は信長に近く、藤孝は将軍家に近い。そして共に一種の外交官として共通の基盤の上にたって活動しているのである。別のいい方をするなら、細川藤孝は新将軍義昭と織田信長とのあいだの緊張関係を直接、仲介せざるをえないという危うい位置に身を置いたことになる。

十月二十六日に信長は木下藤吉郎らに五千の兵を預けて京都を守らせ、自分は岐阜へ帰ることとなった。義昭は能楽を催して信長以下の上洛の功績者をねぎらった。場所は細川典厩藤賢《てんきゅうふじかた》の屋敷である。能楽は五番。はじめに盃の応酬があり、義昭は管領なり副将軍なり、のぞむままの地位をとらせようと信長に申し出たが、彼はやんわりと辞退した。将軍は信長に地位を与えることで臣下として頭を下げさせようとし、信長は巧みにそれを避ける。

これは天皇にたいしても同様で、翌年、副将軍に任ずる旨の勅語があったが、信長は返事もしなかった。一見なごやかな雰囲気の中に新旧の権威の激しい暗闘が始まろうとしている。形式の上からいえば、永禄十一年（一五六八）十月二十八日に足利義昭が征夷大将軍に任命されたことにより、室町幕府は再興されたことになるが、実質は九月二十六日、織田信長が義昭を奉じて上洛した日をもって信長による政治の開始――歴史学的にいえば秀吉時代を含めたいわゆる「織豊《しょくほう》政権」が成立したと見るべきであろう。権力の所在とその性格は変わったのである。それを認識できなかったのが、ほかならぬ天皇や将軍であった。

三好党の本国寺襲撃

平穏をとりもどしたかに見える永禄十二年（一五六九）の京都の春は、突発事件でかき乱された。正月四日、信長の不在を狙って、三好三人衆の軍勢が本国寺（江戸時代に本圀寺と改称）の義昭の館を襲撃したのである。先手の大将は薬師寺九郎左衛門という強者《つわもの》で門前の家を焼き払い、一時は寺のなかへ侵入しようという勢いを示した。

本国寺は日蓮宗の大寺で法華一揆の時代には拠点でもあったから、堀や石垣を備えた強固な構えをもっている。だからこそ将軍の仮の館にも選ばれたのである。とりあえず持ちこたえた。急を聞いて細川藤孝、和田惟政などが駆けつけた。なかでも摂津若江城（東大阪市南若江町）から出撃した将軍方の三好義継が三千の兵をまとめるのに手間取っている間に、すり抜けるようにして本国寺に駆けつけた和田惟政の勇猛ぶりが注目された。

藤孝自身は二百騎あまりを率いて京都にむかうと、もはや桂川を越えたあたりの南郊で三好党と三好義継が遭遇戦を演じていた。押されがちな義継を助けて機敏に横から槍を入れたが、一万余の三好の大軍に三好義継の三千、藤孝の二百の兵は包囲されて苦戦した。しかし次第に摂津から池田勝政、伊丹親矩《いたみおやつね》、荒木村重らが救援に現れ、三人衆の本陣を切り崩し、やっと京都に入ることができた。

六条の本国寺に拠る将軍方は二千、それを三好方の一万の兵がひしひしと取り囲んでいた。だが藤孝らがこれをさらに包囲し、やがて期をみて突撃し、三好党は四散して包囲を解くことができた。世にいう「六条の六日崩れ」である。

一時は非常な混乱で山科言継は「久我入道愚庵、細川兵部大輔（藤孝）、池田筑後守は姿が見えないとの由」と書いているほどだが（『言継卿記』正月七日条）、二日後には三好左京大夫（義継）、池田筑後守は青龍寺城に入ったと報知があった。藤孝はこの騒乱を機会に武将としても機敏なところを示す機会を得たわけである。

信長が報知を得たのは六日、ただちに十騎あまりを連れて岐阜を飛び出し、折からの大雪のなかをわずか二日で駆け抜けて京へ入った。すでに三好党は撃退されていたが、機動性と指導力を天下に轟かせる効果は充分であった。

正月の雑煮《ぞうに》の箸をからりと投げ捨てて京都にむかい、本国寺に駆け入ると守備の人数に槍をとって即興の小唄にあわせて突撃させ、敵を追い散らしたという伝説が生まれたこと自体がその証拠である。

この非常事態に信長の後から続々と駆けつけた直属の岐阜、美濃の兵、摂津などから参集した新付の兵——あわせて五万とも八万ともいわれる兵力が京都に満ちた。短期間にこれだけの兵力を集中してみせたこと自体が、信長の軍事能力が、これまでの誰とも異質であることをみせつけた筈である。どこかボロジノの会戦の最中に、戦術とは一定の時間内に敵より強くなる術なのだ、と側近にむかってうそぶいたナポレオンを思わせるものがある。

信長はこの有利な条件を最大限に利用して、まず堺を屈伏させた。

前年の摂津平定にあたって信長は堺に矢銭《やせん》（軍事費）調達を命じたが、会合衆《えごうしゅう》と呼ばれる三十六人の豪商が権力を握る独自の自治都市堺は、浪人を集め、櫓を高め、堀を深くして防戦の構えをみせ、これを拒絶した。信長はあえて咎めようとしなかったが、今回は態度を変えて、堺が三好長逸や岩成友通を援助したことを強く非難する使者を出した。信長の実力と三好三人衆の敗退を目のあたりにした会合衆は屈伏し、今後、三人衆に加担しない、浪人は召し抱えないという条件で二万貫を納めてようやく焼き討ちを免れた。

つぎに信長は正月十四日、幕府の「殿中の掟」七条を定めてその行動を制約した。武家伝奏を経ないで直接、朝廷へ内奏することを禁止し、下級者が将軍へ伺候するさいの規制も設けた。義昭が自分で定めたという体裁をとってはいるものの、実質的には信長の意志である。新旧ふたつの権威があからさまに対立をはじめたのであった。

将軍御所の建設――激化する対立

しかしすぐに将軍御所の建設が賑やかに始められたため、この対立は目立たなかった。当時、武家御所、武家御城、室町殿などと呼ばれた新邸は、後世には二条城とよばれることがあるが、家康が建てた現二条城とはまったく別なものである。現在の同志社大学のキャンパスの向かい側、烏丸《からすま》丸太町交差点から西北の一角にあたる。かつて義輝が横死した近衛御所（室町殿）の跡でもある。もともと京都は起伏に乏しく、守りにくい土地である。本国寺が襲撃された結果、防衛施設の必要を痛感した信長は天皇の御所に近く、上京、下京を抑えるにも恰好な位置を占めるこの場所を選んで建築を始めたのであった。

正月二十七日に鍬入れを行い、二月二日に西側の石垣を積みはじめ、六日目には高さ四間一尺（七・五メートル）の西側の石垣が完成、二十四日には南側石垣もほぼ完成していた。短期間の工事の背景には、おびただしい資材や人力の投入とその効率的な運用があったことは見やすい道理である。三河、尾張、美濃、伊勢、近江、伊賀、若狭、山城、丹波、丹後、摂津、河内、和泉、播磨の近隣十四ヵ国から大工や人夫を動員し材木や石材を集め、毎日数千人が動員されて工事にたずさわった。信長は現場にあらわれて、直接に工事を督励した。

この時、京都でのキリスト教宣教の許可を得ようと和田惟政の手引きで信長に会ったイエズス会士ルイス・フロイスは、工事現場で采配をふるう気さくでしかも威厳のある信長の姿を活写している。信長は屋外で人々が見ている前で熱心に話しあい、フロイスを感激させた。

「彼は司祭〔フロイスのこと〕を呼び、橋上の板に腰をかけ、陽があたるから帽子をかぶるようにと言った。そして彼は約二時間、ゆったりした気分で留まって語らった」（フロイス『日本史』邦訳の4、第三五章〔原本の第一部八六章〕）。

信長が石垣の工事に仏像を集めて石材として用いていることも、フロイスは反仏教、反偶像崇拝の行為として賞賛している。昭和四十九年（一九七四）、地下鉄工事にあたって遺構が発掘され、石仏、板碑、五輪塔などが多く用いられており、フロイスの言葉を裏書きした。石仏はほとんどが腹のあたりで真二つに切断されていたという。発掘調査によって新邸の規模は南北三九〇メートル、残存する石垣の高さ三・八メートル、堀の幅は一六・七メートルと判明した。

しかし石仏を石材に転用したのは信長だけの行為ではない。細川藤孝の青龍寺城跡の公園整備にあたっても、同じように切断された石仏が地下から掘り出された。いま展示されているそれらの石の仏たちを見て、わたしは利用できるものは感傷ぬきに利用するしたたかな戦国の時代精神を藤孝と信長が共有していたことを改めて強く感じたのであった。

御所は将軍の居住の場所でもあるから、防禦施設のほかに豪華な庭や美々しい建築も作られた。細川藤賢邸にあった藤戸石の名のある巨石を庭に移すには、石を綾錦で包み、花を飾り、笛太鼓で囃したてながら、大綱で曳いて信長自身が指揮をとった。びくともしなかった巨石がはじめて動いたという。彼はこのように「晴れ」を演出し、それを巧みに利用することに長けていた。

こうして御殿ははやばやと完成し、永禄十二年（一五六九）四月十四日、義昭は新館に移った。ところが間もなく御殿の門前の石畳の上に割れたはまぐりの殻を九つ置いたものがある。誰にも意味が判らなかったが、信長だけは意味を察して、公方が「うつけで、くかいに欠ける」の意味だ、京童が将軍をあざけってしたことだと周囲に洩らしたという。九つの貝が割れているから「公界に欠ける」（世間知らずである）を意味するのだという（松永貞徳『戴恩記』）。

ついで彼は皇居の修復に着手した。これも京都の人心を得るための計算である。しかし人間は誰もが自分本位にしかものを考えない。修復による物質的な利益を得ただけで天皇は信長の忠誠に感じ入り、将軍は武家の棟梁として信長を統制できたと信じこむ。フロイスは信長こそ仏教の敵、イエズス会の保護者と感激する。それらの思惑のなかにあって信長の荒ぶる魂はふ

織田信長（神戸市立博物館蔵）

と孤独を感じる日もあったろう。彼は自分以外の何者も信じていなかったのである。

細川藤孝は、永禄十二年正月の戦争での働きにより、将軍から感状を授けられ、桐と引筋両の紋の使用を許された。これまでの藤孝の紋は松菱だが、以後は桐を用いるようになった。ついでながら名高い肥後細川家の九曜星の紋は忠興以後のものである。また御所の造営が、藤孝の義昭からの離反の遠因となったと『綿考類輯』は指摘する。工事のさい、将軍側近の荒川輝宗の歩卒と上野清信の郎党がささいなことから口論して礫を投げ合う結果になった。このとき細川の手の者が荒川方に加勢した。これを上野清信が恨んで、以後、藤孝のことをことごとく義昭に悪くいう。それゆえ義昭との関係も

悪化していったというのだ。また清信はもと一乗院覚慶時代の義昭の寵童《ちょうどう》で、のち上野信孝の養子となった。このため清信の言葉を義昭が用いるようになったともいう。

うがちすぎた話だが、新築工事が矛盾の噴出のきっかけとなったとする点はうなずけるものがある。義昭がようやく征夷大将軍となると、さまざまな人間関係のこじれが表面に現れてくるのも人間の行動にありがちなことではあるからだ。

足利義昭（東京大学史料編纂所蔵）

義昭の幕府が最初に発した文書は永禄十一年十月二十一日付、京都中に皇室領の課役などに未納がないように命じたものである。そして二十四日には、和田惟政、伊丹親興《ちかおき》、池田勝正にたいして互いに和協を命じる文書を出した。はしなくも政権の誕生と同時に、側近のなかで対立が生まれはじめたことを物語っている。新参ながら実力があり、摂津芥川城という要地を授けられた和田惟政に対して伊丹、池田など近隣の古くからの城主が反発したものと思われる。同じようなことが藤孝の周辺で起きていたとしても不思議はない。

思い出されるのは、例の「御父信長殿」の将軍の感状に添状《そえじょう》を書いたのが和田惟政と細川藤孝であることである。将軍と信長とを仲介する立場にいた二人はともに新政権誕生とともに排斥されはじめたわけだ。将軍からみれば、藤孝は自分の側近にもかかわらず、信長寄りにすぎると見えはじめていたのではなかったか。日本社会では組織は絶対的な帰属意識をもつべきものと期待されている。だが仲介とは組織を相対化する能力だから、仲介者は忠誠心を疑われる結果となるのである。

一方、信長は京都の将軍御所の新築が成ると間もなく、伊勢の平定に着手した。すでに述べたとおり南伊勢の北畠一族がまだ信長に対抗していたが、この年五月、北畠具教《とものり》の弟木造具政《こづくりともまさ》が兄に背いて信長に通じた。これをきっかけにして信長は八月、伊勢に侵攻したのである。圧倒的な兵力で北畠の本拠大河内城（三重県松坂市大河内町）を包囲して兵糧攻めにした。十月上旬になると城内から餓死するものが出るようになり、北畠具教はついに屈した。信長は具教を放逐し、次子茶筅《ちゃせん》（信雄）を入れて北畠の家督を継がせた。こうして伊勢全土は信長の手に入ったのである。信長は、伊勢の要地に滝川一益《かずまさ》や織田信包《のぶかね》を置いて支配を固めた上で、自身は千種越《ちぐさごえ》経由で近江に出、京都に入った。

ところが十月十一日に入京して将軍に伊勢平定を報告した信長は、十三日に参内したものの、十七日にはもう京都を発って岐阜へ帰ってしまった。

消息通の多聞院英俊は、「十六日ニ上意トセリアヰて下了《くだりおえんぬ》」と記している（『多聞院日記』十月十九日条）。将軍と意見が衝突した結果、岐阜へ帰ってしまったというのである。この観測は正しいだろう。

もう一人の消息通、山科言継《やましなときつぐ》の日記は、残念なことに、九月三日から十月末日までが欠けている。だが正親町《おおぎまち》天皇が、みずから筆を執ってしたためた女房奉書の下書きが残っていて、信長の行動が朝廷に与えた衝撃を物語る。女房奉書とは宮廷に仕える女房からの手紙という体裁で天皇の意思を伝える文書である。

「信長にわかに帰国のよし、おとろきおふしめし〔驚き思し召し〕候。いかやうの事にてかと心もとなきよし、たつておふさられたく候。はる〴〵の道にてわつらはしさなから、きと下《げ》かう〔下向〕候て、えい心〔叡心〕のおもむきをつたへられ候はゝ、よろこひおほしめし候へきよし心え候て申とて候」（『大日本史料』十編の三／永禄十三年十月十七日条）。

女性の手紙という体裁のせいもあって、恋の手紙にも似たからむような感情が生々しく天皇の困惑を伝えている。さらに天皇は山科言継を岐阜に遣わして信長をなだめようとした。言継は十一月八日に京都を発ち、十二日に岐阜に着いた。翌日面会した信長は「京都のことにはもはや関与したくない」と八つ当たり気味ではあったが、ともかくも、年明けの上京を約束した。

天皇や将軍に対する信長の反逆は、期待どおりの結果をもたらしたといえる。してみると突然の岐阜への帰還は、単純な衝動的な行動ではあるまい。彼は計算づくで自分の不在の意味をアピールして真の権力の所在をみせつけてみせたのである。

信長の五ヵ条の要求と藤孝

波乱含みのまま年が改まって永禄十三年（一五七〇）となった。この間、細川藤孝は京都と岐阜のあいだを奔走していたことが文献から読みとれる。まず正月二日に山科言継が将軍のもとへ年始におもむいたさい申次《もうしつぎ》は細川藤孝であった。つまり藤孝は京都にいた。ついで十三日、美濃における連歌興行に彼の名が見える（土田将雄『細川幽斎の研究』第二章、文学年譜）から、信長のもとに下ったことが判る。

さらに『言継卿記』によると、二十四日に信長から将軍に鷹や雁百五十羽が贈られ、翌日このうち五十羽が禁裏に届けられた。使いは細川藤孝であったという。宮中で沈酔することさえあった酒好きの山科言継は、その分配に与って雁を一羽拝領しただけでなく、一条殿へ配ることをも依頼され、その館で歓待されて盃をうけている。

ともあれ、これで藤孝の帰京が確認できる。岐阜―京都間は三日行程、言継が十一月に美濃へ下った旅の場合は五日かけている。だから藤孝がこの日までに京都へもどっていることは不自然ではない。むしろ問題は、彼があわただしく岐阜へ往復した理由である。彼が信長からもたらしたものは鷹や雁ばかりではなかった筈だ。

これを裏付けるのは、正月二十三日、つまり藤孝が岐阜から帰った直後に、将軍が信長から承認を迫られた五ヵ条の文書に捺印をしている事実である。原文は一書《ひとつがき》だが、現代語訳にあたって便宜上、番号を付した。

（黒印「義昭宝」）

条々

一、諸国へ御内書を出すには信長の承認を得た上でその添書をつけるべきこと。
二、これまで下知した裁許はすべて破棄し、その上で再考してしかるべく処置されたい。
三、将軍が忠節の臣に恩賞を与えるに当たって土地がなければ、信長の分国内からでも与えるべきこと。
四、天下の事を信長に委任された以上、信長の裁量によって政治を行うことは勝手であること。
五、天下を静謐《せいひつ》に保つためには禁中のことには油断なく勤めるべきこと。
以上
正月廿三日
日乗上人　（朱印「天下布武」）
明智十兵衛殿

信長が自分の朱印「天下布武」を捺印した朝山日乗上人と明智光秀あての書状の体裁をとり、それを承認したという意味で巻頭に四角い「義昭宝」の黒印が捺してある。この形式を袖印という。「○○宝」は一般には私印に用いる印章だが「義昭宝」の捺印例は他にないので比較ができない。

要点は政治の実権が自分にあることを信長が義昭に確認させた五ヵ条である。義昭にとっては屈辱的な内容であった。裏を返せば、義昭は依然として御内書を出して諸大名を勧誘し、宮中にも工作して反信長の陰謀をめぐらしていたということにもなろう。

第三条の意味がはっきりしないが、あるいは義昭の恩賞が不公平でたとえば細川藤孝のように信長に親近感を示す側近を冷遇しているというような事実を反映しているのかもしれない。

いずれにしても信長は、自分の不在による京都の混乱に乗じて義昭を屈伏させた。仲介者が政治的な僧侶で禁中にも出入する日乗と信長側近の明智光秀であることにも注目したい。日乗は後、信長の前でイエズス会と法論を行って敗れることとなる。

五ヵ条の覚書によって信長は完全に将軍の権限を封じ込めたかにみえる。二月二十五日に、信長は岐阜を出発して京都に向かった。赤坂を経て近江の常楽寺に泊まり、近江の相撲取りを集めて相撲見物などした上で、のんびりと三月五日に京都に入った。

他方で彼は主な大名に上洛を命じて、権力固めに取りかかってもいた。たとえば徳川家康もこの意を受けて信長と同じ日に入京している。

将軍と信長の関係は、表面上は穏やかであった。共に鷹狩りに興じ、調馬をみている。四月十四日には将軍の御殿新築を祝う催しとして、観世、今春の太夫立ち会いで七番の能が演じられた。

しかし、将軍義昭が、決して屈伏していなかったことを、信長はこの直後から思い知らされることとなる。

第六章　元亀元年——信長の危機の年

挟み撃ち——金ヶ崎の大返し

永禄十三年（一五七〇）一月、信長は朝倉義景《よしかげ》に上京を命じた。義景は老臣たちとはかった上でこれを拒絶した。信長の支配下に入ることを潔しとしなかったためである。信長は不服従を口実に、四月二十日、ほとんど前触れなしに三万の大軍を催して朝倉討伐にむかった。

信長の軍団は勝利を確信して、あたかも凱旋行進ででもあるかのように朽葉色《くちば》（赤味がかった黄色）の大旗十本を押し立て、弓、鉄砲、三間柄の朱塗りの槍に揃いの具足の武士五百騎を先頭に立てる華やかな行列を作って京都を出発した。

その日、信長は坂本を越えて和邇《わに》（滋賀県大津市和邇）に泊まる。そして安曇川沿いに若狭往還を進み、若狭熊川を経て北に転じ、越前に対する若狭の前哨拠点である国吉城（福井県美浜町佐柿）へと進んだ。

一方、四月二十三日、信長のいない京都では元亀と改元が決まった。信長は天正という年号を希望していたが、元号の決定は将軍が提案し、武家伝奏をつうじて朝廷がこれを受理する手順であるから、将軍の意思が通りやすい。将軍義昭にしてみれば、信長の意向を無視して自分の主張をとおすことに陰湿な喜びを感じたに違いない。

ともあれ二十五日、信長の軍団は若狭—越前国境の関峠を越えて敦賀に侵入した。朝倉一門の景恒が守備を固めていたが、猛攻の前に手筒山城（敦賀市手筒）が陥落し、二十六日には地つづきの金ヶ崎城への攻撃が開始された。耐えきれず朝倉景恒は城を明け渡して敗走する。これで木ノ芽峠を越えて越前の平野になだれこめば、もはや、一乗谷まで遮るものはない。

しかしこの時突然、信長のもとに浅井長政反逆の報知がもたらされた。浅井は古くから朝倉と結びつきの強い北近江の雄ではあるが、信長が北近江を安堵《あんど》し、妹お市の方を嫁がせている盟友でもある。信長がにわかにはこの報知を信じなかったのも無理はない。

しかしつぎつぎと報知が続く。信長は前に朝倉軍を迎え、退路は浅井の精兵に断たれようとしていた。彼は木下藤吉郎に金ヶ崎の城を預けて殿軍を命じ、自分はわずかな供まわりだけを連れて敦賀を脱出した。いわゆる「金ヶ崎の大返し」である。

唯一の退路である朽木《くつき》谷の支配者、朽木元綱は浅井と結託しているかもしれない。さすがの信長も動揺を隠せなかった。しかし松永久秀が朽木元綱との交渉役を買って出て「朽木を味方につけ、人質をとってお迎えにあがります。もし自分が帰ってこなければ、元綱と刺し違えて死んだと思ってください」とこともなげに言い放って使者にたった。

交渉が成立し、朽木元綱が甲冑をつけたまま信長を迎えようとしたところ、久秀が制して平装に改めさせたという逸話がある。信長は怯えているから、武装して驚かすのはよくないというのである。何度も修羅場をくぐり、人の心を読むことにも長けていた久秀だけのことはある。

信長の退却に乗じて近江では六角義賢《ろっかくよしかた》が愛知郡の鯰江城《なまずえ》（滋賀県東近江市鯰江町）に拠って挙兵し、浅井と呼応して信長の岐阜への退路を遮った。信長は近江に配下の将を配置して抑えとし、自分は千《ち》種《ぐさ》越経由で岐阜へ戻ろうとする。そこを六角義賢の命を受けた杉谷善住坊《ぜんじゅぼう》という鉄砲の名手が二つ玉で狙撃した。二つ玉とは二つ割りにした弾丸を紙でくるんだもので、発射されると弾丸が割れて散弾のような効果をもつ。弾丸は信長に当たったが、胸に付けていた非常食の干し餅に当たって事なきを得たという。

このようにして信長はようやく五月二十一日、岐阜へ戻った。彼にとっては生涯で最大ともいえる危機であったが、強運にもめぐまれて何とか乗り切った。ちなみに信長はこの暗殺者を執念ぶかく追わせ、二年後に捕らえて見せしめのため鋸引《のこぎりび》きにした。

朝倉方にしてみれば、詰めの甘さが目立つ。信長が敦賀へ侵入した時、朝倉義景は遅まきながら出陣して浅水（福井市）に達していたが、一乗谷で騒乱が起きたため引返した。一族の朝倉景鏡《かげあきら》も府中（越前市）まで出陣したものの、先へは進まなかった。

朝倉景鏡を総大将とする二万の軍が北近江に出て追撃にかかったのは五月十一日、すでに信長の退却から十日も経っていた。浅井は小谷《おたに》城（滋賀県長浜市小谷郡上町）の南八キロメートルほどの場所に横山城（滋賀県長浜市石田）を築いて信長に備え、朝倉景鏡は美濃まで進出して垂井、赤坂あたりに放火したが、信長が応ずる気配をみせないので、そのまま兵を引いた。

姉川の合戦の勝利

浅井・朝倉連合軍がようやく織田の軍団と対戦したのはそれから一ヵ月後の姉川の合戦である。六月十五日に朝倉景鏡が兵を引くと、信長は即座に近江に出兵し、浅井氏の本城小谷城を攻めた。虎御前山《とらごぜんやま》（滋賀県東浅井郡湖北町）に陣を取り、まず横山城を包囲した。朝倉方は朝倉景健が八千の兵を率いて改めて出兵、両軍は姉川を挟んで対峙した。織田軍二万、徳川家康五千、対する浅井は五千（あるいは八千）、朝倉八千（あるいは一万五千）といわれる。六月二十八日、朝から始まった戦闘は最初うちむしろ浅井・朝倉連合軍が優勢で、十二段に備えた織田軍団を十一段まで撃破したと伝える。織田軍の左翼を占めて、朝倉勢と相対していた徳川家康が最終的に朝倉を突き崩した。河岸の平野部で横に広がった陣形で左翼が突出して背後に廻りこんだので全線にわたって動揺が広がり、結局、浅井・朝倉方の大敗となった。死傷者数ははっきりとは判らないが、朝倉勢は壊滅的な打撃を受けたもののようである。

このような危うい均衡の戦いでは士気が影響するところが大きいから、朝倉義景が自身で出馬していれば、結果がどうなったか判らない。彼はこの合戦の意義を認識していなかったとしか思えない。彼もまた将軍同様に伝統や名誉に固執して織田信長の実力と時代の変化を読むことができなかったのである。

信長は取次ぎ役の細川藤孝をつうじて将軍に伝えるという体裁でその日のうちに戦勝を報告した。

今日巳時《み》〔午前十時〕、越前の者ならびに浅井備前守〔長政〕、横山の後詰として野村と申す所まで執《く》り出だし、両所に人数を備へ候、越前の者一万五千ばかり、浅井の者五、六千もこれ有るべく候か。同刻、此の方より切りかかり、両口一統に合戦を遂げ、大利を得候。首の事は更に校量を知らず候間、注すに及ばず候。野も田畠も死骸ばかりに候。

誠に天下の為、大慶これに過ぎず候。小谷の城責め崩すべきといへども、山景《〔ママ〕》之由候間、先ず相抱へ候。

畢竟《ひっきょう》落居程あるべからず候。両国共に武篇の一儀をもって物の数にあらず候。江北の事は平均に属し候。横山楯籠《だてこもり》候共〔衆カ〕、種々侘《わび》申し候へ共、討ち果たすべき覚悟に候。今明日之間たるべく候。即ち佐和山の儀申し付け、直ちに上洛致すべく候。これらの趣、御披露有るべく候。恐々謹言。

六月廿八日　　織田弾正忠

信長

細川兵部大輔殿

〔追伸〕今度岡崎家康出陣、我等手廻の者共、一番合戦の儀、論ずるの間、家康、申し付けられ候。池田勝三郎〔経興〕、丹羽五郎左衛門〔長秀〕相加え、越前衆に懸り候て切り崩し候、浅井衆には手廻の者共にそのほか相加え、相果たし候。何《いずれ》ももって粉骨を抽《ぬき》んじ候。御察に過ぎ候。以上。

簡潔な表現で、勝利の直後の興奮が伝わって来るような報告であるが、そこには「物の数にあらず候」とか「討ち果たすべき覚悟に候」とか将軍にたいしても充分に威嚇的な言葉が含まれている。朝倉と浅井の連合や、六角氏の再起の背後には将軍の姿があった。そのことは信長も充分に承知していたものと思われる。

藤孝がこの報告の宛先であることは将軍の側役《そばやく》としての組織上の地位にすぎないが、それでも仲

姉川合戦図屏風（部分）（福井県立歴史博物館蔵）

介者としての藤孝は、冷え冷えとしたものを感じたには違いない。このころから彼は次第に信長に接近していく。

織田信長にとって元亀元年（一五七〇）は、最大の危機の年であった。無造作に権力をもぎとったことのツケが回って来たといえようか。いいふるされた言葉ではあるが、権力を獲得すること（中国でいう「革命」）よりは、維持すること（守制）の方が困難なのである。権力を掌握しても、旧勢力は一掃できない。旧制度に安住していたい者たちの抵抗は執拗で隠微である。そして臆病な多数者は必ず声の大きい者の側につく。その方が自分の頭で判断するよりは楽だし、安全だ。さらに彼らはどちらの声が大きいのか見きわめがつくまでは容易に動かない。

南方の戦線――石山本願寺うごく

わたしたちの主人公である細川藤孝の立場から見るならば、問題はいっそう困難であったことは容易に想像がつく。彼は将軍側近として忠実に幕府の再興に努力しても来たはずである。しかし義昭が征夷大将軍となり、幕府を開いた瞬間に、彼は自分が尽くしてきたものの本質を見抜かないわけにはいかなかった。

何といっても藤孝は信長の同時代人――同じ天文三年（一五三四）、午の年の生まれである。もはやいたずらに過去の権威にすがった将軍政治では時代に適合できないことは感覚的に認識できる世代であった。

信長が朝倉・浅井の連合軍と戦っているあいだに、南では三好三人衆がふたたび動き始めた。七月、本拠の阿波の兵を摂津に集め、河内へ進出し、さらには京都を窺う姿勢である。八月十七日、三人衆の兵は三好義継《よしつぐ》が籠もる河内古橋城を包囲した。三好三人衆にしてみると、一度は三好長慶《ながよし》の後継者としていただいた義継である。将軍＝信長側についた義継にたいしては近親憎悪とでもいえる感情があったようだ。それだけに信長も、三好に打ち込んだ楔ともいえる義継を支援しないわけにはいかない。岐阜へ帰っていた信長は急遽京都に入り、二十五日には河内枚方《ひらかた》へ進出した。

信長は作戦を急いだ。南の戦闘が長引けば、北で浅井・朝倉がふたたび動き出すことは目にみえている。この時期の政治に大きな影響力をもっている石山本願寺の動向も気になる。朝倉義景は加賀の門徒を抑える必要から本願寺の顕如《けんにょ》上人とは密接な交渉がある。朝倉と本願寺が呼応して動けば、信長は北と南の両面で作戦を強いられる。彼は木下藤吉郎に命じて近江の野洲川あたりを越える商人を検問し、越前と大坂の本願寺とのあいだの密使を捕らえようとしたが、なかなか証拠は摑めなかった。信長はこれらの策謀の裏には将軍義昭がいることを充分に承知している。しかし敢えてそれには触れない。利用価値があるあいだは利用しようというリアリズムである。こんどの出兵にあたっても強引に将軍の同行を求めた。義昭は三十日に京都を出発、同日は藤孝の青龍寺城に泊まり、ついで摂津中嶋の細川藤賢《ふじかた》の城へ進んだ。

根来や雑賀の鉄砲集団が味方についたのは、将軍の威光といえよう。しかし三人衆側の野田、福島の城は淀川河口の低湿地に囲まれた小台地上にあって攻めにくい。手こずっているあいだに不安が的中した。本願寺が突然、旗幟を鮮明にしたのである。

元亀元年(一五七〇)九月十二日の深夜、大坂湾を見下ろす石垣の上に築かれた要塞のような石山本願寺で早鐘がつかれ、顕如上人は全国の門徒にたいして信長との戦いを呼びかけた。

これまで本願寺は時の権力者にたいしては協調的な態度をとってきたから、これは重大な政策転換を意味した。本願寺もまた信長にたいして従来の権力者とは異質なものを感じていた。彼には仏法を恐れる気配がない。

今回の戦さでは五千貫という莫大な矢銭(軍事費)の負担を強要したばかりでなく、本拠地(現在の大阪城のある場所)を退去することを要求して来た。三人衆が撃破された場合、つぎに矛先がむかうのは自分たちであるのは目に見えていた。

「しからばこの時、開山の一流（親鸞の教えを汲む門徒）、退転なきよう、おのおの身命を顧みず、忠節を抽《ぬき》んでらるべく候事」（もとは漢文）という檄文《げきぶん》が本願寺の立場を物語る。これは近江の門徒あてだが、同趣旨の檄が各地にもたらされた。結果としてこれは足掛け十一年に及ぶ信長との戦争の始まりとなった。

藤孝、御牧城を攻める

九月十六日、浅井・朝倉連合軍は南下して近江坂本に迫った。動員のす早さは、本願寺との結託を推察させる。そして姉川の合戦の反省か、朝倉義景自身が越前兵を率いていた。坂本の宇佐山城（大津市錦織）を守っていた森可成《なりまさ》と信長の弟、織田信次は、大軍に囲まれて二人ながら戦死する。勢いに乗じた朝倉・浅井の兵は大津馬場、松本に放火し、二十一日に逢坂山を越え、醍醐、山科など京都の郊外に陣を布いた。

しかし信長はここでも機敏であった。北方戦線の動きが二十二日に大坂にもたらされると、ただちに包囲を解いて兵を返した。翌日、京都にもどった信長は二十四日に逢坂山を越えて近江で朝倉・浅井勢と戦い、たちまち坂本を回復した。敗れた朝倉・浅井勢は比叡山に逃げ込んで山々に陣を構えた。

将軍とともに京都に帰った藤孝は、地元での不穏な動きに対処を迫られた。浅井、朝倉、三好三人衆の動きにそそのかされて、山城の国人が反信長の動きを示しはじめている。もともと青龍寺城の西北一帯は西岡といわれ、在地の小豪族が盤踞《ばんきょ》していて治めにくい土地である。その背後には三好三人衆の煽動があった可能性もある。

十月はじめから起きた土一揆の勢力は四日には千人あまりの徒党を組んで京都に入り、徳政つまり債務の破棄を要求した。幕府はただちにこれに応じた。一揆はそれでもなお七日に下京で土蔵を破り、十一日には二、三千にふくれあがって北白川あたりまで進んで気勢をあげた。

これに対して信長は一部の社寺に徳政令の適用を認めないように命令をくだして保護を与えた。信長は幕府の方針に不満だったわけで、ここにも権力の二重性が表れている。皮肉なことにこれは幕府による最後の徳政令となった。

元亀元年の危機はなおも続いている。援軍として篠原長房が阿波、讃岐の兵を率いて大坂に上陸したことに力を得て三好党は摂津と河内で攻勢に出る。一部の兵は山城へ侵入し、久世郡の御牧《みまき》城（京都府久世郡久御山町西一口古城）を陥れた。いまは干拓によって姿を消した巨椋池《おぐらいけ》の西南に位置していた。すぐ南を西流する木津川が宇治川、桂川と合流して南に向きを変え、大坂湾に注ぐ。合流点の狭い口の西側が大山崎、東側が石清水八幡宮のある八幡市の台地である。細川藤孝の青龍寺城は、そのやや北寄り桂川を抑える位置にあって河内からの交通路を扼している。御牧城が敵手に陥ったことは、京都東南からの脅威を意味した。

藤孝は将軍側近の一色藤長らと語らって十月二十二日未明に細川勢が主体になって御牧城を攻めた。彼は用兵の機敏さの必要を信長から学んだようである。また信長の苦境にあたって支援することに意味を見いだしてもいた。一番槍をつけたのは二十一歳の松井康之《やすゆき》である。この青年武将は将軍義昭が本国寺で襲撃されたときも奮戦めざましく、将軍から褒美に朱塗りの槍を授けられた。出身ははっきりしないが、前将軍の側近の家で、兄の勝之は将軍義輝の暗殺事件のさい義輝に殉じた。すでに父は亡く、親代わりの兄を失った康之は、母の弟にあたる南禅寺中興の名僧、玄圃霊三《げんぽれいさん》の庇護を受けた。のち足利義昭が信長の力で上洛するさいに馳せ参じ、藤孝の手に属することを命ぜられ、次第に細川家で重要な地位を占めるに至る。御牧城の戦いでは身に五ヵ所も傷を負いながら、真先に槍を合わせて敵を討ち取った。藤孝は戦闘の高揚のなかで将軍側近の三和院（三淵《みつぶち》大和守藤英《ふじひで》）と曽我兵庫守助乗《すけのり》あてに注進状を書いた。

尚々《なおなお》拙者ものとも随分もの数多《あまた》手負申候、
鑓疵《やりきず》太　刀疵何《いずれ》も罷蒙《まかりこうむり》候
急度《きっと》注進申候、今朝未明ニ越川、和田と相談、御牧外構乗入、拙者手之者一番鑓仕候、頭三ッ
討取候、随分相働候、可然様可預御取成《しかるべきようおとりなしにあずかるべく》候、恐々謹言

十月廿二日　　細兵〔細川兵部大輔〕

藤孝

三和〔三和院〕

曽兵〔曽我兵庫頭〕

「尚々」で始まる最初の二行は追而書《おってがき》だが、当時の文書の体裁では巻頭の余白に記すのである。

源氏物語、そして連歌

文人と武人の高揚の時期が重なるところに藤孝という男の真骨頂がある。同じころ京都では山科言《やましなとき》継《つぐ》が、藤孝に依頼されて『源氏物語』匂宮《におうのみや》の巻を書写していた。

「細川兵部大輔被申《もうさる》源氏匂宮巻、今日終写巧了《おえんぬ》」(『言継卿記』十月十九日条)。

十一月には米田求政《こめだもとまさ》の妻の安産祈祷のため里村紹巴を招いて青龍寺城下の米田の屋敷で連歌百韻の興行を行う。米田は前将軍義輝の側近でかつて覚慶(いまの将軍義昭)を背負って一乗院から脱出させた立役者である。この前年、永禄十二年に足利家を離れて藤孝の臣下となっていた。安産祈祷の対象となった夫人は伊勢の北畠教正の娘を藤孝が養女とした女性で、同年に結婚したばかりであった。

連歌興行というものの性格を知るためにも、米田求政の家で催された安産祈祷の百韻をやや詳しくみておく。

最初は連歌師の里村紹巴が、発句を詠みだす。

紹巴は、藤孝が青年時代に朽木谷亡命の時代に連歌を志したころ師事した人で、次第に藤孝の年上の友人といった関係となった。

発句は興行の趣旨にしたがって——

冬なから枝葉をミする木の芽哉　　紹巴

冬十一月という季節を詠み入れ、木の芽に象徴させて出産の無事を祈る。米田求政にたいする挨拶でもある。

つぎに当事者である米田求政自身が付句をする。

はなの春まつ庭の梅か香　　求政

冬、木の芽、という発句に対応して、わが子の誕生を待つ気持を梅に託した。連歌の作法では、花の座といってここに花を詠んだ句をつけるのが作法でもある。

つぎに主君である藤孝が詠むのは、当然の社交というものであろう。

鶯《うぐいす》の雪のうちより鳴出て　　藤孝

米田の句の「梅」をうけて、春を待つ梅に鶯を対照させる。安産を祈る父親に対する挨拶でもある。冬の木の芽から庭の梅へ、そして雪のなかの梅に鶯が来て鳴く、と情景が変化していく。そこが連歌の妙味である。

ある種の言葉の遊びであるが、言霊の力が安産を支えるという信念が根底にある。言葉の意味を人々が大事にしていた、もはや滅び去った美しい時代の産物である。翌年めでたく男子が出生している。ところで松井康之、米田求政さらに有吉立言《たつのぶ》など、これ以後、しばしば登場する家臣たちが藤孝の周辺に集まり始めていることに注目したい。その後の細川家を支える人材で、この三家は後に豊後、熊本の細川家でも代々家老職を務めている。

松井康之も米田同様に一年前の春、二十歳で藤孝の養女と結婚した。この女性は本来、若狭熊川の城主沼田光長（藤孝の妻麝香《じゃこう》の兄）の娘であるから、康之は藤孝と姻戚となったのである。藤孝は青龍寺城下に賄料五十町と屋敷を与え客分として遇した。松井家はこの後、細川家の隆盛を支え、秀吉や家康からも才を認められ、やがては細川家の臣下でありながら八代城を預かり、代々、世襲するという幕藩体制のなかでも特異な地位を得る。八代市立博物館学芸員の福原透氏の要領を得た論文が『松井家三代——文武に生きた人々』（平成七年度秋季特別展覧会目録、同博物館）に収められている。

十二月下旬、熊千代つまり後の忠興に、松井と有吉立言をつけて丹波国船井の敵陣の抑えとした、と『綿考輯録』巻二にある。名目上とはいえ、嫡子熊千代も細川家の一翼を担う地位を与えられようとしている。

信長と一揆

この時期、信長を悩ましたのはむしろ本願寺の檄《げき》に応じた各地の一揆といえるかもしれない。朝倉勢を比叡山に追い上げた信長は、東側は小原、坂本、穴太《あのう》、唐崎などに陣を構え、自分は坂本の宇佐山城から指揮をとるとともに、比叡山の南側では京都東山の勝軍地蔵山城を修復して包囲体制をとった。

これを見て近江の一揆は、岐阜への道を遮断する構えをみせたが、信長の命を受けた木下藤吉郎や丹羽長秀が在所を廻って一揆勢を斬り捨て、大方は鎮圧してしまった。

この後、建部《たけべ》郷の一揆が六角氏の遺構である箕作山、観音寺山の城に拠って抵抗を試みたが、これまた木下、丹羽らが一戦して追い散らした。しかし一向一揆はあなどりがたく、各地で散発的に抵抗を試みる。

信長が近江に釘付けになっていることを見越して、伊勢長島の一向一揆勢は十一月に木曽川の河口に近い小木江《こきえ》城(愛知県愛西市森川町村仲)を攻めた。信長が北畠家の家督を継がせた弟信興は、奮戦の甲斐なく自刃して果てたが信長には救援の余力がない。

十一月二十日、朝倉・浅井軍は比叡山から出撃して京都の修学院、一乗寺、松崎などに放火し、主に将軍の臣下(奉公衆)と小競り合いを演じた。この日、信長は埒があかないから日時をきめて決戦しようと申し入れたが、朝倉義景は返事もしなかった。

二十五日、信長は越前との連絡を絶つ目的で琵琶湖西岸の堅田口まで兵を北上させた。翌朝、朝倉景鏡、前波《まえば》景当《かげまさ》らがこれを退けようと攻撃を加え、双方に死傷者を出した。

このような状況下で信長は、比叡山と講和を結ぼうと努力していたが、山門(比叡山)は驕りと不信が強く、なかなか交渉が進まない。しかし堅田口の合戦の後、ついに十一月二十八日、朝廷を代表する参議二条晴良《はれよし》と将軍義昭とが坂本に下り調停に乗り出した。

十二月二日に開始された交渉はそれでも難航した。正親町天皇の綸旨、将軍の御内書、御下知、信長の誓紙など「およそ紙に書くことのできる全てが書かれ」(水藤真『朝倉義景』吉川弘文館人物叢書)、与えられたが、延暦寺は承諾しない。

この間に十一月に信長は六角氏との講和に成功して、とりあえず南近江の安定という外交的な勝利を得ていた。

しかしようやく十二月十三日、人質交換の方法が定められ、翌十四日に信長は陣小屋などを焼き払って永原城(野洲市永原)まで退く。朝倉方も陣所を撤去し、十五日に山を下り、越前へ引き上げた。和平の結果、得たものは信長による比叡山の旧領(山門領)の回復という約束のみ。朝倉・浅井は直接得たものはない。信長の側は比叡山包囲による兵力の釘付けという厄介な問題を解決できたばかりか、近江への支配権を拡大することに成功した。

信長は十二月十七日に岐阜へ帰った。彼はともかくもこうして危機の一年を乗り切ったのである。

第七章　比叡山焼き討ち――将軍対信長

文雅の春

元亀二年（一五七一）の春を信長は、岐阜で迎えた。信長、細川藤孝はともに三十八歳である。京都から将軍の使者として年賀に赴いた藤孝にたいして、信長は「今年は山門（比叡山）を滅ぼす所存だ」とのべた。藤孝は聞かなかったふりをして胸に収めて帰京した、と『綿考輯録《めんこうしゅうろく》』は記している。『綿考輯録』が書かれたのは近世もなかばのことだから、とくに初期の藤孝の行動については、このように真偽のたしかめようのない話が多い。

一般的には同年九月の信長の比叡山焼討ちは不意打ちとして受け取られており、太田牛一の『原本信長公記』ですら、この年の年頭には「正月朔日、濃州岐阜にて各御出仕これあり」としか記していない。

いずれにしても信長は臨戦体制をとっている。正月二日、横山城に拠って浅井勢に備えている木下藤吉郎に対し姉川、朝妻の通行を禁止する指令を出した。

二月二十四日には、佐和山城に籠もっていた浅井方の磯野員昌《かずまさ》が降伏、城を明け渡した。信長は丹羽長秀に城を守らせた。佐和山城はのち石田三成の居城として名高くなるが、大垣を見下ろす堅固な山城で、北陸道、中山道の抑えである。

藤孝は来るべきものを予感してか、ひたすら文雅に励んだ。二月五日から七日にかけて「大原野千句」に参加している。京都西山の大原野勝持寺《しょうじじ》（西京区大原野南春日町）は、山懐に抱かれた高台にあって西行が庵を結んだ地でもある。連衆は聖護院門跡道澄《どうちょう》、藤孝の和歌の師である三条西実枝《さねき》、飛鳥井《あすかい》雅敦《まさあつ》などの公家、里村紹巴《じょうは》や昌叱《しょうしつ》らの連歌師、堺の豪商天王寺屋宗及《そうぎゅう》らの文化人で、武人は藤孝ただひとりであった。寺は今日、桜の名所として「花の寺」の愛称で親しまれているが、この連歌興行のさいに藤孝が言いだしたことがその起源だと伝える。

「大原野千句」は、狩野元信筆の天神像を祀り、百句ずつ一冊の懐紙に発句を詠んだ者の筆で記録するという趣向である。藤孝は第九冊の発句を詠んだ。

みやこ人《びと》　待《まち》てまたるな山さくら

待つ、という行為はどこかに受身になることとの退廃を含みがちである。それを拒んで、主体的なものとして待とうとする姿勢、とは読めないだろうか。

二月十六日、連歌百韻興行「花まちて」に参加。同日、連歌百韻興行「雁かへる」に参加。連衆に山科言継《ときつぐ》の名がみえる。そして二月三十日の『言継卿記《ときつぐきょうき》』に吉田（後出の吉田兼見か）のところで藤孝父子に会い、碁をうったという記事がある。言継のような高名な社交家の日記に個人的色彩で登場するとは、京都における藤孝の文化人としての地位も上がって来たということなのだろう。

前後するが吉田神社宮司吉田兼見の日記『兼見卿記』には、前年十二月二十三日、藤孝の名がはじめて現れる。将軍家に警護のことを申し入れたところ、細川兵部大輔が任じられたという短い記事であるが、これを機縁として二人は終生かわらぬ親しい関係になった。兼見は天文四年（一五三五）生れ、つまり藤孝より一歳年少であった。以後、『兼見卿記』にもしばしば藤孝の名が登場するようになる。

三月十五日、藤孝の所で猿楽の催しがあったことが、言継、兼見双方の日記に出ている。おそらく二条の屋敷に二人とも招かれたのだろう。

四月十六日、太秦《うずまさ》の里村紹巴のもとで和漢聯句興行「子規《ほととぎす》」に言継とともに参加。

四月十八日、松尾社の能楽興行。宮司らが舞い、藤孝父子も加わったと、言継が記している。熊千代与一郎つまり忠興も九歳。藤孝はこの頃から文化的な催しに彼をしばしば連れ歩いている。

この間、信長は佐和山城につづいて浅井氏の支城である北近江の朝妻（米原市朝妻筑摩）、太尾《ふとお》（米原市米原）の諸城を下した。浅井包囲網がさらにせばまりつつある。あせった浅井長政は、本願寺門徒と結んで姉川に出撃したが、横山城を守る木下藤吉郎に手痛く反撃されて兵を引いた。

五月一日、藤孝は将軍の命令で、兄の三淵藤英《みつぶちふじひで》とともに一揆勢の籠もる山城の普賢寺城《ふげんじ》（京田辺市普賢寺天王）を攻めた。山城南端、現在の行政区画でいうと大阪府枚方市や奈良県生駒市と接するあたりの山沿いの一帯で、その国人衆は「普賢寺悪党」の名で中央から恐れられていた。

しかし藤孝は難なく五日までにはこれを下し、九日には京都の屋敷で乱舞（仕舞いのようなもの）の会を催している。この後、松永久秀がふたたび裏切って三人衆につうじたため摂津方面が緊迫した情勢になった。このため藤孝は七月二十三日、またも三淵藤英とともに摂津に出陣し、池田城を攻めた。しかしこの軍事行動は短期間で終わったらしく、八月上旬には京都へもどっている。

同じ頃、和田惟政が、荒木正重麾下の池田勝正と戦って戦死するという事件が起きた。惟政は将軍義輝の暗殺の後、実弟の覚慶（つまり現将軍義昭）を甲賀の本拠地和田に匿い、武将として信長の信頼を得て摂津の茨木城主となり、キリシタン大名としてもキリスト教徒の庇護につとめた。その戦死のさまはフロイス『日本史』に詳しい。藤孝にとっても縁のふかい存在であった。

藤孝の短い文雅の日々は和田惟政の戦死のころに終わった。以後、翌元亀三年の末まで、一年半のあいだ彼の文化的な行動を示す記録はほとんどない。

比叡山の火煙

小谷城を包囲する一方、信長は五月に長島の一揆を討つために伊勢へ出陣したが、低湿地帯での行動は思うにまかせず、地理を熟知する一揆勢に翻弄されて柴田勝家が負傷、氏家卜全が戦死するというありさま、弟信興の戦死に報復するなど及びもつかぬまま、兵を引いた。

信長はこの後、北近江で浅井を攻めたが、小谷城の周囲の村々に放火しただけで横山城にもどり、南に転じて神崎、栗太、蒲生、野洲など春以来、本願寺の影響のもとで一揆が起きていた南近江の諸郡の掃討に転じた。九月一日、神崎郡の新村城、小川城を下し、つづいて野洲金ケ森を攻める。本願寺がとくにこの地の出身者、川那辺秀政を派遣して指揮をとらせていた南近江の一揆勢の拠点である。

後からみれば、最初の小谷城攻めは陽動作戦で、信長の意図は南近江の一揆を平定して岐阜から坂本への交通路を確保し、比叡山攻撃に備えることにあったのだが、それを予測した者は少なかった。

九月十二日、ふたたび浅井を攻撃すると見せて兵を動かした信長は電撃的に比叡山のあらゆる口を封鎖した。未明に比叡山正面の口にあたる坂本の町を焼き払うと、翌日、兵を動かして日吉社、さらに山を登って山上に点在する東塔、西谷、不動谷などの中心部へと、じりじりと包囲の環を縮めていった。僧兵も必死に抵抗したが、坂本で日吉社の大鳥居の前に騎馬で立っていた信長を遠距離から鉄砲上手の僧兵が狙撃して、鳥居に命中させたのが唯一の反撃めいた行動で、織田の軍勢は抵抗するものを打ち殺し、堂塔はすべて焼き払った。

時として信長は心のなかの深い闇を感じさせるような狂気じみた嗜虐性を発揮する。高僧、美女、幼少の者であっても信長の心を動かすことはなかった。命乞いもむなしく、ことごとく首を刎ねられた。ある者は絶望して火の中にとびこみ、自らを葬った。信仰の中心である根本中堂、山王二十一社、仏像、経巻、美術工芸品などもことごとく灰となった。殺された者数千人。わずかに裏手の口を守る木下藤吉郎らの目こぼしで少数の者だけが虎口を脱した。

九月十二日は晴れた日で、京都からは北山の方に黒煙があがるのが見えた。やがて比叡山が焼かれたという噂が広まり、京都中を震え上がらせた。翌日昼前、信長は十数騎の馬廻りだけを連れて京都に馳せもどり、御所に現れて軽食を所望すると、将軍に比叡山を焼いたと伝言して疾風のように去った。

山科言継は「仏法破滅、不可説不可説《とくべからず》」と嘆き、奈良の多聞院英俊《たもんいんえいしゅん》は心細き者也と不安におののき、宮中の女房は「筆にも尽くしがたい」と記す。朝廷も公家も僧侶もこの世の終りにも似た絶望感を味わったが信長は平然としていた。彼はまたもや言葉ではなく行為によって権力の意思を見せつけたのであった。

住山の戦い――勇戦する藤孝

十月、信長が近江に出陣しているあいだに三好長勝、津田光房らの率いる四千余の兵力の三好党が山城に侵入、住山に陣を敷いた。藤孝はまたも三淵藤英、二階堂孝秀らの将軍奉公衆の兵力でこれを攻めた。この時期の藤孝の軍事行動は、将軍奉公衆という名分で信長の軍事行動を援助する傾向が目立つ。三淵藤英は系図上では藤孝の兄にあたる人でもある。藤孝は三淵晴員の次男として生まれ、のち養子として和泉細川家を継いだのであるから。

住山への出陣は十月十日己亥の日であった。十月の上亥の日は「玄猪《げんちょ》」（亥子の日）といって、新穀で搗《つ》いた餅を食べる。無病息災や子孫繁栄のためという。平安時代に宮中行事として始まり、この頃には次第に庶民にまで普及して来た。

二条の細川屋敷の長屋で、家臣の有吉立言《たつのぶ》も縁起ものの餅を食べて出陣しようとしたが、妻が気をきかせて、

「殿にもお祝いしかるべし」

と、ありあわせの山折敷《やまおしき》に餅をのせて藤孝にすすめた。もはや馬に跨がっていた藤孝は、快く馬上で餅を食べて出陣し、勝利をおさめて帰陣すると、

「有吉、玄猪の祝い餅とはよく気づいたり」

と褒めた。

山折敷とは略式の白木の台であるが、以後、細川家では玄猪の餅を山折敷にのせて出すのが習慣となったと『綿考輯録』にある。

この有吉立言も、しばしば名の出て来る家臣で、藤孝をよく補佐した。子の立行、その次男立道など、のちに肥後細川家を支える一家となる。

まえにも述べたが『綿考輯録』の、とくに最初期にあたる藤孝関係の記事は、このようになかば伝説めいた影に包まれている。歴史資料としては必ずしも信頼できない。しかしこの書を編んだ小野武次郎は、藩士のさまざまな家に伝わる文書を読んで歴史を再構成したので、必然的に細川家の歴史は家臣団の歴史でもあるということになった。たとえば『綿考輯録』は先に挙げた米田求政《こめだもとまさ》の妻の安産祈祷の連歌興行を藤孝の事跡として記すが、この連歌百韻の内容は、米田家に伝わる原本の懐紙によっている。そこからさらに、翌年出生した男子は成長後、与右衛門貞正という二百石の侍となり、さら

に五百五十石で忠利の近習を勤め、のち家老に取り立てられようとしたが、ある事件で不興を被って知行を召し上げられたこと、その子孫が家を継いで今の何某はその子孫であることなど、文字どおり「綿を紡ぐように連綿と」書き連ねているのである。ということは、角度を変えてみると、戦国に形成され近世に固定化していく藩という封建秩序のなかにあって、それぞれの家がどのようにして肥後細川家という大名の家臣となり、どのようにその秩序のなかに組み入れられていったかという構造が透いてみえて来るのである。

さて住山の戦いである。藤孝はここで武人として個人的な実力を示している。『綿考輯録』にいう「住山」はおそらくいま宇治市の東部山地の「炭山」を指すのだろう。要するに摂津の三好党が京都侵入の足がかりとして、南山城へ侵入する。青龍寺城主の藤孝は他の将軍奉公衆を語らってこれを攻撃するという図式である。

将軍方の伊勢長野（津市美里町桂畑）の城主、長野稙藤《たねふじ》は病気のため一族の細野壱岐守藤敦に五百余の兵を授けて応援させた。この武者は戦上手で、住山の戦いでは、付近に放火していわゆる「焼働き」を行う。十月二十日未明から合戦となった。将軍方の二階堂駿河守は戦死し、三淵藤英も深入りして危ういところを藤孝の手の者が横から突き崩して危機を救った。

この戦いでは藤孝の家臣では有吉立言が奮闘した。藤孝自身も宇野孫七郎という剛の者と槍を合わせ、息をつく間もなく突きたてられているうち槍が折れた。刀を抜きあわせてしのぐ藤孝の様子に気づいた細野壱岐守が槍を入れて二人を押し隔て、藤孝をかばう。壱岐守の家老真柄《まがら》伊右衛門敦正という侍は、とっさの機転で自分の武器を藤孝に与えた。見れば一間半の漆塗りの棒に金色の鞘がついている。ねじり抜くと大身の槍であった。藤孝は、邪魔になる鞘を腰にさし、槍をふるってとうとう宇野を突き伏せて首を取った。

やがて敵は崩れ、三好勢の津田光利は戦死、三好長勝は摂津へと敗走した。その夜、藤孝は自ら細野のもとへ赴き、包永《かねなが》の中脇差を与えて礼を述べ、槍を貸してくれた真柄には金子を与えた。

この年、松永久秀の寝返りに呼応して奈良興福寺の僧徒が蜂起し、またも藤孝は大和多聞山《たもんやま》城を攻めた。興福寺僧兵でも名のある荒法師というものが槍をふるってたちまち十三人を突き伏せる。相手をした細野壱岐守も危うくなったところへ藤孝が十文字の槍をふるって助けた。それでも勝負がつかないので、ついに藤孝は槍を捨てて荒法師を素手で抑えこみ、首を取った。彼は文の人として名をあげたが、腕力にも自信のある男であった。

後日談がある。細野壱岐守はのち秀吉の配下となり、後年、入道して秀吉夫人に仕えた。老いた藤孝は京都吉田山のほとりに隠棲するのだが、昔のよしみで壱岐守がその館を訪れたことがある。

「壮年のころには、碁盤を持ち上げて火をあおいで消すほどの力自慢でいらしたが、いまでもなさいますか」と戯れに問うたところ、藤孝はそれは若い時のことで、いまは何をしても劣るばかり、和歌もいっこうに旨くならぬが、心だけは昔に勝るように思う、と真顔で答えたという。

藤孝が与えた脇差を鍛えた包永は、山城の住、古刀の鍛冶として名があった。この脇差は、その後、壱岐守から子の右近太夫藤嘉に譲られ、慶長五年（一六〇〇）の加賀大聖寺の合戦に藤嘉が一番乗りしたさいに使ったという。人と武器との因縁はこのように叙事詩のように語りつがれていく。刀のいわれを執拗に語りつぐという行為は、戦国が終わろうとして、和平の時代に違和感をもつ古い武者の世代が、過去を懐かしむためであろうか。老いた藤孝を訪ねてくるこのような古武士もあったのである。

青龍寺の城

ようやく家臣団も整い、武人としても実力を示した藤孝は、青龍寺《しょうりゅうじ》城（勝龍寺城）の整備を行った。三好勢の河内、摂津からの攻撃が続く以上、山城の南端、桂川を抑える青龍寺城の意義は増すばかりになっていた。

藤孝は信長に乞うて、桂川西の家から門ごとに人夫一人を三日間、徴用することを認める旨の朱印状を十月十四日付で得た。

米田求政の地割り（設計）により、堀を二重にし土居を構え、鉄砲狭間を設けた頑丈な城がたちまち築かれた。東西五十間、南北四十間ほどの矩形の城で、大手にあたる北側の門は出入口を折り曲げて簡単に侵入できぬ工夫がしてある。この城はのち明智光秀の叛乱後の山崎の合戦で焼け落ちたが、遺構は比較的よく残っていて、明治初年の地図でも堀の一部や土塁などが認められる。熊本の国文学者で幽斎の伝記を書いた池辺義象《よしかた》は明治三十四年秋にこの地を訪ね、本丸の跡は大竹藪となり、「堀はあれども水草が生い茂って昔を忍ぶよしもない」と嘆いている。当時、周囲は一面の畑だった。最近、長岡京市が「勝龍寺公園」として整備するにあたって発掘が行われ、遺構は東西一〇〇メートル、南北六〇メートル内外と判明している。

西側には沼田丸とか米田屋敷とかいう地名が残り、有力家臣の住まいがあったことをしのばせる。これらの屋敷も堅固な構えで外郭防衛線として機能した筈である。

青龍寺、丹後宮津、田辺（舞鶴）と藤孝の作った城をみてまわると、彼の築城にあたっての考えが理解できるように思う。一言で要約すると、身の丈に合った大きさ、ということである。

藤孝は大身の侍ではないから、家臣の数も限られている。城の維持費にも予算があろう。その範囲内で強固な城を作るということである。山城南部の青龍寺城の場合、戦略的視点からみれば、この城だけ大きくしても意味がない。山城つまり京都の防衛戦の前哨点としてある程度の期間、持ちこたえるならば、戦争の全局面のなかで勝敗は自ずから決まるのである。

現に彼はのち、関ヶ原の合戦のさいに、子の忠興が兵を率いて去った後のにわか仕立ての五百余りの兵力で田辺城を二ヵ月間、守りおおせ、その間、西軍一万余を釘づけにしてみせた。そのような戦略眼はどのようにして身につけたのか知るべくもないが、個人としては前将軍義輝の側近として塚原ト伝から剣を学び、目録を授けられるほどの腕はあった。力自慢は前に記したとおりで、入道後の晩年の肖像にしても、眉太く眼光するどく、がっしりした身体つきで、知識人は弱々しいものという近代人の軟弱な思い込みをふきとばすような面構えをしている。

武具も質実剛健を好んだ。兜、鎧、指し物まで黒一色であったという。子の忠興は、その反動か、あるいは生きた時代の相違か、万事、派手好みの洒落者であった。もしかすると親の藤孝は内に抱い

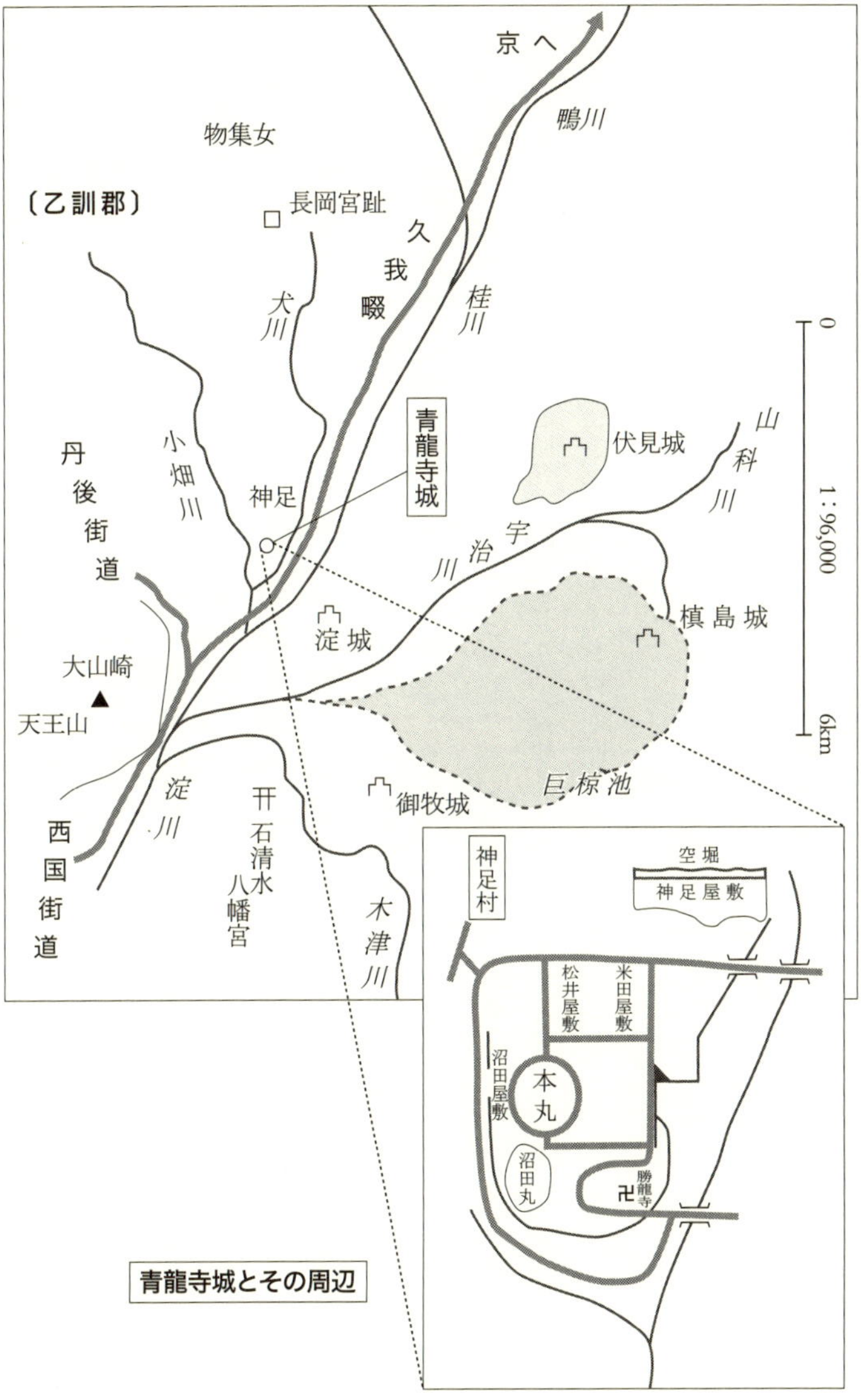
京へ
鴨川
物集女
〔乙訓郡〕
長岡宮趾
久我畷
桂川
犬川
小畑川
丹後街道
神足
青龍寺城
伏見城
山科川
宇治川
槙島城
淀城
大山崎
天王山
淀川
石清水八幡宮
御牧城
巨椋池
西国街道
木津川
0
1:96,000
6km
神足村
空堀
神足屋敷
松井屋敷
米田屋敷
沼田屋敷
本丸
沼田丸
勝龍寺

青龍寺城とその周辺

た同じ激しい情熱を知性で抑えこみ、子の忠興はそれを臆面もなく吐き出したという相違かもしれない。

藤孝と忠興の父子のあいだの心理的な葛藤は、こんなところに根があったとように思われる。その忠興が、茶にかんしては利休十哲の一人という高弟で、侘茶の世界に沈潜し、晩年にはさとりきったような顔つきの茶人三斎になりすますのであるから、人生は面白い。

比叡山焼き討ちの頃から、ふたたび将軍と信長のあいだで、さまざまな微妙な問題が起きていた。一例として明智光秀の場合をみてみよう。『大日本史料』には、元亀二年十二月二十日付の明智光秀から将軍の近習、曽我助乗《すけのり》あてに下京の壺底の地子二十一貫二百文を贈与する旨の手紙がのっている。そして日付不明の光秀から曽我助乗宛の手紙が付けてある。

その内容は、将軍義昭から暇をもらうことについて曽我助乗の尽力を謝したもので、とにかく行く末の見込みがないことなので義昭から暇をもらい、薙髪《ちはつ》するつもりなので取りなしを頼むといっている。『大日本史料』の編者は、先の十二月二十日付の贈与は、日付不明の手紙の示す斡旋にたいする謝礼と解釈したわけである。

もしこの解釈が正しければ、明智光秀はこの頃になっても依然として形式上は将軍義昭の奉公衆であり、ようやく義昭を見限ったと考えられる。高柳光寿は『年代記抄節』という書を引いて、元亀三年四月という時期になってすら、信長の河内出兵に明智を藤孝らとともに公方衆と認定していることを指摘している（『明智光秀』吉川弘文館人物叢書）。藤孝は、義昭の朝倉一乗谷亡命の時期に光秀と知り合い、義昭が信長を頼るにあたって光秀に仲介を依頼した。その後、彼を含めて将軍奉公衆の多くは明智の組下として信長の軍団に組み入れられていく。

これより先、九月十二日の比叡山焼き討ちの後、信長は坂本の城（大津市下坂本）を明智光秀の支配にゆだね、岐阜へ戻った。それ以前から滋賀郡の支配を委ねられていた形跡があるが、彼はここではじめて正式の城持ちとなったわけである。あるいはその結果、将軍が古い関係を持ち出し、どちらに忠誠を誓うのかと責めるので、わずらわしくなって将軍との手切れを曽我助乗に依頼した、というようなことであったかもしれない。

いずれにしても坂本の城主になった結果、比叡山処分後の土地問題が起きた。滋賀郡の三門跡領を光秀が比叡山領と認めて押領したので朝廷から苦情が出たのである。この問題の解決のため、朝廷の意を受けた山科言継は十二月十一日に京都を発って岐阜へ下り、信長と折衝した。おそらくこの件の調停のため、藤孝も年の瀬の十二月二十七日に岐阜へ到着した。

しかし紛争は決着せず、言継は岐阜で年を越す。年も押し迫った十二月二十九日、信長は言継をねぎらうために茶会を催した。この席に光秀、藤孝は共に招かれている。

主人役の織田信長、そして公家山科言継、信長の臣下明智光秀、将軍側近である細川藤孝、これらの人物が一堂に会するのも茶会の妙味である。四人四様、それぞれの思いで釜にたぎる湯の音を静かに聞いている。来るべき元亀三年はどのような年になるのであろうか。

その二　信長の陣営に参じて

第八章　信長に仕える

将軍への詰問状

元亀三年（一五七二）正月十八日、藤孝は将軍の面前で上野中務小輔清信と激しく口論した。清信は、将軍の有力な側近のひとりである。信長の比叡山焼き討ちを悪逆無道と罵り、信長の討伐を主張する。これに対して藤孝は、これまでの信長と将軍との関係を考えるならば、信長の討伐などは、石を抱いて淵に入るような無謀な企てだと制して争いとなった。以後、上野と藤孝の関係は悪化し、将軍と藤孝の溝をふかめる結果となったと『綿考輯録《めんこうしゅうろく》』は説明している。

二人の不和の原因については、室町御所造営のさいの些細な争いが尾を引いている、ともいわれるが、細川家系列の史料は、要するに藤孝が離反した原因は、将軍とその側近の側の非があるとしたいために、かえって問題を通俗化してしまい、藤孝が将軍から離反せざるをえなかった過程や、彼の苦悩をないがしろにする結果となっている。

将軍と信長とのあいだの溝が深まるにつれて、藤孝は二者択一を迫られた。最終的には将軍とのあいだの疎外感が強まり、信長という同世代人を選んだということではなかったろうか。

信長からは、七月三日付で藤孝に対して朱印状が出ている。商人のふりをして密かに往来する大坂方の使者があるので、検問を厳しくして捕らえよ、という命令書で、有名な信長の「天下布武」の朱印が捺してある。

このあたりは木下藤吉郎が姉川―朝妻間の交通遮断を命ぜられた指令を思わせる。現存する信長の藤孝あて文書は、内容だけでなく、体裁の上でも二人の位置関係の変化を計ることができるのだが、この朱印状の場合は、将軍の申次役への慇懃な調子とは一転して、配下の武将への命令といってもよい形式になっている。藤孝との関係の変化をうかがわせる。

信長は、北近江の浅井・朝倉と南の三好・本願寺の連携に神経をとがらせていた。五月二日には朝倉から三好義継への密使の僧侶を捕らえ、見せしめに京都の一条戻り橋で火あぶりの刑に処した。この頃、三好義継は信長に背いて河内で敵対行動をとるようになっていたのである。いずれにせよ、藤孝への指令は、信長が南北の敵の連携を遮断しようとする意図の現れである。

九月に信長は将軍義昭に「異見十七条」という詰問状を送った。将軍の失政を諫めるという体裁であるが、反信長の大包囲網の画策の中心に将軍義昭がいるとみて、この主敵を叩く計算と思われる。

この頃、藤孝は南方戦線で、信長を援助する将軍方の軍隊として行動している。三月には河内の高屋城を攻めた。九月には畠山氏の臣下遊佐《ゆさ》長教《ながのり》と河内正覚寺で戦った。

将軍と信長の対立が深まる一方、反信長勢力との軍事行動に従う日々が多いなかで、この年の暮れに藤孝が和歌の師である三条西実枝《さねき》に対して、古今伝授を受けるべく、手続きをとったことも注目される出来事であった。

異見十七条――将軍への挑戦

『信長公記』は、この後の元亀四年の事件を「公方様御謀叛《ごむほん》」という何ともストレートなタイトルで描いているが、そこに付録として「異見十七条」が収めてある。つまり翌年の将軍の決定的な離反の原因に、この十七条を位置づけているわけだ。同じ文書は、奈良興福寺の大乗院門跡尋憲《じんけん》の日記『尋憲記』にも収められており、相当広範囲に広まったことを示唆している。信長方の宣伝か、あるいは将軍側が信長の非道をそしる材料として広めたものと考えられる。

原文は「条々」として、以下、一書《ひとつがき》だが、ここでは数字を付し、内容を要約して現代文に改めた。

第一条、内裏を尊重しないのを改めよ。

第二条、諸国へ内書を与えて馬などを要望するのをやめよ。馬など、ご所望ならば信長からさしあげる。

――これは「御内書」を与えるという体裁で反信長外交を展開していることへのあてこすりかもし

れない。「馬」には軍事行動という意味もある。

第三条、忠節な者を粗略にし、いかがかと思われる者に恩賞が厚いのはなぜか。

第四条、風説によって将軍家伝来の宝物をどこかへ移したと天下の噂である。驚いている。せっかく御所を造営してさしあげたのに、どこへお移りになる所存か、信長の苦労も徒労かと無念に思う。

第三条は、藤孝などを念頭においている。第四条は「義昭は信長との決裂（戦闘）を予測して宝物を隠したという風聞があるが」ということを婉曲に表現したのだろう。

第五条、加茂の所領を岩成友通に与えたのはよろしくない。第六条、信長と親しい者は女房衆にまで辛くあたっている。第七条、まじめに奉公している者に加増してやらないばかりか、信長に嘆願する者があって申し入れをしたにもかかわらず、認めない。信長としても立場をなくした、と具体的に人名を挙げて非難する。

以下、粟屋孫八郎という者の代官職にかんする訴訟の裁定（第九条）、小泉の女房衆の質物を没収した（第十条）、烏丸光宣《からすまるみつのぶ》の勘当は不当だ（第十二条）、明智光秀が収納して将軍に収めたはずの地子銭を口実を設けて没収した（第十三条）など、どちらかというと細かい非難と「第十一条、元亀という年号を朝廷が変えたがっているのに幕府が費用を献上しない」「第十二条、他国から金銭を進上したのに隠している」などと大問題が入り交じる。

最後に「第十四条、夏に蓄えた米を売って金銀に代えた由だが、将軍の商売とは古今に聞いたためしがない。いま必要なのは兵糧米ではないのか」「第十五条、宿直の若衆に扶持を増したいのなら、さしあたって物をやればよいのに、無理に利益を計って天下の非難の的となっているのは沙汰の限りではない」「第十六条、武器、兵糧を蓄えずに金銀にご執着とは浪人なさるお積もりか」「第十七条、諸事に欲張りで、庶民すら『悪しき御所』と噂している」と、一段と辛辣に言い放っている。

信長は義昭の裏のある行動に苛立ち、自分にたいする包囲網を打開するべく行動に出たのである。

迫る武田信玄軍

じつは元亀三年（一五七二）の政治が一段と流動的になってきた背景には甲斐の雄、武田信玄が上洛を意図して動きはじめたことがあった。

元亀二年十月に北条氏康が死ぬと、遺言により子の氏政は同盟関係にあった上杉謙信と手を切り、武田信玄と講和した。信玄にしてみれば南北からの脅威のうち南の抑止がなくなったわけで、いよいよ上洛にむけて動く好機とみた。

元亀三年五月十三日、将軍義昭はその信玄に対して天下を平定せよとの内書を与えた。

信長は徳川家康との同盟関係を強化して信玄南下の抑えとする一方、上杉謙信とも密約して信玄に備えた。信玄の側は本願寺と連絡し、これに将軍義昭も一役買って、信長を表裏から突こうとしている。

一方、加賀、越中では一向一揆が動いて上杉謙信を牽制する。これは信玄にたいする北からの軍事的圧力を軽くする意味がある。おそらく本願寺が信玄上洛を援助するために側面から援助した結果であろう。

七月、信長は北近江へ出兵し、虎御前山《とらごぜん》から宮部城を経て横山城に至る約六〇キロの大堤防を築いて姉川の水を注ぎ、小谷城を水攻めにしようとした。朝倉義景は五千余の越前兵を率いて来援し信長と対戦する。

一方、武田信玄は北条氏政を助けて関東に出兵すると見せかけておいて、十一月三日、三万五千の兵を率いて甲斐府中（甲府市）から南下を開始した。浅井・朝倉が信長を釘付けにし、信玄は孤立した家康を撃破して上洛、信長の退路を断つという戦略と思われる。ところが信玄が、智将中根正照に妨げられて天龍河谷の平野部への出口を扼する二股城（静岡県浜松市天竜区二俣町二俣）の包囲に手間取っているあいだに、迫る冬に怯えたのか、十二月三日、朝倉義景が兵を引いてしまった。これで信長も岐阜防衛のため兵を返すことができた。

信玄はこの報知に驚き、翌年二月、義昭に苦情をのべたてた。義昭も朝倉に京都郊外の岩倉まで出兵せよと命じたが、もはや後の祭りの感がある。

その間に水の供給を断って、ついに二股城を降伏させた。徳川勢八千では武田の精兵三万五千には抗すすべもない。家康は信長に援軍を求めたが、信長はわずか三千の兵を派遣しただけだった。信長がいかに浅井と対戦中であっても、この対応は不審である。信長はあるいは強力な同盟者である家康の力を削ぎ、武田との共倒れを望んでいたのではないだろうか。

信玄は浜松城の兵力が増援されていると聞いて、これを無視して西上を続けた。武田軍の先鋒はすでに十一月四日、美濃の岩村城を落としている。十二月二十日、浜松北方の三方《みかた》ヶ原の台地を進む武田の軍団に家康は敢えて野戦を挑み、生涯唯一といわれる大敗北を喫した。無謀ともいえるが、この時、武田軍の通過を許していたら家康の政治生命は終わっている。事実、彼は勇猛な戦闘によって名をあげ、軍事的な敗北を政治的勝利へと転化してみせたのである。

古今伝授

元亀三年末、信玄の脅威が迫る緊迫した情勢のなかで、細川兵部大輔藤孝は、十二月初旬に河内の戦場から帰ると住吉神社へ参詣して、古今集相伝（古今伝授）を祈願して和歌を奉納した。

敷島の道のつたへも絶やらぬ
　行末守れ住吉の神

古今伝授の叶った後の作ともいわれるが、いずれにしてもひたむきな感情だけは伝わって来る。戦闘のなかで、改めて和歌の完成を決意するのはいかにも藤孝らしい。しかし芸術へのあこがれは、そういう時期にこそ切実なものとなるのかも知れない。十二月六日、藤孝は古今伝授を受けるにあたって三条西実枝に誓紙を提出した。

古今伝授とは要するに和歌の本宗たる『古今集』の解釈学である。内容は古今集全体についての解釈と切紙とに分かれる。講義の方は翌年二月までに十三回を終えたところで中断し、同年八月、二回。さらに翌年の天正二年二月から三月までに残りの十五回の講義を受けて計三十回が完了した。師の講義を筆記したものを提出して、正しく理解しているかどうかを確かめる。

その上で「切紙」の伝授がある。とくに難しい箇所の解釈二十あまりが切紙で伝えられるのである。これは本来、口伝であったが、伝承にあたっての誤りを防ぐため、切紙に記すように変わったものだという。同じ年の六月十七日に切紙を教えられ、藤孝は二条流の歌学の神髄を会得したことになった。それからさらに人物識見などを見定めた上で藤孝が証書を与えられたのは二年後の天正四年（一五七六）十月のことであった。

古今集の伝統を忠実に模倣する古風な歌学の伝統は、藤孝の心の支えとなったばかりか、後に文字どおり彼の生命を救うこととなる。これもまた不思議さのひとつといえる。

のち天正と改元になる元亀四年（一五七三）は、藤孝にとって劇的な変化の年となった。彼は将軍から信長へと仕える相手を代えたのである。その背景には、ますます深刻化する将軍と信長との対立があった。

前年に武田信玄がついに上洛行動に出たとき、反信長勢力は一斉に動きはじめた。北近江の浅井・朝倉連合、本願寺の指令で動く各地の一揆、河内摂津の三好党。そのあいだにあってご都合主義で両陣営のあいだを渡り歩く松永久秀や三好義継の動きが事態をいっそう紛糾させた。

信長にとってほとんど唯一の有力な同盟者は三河の徳川家康だけという状況であったが、とりあえず彼は京都を抑え、天皇と将軍を手中にしている。そして名目上は将軍を頂いて政治を行っている。彼は少なくともこれまでその名目を最大限に活かして来た。ところがその協力関係――ありていにいえば相互利用の関係は破綻しようとしていた。

深まる信頼――藤孝と信長

信長は年頭に上洛したが、将軍に年賀ものべない。藤孝は将軍と信長のあいだに立って奔走したが、和解が成り立たぬまま、信長は岐阜へ帰り、将軍はいっそう藤孝を疎んずるようになった。ついに彼は出仕をやめて鹿ヶ谷《ししがたに》の別荘に籠もってしまった。これを知って将軍は藤孝の兄、三淵大和守藤英を派遣して慰留を試みる。藤孝は人を介して「お願い」三ヵ条を提出した。

一、信長との争いをやめること。

一、近年、河内若江（三好義継）へしばしば使いを出しておいでのようだが、三好は兄上様（前将軍義輝）を殺した御家の大敵のはず。誅伐すべき者であるにもかかわらず、かえって御懇意になされ、京都へ召し出そうとさえする思召しはいかなる理由であろうか。

一、御近習と称する尼子兵庫頭高久、番頭大炊介《おおいのすけ》義元、岩成主税《ちから》慶之（古通か）、荒川掃部頭《かもんのかみ》政次の四人の者は、共に永禄八年の将軍暗殺にあたった怨敵ともいうべき者たち、それを承知で厚遇するのは彼らを目こぼししている信長の心中をわきまえてお慎みあってしかるべきところ、軽率にすぎるのではないか。

藤孝の三ヵ条は細川家系の『綿考輯録』にしか記録されていない。しかし内容的にはあり得そうなことであり、信長の「異見十七条」のなかの近習優遇への不満など、具体的に実名をあげた藤孝の三ヵ条と対比すれば、いっそう事実関係が鮮明になる。藤孝の態度はあきらかに信長寄りになっていた。将軍は「三ヵ条」の意見を聞き入れるといったので、藤孝は改めて出仕したが、実情は何ら変わるべくもなかった。『綿考輯録』によると、将軍は藤孝の反逆を憎んで、誅殺しようとさえ試みたといっている。将軍側近のあいだでも信長と戦おうとする主流派と藤孝のような和平派の抗争が激しくなっていたのだろう。結局、藤孝は青龍寺城に籠もって出仕をやめてしまった。

将軍側の強気の背景には、武田軍団の進撃があった。前年十二月に浜松北方の三方ヶ原で家康を蹴散らした武田信玄は、さらに西へ進んで家康の属城である三河の野田城（愛知県新城市）を囲み、二月十七日に陥落させた。この報知は少なくとも五日後には京都に達し、将軍方を勢いづかせたと思われる。

これより先、二月六日に京都北郊岩倉の山本対馬守、宮内少輔、磯谷久次らが明智光秀にたいして反逆した。これも将軍の煽動したものであろう。間もなく将軍は朝倉義景にたいして、せめて岩倉まで兵を出せと督促しているのが証拠となる。

二月十七日、義昭は二条の御所の防衛のため人夫を徴用して新たに堀を掘らせはじめる。露骨な戦争準備である。吉田神社の宮司、公家吉田兼和（のちの兼見《かねみ》）も十九日には三十人、二十二日には四十人の人夫を所領の吉田（京都市左京区吉田町）から差し出した。さらに将軍からは灰木十束の献上を求められる。灰木とは灰をとって黒色火薬の混合剤にする木だという。吉田郷にはないので余所から求めて、ようやく七束を献上した（『兼見卿記』）。

二月二十六日、三井寺光浄院の暹慶《せんけい》（還俗して山岡景友）は、義昭の命によって西近江で挙兵し、一向一揆勢を集めて石山と今堅田《いまかただ》に砦を作った。翌日、松永久秀と三好義継は、摂津中嶋城（大阪市淀川区木川西）の細川昭元を攻める。その後、三月六日に義昭は三好、松永の旧怨を許し、これと同盟している。二人は義昭の実兄、前将軍義輝の暗殺の首謀者であるから、将軍の行為は藤孝が諫めたとおり、変節ともいえる行為といえる。反信長のためには、信義も何も踏みにじったということであろうか。

この頃、藤孝は信長にあてて定期的に京都情勢を報告することにふみ切っていた。今日、残るのは信長から藤孝にあてた手紙だけだが、最初の手紙は二月二十三日付で「公儀の御逆心」について、重ねての報告かたじけないとあり、それまでにも何度か手紙のやりとりがあったことを伺わせる。

信長は明智光秀と柴田勝家に西近江の平定を命ずるとともに、なおも将軍との和解工作を続けていた。二月二十六日付の藤孝あて信長書状によると、信長は義昭側の条件をすべて承知した。しかし将軍側はどう出るかわからない、藤孝もくれぐれも用心するようにといっている。これらの手紙は藤孝の報告にたいして丁重に礼をのべるとともに、信長の側からの情勢分析をのべた行き届いたものである。藤孝ははっきり信長支持の立場をとったのである。信長も何もかも打ち明けて丁重に扱っている。

相互に信頼関係が深まっていく様子が窺える。

二月二十六日の信長の藤孝あて書状では、なお塙直政《ばんなおまさ》を派遣して和議を試み、将軍側の条件はすべて受諾した。さらに松井友閑《ゆうかん》、島田秀満を使者とし、人質の交換の交渉をしている。しかしはたしてこれで対立は解消するだろうかと信長自身の懐疑を述べている。

この日の手紙はさらに朱印状をやるところがあれば知らせよとさえいっている。将軍側近で藤孝が保証する人物に対しては信長が信用状を与え、地位を保証しようという意味である。要するに藤孝は信長が自陣にひきこもうとする人間の選別を委ねられるほど信頼されていたということになる。

西近江の反乱は明智、柴田が難なく鎮圧してしまい、京都への通路を確保した。三月七日、信長は藤孝あての書状で、今堅田の一揆を成敗したことで「世間の顔付きもかわった」とのこと、満足していると述べた。人情の機微をとらえた面白い表現といえる。この手紙では、和戦両用の構えで上洛するつもりだ、と決意をのべ、河内方面の情勢にかんして鉄砲、火薬、兵糧の準備を依頼し、金子百枚や二百枚はたやすいことだ、と述べている。信長が潤沢な軍資金を用意していたことがうかがわれる。

将軍家の終り

同じ日、将軍義昭は信長の差し出した人質を斥け、断交にふみきった。三月二十五日、岐阜を発した信長はついに二十九日、一万の兵を率いて京都に入った。藤孝と荒木村重の両人は京都の入り口にあたる逢坂山までこれを出迎え、はっきりと信長支持を表明した。これは藤孝の生涯における大きな決断のひとつである。信長は村重には大郷の腰物、藤孝には貞宗《さだむね》の脇差を与えて功に報いた。

京都に入った信長は三条河原で軍列を整え、知恩院に陣した。同時に軍令を発して乱暴をいましめ違反する者は処分すると厳命した。総司令官の柴田勝家はさっそく民家に押し入った八人の者を斬首して全軍の見せしめとした。

将軍は二条の御所に籠もって堀の橋を落とし、籠城の構えである。

四月一日、信長の嫡男信忠のもとへ挨拶におもむいた吉田兼和（兼見）は帰路、呼び返されて信長と対面した。おそらくこれが初対面である。

そして最近亡くなった兼和の父兼右《かねみぎ》は南都（興福寺）が滅びる時は北嶺（延暦寺）も滅び、王城の災いとなるといったというが、その真否を問われた。兼和は、この言葉を裏付ける典拠はないと答えると信長は感心したようで、それでは洛中を焼こうか、といったという。また宮中の動向を兼和に尋ね、将軍は万民に支持されていないと聞いて満足そうであった。

四日、信長は京都周辺を焼き払った。しかし将軍は屈しない。ついに信長は上京に火を放って将軍義昭を孤立させた。これにはさすがの義昭も屈伏して朝廷にとりなしを依頼する。五日、藤孝は津田信広、佐久間信盛とともに室町御所に入って交渉にあたった。七日、義昭は無条件で降伏し、翌日、信長は岐阜へ去った。義昭の誤算は、反信長の包囲網を迅速に作り上げることができなかったこと、そして病を得た信玄が野田城から甲斐へむかって引き揚げてしまったことである。

勅命によって講和が成立したとはいえ、将軍義昭と信長との相剋が何も解決したわけではない。信長は五月十五日に丹羽長秀に百挺櫓の兵船を造ることを命じ、みずから佐和山城で監督した。京都へ急行する場合の準備である。戦国を生き抜いたこの現実主義者は、権力の問題は武力によらなければ解決できないことを身体で理解していたといってよい。

将軍の側も同様に活動を再開した。武田信玄、朝倉義景、本願寺顕如らに協力を求める内書を発給している。この頃すでに信玄は甲斐へ引き揚げる途上、病死していたのだが、喪を秘していたので、将軍はそれを知らなかった。

七月三日、将軍義昭は室町御所の守備を三淵藤英らに委ね、自分は三千七百の兵を率いて山城槇島《まきしま》城（宇治市槇島町）に立て籠もった。宇治川と巨椋池《おぐらいけ》に囲まれた中洲に造られた堅固な城である。吉田神社の吉田兼和は、この日、将軍が槇島城に移ったことを知ると、ただちに佐和山城にいる信長の許へ向かった。途中、三井寺の山岡景佐のところに一泊、翌日未明に出立して申下刻（午後二時ごろ）佐和山に着き、取次ぎをつうじて面会をもとめ、麓の小松原で大船の製造を監督している信長に直接、会うことができた。

「炎天下にわざわざ見舞ってくれてご苦労であった」といわれて満足し、直ちに帰路についた。一里（四キロ）ほど行って一泊、翌朝未明に宿を出て午後早いうちに京都吉田山のかたわらの自宅に帰りついている（『兼見卿記』）。半年前には将軍のために堀を掘る人夫の動員に応じていたことを思いあわせるなら、動乱のなかで権力の方向を嗅ぎわけ、必死に保身をはかろうとする人物のひとつの姿を見ることができる。

一方、信長は、強風を冒して六日、出来たばかりの兵船に乗って坂本へ押し渡り、翌日、京都に入って二条妙覚寺に陣を構え、室町御所を包囲した。あまりにも迅速な行動に、将軍方はすくみあがってたちまち降伏した。

京都を制圧した直後の七月十日、信長は藤孝に桂川より西の領地を安堵する朱印状を与えた。

今度、信長に対せられ、忠節を抽《ぬき》んでられ候、誠に神妙の至りに候、仍《よ》って城州〔山城〕の内、桂川を限る西の地の事、一識〔職〕に申し談じ候、全く領知し、相違あるべからざるの状、件の如し、

元亀四

七月十日　　　　　　　　　　　　信長〔朱印〕

細川兵部太〔大〕輔殿

いかに信長が藤孝の行動を高く評価していたかが判る。一方、『年代記抄節』という書物に「細川兵部大輔、荒木信濃〔村重〕、信長方ニテ将軍ヲ背キ申候」とある。これが当時の第三者の感想というものだろう。そこに藤孝の苦悩もあった。彼はこの機会に与えられた土地の地名にちなんで「長岡」と改姓し、終生、これを代えなかった。将軍家に縁故の深い細川の姓を返上する行為は、将軍に背いたことに対する彼の立場からのけじめのつけ方であったように見える。

七月十六日に信長は槇島城を見下ろす五ケ庄の背後の山上に陣を構え、川上〔南〕にあたる平等院

と川下の五ケ庄の二箇所から水量の増した宇治川を強行渡河して槇島城を攻めた。藤孝も信長麾下の佐久間信盛、丹羽長秀、柴田勝家、木下藤吉郎、明智光秀らとともに宇治川を越えて城に取りついた。

十八日、四方から織田軍の精鋭に激しく攻撃され、外構えを破られて、将軍は屈伏した。信長は嫡子を人質にし、義昭の命は助け、木下藤吉郎に命じて三好義継の河内若江城まで送り届けさせた。『信長公記』によると、鎧は濡れ、裸足という有り様で上下の人々が「貧乏公方」とよんで嘲ったという。権力を失った者には世間の目は厳しい。

これで室町幕府は事実上、滅んだ。時に義昭は三十七歳である。もっとも後年、出家するまで将軍職は維持している。

この後、義昭は主として毛利氏に期待しながら幕府を再興し、京都へもどることを願ってさまざまな工作を行うことに生涯を費やした。十五年後、秀吉政権のもとでようやく京都へもどることを許され、慶長二年(一五七九)、六十一歳で死んだ。見果てぬ夢を追いつづけた後半生であった。葬儀にあたって何くれとなく行き届いた世話をしたのが幽斎・長岡(細川)藤孝であったことは、信義を重んじる彼の性格を物語っていよう。

将軍追放後の山城平定の作戦の一部として藤孝は七月二十七日、信長の命令で山城淀城を攻めた。この城は、三好三人衆のひとり岩成友通や番頭宗景、諏訪盛直などが二千人あまりで籠もっていた。岩成友通は、直前まで信長に服しており、二月頃の信長の藤孝あての書状でも、信頼を示していたほどだったが、結局、信長に背いた。

攻略で名をあげたのは西岡の有力な武士で藤孝の臣となったばかりの下津権内《しもづごんない》であった。権内は力自慢の勇者として聞こえた岩成友通と橋の上でわたりあううち、刀が鍔元から折れてしまった。組打ちになり、二人とも川にころげ落ちた。河内育ちで泳ぎ上手の権内は、水中で相手を刺し、弱るところをついに首を取った。

藤孝は翌日、岩成の首とともに下津権内を信長の陣へ遣わす。上機嫌の信長は、着ていた小袖を脱ぎ、金百両を添えて与えたという。

この戦いに藤孝は、嫡子与一郎（忠興）を伴った。十一歳の与一郎は、老臣米田求政《こめだもとまさ》の肩に乗り、兜の鹿の角の立物にしがみついて、恐れる気配もなく面白そうに見物していたので、人々の目にとまり、「やがては武名を轟かす御人となろう」と噂された。

歴史が大きく転換しようという時にあたって、藤孝は主人を替えた自分の選択に心を痛めつつも、抜け目なく、家を継がせるべきわが子の道を準備しはじめていたのである。

第九章　髑髏と名香と

天正の新時代——朝倉、浅井を滅ぼす

将軍義昭を追放した信長は、京都に戻ると放火の代償に上京の地子銭（税金）を免除するなど、事後処理を行うとともに、七月二十八日、改元の詔を得て年号を「天正」と改めた。もともと気に入らなかった「元亀」である。万事を刷新して「天正」へ、いよいよ名実ともに信長の時代が来たのである。

信長はこの機会に朝倉、浅井との戦争に決着をつけるため、北近江に攻め込んだ。小谷城に浅井長政を囲むと、はたして朝倉の援軍が出て来る。これを追撃して越前に侵入し一気に殲滅《せんめつ》した。一乗谷の栄華は織田軍の放火によって一夜で滅びた。辛うじて大野へ逃れた朝倉義景は同族の朝倉景鏡《かげあきら》に迫られて賢松寺で八月二十日に自殺した。

信長は、上杉謙信にあてた八月二十日付の覚書に、つぎのように朝倉滅亡の状況を記した。この覚書が実際に発送されたかどうかには疑念もあるのだが、簡潔な文章からかえって生き生きと信長の意

気軒昂たる様子が伝わって来る。

一、七月二日、公儀〔将軍〕は京都を御退座あり、槇島《まきしま》要害へ御移りになった。すなわち取懸け、宇治川を乗り渡り、外構えを追い破り、数多《あまた》討ち捕り、本城を攻め崩そうとしたところ、種々御懇望あり、若君さまを渡して御退城になった。〔中略〕

一、数日を経ずに越前の陣所に夜を籠めて切りかかり追い崩し、朝倉掃部・同孫六・同治部丞・同土佐守・同権守・山崎長門守・詫美《たくみ》越後守・印牧《かねまき》新右衛門尉・河合安芸守・青木隼人佐〔佑〕・鳥居与七・小泉藤左衛門尉初、其外歴々の者共三千余討ち捕り、木目〔木ノ芽峠〕を越え、府中〔武生市〕に陣を構えているうち、義景は一乗〔谷〕を明け、大野郡へ引退いた。彼の谷を初めとし国中へ放火した。〔下略〕

こうして越前の名門朝倉氏は、名門ゆえの優柔不断から滅びた。あるいは頭を失い、あるいは両断され、いまなお破壊の跡をとどめる一乗谷の石の仏たちの優雅な繊細さが、歴史の非情を強烈に伝えている。

越前から兵を返した信長はそのまま小谷城を攻略した。浅井久政・長政親子は自殺し、浅井氏もまた滅ぼされた。信長は長政の嫡子、十歳の万福丸を関ヶ原ではりつけにし、朝倉義景、浅井久政、長政の首を京都でさらした。恐怖は人を統治する原則である。京都人はさだめし震え、戦いたことであろう。

江北の地は木下藤吉郎に与えられ、彼は長浜に城を構えてこの地を治めた。ここは琵琶湖に面した眺望のよい場所で、竹生島《ちくぶしま》、遙かに若狭越前を隔てる国境いの山々、姉川の戦場、小谷城、横山城、などを一望のもとに指呼することができる。

将軍追放、宿敵朝倉・浅井の殲滅と一挙に敵の大半を片づけてしまった信長は、意気軒昂たるものがあった。十一月には将軍との通謀を責めて、三好義継を河内若江城に囲み、自決させた。他方では元亀元年の危機にあたって、六角氏に雇われて千種越《ちぐさごえ》で自分を狙撃した杉谷善住坊《ぜんじゅぼう》を捕らえ、土に埋め首を鋸で引くという極刑に処して、恨みを晴らした。

そのくせ十二月に松永久秀・久通親子が降伏して大和多聞山《たもんやま》城を差し出すと、これを受け入れている。信長は裏切りを重ねたにもかかわらず久秀にどこか甘い。こういうあっけらかんとした悪党は憎みきれなかったのかもしれない。

天正二年（一五七四）の元旦を岐阜で迎えた信長は、各国から参集した人々の年賀を受け、最後に馬廻《うままわり》（親衛隊というべき人々）だけを残して「古今に及ばざる珍奇の御肴《おさかな》」（『信長公記』）で酒宴を催した。

この御肴とは薄濃《うすだみ》（漆塗りの上に金粉をかける）にした朝倉義景、浅井久政、浅井長政の首である。三つの首を据えて、酒を酌み、謡やさまざまな遊興があった。「千々万々、目出たく、御存分に任せられ、御悦びなり」（『信長公記』）。

信長の嗜虐性を示す例としてしばしば引かれる挿話である。現代人にとっては、彼の心の奥の暗黒を覗きこむような感覚があるが、戦国人には当然の慰みだったのか、あるいは心中、眉をひそめながらも酒宴に連なった者もあったのか。少なくとも藤孝がこの悪趣味につきあわねばならぬほどの側近ではなかったことは、彼にとって幸いというべきである。

古今伝授の完成

年賀に岐阜へ赴いた藤孝は、十七日に信長から供応を受け、明智光秀の娘玉と嫡子忠興との婚約を命ぜられた。藤孝の明智光秀との縁は越前以来と推定されるが、信長もはっきり光秀の組下として藤孝を位置づけはじめており、この婚約も明智との血縁をかためさせる政策であった。信長に加担した以上、いつまでも客分扱いではいられない。その微妙な関係の変化を藤孝も感じ取ったことだろう。

信長は松永久秀降伏後の大和多聞山城を明智光秀に守らせた。しかし二月に東美濃に武田勝頼が侵入したので、信長はこの方面に詳しい光秀を急遽、呼び寄せ藤孝と交代させた。三月には留守居役は柴田勝家に代わるのだが、藤孝はこの期を利用して、京都から三条西実枝《さねき》を招き、古今伝授《こきんでんじゅ》の講義の続きを受けた。

くり返しになるが、古今伝授とは、この時代に正統として重んじられた『古今集』の解釈学である。十三世紀に歌道伝授の家のひとつであった御子《みこ》左《ひだり》家の嫡流二条家が歌道宗匠家としての地位を確立した。しかし至徳二年（一三八五）に為重が横死したため、この家は後継者を失い、為世の弟子であった頓阿《とんあ》の系統が二条家の正統を継ぐに至った。藤孝が師事した三条西実枝はこの伝統を伝える人だったのである。藤孝の前には一方に漆塗りの髑髏が、他方に和歌の世界が存在していたわけである。『古今和歌集』は中世で和歌の規範とみなされたので、その解釈学が発展した。『源氏物語』や『伊勢物語』についても解釈学が存在したが、『古今和歌集』は権威があるだけに古くから解釈が分かれて、歌道を伝える家々でそれぞれ秘伝があった。

室町時代に二条家の末流である東常縁《とうのつねより》（一四〇一～没年不詳）が家伝やその他の伝統を総合して、これを連歌師の宗祇《そうぎ》に伝えた。これが「古今伝授」の原型である。宗祇はさらに三条西実隆、近衛尚通、牡丹花肖柏《ぼたんかしょうはく》などに伝えたので、古今伝授は三流に分れた。三条西家、近衛家、および連歌師系の堺伝授、奈良伝授である。

藤孝は実隆の孫実枝から伝授されたわけだが、実枝は子の公国《きんくに》と年齢が離れていたため、藤孝から公国へ伝統が継がれることを期待していた。のち藤孝は師の遺志を守って公国に古今伝授を行う。いわゆる「還《かえ》し伝授」である。さらに藤孝は三条西家の秘伝の他に近衛家の秘伝や堺伝授をも摂取し、これを八条宮智仁《としひと》親王に伝えた。熊本水前寺公園内にある「古今伝授の間」とは、この親王の学問所を復元したものである。親王はこれを後水尾天皇に伝え、宮中を中心とした「御所伝授」となる。この意味では藤孝は歌学の再編に重大な役割を果している。

古今伝授の内容は仮名序から奥書にいたる『古今集』の全体を一首ずつ解釈し、歌人の伝記、名前の読み方、難解な語句の説明、和歌の解釈や批評のほか、清濁、読みくせなどに至る総合的なものである。

講釈を受けるにあたっての形式も相伝され、まず誓紙を書いて古今伝授の秘密を口外しないと誓う。藤孝の場合を見よう。

古今集御伝授の事、二条家正嫡流御門弟として御説を請くるの上は、永く親子の如く疎意に存ず可からず候。義理に於いて口伝故実を他言口外の儀、曾《かつ》て以てある可からず候。又者《または》他流混乱せしめ、是非之褒貶《ほうへん》、禁制の段、道之法度《はっと》の如く其の旨を存じ候。将又《はたまた》御伝授之後、免許を蒙らずば、道を聞き道を説くの義、努《ゆめ》〱聊爾《りょうじ》有る可からず候。若し此の条々違背せしむれば、第日本国中神祇並びに天満天神、梵釈四王、殊《こと》に和歌両神の冥罰《めいばつ》、忽ち《たちま》某《それがし》の身上に罷蒙《まかりこうむ》る可き者なり。仍《よ》つて誓状件《くだん》の如し。

元亀三年十二月六日　　　　細川兵部大輔　藤孝

三条殿

参人々《まいるひとびと》御中

その後、はじめて伝授を受ける。弟子は聴講しながら講義を筆記し、あとでそれを整理して師の校閲を受け、師の解釈の聞書であることの証明を受けた。乱世に伝統が失われない効果はあったが、型の踏襲が創造性を損ねたことも事実である。

誓約書の提出後、全体の講義が行われる。藤孝の場合、三十回、元亀三年十二月から天正二年二月まで足掛け三年、実質一年あまりかかった。この後、とくに難しい解釈にかんして二十数ヵ所の切紙による講義が行われる。これは天正二年六月十七日、居城の青龍寺城において行われた。切紙とは料紙（奉書紙、鳥子紙、檀紙など）を横に半折したものを折り目からふたつに切った横長の紙で、書簡などに用いる。古今伝授の場合、口伝による誤りをなくすため、難解な箇所を切紙に書いて弟子に渡すのである。切紙の代表的なものは「三木三鳥」などといって、和歌に出てくる物の名の解釈を主としたようである。三木三鳥とは、『古今集』に出ている「をがたまの木」「めどにけづり花」「かはなぐさ」の三つの植物名と、「稲背鳥《いなおおせどり》」「呼子鳥」「百千鳥《ももちどり》」の三つの鳥名をいう。をがたま（御賀玉）の木はモクレン科の高木、めどにけづり花は、豆科のメドハギに木を削って作った造花（削り花）をつけたもの、かはなぐさ（河菜草）は水草の一種（コウホネ）。稲背鳥は秋の渡り鳥の一種、呼子鳥は筒鳥、カッ

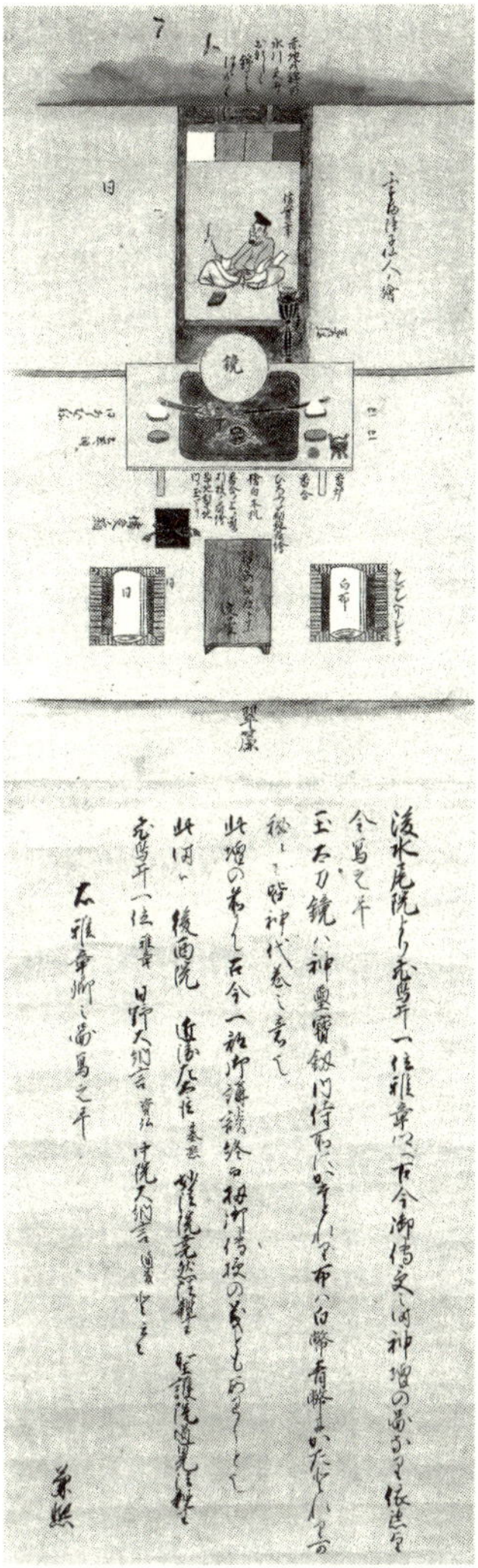

古今伝授ノ図（永青文庫蔵）

コウの類。百千鳥は春の訪れを告げる鳥たちの称とされるが、他にも諸説があり、いずれにしても秘伝なので、幽斎の時代に何を伝えたかははっきりしていない。

こうして二条派の歌学の精髄を会得した藤孝は、人物や識見などを見定めた上で、天正四年にはじめて証書を与えられた。

　古今集の事

右、吾道の好士藤孝　長岡兵部大輔
麟角《りんかく》の志に感ずるに依つて牛尾之才を愧《は》ぢず面受口決等、秘説を貽《のこ》さず之を授けをはんぬ。抑当流正嫡の説、東素暹《とうそせん》伝授の時、為家卿奥書に云はく、門弟の中第一の由載せらる。天下の眉目何事か之に如《し》かん。今藤孝の伝ふる所、亦《また》是の如き者乎。一句一言たりと雖《いえど》も、堅く漏脱を禁じ、深く法度を守り、之を忽《ゆるがせ》にす可らざるのみ。

二条家一流末弟
亜槐《あかい》判

天正四丙子小春庚午日
　長岡兵部大輔殿

亜槐《あかい》は三条西実枝の号である。謙遜を基本にしているのはいかにも日本流だが、証書の形式そのものに型が決まっていた。藤孝の向上心（麟角の志）を感じて浅学非才の身ではあるが（牛尾之才を愧ぢず）、

『古今集』にかんする口伝、秘説をことごとく伝授した。藤原為家が東素暹に『古今集』を伝授するにあたって「門弟の中で第一」と奥書したが、藤孝の立場もこのようなものである、というのである。民部卿・藤原為家（一一八九〜一二七五）は歌人として名高い藤原定家の子である。その為家は弟子の東胤行《とうたねゆき》、号は素暹に『古今集』の伝授を行った。証書の文言はその故事をふまえている。

東家はもともと下総の香取郡東荘《とうのしょう》に住む一族であるが、胤行は為家の娘を娶って和歌の伝統を継いだ。東家の七代目に最初に古今伝授の伝統を作った東常縁《つねより》が出た（横井金男『古今伝授沿革史論』）。

為家は最初の妻（宇都宮頼綱の女）とのあいだに為氏、為教、為子（二条禅尼）の三子、後添えである安嘉門院四条（阿仏尼）とのあいだに為相《ためすけ》、為守などの子がある。二人の妻の子たちは相続などをめぐって対立し、為氏は二条家の祖（二条を名乗ったのはその子の代である）となり、弟たちもそれぞれ、京極（為教）、冷泉（為相）を名乗り、和歌の伝統も二条、京極、冷泉の三家に分れたのである。

大坂戦線における藤孝

天正二年（一五七四）は、藤孝にとって念願の古今伝授を終えた年であるとともに、はっきり信長の麾下に入った年でもある。

三月、河内方面の敵を討つために上京した信長は、この機会に朝廷に蘭奢待《らんじゃたい》を所望した。蘭奢待とは正倉院に伝わる長さ五尺一寸（約一・五メートル）、重さ三貫五百匁（一五キログラム弱）もある伽羅の名香の名前である。奈良時代に仏教行事のために輸入されたといわれ、かつて将軍義政に与えられた例があるが、以後、将軍が所望しても朝廷はこれを拒んで来た。

しかしいまや権勢ならぶもののない信長である。ただちに勅許が与えられ、三月二十八日、正倉院の蔵が開かれ、蘭奢待を入れた長持はうやうやしく多聞山城の御成の間に持ち込まれた。このためわざわざ奈良に下った信長の前で作法どおり一寸八分（五センチ）四方の木片二つが切り取られ、信長に与えられた。四月三日に信長は早速、京都の相国寺で茶会を催し、千利休と津田宗及《そうぎゅう》にこのうちの一片を与えている。信長の場合、茶は政治の道具という性格が強い。蘭奢待を所望したのも、自分の権威を示すことに主眼があったように思われる。のち豊臣秀吉や徳川家康にも蘭奢待は与えられたが、このうち少なくとも自分流の豪華な茶の世界を築き上げていた秀吉に蘭奢待はいちばん似合うように思われる。

藤孝自身は、この信長流の風流には与らずに、河内の戦線にいた。子の三斎・忠興は、後年、茶道のためには長崎に家臣を派遣して名香を求めさせ、伊達政宗と争うというような行為を演じるに至ったが、藤孝の立場はいささか異なる。

七月六日、室町御所の降伏以来、明智光秀に預けられて近江坂本の城にあった三淵藤英は信長の命により子の秋豪とともに切腹させられた。これは藤孝にとっては大きな事件である。藤英は藤孝の異母兄で、最近の数年は藤孝とともに将軍奉公衆として軍事にたずさわって来たことはすでに見たとおりである。しかし将軍が最後に室町御所を捨て、その防衛を三淵藤英に委ねて槇島城に籠もったことで、兄弟は決定的に袂を分かったのである。藤英は藤孝同様、律儀な性格だったのだろう。信長が素早く室町御所を包囲したなかで最後まで頑強に抵抗した。これが信長の怒りをかったようである。また高柳光秀氏のいうように藤英は信長と将軍義昭の不和の大きな原因であったという推定もなりたつかもしれない(『明智光秀』)。

いずれにせよ、藤孝にとっては将軍奉公衆という呪縛を解かれて信長の配下に組み入れられる決定的な転機となったことと思われる。

この年の信長の最大課題は伊勢長島の一揆の掃討である。朝廷から蘭奢侍を授けられる、という栄誉をものにした後、信長は一揆鎮圧のために動員を行った。

七月十二日、長男信忠、弟信包《のぶかね》以下の諸将を率いて岐阜を発ち、尾張長島に入った。一揆も尾張まで出撃して戦ったが、信長は湿地帯での陸戦を避け、九鬼嘉隆《くきよしたか》、北畠信雄、神戸信孝《かんべのぶたか》らのひきいる水軍が思い思いの旗印をたてた軍船から大砲を放った上で、三方から攻め寄せる地上軍が一揆を攻めた。追い詰められた門徒は長島、屋長島、中江の三ヵ所にたてこもったが、厳しい包囲のもとで過半は餓死し、九月二十九日についに一揆は降伏した。信長はこれをあるいは銃撃し、あるいは川へ切り捨て、獣を狩るようにして殲滅した。屋長島、中江の門徒は柵で囲み込んでおいて全員、焼き殺された。信長のすさまじい憎悪がいかんなく発揮されている。

古今伝授の終わった後、藤孝は二度ほど連歌興行の座に連なったが、七月からは軍事専一の生活を送っている。明智光秀や荒木村重とともに、河内方面の作戦に配置されたからである。

七月三十日、河内高屋城(大阪府羽曳野市)に拠った遊佐信教《ゆさのぶのり》、三好康長らは、織田方の河内若江城などに攻撃をかけて来たが、藤孝は反撃して敵を少々討ち取った。藤孝の報告にたいして信長からは伊勢の情勢を報告かたがた、丁寧な返信があった。

信長は荒木、明智とともに藤孝に石山本願寺の門徒を包囲する体制を作らせる構想だったと思われ、八月三日には、一揆平定のためには大坂（本願寺）を根切りにする覚悟が肝要である。明智とよく相談して事を処すように、と指令している。

信長はつねに部下の報告にたいして丁寧に応対し、とくに自分の当面している情勢の全体像を伝えるように心掛けている。個人としての激しい行動の背後にきわめて冷静な合理主義者の姿がみえる。下で働く者たちにとっては仕えやすい相手だったろう。

九月十八日、藤孝は河内高屋城を攻めた。思いの他、敵の人数が多かったので、いったん退くとみせかけて敵が追撃して来たところを反撃して大勝利を得た。翌日にはこの勢いで萱振《かやふり》（八尾市萱振町）の砦を陥れた。藤孝は意気揚々と戦況報告を送った。

其儘《そのまま》、萱振際、押し詰め、その暁、卯の刻（午前六時）に乗り入れ、我等手一番に責め入り候。拙者共、手負いあまたに候、さりながら討ち捕る首および生け捕り以下、すべて一倍程これ有る事に候、満足これに過ぎず候

要を得ているとともに、自分の手勢の活躍を抜け目なく印象づけている。信長もすぐ返事を出した。

今度萱振において、討ち取らるゝ首の注文到来、披見を加え候。誠に以って粉骨の段、感悦極りなく候。弥《ますます》戦功専一に候。恐々謹言。

九月廿四日　　信長〔黒印〕

長岡兵部大輔殿

長島一揆掃討の後、信長はいったん岐阜へ帰り、十一月に上洛した。藤孝はこれに小袖を贈っている。武将としては細やかな心遣いというべきだろう。伝統的な制度やしがらみを嫌悪する一方、文化的なものに憧れることも強かった信長には、こういう心遣いは嬉しかったに違いない。

上洛につきて早々の音信、殊に小袖一重到来悦《よろこび》入り候、次に爰元《ここもと》見舞いに及ばず候、その面猶々《なおなお》精を入れるべきの儀、専一に候也。

十一月十一日　　信長〔黒印〕

長岡兵部大輔殿

藤孝はまだ河内方面の前線にある。信長は小袖を贈られた礼をのべたが、今後はこのような贈り物に気をつかうな、それよりも戦線で与えられた任務に励むのが第一であると気合を入れてもいる。必ずしも藤孝にかぎらず、同じ時期の明智光秀にあてた手紙なども、報告にたいして礼をいい、とるべき行動を指示して「任務に専念せよ」と結ぶのが定式となっている。贈り物を一応は辞退してみせるのは日本型文化では今日でも行われることではあるが、信長の場合、たとえばイエズス会士からの贈り物の一部だけを受け取ったりしている。未開地の君主の舶来品への貪欲さとその利用法を熟知していたイエズス会士たちは、これを信長の徳性の高さと受け取った。

ただし信長と接したイエズス会士は、ローマに報告するにさいしてアジアにおける成功を強調する傾向があるから、たとえばルイス・フロイスが信長を褒め、イエズス会士の優遇を強調するのは額面どおりには受け取れない。とくにルイス・フロイスは状況判断が下手な男である。あの冗長な文体が彼の愚かさを如実に示している。しかしフロイスのくどくどした記録は四百年の時間に耐えたことによって、現代人にとって意味をもつに至った。人生とはそのようなものなのだろう。

もっとも信長の性格のなかにある目新しさ好き、豪奢好みは中世の「婆佐羅《ばさら》」的な性格を引き継ぐものであり、南蛮好みの傾向があった。たとえばイエズス会士から贈られたビロードの帽子を好んでかぶり、信長の「黒き南蛮笠」として知られている。

気さくさを演じて相手を心服させるのも常套手段である。岐阜を訪れたフロイスは信長が手ずから膳部を運んでくれたのに異例の優遇を感じたし、天正元年十一月二十三日に妙国寺の茶会に招かれた津田宗及も信長が側近に給仕させて食事を供され、感激して「信長様御出なされ、自身御しいされ」と『宗及他会記』に記している。

藤孝の処遇をこのような信長の性格のどこに位置づけるべきか、正確には判らない。しかし両者の手紙のやりとりには形式以上の信頼感が感じられる。さらにこのような書状をきちんと保管しておいた藤孝の性格そのものに驚くのである。現存する織田信長関係文書に占める細川文書の比率は高い。おそらく将軍の傍にあって文書を管理していた習慣によるのだろうが、のちの忠興―光尚へも継承されるこの伝統から、時代に先んじた合理性を感じ取らぬわけにはいかない。

第十章　戦いの日々――手紙が語るもの

長篠の戦いと細川家の鉄砲

天正三年（一五七五）、藤孝と信長はともに四十二歳になった。

明智光秀とその組下の藤孝には丹波の平定が命じられたが、これはあくまで全国戦略としての本願寺攻略の一環と位置づけられている。三月二十二日に信長は藤孝にたいして丹波の船井・桑田両郡の地侍を与力とすることを認める朱印状を発給しているが、そこには「来年秋、大坂（本願寺）と合戦するため」だと明言してある。

織田軍団に組み込まれた細川藤孝にとって、戦いが日常となったが、この時期、織田信長が書いた多くの手紙が細川家の永青文庫に残っていて、手紙のみが伝えることのできる歴史の細部の陰影を示してくれる。すでに文書による政治の時代となっていた。信長は政治、軍事、外交から季節の贈答品やその謝礼の言葉など、あらゆる方面に折紙という形式の手紙を主としておびただしい数の文書を発給している。何人かの右筆《ゆうひつ》を使って、多い日には百通もの文書を出したという。もちろんこれにたいして藤孝もおびただしい手紙を信長宛に書いたはずだが、それらの多くは失われてしまった。現存する信長発給の文書は一千通に近く、藤孝あてのものは八十通近くが現存している。将軍側近以来の藤孝の文書扱いの見事さが改めて感じられる。

長篠合戦を例にとってみよう。四月に信長は、みずから一万余の兵を率いて三好康長の河内高屋城（羽曳野市）を下し、つづけて本願寺の攻撃にあたったが、そこへ徳川家康から救援を求める使者が来た。信玄の子、甲斐の武田勝頼の軍団が天龍河谷を南下して徳川側の長篠城《ながしの》（愛知県新城市長篠）を囲んだのである。信長は急いで岐阜にもどり、長篠に出陣した。

藤孝はこの戦いには参加していないが、信長のために「鉄炮放《てっぽうはなち》」すなわち小銃手と火薬を手配している。『綿考輯録《めんこうしゅうろく》』によれば人数は百人とも七十人ともいわれる。つまり細川家はそれだけの規模の鉄砲集団を備えていたのである。信長は五月十五日、岡崎城にあって十二日付の藤孝からの折紙（手紙）に返書を出し、小銃手や火薬の手配に礼をのべた。

「去《さる》十二日の折紙、披閲せしめ候。鉄炮放《はなち》、同じく玉薬の事、申し付けらるるの由、尤《もっとも》に候」（『織田信長文書』五〇九号）。

付け加えて長篠は堅固な城だから武田軍に包囲されたことを案じてはいない。明日は敵の近くまで押し出すつもりだ。天の加護を得て勝利し、敵を根切りにするであろう。吉報を待てと自信にあふれた態度を示している。

長篠合戦図屏風（部分）（名古屋市博物館蔵）

五月二十日の書状では信長は改めて小銃手や火薬の到着を報じ、礼をのべている。信長は牛久保（豊川市内）に進み、長篠と三里（一二キロ）の地点で武田方と対峙している。「此の節根切り眼前に候」と信長は依然、強気である（「織田信長文書」五一〇号）。

長篠城は三輪川と寒狭川《かんさがわ》の合流点に位置し、ここから下流は豊川と名を変える。城は断崖に面した台地上に築かれ、きわめて堅固な地形であった。城を囲んだ武田軍に対して徳川・織田の連合軍が救援に現れ、迎え討つ武田軍とのあいだで城より南に広がる河岸段丘上の平地で五月二十一日、合戦が行われた。織田・徳川の連合軍は鉄砲の集中使用によって武田の騎馬軍団を粉砕した。

この合戦は柵を作って騎馬の突撃をかわし、三段構えの鉄砲で銃撃したという『甲陽軍鑑』の記事がよく知られるが、実際にこのような戦術が使われたことは、最近では疑問視されている。しかしこの藤孝あて書状は、少なくとも信長が事前に小銃の集中使用を準備し、それを有効に利用したことを示している。また この戦いに敗北した武田家は、以後、鉄砲の拡充に努め始めており、敗戦によって銃の威力を実感したことを裏から証明している。すくなくとも織田側が二〇〇〇挺内外の小銃を集中的に使用し、この新鋭の武器が戦いに決定的な役割をはたしたことは確かである。

二十一日の合戦の直後に、信長は藤孝に、高揚した気分で戦勝を報じた。

「今日、早天より取り賦《くば》り、数刻一戦に及び、残らず敵を討ち取り候」(「織田信長文書」五一一号)。

鉄砲が種子島に伝来してから各地に普及する過程で、将軍は政治活動の一環として火縄銃や火薬の調合法の普及に一役買っていたことが明らかになっている。立場上、藤孝も早くから鉄砲という新技術に注目し、積極的に準備していたといえる。時期不明ながら細川の鉄砲足軽は装填に便利な革製の火薬入れを標準装備していたという(『常山紀談』拾遺巻四)。信長の一連の書状は武人としての藤孝が鉄砲集団を備えていたことを証明しており、その意味でも貴重である。

そして信長の政治は文書による政治だとのべたが、それは著しく個人的な色彩を残しており、秀吉以後の官僚くさい文書とは異なる。相手の手紙に礼をいうとともに、丁寧に全体の状況への言及と、そこにおける相手の位置づけを行っている。巨大な組織を動かしながら人間味をも兼ね備えた指導者といえよう。

越前攻略と藤孝

長篠の合戦で武田氏の勢力を削いだ信長は、越前の攻略に手をつけた。藤孝はこれに参加している。八月十五日、信長は柴田勝家らを率いて越前に入った。光秀も十六日に浜手つまり若狭街道—敦賀経由で府中（武生市）に入る。藤孝もこのルートを取ったものと思われる。

織田軍は難なく木ノ芽峠を突破して越前の平野部に流れ込み、府中で大将西光寺《さいこうじ》や下間《しもつま》和泉らを討ち取って大勝した。信長は「府中町は死がいばかりにて、一円あき所なく候」と書状に記している。

余勢をかった織田軍は、二十三日には光秀・秀吉を先鋒に加賀に侵入し能美、江沼の二郡を平定した。藤孝もこれに加わって加賀に入った。信長は北の庄（福井市）へ帰ると城を築いて越前の八郡を柴田勝家に統括させた。

越前、加賀の一揆と対抗する一方、信長は明智光秀と藤孝に命じて、本格的に丹波、丹後の平定に取り組ませた。この地域は本来、守護の一色氏が支配していたが次第に実力を失い、当主の一色義有は丹後に押し込まれ守護代の内藤氏が取って代わり、その内藤氏も衰えていまは亀山城（京都府亀岡市荒垣町内丸）を保つだけとなるといった複雑な情勢のもとにあり、光秀は地侍に軍事的な圧迫を加える一方では、心を寄せる者に対して書状を発して誘致し、硬軟の政策を使い分けた。

前後するが、七月三日に朝廷は蹴鞠《けまり》の会を催し、信長を招いて宴を催すとともに官位を昇進させようとした。信長は官位を辞退するが、代わりに武井夕庵《せきあん》、松井友閑、明智光秀、丹羽長秀、簗田《やなだ》政次、塙直政《ばんなおまさ》に地位を申請して認められた。この結果、光秀は惟任《これとう》の姓を与えられ日向守となる。もちろん名誉職にすぎぬが、信長の光秀にたいする信頼を示すものとして記憶に値する。ついでながら木下（羽柴）藤吉郎秀吉が筑前守となるのも、ほぼ同じ時期だが、叙任の日は確定できない。「筑前守」の初見は天正三年八月七日付である。

西岡の地侍を掌握する

藤孝が加賀を攻めている留守に、その領地では西岡の物集女《もずめ》宗入忠重が反逆を企んだので、藤孝はこれを誘殺することにした。西岡はもともと十六党三十六家といわれて地侍の勢力の強い地である。なかでも物集女は十六党の触れ頭と称する頭株で、反抗気分が強い。

藤孝は密かに松井康之をよんで殺害を命じたが、米田求政《こめだもとまさ》が松井一人では心もとないといって協力を申し出た。米田の屋敷に物集女を呼び寄せ、松井が切りかかる。ところが気負いすぎか、傍らにあった茶臼につまずいて転んでしまった。物集女は得たりとばかり脇差しを抜き、松井は足の親指を斬られた。そこを米田が飛び込んで物集女を車斬りにした。

藤孝にあてた天正三年十月四日付の書状（黒印状）で信長は物集女の誅伐を追認した。

「物集女の事、曲者の儀連々申し候き、生害させられ候由、然るべく候」（『織田信長文書』五五八号）。

国侍の掌握にかんしても信長の追認をもとめる藤孝の慎重さがうかがえる。

じつはこの書状の主文は藤孝の報告に答えて、越前加賀の平定の苦労をねぎらうものである。

「委細《いさい》示し越され候、披閲候。誠に今度は越・賀両国申しつけ候。之に依り方々の辛労申し計り無く候。

殊に先衆同前に相動き候事、感情斜めならず候。将亦、播州表ならびに丹後の儀申し越され候。其の意を得候。尚々様子を聞き届けらるべきために飛脚を遣わされ候由、精を入れ候段、珍重に候。相替わる事候はば、注進専一に候。〔下略〕」

藤孝が丹後ばかりでなく播磨の情勢にも及ぶ報告をしていたことがわかる。その目配りに注目しておきたい。丹波、丹後の攻略は中国地方へも影響を及ぼす。そしてそれは本願寺を支援する西国の雄、毛利家との直接対決を意味するものであった。

十月五日、信長の命で荒木村重は播磨に兵を出した。因幡の守護、山名豊国を助けて若桜鬼ヶ城《わかさおにがじょう》（鳥取県八頭郡若桜町）を囲んでいた毛利氏の吉川《きっかわ》元春、小早川隆景は、信長の兵が播磨に入ったと聞いて急いで兵を帰した。播磨では荒木の軍事行動や光秀の工作によって赤松、別所、小寺らの国侍が上京して信長に忠誠を誓う結果となっている。

また光秀の工作の結果であろう。但馬の守護山名韶熙（祐豊）は出石《いずし》（兵庫県豊岡市出石町内町）と竹田（兵庫県朝来市和田山町竹田）を差し出して信長に下った。このため当時、竹田にいた丹波黒井（兵庫県丹波市春日町黒井）の城主・赤井直政は立ち退いて山名を攻撃した。山名は信長に救援を求め、明智光秀が十一月に丹波に入って黒井城を攻める。毛利側では、このころ丹波の国衆の過半はすでに光秀に一味しているという危機感に満ちた報告が吉川元春のもとに伝えられている（『吉川家文書』九三号。八木豊信書状）。

本願寺攻めと藤孝――毛利動く

天正四年（一五七六）に入り、信長は予定どおり本願寺への攻撃を再開し、原田（塙）直政、荒木村重、筒井順慶《じゅんけい》などと共に明智光秀、長岡藤孝にも攻撃を命じた。四月三日に信長は光秀・藤孝に連名で守口方面の攻撃にかんする指令書（朱印状）を与えている。

その面《おもて》の麦、ことごとく薙《な》ぎ捨て候哉。猶《なお》もつて由〔油〕断なく申し付くべく専一に候。然して隙を明け候はば、大坂籠城候男女の事は相免ず〔べく〕候間、早々罷り出るべきの旨、口々に札を立てて然るべく候。坊主以下用にも立ち候者をば、赦免すべからず候、其意をなすべく候也。

四月三日　〔朱印「天下布武」〕

惟任日向守とのへ

長岡兵部大輔とのへ

まず、麦を刈り取るべきこと、そののちに、籠城の男女は逃げ出すなら生命は保証すると石山本願寺の諸口に制札を立てるべきこと。しかし坊主や再起を計りそうな者は許さぬよう、意のあるところをくんで行動すべしと、きわめて具体的である。

藤孝は光秀とともに城の東南方面の守口（守口市守口）と森河内（東大阪市森河内付近）に砦を築き、北の天王寺（大阪市天王寺区）は原田直政が担当し、荒木村重は尼崎から海上を封鎖した。

信長は原田直政に木津を攻めさせた。木津川河口の要害は本願寺の海上交通路を守る要だったからである。しかし五月三日、道頓堀川下流北岸の三津寺（大阪市南区三津寺）を攻撃した原田を、一万もの一揆勢が押し包んで鉄砲を撃ちかけたので、力戦したが及ばず、ついに討ち死にしてしまった。京都にいた信長は、状況を知ると、ただちに救援のための動員を命じ、自分も大坂へ駆けつけた。信長はいつもの果断さでようやく集めた三千ほどの兵力で住吉方面から攻撃を仕掛けた。藤孝はこの時、佐久間信盛とともに先鋒を命ぜられた。信長はみずから先手の足軽にまじって駆け回りながら指揮をとり、足に鉄砲傷を負うほどだったが、なんとか包囲を突き崩して天王寺の砦を救い、さらに力戦して一揆勢を大坂の木戸口まで追い崩し、それぞれの口に砦を築いて封鎖を強化した。

しかし本願寺を主敵とする以上、背後にある毛利との対決は避けがたくなった。織田信長と毛利との接触の歴史は古く、すでに永禄十二年（一五六九）の上洛直後から始まっている。西の大友、東の尼子に挟まれていた毛利氏は、尼子を討つまでは大友と和睦を計りたい。そして上洛したばかりの将軍義昭や信長にしても、三好党を抑えるために毛利を利用したい。義昭は何度か毛利、大友に和睦と阿波の三好にたいする出兵を命じている。

毛利氏は覇権を確立した元就の訓戒により、家督を継いだ長男隆元を、吉川《きっかわ》家に入った次男元春、小早川家を継いだ三男隆景のいわゆる「毛利の両川《りょうせん》」が支えて次第に西国の支配権を広げていた。隆元の死後はその子輝元を叔父の「両川」が補佐した。永禄十二年の交渉は、織田側は主として秀吉が、毛利側は小早川隆景があたって用心ぶかく接触していた。

毛利氏は石見の銀山をめぐって尼子氏と争い、永禄九年（一五六六）には富田《とだ》城（月山《がっさん》城・島根県安来市富田）を開城させていたが、尼子勝久と臣下の山中幸盛（鹿之助）らは出雲に拠って抵抗を続け、元亀二年（一五七一）、ついに吉川元春に追われて京都にのがれた。信長はひそかに尼子を援助しながら毛利とも友好関係を保とうとした。

その後、信長に追われた将軍義昭は毛利を頼るようになり、しきりと京都に復帰させてくれるよう働きかけた。義昭は追放はされたものの、将軍の地位を失ったわけではない。『公卿補任《こうけいぶにん》』にも、出家する天正十六年（一五八八）までは「従三位　源義昭　征夷大将軍」と記されている。しかし織田、毛利双方とも、まだ対決を避けたかった。将軍義昭が紛争の種となることを回避する意味もあって天正元年（一五七三）十一月、毛利側の安国寺恵瓊《えけい》と織田側の代表、秀吉と朝山日乗《あさやまにちじょう》が将軍の帰京をめぐって交渉をもった。恵瓊が信長に会って「高転びにあおのけに転ぶだろう」と予言したのはこの時のことである。

この交渉は不調に終わったが、天正四年（一五七六）、義昭自身が毛利を頼って、紀伊から備後の鞆《とも》（広島県福山市）へ転がりこんで来たため、毛利氏としても態度を決めないわけには行かなくなった。次第に現実のものとなって来た織田の中国経略に備えるためもあって、五月、両者はついに断交し、毛利は本願寺救援のため兵を動かすにいたる。

六月なかば、瀬戸内海の能島《のしま》、来島《くるしま》、因島《いんのしま》などの村上一族や乃見《のみ》一族などの海賊衆からなる毛利の水軍八百艘は、淡路島の岩屋で勢揃いし、和泉貝塚で紀伊の雑賀《さいが》衆と合流し、堺、住吉から木津川河口に進んだ。

七月十三日、織田の水軍は木津川河口で待ち構えたが大船十余艘、小舟二百余艘。数においても劣勢で、戦い慣れた毛利水軍に火矢やほうろく（焼夷弾）を撃ち込まれて大半が焼かれ、さんざんな敗戦となった。陸でも呼応して一揆勢が繰り出し、結局、毛利方は本願寺に食料を補給し、ゆうゆうと引き揚げた。織田水軍の完敗である。

すでに五月から信長は毛利水軍の動きを探知しており、さらに六月に淡路島の岩屋に集結していることは荒木村重が報告している。信長は佐久間信盛や淡輪《たんのわ》の水軍と呼応して対抗するよう指令したが、荒木報告は相手を百艘前後と過少評価している。また藤孝も、毛利勢は安宅信康《あたぎのぶやす》が味方しなかったため、四散したという報告を送ったことが、二十八日付の信長からの返書で推定できる。荒木や藤孝の報告は明らかに誤っており、織田水軍の敗因のひとつには誤った情報と油断があったのかもしれない。

ただし七月二十九日、信長は藤孝が八朔《はっさく》の祝い（八月朔日に贈答の習慣がある）として生絹の帷《かたびら》を贈ったことに謝礼をのべるとともに、大坂方の一揆の首三つを取り、船を奪ったことを賞している。敗軍のなかで藤孝は多少の功績をあげたものとみえる。

雑賀を攻める

翌天正五年（一五七七）二月、信長は本願寺に加担する紀伊の雑賀《さいが》衆（和歌山市内）や根来《ねごろ》（和歌山県岩出市根来）を攻めた。十四ヵ国もの兵を動員した本格的戦争であった。鉄砲集団として有力な雑賀を攻めるのにそれだけの覚悟があったのだろう。雑賀衆は激しく抵抗したが、結局、屈伏し、三月二十一日、首領の鈴木孫一重秀ら七人は信長への忠誠を誓う誓紙を出して許された。

藤孝は光秀の手に加わって淡輪《たんのわ》口からの攻撃に参加した。道が一筋しかなかったので籤を引いて三手に分れて侵入した。中央の光秀、藤孝の担当地域には雑賀の者どもが出て来て応戦した。

「下津権内《しもづごんない》、一番鑓《やり》を合せ、比類なき働きなり」と『信長公記』が特に名を挙げている。下津権内は、藤孝の部下で、かつて岩成友通を討ち取って信長を喜ばせた剛の者である。藤孝も面目を施したことなる。

信長は藤孝自身についても少人数にもかかわらず戦果をあげたことを褒める感状を出している。

「昨日長尾〔現在地名不詳〕合戦において先駈せしめ、数十人を討ち捕るの首到来、尤《もっと》ももつて神妙候。粉骨の段其類無し、無人数をもつて首数之《こ》れ有るの条、感情浅からず候。猶《なお》もつて勢〔精〕を入るべく候也」

近習の堀秀政の副状がついているのも丁寧な形式である。よほど信長を喜ばせたのであろう。

信長の雑賀攻めは成功に終わったが、八月になって大坂で石山本願寺の天王寺口を守っていた松永久秀・久通親子がまたも裏切って本願寺に加担し、大和信貴山《しぎさん》の城に籠もってしまった。この陰謀家にたいしてはどことなく寛容な信長は今回も松井友閑を遣わして説得を試みたが、久秀が応じなかった。やむなく、人質となっていたまだ十二、三歳の男子二人の子を六条河原で処刑した。

信貴山城そのものへは織田信忠が討伐にむかい、十月十日、松永久秀が城を焼いて自殺した。名物の平蜘蛛《ひらぐも》の茶釜を道連れにしたのは、彼の誇りである。この日は永禄十年（一五六七）に久秀が東大寺の大仏を焼いたのと同日で、神仏の怒りであると噂された。

松永久秀の離反劇を収めると、改めて毛利との対決が大きな課題となる。これに先立ち、北陸で一揆の鎮圧を命ぜられた秀吉は、柴田勝家との確執から勝手に北陸の戦線を離脱して信長の逆鱗にふれるという事件を引き起こしていた。しかしいざ中国平定が現実のものとなると、その軍事的才能は代えがたいものがある。天正五年（一五七七）、十月二十三日、秀吉は最高指揮官として西へむかった。彼は小寺《こでら》官兵衛（のちの黒田如水）の提供した姫路城に入り、十一月二十七日、毛利方の上月城《こうづき》（＝七条城。兵庫県佐用郡上月町）を包囲した。

小寺官兵衛は面白い存在で、自分の力量を客観的に計算できる能力といい、秀吉や家康のために奮闘するわが子長政の視野狭窄ぶりが阿呆に見えたところといい、藤孝にやや似ている。官兵衛は、いち早く織田と毛利の将来性を計算した上で、織田とくにその部将秀吉に賭けた。自分の才覚で築き上げた姫路城を豊臣秀吉に譲ると、織田の先兵となって播磨の地侍どもをあるいは懐柔し、あるいは攻撃して織田に臣属させた。この男の面白さは、後年、関ヶ原の合戦の頃の活動で明らかなように、それでもなお天下取りの夢を捨てなかったことにある。

第十一章　忠興登場す

藤孝・光秀の丹後攻略

信長は西国経略の中心に秀吉の播磨への軍事侵攻を置き、その一環として光秀、藤孝に丹波方面を攻略させた。しかしこの地方に割拠する国侍の勢力が予想以上に頑強で、軍事情勢はかならずしも有利とはいえなかった。

天正四年（一五七九）に丹波から呼び戻されて、いったん本願寺攻めに参加した光秀は、五月二十三日に病気のため京都に帰り、曲直瀬《まなせ》道三の治療を受けた。翌二十四日に光秀の妻から病気平癒の祈祷を依頼されたと吉田兼見《かねみ》の日記『兼見卿記』にある。

この前後、藤孝も大坂へ出陣したり、青龍寺城にもどったり、あわただしい動きが同じ日記に記されている。十月十六日には安土に赴いた藤孝が帰路に吉田兼見を訪問する。古今伝授にかんして『日本書紀』の神代の巻にかんする不審な点があるというので、二十七日にはこんどは兼見が書籍持参で青龍寺城に泊まりがけで赴き、夜には乱舞の催しがあった。軍事に多用な時期に、このように芸術への意欲が強まるのは、いつもの事ながら、いかにも藤孝らしい。

翌十一月三日には、また藤孝が上京して吉田を訪れる。信長の上洛出迎えのためだという。翌日、安土から京都に入る信長を藤孝と兼見は共に山科まで出迎えた。

天正五年の紀州攻略に藤孝と光秀が参加したことはすでに述べたとおりで、さらに十月には松永久秀の反乱に対して出兵せねばならず、なかなか丹波には手が回らなかった。十月、秀吉の播磨への侵攻と前後して、光秀、藤孝はようやく丹波へ手を付けた。

十月二十九日、光秀は籾井《もみい》(兵庫県篠山市福住)に兵を出した。信長の西への道の一翼として当然の作戦である。籾井城の籾井教業は八上城の波多野秀治に協力して光秀と闘い「丹波の青鬼」と恐れられていたが、今回の包囲でついに力尽きて自刃した。『綿考輯録』では、藤孝、忠興もこの戦いに加わったとしている。

安土城の茶事

天正六年(一五七八)正月、信長と藤孝はともに四十五歳となった。信長は元旦に安土城で五畿内、和泉、越前、越後、尾張、美濃、近江、伊勢などの国々の有力者たちから年賀の挨拶を受けたが、公式な年賀に先立って特に十二人の者を、朝の茶事に招いている。藤孝もその一人であった。

六畳敷の間の座敷の茶であった。客は嫡子の中将信忠、武井夕庵《せきあん》、林佐渡守通勝、滝川右近一益《かずまさ》、

安土城図（大阪城天守閣蔵）

長岡兵部大輔藤孝、惟任《これとう》日向守（明智光秀）、荒木摂津守村重、長谷川与次《よじ》、羽柴筑前守秀吉、惟住《これずみ》五郎左衛門（丹羽長秀）、市橋九郎右衛門長利、長谷川宗仁《そうにん》の十二人。『信長公記』には、この順番で記してある。要はこの時期に信長がもっとも信頼していた人々ということになろう。藤孝も光秀の組下としてではなく、互角に遇されている。武人としての評価なのか、文化人としてのそれなのかは疑問であるが。

茶頭を勤めたのは宮内卿法印・松井友閑。床には中央に「岸の御絵」、東に松島、西に三日月の三幅の絵を掛け、内赤の四方盆（四角の盆に名物の万歳という名の大海《だいかい》（大ぶりで平たく口の広い茶入れ）、水差しはかえり花。茶碗は周光、囲炉裏にはこれも大名物のうば口の釜を鎖でかけ、花入れは筒であった。力強く、しかも抑制のきいた装置である。この後、年賀の客にたいして近習の者たちのとりもちで盃事があり、信長は狩野永徳に描かせた三国の名所の絵を客に鑑賞させた。

安土城という城の壮大さ、美麗さは、しばしば指摘されるが、この城にとって重要なことは、それが権力装置として機能するさまである。太田牛一の『信長公記』（小瀬甫庵の「信長記」と区別して「原本信長記」という場合がある）はそれを解読するための最良のテキストである。

安土城が形をなし、信長が本拠を美濃から近江へ移したのは天正四年（一五七六）二月だが、内装の完成や披露はその時その時に段階的に行われた。天皇の御幸の間が大名たちに披露されたのは天正十年（一五八二）元旦のことだった。御幸の間の存在に注目したのは鈴木良一氏である。信長が本気で天皇の行幸を願っていたかどうかは確かではない。しかし参集した客たちに御幸の間を見せただけでも感激させる効果はあったはずであると氏は指摘している（『織田信長』岩波新書）。

かつては官位を嫌い、宮中の煩瑣な作法を避けて来たかにみえる信長の、朝廷にたいするスタンスの変化にも注目したい。天正四年十一月に正三位、内大臣兼右近衛大将に任ぜられ、御礼として朝廷へ黄金二百枚、沈香、巻物などを献上した。前年に叙任を断って代わりに光秀らに官位をもらってやったのとは大分、様子が違っている。全国制覇を志すに至って天皇の利用価値に目覚めたということであろうか。

丹波と播磨――西を目指す信長

信長は、光秀にたいして天正六年三月二十日を目標に丹波に出兵することを命じ、藤孝、滝川一益、丹羽長秀にこれを助けさせた。三月四日付で、藤孝にたいして氷上郡と多紀郡への道路を整備しておくように、大軍の通過だから二筋、三筋の人馬の往来に支障がないように、心せよと指示があった（「織田信長文書」七五八号）。信長が、戦争の準備としていかに交通網の整備に留意していたかが判る。三月八日、藤孝は京都に吉田兼見を訪ねて、明日は坂本へ行くといっている。光秀と打ち合わせる目的だろう。

今回の出兵の目標は、丹波で抵抗の中心になっている波多野秀治《はたのひではる》の八上《やかみ》城の攻撃である。堅固な城なので光秀は諸将と相談の上、竹束で攻め場を作り、塀を二重に塗り廻して包囲を固めておいて、後は部下に任せて自身は坂本へ帰った。大坂へ兵を出さねばならなかったからである。結局、八上城は翌年五月に食糧が尽きて降伏している。

四月、織田方は信忠を大将に大坂へ出兵した。四月五日～六日の攻撃に光秀も参加して、麦を切り捨てて帰還した。十日にはまた丹波に入って荒木大和守の園部城（京都府南丹市園部町子桜）を下している。おなじ頃、吉川《きっかわ》元春、小早川隆景、宇喜多直家《うきたなおいえ》らの毛利勢は大軍を率いて播磨に進出し、秀吉が尼子勝久とその臣下の山中幸盛《ゆきもり》（鹿之助）らに守らせていた上月城《こうづき》（兵庫県佐用郡佐用町下上月）を囲んだ。織田方も救援の軍を送る。にわかに西の戦線は緊迫の度をましてきた。

上月城は現代ではＪＲ姫新線で、姫路から一時間半、山谷が次第に迫り佐用川に沿った狭い平地が尽き、ほどなく岡山県に入るという位置にある。備前、播磨、美作三国の国境に接する交通の要衝である。城は駅の東南方向、大平山という標高一四〇メートルの山とその西側の一〇〇メートルほどの小山の頂点を囲って本丸や曲輪《くるわ》を設けてある。ここが毛利と織田のぶつかりあう前線となった。

五月に信忠が播磨に出陣し、藤孝もこれに従って播磨神吉城《かんき》（兵庫県加古川市東神吉町）などを攻めた。信長自身、出馬の予定だったが、畿内が洪水に見舞われたので、途中から安土へ戻った。

他方、秀吉は毛利の大軍に抗しきれずに、上月城の救援を放棄したので、七月十七日に落城、尼子勝久は自刃し、山中鹿之助は捕らえられて備中高松の甲部《こうべ》川のほとりで謀殺された。これで本拠の富田《とだ》城（月山《がっさん》城）を毛利に攻められて以来、織田を頼って再興を計って来た尼子家は完全に滅亡した。

山中鹿之助は、戦時中は忠臣の手本として大いに顕彰された人物だが、鹿之助以下、尼子の十勇士といわれる武士たちは、藪原茨之介、尤道理之介、川岸柳之介、阿波鳴門之助など、机上で作りあげたような名前が多いので、何となく現実味に欠ける。しかし鹿之助の首塚は意外な場所――備後の鞆の浦にあってその実在を主張している。当時、毛利を頼ってこの地にいた将軍義昭が首実検をしたために首がここまで運ばれたのだという。

七月二十日、織田勢は神吉城を攻め落とした。毛利とのあいだに一進一退の状況が続く。

信長の感状

信長のもとで藤孝が軍事に奔走していた天正の初年は、嫡子・忠興が次第に自立し始めた時期でもある。忠興は幼名熊千代、のち与一郎。永禄六年（一五六三）十一月十三日、藤孝と正室麝香《じゃこう》とのあいだに京都一条の屋敷で生まれた。

忠興が甲冑の着けはじめの儀式を行ったのは、天正四年（一五七六）十一月、十四歳のときである。千秋太郎介という明智の一族の者が、小身ではあるが名が目出たいからと、介添え役に任じられた。具足櫃《ぐそくびつ》に腰掛け、立孔雀の尾を飾った兜をかぶり、作法どおり千秋が兜の忍緒を引きながら「勝って兜の緒を締めよ」と声をかける。ところがその時、めりめりという音とともに具足櫃の底が抜け、忠興は仰向けにひっくりかえり、兜は脱げ、何とも不体裁なことになった。

ところがすかさず千秋が「めでたしめでたし、丹波八郡は、わり取りになさるべし」と祝い言をのべて無事に式を終えた。物慣れた侍というものは不意の出来事にこういう機転もきかすことができたのである。忠興自身、あの時は驚いたが、十五から十七の歳までに城を十七攻めて、つねに勝利を得たのだからそれでよしと回顧していたという。武人としての自信をうかがわせる。与一郎忠興と名を改めたのも、おそらくこの頃である。

翌天正五年十月に松永吉秀が反乱したさいには、忠興は藤孝とともに、信貴山《しぎさん》城の支城である片岡城（奈良県上牧町）に籠もった森勘解由左衛門《かげゆざえもん》秀光、海老名源八郎勝正らを攻めた。十五歳の忠興は先陣をきって城に取り付き、一番乗りをした。守り手は天守閣に籠もったが弾丸や矢が尽きたので斬って出て、森、海老名以下百五十人あまりがことごとく討ち死にした。藤孝の側も三十人余りが討たれる激戦だった。

織田信長自筆感状（与一郎宛）（永青文庫蔵）

信長はとくに忠興の働きにたいして自筆で感状を与えた。永青文庫に伝わる原文をそのまま掲げておく。

働き　手からにて候　かしく

おりがみ披見候、いよ〳〵働之事候。無油断《ゆだんなく》　馳走候べく候。かしく

十月二日

与一郎殿

（『織田信長文書の研究』七三八号）

最初の一行が追而書《おってがき》である。力のこもった伸びのある見事な筆跡で、近習の堀秀政からの添状《そえじょう》に、報告をご覧になり「すなわち御自筆の御書をなされ候」と、信長がみずから筆を取って書いたと念をおしている。信長自筆と確認できる唯一の書状としても貴重なものである。嫡子の活躍が信長の目にとまり、藤孝も嬉しかったことだろう。

この直後に、秀吉の播磨への侵攻と前後して、光秀、藤孝はようやく丹波へ手を付けたのだが、内藤氏の亀山城では、当主定政が死に、子は幼かったので藤孝が誘致工作を行った。しかし内藤側の信長不信は強く、結局、十月十六日から三日間、光秀と忠興が城を攻めた。内藤氏は耐えきれず、ついに降伏した。大手の囲みを解いたところ、忠興だけは、わが父の調停を受け入れず一戦に及んだ者を許すのは不本意だと搦手から攻め込もうとした。光秀が説得してようやく翻意させたという（『綿考輯録』巻二）。若気の至りとはいえ、忠興のこういう融通のきかなさは、藤孝には不安の種であった。後年のことと思うが、藤孝は忠興の老臣を招いて古歌を書いて与えたことがある。

あふ坂の関のあらしの寒けれど
　ゆくへしらねば　わびつつぞぬる

『古今集』雑下、よみ人しらずの和歌である。もっと自然体に、周囲を見渡して生きよというさりげない忠告である。

天正六年、信長は勇気を愛でて忠興を小姓に取り立てた。出世を約束されたようなものである。この年から、彼は信長の身辺に仕えるとともに、軍役では父藤孝とならんで名前が出るようになる。しかし小姓としての実績は『綿考輯録』にしか参照すべき記事がない。

一方、藤孝が信長に仕えて、光秀との縁を深めることが期待されるようになると、信長は与一郎を光秀の娘と婚約させた。この年に二人はともに十六歳で結婚することになる。光秀の娘は玉、のちに受洗してガラシャ（伽羅奢）と名乗る女性である。母は妻木勘解由左衛門範熙《のりひろ》の女。輿《こし》に付き添って来たのは明智の重臣、明智左馬助。受け取りはこれも藤孝の腹心松井康之が勤めた。わずかに女乗物の輿三つ、あの時代の婚礼は簡素なものだったと忠興は後年に回想している。

天正六年の藤孝は多忙ではあったが、遠征途上の歌所では和歌にも親しんだ。六月、毛利勢との対陣で播磨へ出征したさいには高砂に近い名刹、刀田山鶴林寺《とたさんかくりんじ》（加古川市加古川町北在家）に宿り、僧侶にもとめられるままに和歌を詠んでいる。

高砂の松の思はむ心にも
　猶恥《なお》やらぬ言の葉にして

また明石では、

あかし潟《がた》かたふく月も行舟も
　あかぬ別れに嶋かくれつゝ

二条派らしいなだからな和歌だが、まあそれ以上のものではない。

十月には青龍寺城で囲碁の興行を催した。この頃、交際をふかめている吉田兼見は招かれて、一泊した。乱舞も行われたと『兼見卿記』に出ている。

荒木村重の反乱

ところがこの年十月末に、荒木村重・新五郎の父子が突然、信長に反逆し摂津有岡の城(伊丹城・兵庫県伊丹市伊丹一丁目)に立てこもった。

石山本願寺包囲の戦陣にいた藤孝は、不穏な情勢を察知して松井康之を安土に遣わして信長に報告した。信長も驚いて、二十五日に側近の松井友閑や万見《まんみ》仙千代を派遣して事情を聞き、翻意させようとする。毛利と対陣している羽柴秀吉も小寺(黒田)官兵衛を派遣して説得にあたらせる。だがどうしても村重を説得することはできなかった。小寺官兵衛にいたっては村重に一年あまりも監禁され、救出されたときには歩行の自由を失っていたという言い伝えがある。

村重の反乱の理由については、まことしやかな説が流布されているが、原因はよく判らない。かつて野田、福島などに布陣して本願寺に備えていたとき、先鋒を勤めた従弟中川清秀の郎党が毎夜、密かに小舟で米を城中に運びこんで売っていたことが目付に摘発された。信長側近はそれを村重の陰謀だと判定した。それを知った本願寺や毛利からの働きかけによってついに反逆したという説がある(『隠徳太平記』)。また村重は子の新五郎を伴って、弁明のため安土に向かったが、途中、山崎で一族の荒木元清、中川清秀らが待ち受け、信長はどれほど功績があっても、いったん見放せば、機会をみて必ず攻め滅ぼす人だから弁明は無駄だと翻意させたともいう。本願寺の顕如《けんにょ》から村重あての誓紙が残っているので、将軍義昭、毛利氏、本願寺からの働きかけがあったことは事実だが、それが原因なのか信長に離反した結果、そうなったのかは不明である。

いずれにしても村重の反乱は、本願寺包囲網の重大な一画が崩れることを意味した。さすがの信長も一時は朝廷に頼って本願寺や毛利と和解することさえ考えた。しかし、みずから兵を率いて摂津に入り、茨木城の中川清秀を降参させたので、状況は短期間のうちに信長有利に変わった。彼は村重の有岡城を厳重に包囲する体制を作りあげて、安土にひきあげた。

藤孝は荒木村重の反乱後、忠興を伴って伊丹城の包囲に参加していたらしい。彼の心境も複雑だったと思われる。藤孝は信長の上洛を荒木村重と並んで出迎えた。天正六年元旦の安土城の茶会には、ともに列していた。信長政権における外様としては近い位置にあり、親しく交際してもいたからである。

藤孝はこの時期、信長にこまめに情報を送って称賛されている。彼としても自分の地位に不安を感じていたのだろう。

十一月三十日付の信長からの書状などは、注進の回数が多いことを賞しているものの「精入れ度々の注進、尤も以つて感悦に候。猶惟任《これとう》〔光秀〕と相談ずる時宜は、追々申し越すべき事専一に候」とずいぶん威圧的でもある。

十一月六日、木津川口で毛利との海戦があった。天正四年七月の惨敗の後、信長は九鬼嘉隆《くきよしたか》と滝川一益《かずまさ》に大型の軍用船を建造させていた。六月、九鬼の鉄造りの大船六艘と滝川の大船一艘が完成し、大坂表へ回航された。建造地はおそらく伊勢神宮の外港大湊（三重県伊勢市大湊町）である。これらの船の回航を阻止するため、六月二十六日に紀州沖で本願寺側の雑賀《さいが》、淡輪《たんのわ》の一揆軍が小舟で攻め寄せたが、九鬼嘉隆は敵を引きつけて一斉射撃で打ち砕いた。七月十四日、淡輪（大阪府泉南郡岬町淡輪）に着岸、十六日には大坂湾に入り、本願寺を完全に外部と遮断した。

奈良興福寺の多聞院英俊《たもんいんえいしゅん》も「人数五千程ノル、横へ七間、堅（竪）へ十二三間モ存之、鉄ノ船也。テツハウ（鉄砲）トヲラヌ用意、事々敷儀也」（『多聞院日記』七月二十日条）と風聞を記した。

信長はみずから九月に、この大船を堺で見物している。イエズス会士オルガンチーノも、ポルトガルの船に似て大砲三門を備えている。このような大砲は日本でかつて見たことがないのでどこで作ったか判らないと書いている。

いわゆる大安宅型の船で、和船の権威、石井謙治氏によると五百匁級の大砲（重量一・九キログラムの弾丸を発射する能力をもつ砲）三門、鉄砲五十挺、兵員九十名、操船には帆と二人で漕ぐ大櫂を六十挺ほど備えていただろうと規模を推定する（『図説和船史話』／『和船』など）。

封鎖を打ち破るべく、二年前と同じように毛利勢は六百艘あまりの船を仕立てて本願寺へ補給を行おうとした。十一月二十六日、信長側の七艘の大船がこれを迎え討った。

海戦は同日の辰の刻から午の刻まで、すなわち午前八時から正午まで続いた。はじめは、前回同様に九鬼水軍は数の多い毛利側に押し包まれるかと見えたが、やがて大船が威力を発揮し、敵を引きつけて大小の鉄砲を発射して、毛利側の大将の船を打ち崩した。鉄を被せた船は焼夷弾による攻撃もはね返したので毛利方は退却し、一方的な勝利となった。これによって信長は大坂湾の制海権を完全に手にした。ということは本願寺の外部からの補給の道を絶ち、包囲を完成したということでもある。

天文七年（一五七九）、信長と藤孝はともに四十六歳である。

信長はこの年、安土城で年賀を受けなかった。有力武将たちはいずれも大坂や山陽筋の前線にあってそれぞれが任務についていたからである。

藤孝は新春を青龍寺の城で迎えた。

あすと思ふ春や　けふさへ朝霞

の詠がある。

この後、藤孝はおもに摂津の有岡城（伊丹城）包囲の陣中にあったようである。

正月十二日に藤孝の書状に応えて信長から、伊丹城包囲の陣に忠興と交互に詰めることが認められた。しかし現実には藤孝、忠興ともに在陣することが多かった。この書状とともに千多（愛知県の知多半島）でとれたという鯨肉が届けられた。陣中の慰問ということであろう。

追って此の鯨は、九日千多郡に於いて取候由候て到来候。即ち禁裏御二御所様へ進上候。我々服用の裾わけに之を遣わし候、随分規模其の意をうべく候。

書状披見候、仍って先度下石彦左衛門尉を差越し、其の面之儀申し越し候。弥由〔油〕断なく馳走専一に候。父子替の在番の事、尤も然るべく候、猶見参の時に申すべく候也。

正月十二日　　　　　　　　　信長〔黒印〕

長岡兵部大輔殿

この鯨を藤孝は、陣中で調理させ、重臣たちとともに賞味したと『綿考輯録』にある。ただし信長は薬用として用いている（ないしはいわゆる「薬食い」で肉食の口実に薬用と称した）。

一月二十二日、藤孝は京都に赴いて危篤状態の三条西実枝《さねき》を見舞った。実枝はまだわが子公国《きんくに》に古今伝授をすませていないことを気にかけており、藤孝に自分に代わって伝授してくれるようにと遺言した。二十三日に逝去。

藤孝は約束どおりこの年、公国に古今伝授を行った。六月十七日付で伝授開始にあたっての型どおりの公国の誓紙が残されている。

そして翌八年七月、藤孝は伝授が終わった旨の証書を与えた。

古今集の事

三光院〔実枝〕殿、当流相承の説の事、本家に対し還《かえ》し申すべきの由、御遺誡《いかい》に任せ、貽《のこ》らず面受口決等、謹んで大納言公国殿に授け訖《おえ》んぬ。

天正八年七月日

兵部大輔源藤孝　印

通常の伝授ではなく、三条西家に伝わったものを藤孝から「還《かえ》し伝授」を行ったのであるから、先にみた古今伝授の証書と形式が異なり、師家に対する敬意のこめられた丁重なものである。

第十二章　丹後宮津の城主

藤孝、丹後十一万石の主となる

天正七年（一五七九）七月、信長は惟任《これとう》（明智）光秀に丹波入りを命じ、藤孝もその支援を指示された。光秀は宇津《うつ》城（京都市右京区京北下宇津町）を下し、赤井忠家の黒井城（兵庫県丹波市）を攻め、さらに藤孝とともに丹後の嶺山城（京都府京丹後市峰山町）の波多野の一党や丹後半島の付け根に位置する弓木《ゆみのき》城（京都府与謝郡岩滝町）の一色義有を攻めた。八月に黒井城が陥落し、ついに光秀の丹波征服は完成した。

これと前後して光秀、藤孝は丹後もくだした。丹後の守護は一色氏であるが、次第にその力は衰え、各地に国侍が盤踞《ばんきょ》して他領をうかがっていた。いつの頃かはっきりしないのだが、光秀はまず河北石見《いわみ》という者に二、三百の雑兵をつけて大物見《おおものみ》に遣わした。近代の軍事用語にすれば威力偵察とでもいおうか。石見は与謝郡の石川谷から丹後に侵入して、二、三の堡塁を攻め落とした。これがかえって国侍を刺激して、各地で頑強な抵抗がはじまった。地の利を得た地侍に待ち伏せされ、部下を討たれ、石見はほうほうの体で逃げ帰った。

光秀は方針を変えて、一色氏の当主である五郎満信（義有）の心を捉えるために藤孝の娘を嫁がせることにした。いうまでもなく藤孝と光秀は姻戚である。二人で丹波を統治することの有利さからいっても、この政略は当然である。現代人の感覚で考えるわけにはいかない。藤孝もわが子は当然、親の政略に奉仕するべきものとみなして、子を嫁がせたに違いない。もっともこの説は『丹州三家物語』というあまり素性のはっきりせぬ書物が典拠である。ただし『綿考輯録《めんこうしゅうろく》』巻一にも、永禄十一年（一五六八）の条に「今年藤孝君御息女出生、名伊也、始め一色義有之室、后《のち》嫁吉田卜部兼治」とあり、『寛政重修諸家譜』巻百五の細川系図にも、藤孝と麝香《じゃこう》とのあいだには四男四女があり、長女が吉田兼治《かねはる》、三つまり兼見《かねみ》の子の室とあるから、これが最初、一色家に入った婦人であろう。次女は木下延俊へ、三女は長岡好重へ嫁いだ。四女は長岡孝以の夫人、後に小笠原長良と再婚している。

天正七年（一五七九）七月、一色義有は中郡、竹野郡、熊野郡を領地として弓木の城に移る。宮津にある八幡山《はちまんやま》の城（丹後宮津市）と与謝郡、加佐郡は長岡藤孝に譲るという協定が成立した。

十月二十四日、光秀は安土城におもむいて縮羅《しじら》（表面に凹凸のある絹織物の一種）百反を献上し、信長に丹波、丹後平定の報告を行った。天正三年以来およそ五年で丹波、丹後もまた織田政権のもとに入ったのである。

天正八年（一五八〇）五月、藤孝は波々伯部《ははかべ》貞弘から弓の印可を得た。天正三年以来、研鑽を積んだ結果である。弓は彼が終生、好んだもののひとつで、晩年に若侍たちが弓を稽古するのを好もしそうに見物し、せいぜい努力するがよい。最初はいくら拙くとも、練習すれば後戻りすることはないものだ、と励ましたという。

同じ年の七月には、三条西公国《きんくに》に古今伝授をさずけたことはすでに見たとおりである。

この七月、信長は光秀と藤孝・忠興父子を安土に召して、約束どおり光秀に丹波、藤孝・忠興に丹後を与えた。

いつのころのことか、信長は忠興に対して不意に、丹後は「父にはやらず、汝にやろう」といったという伝承が肥後細川家にある。これは忠興の地位を重くみせるために後に作られた話かもしれない。少なくとも「織田信長文書」などで見るかぎりでは、信長の指令はまだ、藤孝が主で忠興は従の立場をとり続けている。

八月一日に藤孝・忠興父子は、丹後に入国し、とりあえず八幡山城に入った。丹後守護一色氏の居城だった場所で、彼方の若狭湾の海と天橋立《あまのはしだて》が遠望できる。現在、宮津駅に近い山上に石垣が残っている。

宮津は海に面して沼沢地が広がり、町家が拡がる。左手が丹後半島で、天橋立がある。この地は古代から知られた海運の中心で、古くは平城京木簡に「宮津郷烏賊《いか》二斤」と地名を記したものがある。藤孝は、この海に臨む平地に地割りして、城を築くこととした。藤孝の報告を受けて、信長は八月二十一日付で宮津に築城することに許可を与えた。堅固さを優先して山城を築くのは、時代に遅れた中世的な発想である。たんなる要害では城は守れない時代になっている。尼子しかり朝倉しかりではないか。藤孝はむしろ交通の要衝に城を築き、流通路を掌握することによる富強の道を選んだといってもよい。

吉田兼見の日記の八月四日条に藤孝が丹後を宛行《あてが》われた旨の記事があり、兼見は祝いの使者を遣わした。藤孝は丹後に入るとすぐに信長へ報告した模様で、八月十三日付で入国早々の報告を褒めるとともに、惟任光秀と相談して油断なく治めるように、との指示を与えられた（「織田信長文書」八八七号）。

藤孝がはじめて天橋立を見て詠んだという和歌が残っている。

そのかみに契《ちぎ》り初《そめ》つる神代まて
　かけてそ思ふ天の橋立

いにしへに契りし神のふた柱
　いまも朽ちせぬあまのはし立

とりたててあげつらうほどの歌ではないが、将軍家の側近という地位から国持ち大名となり、天橋立は自分の領知する場所となったわけだから感慨もひとしおであったろう。陸側から船でせまい水を渡って松のしげる閑静な細長い橋立へと渡ったのでもあろうか。

丹波は国侍が割拠して統治しにくい土地だった。前に引いた『丹州三家物語』によると、守護の一色氏は百七十余年にわたって八幡山城に拠って丹波を治めて来たが、天正三年（一八七五）、一色右京大夫が死に、子の五郎（義有）の代になると国中が自立をはかるようになり、一色氏はついに光秀に屈した。

しかしいよいよ長岡父子が入部するにあたっても和するのか抵抗するのか、国侍たちの意見は一致しなかった。ある者は元亀、天正の頃とは時代が変わった。いまは織田信長の天下と定まったようなものだ、惟任光秀の背後には信長がいる。なまじ楯ついて後難を招くよりは、和睦すべきだといい、ある者は、いや国中の侍を糾合して、難所を前にして一戦しようといい、別のある者は、いやそれよりは諸所の堅城に大将が立てこもり、敵の人数を分散させて戦おうとついに意見がまとまらなかった。これらの意見をひとつにまとめて一致させるだけの力量の者がいなかったということにもなろうか。

そのうち恭順派の与謝郡大島（宮津市大島）の城主・千賀兵大夫と日置《ひおき》むこ山（宮津市日置）の城主日置《ひおき》弾正という者が語らって藤孝・忠興父子を出迎えることになった。ともに丹後半島東海岸沿いの城の主である。

日置弾正は名高い美男で衣装も美々しく着飾り、馬や鞍まで晴れがましい。対照的に千賀は貧乏たらしく身なりも見苦しい。

そこで日置弾正は、最初にお目に掛かる領主にその服装では見苦しかろう。自分の肩衣《かたぎぬ》をお貸ししようか、とからかった。

千賀は腹をたてて、「汚れ男の振る舞い見よ」と刀を抜いて切りかかる。日置も心得たりと抜き合わせ、相討ちで共に死んだ。家来たちも抜きつれ、死者七、八人を出す結果となったという。

このように我の強く、まとまりにくい地侍たちに対して、藤孝は反抗する者には武力で、服属してくる者に対しては寛容をと飴と笞を巧みに使い分けて、次第に支配者としての地位を確立して行った。

多くの者は八幡山の城に来て藤孝・忠興父子に恭順の意を示したが、吉原兵庫入道西雲という者（おそらく宮津の吉原の館主）は、おのれの館に籠もって抵抗の構えをみせた。藤孝は光秀の来援をもとめて、これを攻め、力で平定した。その報告は、八月二十日午の刻（正午）に書かれ、二十二日の申（午後二時）に京都にいた信長のもとに到着したという。つまり八〇キロの距離を五十時間かけて、当時としては迅速に情報が伝えられている。

藤孝は九月二日には柿一折を土産に、京都へ出て来て吉田兼見を訪れ、翌日、安土へ赴いた。直接、信長の指示を受けたのであろう。さらに五日には帰路、ふたたび兼見を訪れ、丹後の国の検地の分をことごとくいただくことになったと殊の外、上機嫌だったという。藤孝もいまや丹後十一万石の主である。この「上機嫌」は、滅多に示されることのない藤孝の感情を示すものとして貴重な観察といえる。

宮津の城

藤孝が宮津に築城を始めたのは天正八年（一五八〇）八月である。信長は宮津に城を築きたいという藤孝の報告を承認し、堅固な城を築くように、といっている。信長の指示によって光秀も多くの人夫を送って城の完成を急がせた。
宮津は若狭湾のうち、さらに奥まった宮津湾内にあり、大手川が北流して河口付近が港になっている。この地形はつぎに藤孝が築いた舞鶴の田辺城ともきわめてよく似ており、ふたつ比べると規模といい地形といい、藤孝の考える城のあり方が、よくわかる。くりかえしになるが、それは身の丈にあった規模ということであり、堅固な台地で防衛施設をつくるのではなく、港湾と交通路を押さえる経済効果を主眼とした時代の変化に対応した城づくりであった。

藤孝の宮津城は、関ヶ原の戦いのさいに自ら焼かれ、のち徳川政権のもとで入部した京極高広が改めて築城したため、正確にはどのようなものであったか判らない。しかし京都府と宮津市による昭和五十五年（一九八〇）からの三次にわたる発掘によって、大手橋の東側から、藤孝の家臣で茶人でもあった津田一之斎《いっしさい》の名を墨書した天目茶碗などが出土して、およその輪郭はわかって来た。

いま第三セクターの北近畿タンゴ鉄道宮津駅前の大通りを五分ほど歩くと、大手橋が架かる川の東岸の信用組合のビルの脇に大手口の跡を示す掲示がある。旧海岸に近い東西の道路の脇からも石垣の遺構が発見された。最近、川添いの道には城壁を模した白壁が作られ「しらかべのみち」と名づけられた。大手川を越えた西側には魚屋町とか新浜という地名が残る。中世史の故・豊田武氏は、堺との関連で、どうも魚屋とは納屋の意味ではないかといっておられた。いずれにしてもこのあたりが町屋の中心だろう。背後は丘陵地で囲まれている。町の南寄りには京街道などという地名もあって、かつての京都への街道を暗示してもいる。天橋立が近いこともあり、三業地もあった。宮津節発祥の地に碑が残る。

この宮津の遊廓にかんして、ベルンハルト・ケラーマン（一八七九〜一九五一）というドイツの作家が大正末ごろに日本へ観光に訪れ、いちばん楽しかったのは丹後の宮津だといって『やっさえもっさ』という紀行を書いている。ケラーマンは、第一次世界大戦直前に、アメリカからヨーロッパまでトンネルを掘って列車を通すという近未来小説『トンネル』（一九一三年）を書いて一躍、流行作家となった。わざわざ訪れた極東で、とくにひなびた土地の芸者の踊りや人情の細やかさが、超モダンな作家の気分にかなったという点が面白い。

結局、藤孝から報告した丹後の書き上げが信長によって承認され朱印状を与えられたのは翌天正九年（一五八一）三月五日である。国高は十二万三千五百石。このうち一色氏の取り分などを除く藤孝の分は十一万石余りであった。

家老には長岡玄蕃《げんば》（藤孝の次男）と松井康之をあて、長岡は嶺山城（京丹後市峰山町）城代、松井は久美浜城《くみはま》（別称「松倉城」。京丹後市久美浜町城山）城代、それぞれ一万三千石を与えた。久美浜は丹後の西端の海沿いにあって丹波への備えとなる。嶺山は丹後半島の中心部を占める要地である。

丹後の権力は次第に藤孝から忠興へと移行するが、行政家として国内を統一し、農民層を掌握する手腕は藤孝のものといえる。『丹後軍記』という書につぎの逸話がのっている。

隠居前後のことと思われるが、藤孝は白杉という土地へ鷹狩りに出かけた。すると田の畦に竹杖を立て、何か書いた紙が掛けてある。近づいて見ると、

（一）いちいちめいわく仕るは
（二）にがにがしき御仕置にて
（三）さんざん
（四）しほうけ
（五）ごんご道断
（六）六月の日でりには
（七）ひちびんぼうをかかげ
（八）鉢をひしぐ風情
（九）国に堪忍なるように
（十）十分に無くとも
　　仰せつけ下さるべく候。

と落書きしてあった。
藤孝は大いに笑い、傍にいた閑斉という坊主を召して返事を書き添えた。
（十）十分の世の中に
（九）くせ事申す百姓かな
（八）八幡きくまじきとは思へども
（七）七せうよりこの方

（六）碌になきは地下の習《ならい》
（五）ごくもんにかくるか
（四）しばりて腹をいんと思へども
（三）さんりんにかくれぬれば
（二）にくきかたを引かへて
（一）一国一命をゆるすもの也

中世の「百姓」とは「侍、凡下、下人」という中世身分のうち凡下にあたる広い階層を意味するとは、最近の歴史学の指摘するところである。ここでは、たんに農民一般ではなく、少なくとも識字能力をもち、農民に一定の支配力をもつ土着の有力者をイメージしているようである。

藤孝が鷹狩りに来ることを見越して、書いたものを張り出している。要するに領主は、むさぼらず、農民を苦しめるなというアピールである。これに先立って具体的な問題が発生していたのかどうかは不明である。機知にまぶしてあるので、深刻さの度合いは薄れているが、機知という体裁でずばりと要求することも可能だろう。

藤孝の側も、機知で応酬してはいる。しかし言葉遊びの気味はあるにもせよ、腹立ちをまぎらわすために「獄門、縛り首」というような言葉が出て来るのは、領主の力による支配の暴力的な本質がにじみ出ているといえなくもない。

中世から近世への変わり目の時代である。緊張に満ち、辛うじて均衡を保っている百姓と領主の関係を双方が機知でごまかしている。それが幽斎玄旨《ゆうさいげんし》（藤孝）の時代のもうひとつの顔だったとはいえまいか。

第十三章　馬揃え――権力の祭り

異形の権力者

天正九年（一五八一）の新年を藤孝は安土で迎えた。四十八歳である。

一月十五日に安土で左義長《さぎちょう》が催された。民間では竹を組み縁起物で飾りつけ、正月の門松やしめ飾りとともに焼く小正月の行事である。この火で餅を焼いて食べれば無病息災だという。派手好みの信長は、安土の左義長を華やかな祭りとして企画し、惟任《これ》光秀《ひで》に演出を命じた。馬廻り衆へは、爆竹を用意し、思い思いの服装で集まるよう、指示がなされた。

当日の信長は宣教師から贈られた「黒き南蛮笠」つまり黒いフェルト帽子をかぶり、眉を描き、真っ赤な頬袍《ほおこう》で顔を覆い、唐錦の側次《そばつぎ》（袖なし羽織）、袴の上には乗馬用の虎の皮行縢《むかばき》を着け、葦毛《あしげ》の名馬に乗って、新しくこの日のために作った馬場へ現れた。同じように数寄をこらした衣装の一門や馬廻りの衆が竹に火をつけてはぜる音にあわせてどっとはやしたて、安土の町へくりだして見物の目を奪った。

この成功が信長に京都での馬揃え（閲兵式）を思いつかせたといってよい。正月二十三日に、光秀の左義長演出の手腕を褒めるとともに、正親町《おおぎまち》天皇にご覧いただくという名目で、二月二十八日、京都で馬揃えを行うことを宣言した。軍事上の必要から参加させない武将の名をあげ、それ以外の者たちは「六十余州へ相聞ゆべく候の条、馬数多く仕立て」るようにと、指示を与えた。

閲兵式が権力を誇示する政治の儀式であることくらいは誰でも判る。権力は祭りが好きである。祭りは政治を様式化して民衆に開示する。人は祭りに酔う。酔った人間は統治しやすい。が、信長の行為はそれが、バサラ――いってみれば仮装舞踏会のような異装をともなう感覚へと飛翔するところが独特であった。その意味でも、左義長の演出者が惟任光秀であったことは興味をひく。彼は権力の仕組みを熟知していたというべきか。だからこそ彼は信長を裏切ったのかもしれない。

馬揃えのため皇居の東に南北四〇〇メートル、東西一〇〇メートルに及ぶ馬場を作らせ、自身は二月二十日に安土から上洛、本能寺に泊まった。

信長の時代は、イエズス会によるカソリック教の普及が順風満帆の趣のあった時代でもある。それだけに布教上の意見対立も出はじめていた。イエズス会はアジア戦略を決定するために巡察師としてアレッサンドロ・ヴァリニャーノを日本に派遣した。イエズス会はもともと政治性を発揮して布教を押し進めて来た組織だから、充分すぎるほど充分に政治というものをわきまえていたヴァリニャーノは、この機会に信長と会見して、赤いビロードを張った椅子式の輿《こし》を贈った。

さて馬揃えの当日である。辰の刻（午前八時）に本能寺を出た信長は、室町通りを上り、一条を東に進んで馬場に入る。先導として一番に丹羽長秀とその組下の摂津、若狭衆、二番に蜂屋兵庫頭と河内、和泉衆、三番に惟任光秀と大和、上山城衆、四番に村井作右衛門（京都所司代）と根来《ねごろ》衆などが続いた。先導する四番（四組）の侍たちの列が尽きるとその後へ織田信忠と美濃・尾張衆や神戸《かんべ》信孝と伊勢衆などの織田一門、そして公家、馬廻り、小姓衆。さらに柴田勝家と越前衆、弓衆百人が続く。

そしていよいよ信長の登場である。

平井久右衛門、中野又兵衛の両人が二手に分れた先手を率いて通る。先手衆はいずれも腰に打矢を差していた。全国から献上されたより抜きの名馬が六頭牽かれていく。

その後から立烏帽子、黄色の水干《すいかん》、白い袴、素足に草履を履いた中間《ちゅうげん》衆が従う。つづいて山姥《やまんば》の扮装をした武井夕庵《せきあん》が歩む。後ろからヴァリニャーノが贈った椅子輿が四人の者に担がれて通る。『信長公記』には「御曲録《おきょくろく》持四人」とあるが、フロイスの記録を照合すれば、まさしくヨーロッパ風の椅子輿である。杖、薙刀、行縢《むかばき》などを持った近習《きんじゅ》の小姓、小人が揃いの赤い小袖に紺地白の肩衣、黒の皮袴で従う。

その中央を信長が行く。大黒という名の名馬に跨がり、頭には唐冠、後ろに花を挿す。顔は錦紗の頬甲《ほうこう》で覆っている。これは中国では帝王のみが用いた品といわれ、四方に織り止めがあって中央に織り出した人形の模様があつらえたかのようによく似合った。今回の馬揃えに備えて信長は京都、奈良、堺で珍しい品をもとめ、各大名も争って珍しい品を献上した。そのような逸品のひとつである。

紅梅に白、きり唐草をあしらった小袖に梅の花の枝をさした。その上から「蜀江《しょっこう》の錦」という高価な中国から輸入の織物で作った小袖、袖口にはより金の覆輪を付けてある。これはかつて三反だけ輸入されたものだったが、うちの一反を忠興が京都でもとめて贈った。偶然といってしまえばそれまでだが、忠興は父藤孝以上に感覚の上で信長に近かったとはいえまいか。

肩衣、袴は紅緞子《べにどんす》にきり唐草。腰には造花の牡丹の花。白熊の腰蓑、のし付きの大小を差し、腰に乗馬用の鞭を差す。白革の弓掛け、沓は猩々緋《しょうじょうひ》で立上りを唐錦で飾っている。

イエズス会士フロイスの記述によると、信長はヴァリニャーノ献上の椅子輿を下ろさせ、「他の者とは異なる存在であることを示すために」そこへ一度、腰掛けてみせた。権力の祭りとしての馬揃えの本質をうがってはいるが、太田牛一の『信長公記』はさらに「花やかなる御出立、御馬場入りの儀式、さながら住吉の神の影向《ようごう》もかくやと、心もそぞろに各々、神感をなし奉り訖《おえ》んぬ」と表現している。たんなるほめ言葉だけではあるまい。装飾過剰とさえみえる派手な服装にとりどりの花を挿す信長の姿には、どこかに異様な、地上のものとは見えぬ雰囲気があったのではなかったろうか。この日の信長の姿は、左義長の日のバサラぶりとも違う。武家の棟梁、日本最高の権力者というよりは、この世ならぬ神にも似た姿を演じていたように見える。このような異形の扮装の人が、天下に君臨しているのである。

藤孝の丹後支配

馬揃えの祝祭が終わった直後の三月五日、すでに触れたように藤孝が提出した丹後の書き上げが信長によって承認された。丹後の国の米産出量——正確にいえば、権力が掌握し、課税対象となし得るかぎりの耕作地とその所有状況にかんする地勢調査とでもいうべきものである。

丹後の国高は十二万三千五百石、一色氏の分も含まれるから十一万石あまりが藤孝の領有分となる。

他方では三月二十五日に青龍寺城《しょうりゅうじじょう》の引き渡しが行われ、家老松井康之から信長の使者矢部善五郎、猪子《いのこ》兵助に正式に城は渡された。これで名実ともに丹後の主としてその経営に専念できることになったのである。前年八月に、心を許した吉田兼見《かねみ》が、安土で信長から丹後の領有を口頭で保証された藤孝が、殊の他、上機嫌であったと観察していたことが改めて思い出される。

藤孝が二人の家老を置いたことはすでに述べた。次男の玄蕃頭《げんばのかみ》興元とこれも同族（妻、麝香《じゃこう》の沼田氏の系統）の松井康之の二人である。それぞれ一万三千五百石、有力家臣は戦時の編成では両家老の指揮下にはいる。玄蕃組の番頭は米田助右衛門、松井組の番頭には有吉立行《たつゆき》が任じられた。立行は立言《たつのぶ》の嫡子である。戦時にはどちらの組が先手になるかは、籤できめることとし、日常の勤務は一日交代と定めた。

やがて藤孝は丹後の国侍を次第に統合していって、国内に城を六つだけ残した。徳川政権のもとでようやく実現した元和《げんな》の一国一城の制度の先駆といってもよい。行政家としての藤孝の手腕を感じさせる。

宮津と田辺（舞鶴）が根城である。このうち宮津は忠興の城、田辺は藤孝の城とした。他の四城は、嶺山が長岡玄蕃、久美浜《くみはま》が松井康之。そのほか中山（舞鶴市中山）は有田四郎右衛門、河守《こうもり》（京都府福知山市大江町河守）は上野徳寿軒という国侍の城である。

京都との交通の便を考えると、宮津に丹後経営の基礎を置いたのは当然といえよう。ただし幽斎・長岡藤孝の名を天下にとどろかせたのは、隠居城のはずの田辺城なのだから、人間と歴史というものは判らない。

信長の主な戦場は依然として西にある。天正八年（一五八〇）八月、石山本願寺が屈伏し、教徒が雑賀《さいが》に退去した今、毛利氏が主な敵対勢力となっていた。羽柴秀吉は備中高松城を囲んでおり、藤孝にたいしても状況によっては出陣を命ずるから用意しておくように、という指示が四月末にあった。

しかし状況が変わって六月、秀吉は毛利方の吉川《きっかわ》経家の守る鳥取城を攻めることとなり、陸路、兵を北上させて鳥取城を囲んだ。藤孝も支援を命ぜられ、松井康之と有吉立行らを先鋒として船で急行させた。日本海に沿った丹後の支配者ともなれば、これまでとは違った海戦にも対応しなければならない。

八月下旬、松井康之が大船に兵を乗せて鳥取へ着くと、鳥取城側では鹿足《かのあし》民部小輔元忠という船戦さに慣れた侍が、大型船数艘の護衛のもと兵糧を城に入れようとしているところであった。水上兵力を持たない秀吉は、松井の来援をことの他喜んだ。

松井康之は状況を知ると、すぐさま鎧を脱いで商人の装いをし、物売りのふりをして相手方の大船のひとつに乗り移った。かねて示し合わせておいたとおり桑原寸助という者が船を風上に廻して松明を投げ込み、焼き討ちをしかける。松井は刀を抜いて船中を混乱させる。松井方の兵士が小舟を漕ぎ寄せ、乱戦のなかで鹿足の船の兵士に松井方の旗印を奪い取られた。

これを見た松井は乗り込んでいた大船から、鹿足の船へ飛び移り、相手の兵士を斬り倒して旗を取り返した。そこへ味方がどっと押し寄せたので、水練上手の鹿足は形勢不利と海中へ飛び込んで逃げようとする。松井方でも、これまた水練に自信のある村尾四方助という者が小舟で追いかけ、最後は海に飛び込んでついに鹿足民部の首を取った。

松井方は首級をあげること百二十余り、他に船頭、水夫など多数を生け捕りにして秀吉の陣に送り届けた。

秀吉は大いに喜んで、今後、船戦さには鎧を脱いで戦うことにしよう。これが松井流だといい、報告に来た村尾四方助には着ていた金襴の陣羽織を脱いで与えた。いかにも人をそらさない秀吉らしいやり方である。

秀吉はさらに泊、大崎など伯耆の毛利方の港を攻めることを松井に命じ、彼は二度にわたって出撃し、敵船を焼いたり、拿捕したりして期待に応えた。松井の戦功は秀吉から信長にも報告され、このため二度にわたって信長から家臣の働きが神妙であるという感状が藤孝に対して出されている。よい家臣をもってその働きが信長から認められることは主にとっても名誉なことなのである。

九月十六日の感状は、藤孝だけでなく忠興あてにも出された。そこには「力を尽くす家臣をよくよく見極めることが大事」だという訓戒めいた言葉が記されている。

其の国船手の輩、伯州面へ動きの趣、委細聞き届け候。尤も以って神妙候。藤孝に対し具に申し遣はし候。能々粉骨の族、相ひ究むべき事、専一に候也。
九月十六日　　　　　　　　　　　　　　　信長　黒印
長岡与一郎とのへ

信長には、年若い忠興を育てようという意識が働いていたように見える。それは藤孝にとってもうれしいことだったに違いない。

鳥取城はついに包囲に耐えきれず、十月二十五日、守将、吉川経家は城を明け渡して切腹した。藤孝は丹後の主としてはじめて海上の戦いにも力量を示したのである。

第十四章　光秀の反乱と藤孝の引退

迷う光秀

天正十年（一五八二）五月二十六日、惟任光秀《これとうみつひで》は、中国地方への出征の準備のため京都から亀山（京都府亀岡市）の居城に帰った。そして次の日、戦勝祈願のため嵯峨の奥、保津川《ほづがわ》渓谷の北に聳える愛宕山の威徳院へ参籠した。勝軍地蔵で名高い寺である。彼は仏の前で何度も籤をひいていたという。いま神仏分離で愛宕神社となっている（京都市右京区嵯峨愛宕町）。

翌二十八日に連歌の集いを催し、百韻の興行を行った。

ときは今　天が下しる五月哉　（光秀）
水上まさる庭のなつ山　（西坊行祐）
花落つる流れの末をせきとめて　（里村紹巴《じょうは》）

が冒頭である。行祐は威徳院の僧。

この発句は反乱の決意を示すものとして後に話題となった。秀吉はこの連歌のことを聞きつけて、紹巴を召して責めた。紹巴は草稿の懐紙にわざと手を加えて、「天の下なる」とあったものを、統治するの意をもつ「しる（治る）」と何者かが改竄《かいざん》したのだと弁解して責任を免れた。

連歌を終えて寺僧が名物の笹ちまきを供すると、光秀は、包んだ笹ごと口に入れ、自分の放心を恥じたともいう（『林鐘談』）。真偽のほどは判らないが、光秀が最後まで迷っていたことは事実だろう。

敵は本能寺にあり

翌五月二十九日、信長は安土を発し、四条西洞院の本能寺に入った。一年三ヵ月ぶりの上洛であった。これには武田征伐を天下に知らしめるという示威の気分もあったと思われる。嫡子信忠も二条妙覚寺に入った。

本能寺は日蓮宗の寺で現在の位置とは異なり、四条烏丸交差点の繁華街より西寄り、南北に走る油小路と東西の蛸薬師《たこやくし》の通りの交点のあたりにあった。方四丁といわれる広大な寺域をもち、三十余坊を構える大伽藍であった。当時の寺院の常で城郭のような石垣や堀を備えていたから、武将の宿泊に適してもいただろう。信長は元亀元年ころから宿所として利用している。

六月一日、本能寺は来訪者で賑わった。信長は夜には博多の豪商・島井宗室《しまいそうしつ》、神屋宗湛《かみやそうたん》らを招いて茶会を催し、約束どおり秘蔵の茶の名物三十余種を見せて歓待した。

同じ一日亥の刻（午後十時）、惟任光秀は兵を発した。一万三千の兵は夜道を黙々と進む。

中国地方への順路なら三草越を越える。しかし光秀は東に道をとって兵に老ノ坂を登らせた。峠の上から右へくだれば山崎を経て摂津へ出る。左へ行けば桂川を越えて京都に入る。

光秀は鞭をあげて左の道を示した。

「敵は本能寺にあり」

このあたりの記述は頼山陽の『日本外史』の美文による。しかし耳さわりがよいからそれが事実だという保証はできない。

光秀は出発の直前に腹臣四、五人だけに本心を明かし、兵には信長の閲兵を受けるために京都へ向かうのだと称して疑念を封じた。そして老ノ坂を越えてから、沓掛付近で三段に構えた軍に兵糧をつかわせ、桂川を越えてからはじめて、兵に真の目的を知らせたというあたりが真相ではなかったか。それとともに配下の天野源右衛門を先駆させた。京都を偵察させるとともに、万一の内報者があれば、斬り捨てる周到な用意である。

緻密な作戦だが、光秀の動機については、不明な点が多い。昔から怨恨、国替えを命ぜられたため将来への不安、天下取りの野心などの諸説が入り乱れている。いずれにしても光秀が直前まで、反乱を深く心中に秘めて他人には漏らさなかったことが憶測を生んだ。また信長の臣下の大多数が分散して敵に対峙したり、本国に居たりして対抗する大勢力がなく、しかも信長がほとんど護衛なしで京都に居るという滅多にない偶然が重なっていた。

現在、本能寺は御池通と寺町筋の交点近くに移転しているが、宝物館には、少数ながら信長、信忠の書状とか、茶道具とか貴重な品が陳列されている。

なかに三足の蛙という大ぶりの香炉がある。前足はそろっているが、後ろは足とも尻尾ともつかぬ造形となっているのが、名の由来である。蓋のつまみとしてトカゲのような動物が作り付けられ、一見、蛙がトカゲを背負ったようにも見える。デザインの印象では唐物ではないかと思える。

この香炉の蛙が本能寺の変の夜、鳴きだして、事変を予告したという伝承がある。蜀江《しょっこう》の錦の袱紗《ふくさ》で覆ったら鳴き止んだという。その時、この香炉がどこにあったのか、どうして残ったのか、など疑問はあるが、蜀江の錦とは、高価な中国輸入品で忠興が京都で反物を購入し、馬揃えに先立って信長に贈った品である。いささか因縁を感じる。

光秀の用兵は緻密で、七条あたりで桂川を渡河すると一手は三条を東へ、一手は大宮通を、一手は油小路通を北上させて本能寺を押し包んだというのが通説である。

信長は今回の上洛にあたっては身辺に近習《きんじゅ》二十人余りを置いただけで、親衛隊の馬廻り衆すら連れていなかった。近習たちは力戦したが、ことごとく戦死し、信長も自ら槍を取って戦ったが、肘を傷つけられ、殿舎に火をかけ、一室に籠もって切腹して果てた。

光秀方はその後、二条の妙覚寺に宿った嫡子信忠を襲った。信忠は変を知って本能寺に向かおうとしたが敵に隔てられ、兵五百を率いて、かつての室町御所（二条御所）に向かった。信長が将軍義昭のために造営した場所で、当時は正親町《おおぎまち》天皇の皇太子誠仁《さねひと》親王の御所となっていた。信忠は親王に御所へお移りになるよう乞い、その後へ自分が入った。二日の辰の刻（午前十時）になっていた。信忠は御所に拠って防戦につとめたが、包囲されて鉄砲を打ち込まれ、ついに切腹した。時に二十六歳であった。

藤孝の決断

藤孝はどのように本能寺の変を知ったのか。

ひさしぶりの信長の上洛と甲斐の戦勝を祝うため、彼は米田求政《もとまさ》を使者として京都へ派遣した。米田は今出川《いまでがわ》相国寺門前の私宅に着いたとき、本能寺の騒動を知った。つまり六月二日である。二条御所と相国寺は目と鼻の先の距離にある。

彼は愛宕下坊の幸朝僧正と相談して、幸朝からの書状を身辺に飼っていた早足で並ぶ者のない早田道鬼斎という浪人に託して丹後へ遣わした。道鬼斎は宮津まで十六里（約六四キロメートル）の道を六時間で走破し、三日、宮津城に到着した。非常の際に備えて、あらかじめこのような異能の者を扶育しておくのも戦国の武士のたしなみである。米田はさすがに物慣れた侍であった。

すでに中国への軍旅を整えていた長岡勢は、松井、有吉らを先鋒に、宮津から半道ばかり押し出し、犬の堂という地まで来ていたが、道鬼斎は、泥まみれの足のまま広間に駆け込んで、手紙を差し出した。藤孝・忠興父子が光秀からの使者より先に本能寺の変を知っていたことは、情勢判断をする上できわめて重大な意味をもったと思われる。

藤孝は、自分は信長を悼んで剃髪《ていはつ》する。しかしお前は光秀の娘を娶っている姻戚であるから、別の考えもあろう、自由にするがよい、と忠興にむかっていったと伝える。後世に作られたフィクションかもしれないが、藤孝には多少、わが子の器量を試してみようという気分があったかもしれない。仮に忠興が光秀に従うという決意を示した場合には、忠興を抹殺しても家を守るくらいの覚悟は、十一万石の当主として当然、もっていたに違いない。全部が全部、もたれ合い、地位に応じた責任をとる気構えも倫理も持ち合わせていない現代の日本社会よりは、戦国は現実主義で自己責任の社会であった。

忠興は直情径行型の男だから、自分も父にならってただちに髻《もとどり》を払ってしまった。藤孝の目からみるとわが子のこういう情にかられやすい点が気がかりだったと思われる。さらに意地悪くみれば、この非常時にあって藤孝は当然、光秀の行動は無謀、信長の後継者は羽柴秀吉という計算をしたものと思われるが、この路線にわが子を従わせるためには、その情にもろい弱点に乗ずるくらいの智略は用いたかも知れない。

また藤孝には、自分にとってそろそろ引退にふさわしい時期ということが一方で念頭にあったろう。忠興は次第に自立しはじめている。伝統社会の体制内にいる者としては継承が円滑に行われることは重要である。また個人の感情としても自分を取り立ててくれた信長の死は引退の好機かも知れなかった。藤孝は剃髪して、法名を幽斎玄旨《ゆうさいげんし》とした。そして田辺城（舞鶴市西舞鶴）を隠居城と定めた。十八年後に彼は、五百あまりの兵力で一万の兵を引きつけて二ヵ月の籠城を行い、古今伝授の伝統の絶えることを案じた天皇の命によって名誉の開城を行うという一大パフォーマンスを演じることとなるだろう。

光秀とは関係が深かっただけに早く旗幟を鮮明にする必要があった。藤孝は松井康之を遣わして光秀の女婿の明智秀満に義絶を申し送り、他方で織田（神戸《かんべ》）信孝にも使いをやって忠誠を誓った。忠興の妻、玉（のちのガラシャ）は光秀の娘であるから、米田求政の懇意な山伏を頼って、三戸野《みとの》（京丹後市弥栄町味土野）に従者一人、侍女一人だけを付けて幽閉した。

光秀の最期

まもなく光秀からの使者として沼田光友というものが、宮津に着いた。

「信長はたびたび光秀に面目を失わせたので、父子ともどもに討ち果たして鬱憤《うっぷん》を晴らした。早速に軍勢を率いて上洛し、助勢を願いたい。幸い摂津が闕国《けつ》であるから、これを知行していただきたい」

忠興は憤って沼田の首を刎ねようとしたが、藤孝が使者には罪はないととりなして、追い返した。

改めて六月九日付で光秀自筆の書状がもたらされた。

一、ご父子ともどもに元結を払ってしまわれたとの事。余儀なき次第である。自分はそれを聞いていったんは憤ったが、考えなおしてそれも当然のことと思うようになった。しかしこうなった以上、有力な部下を派遣してご助力を乞う次第である。

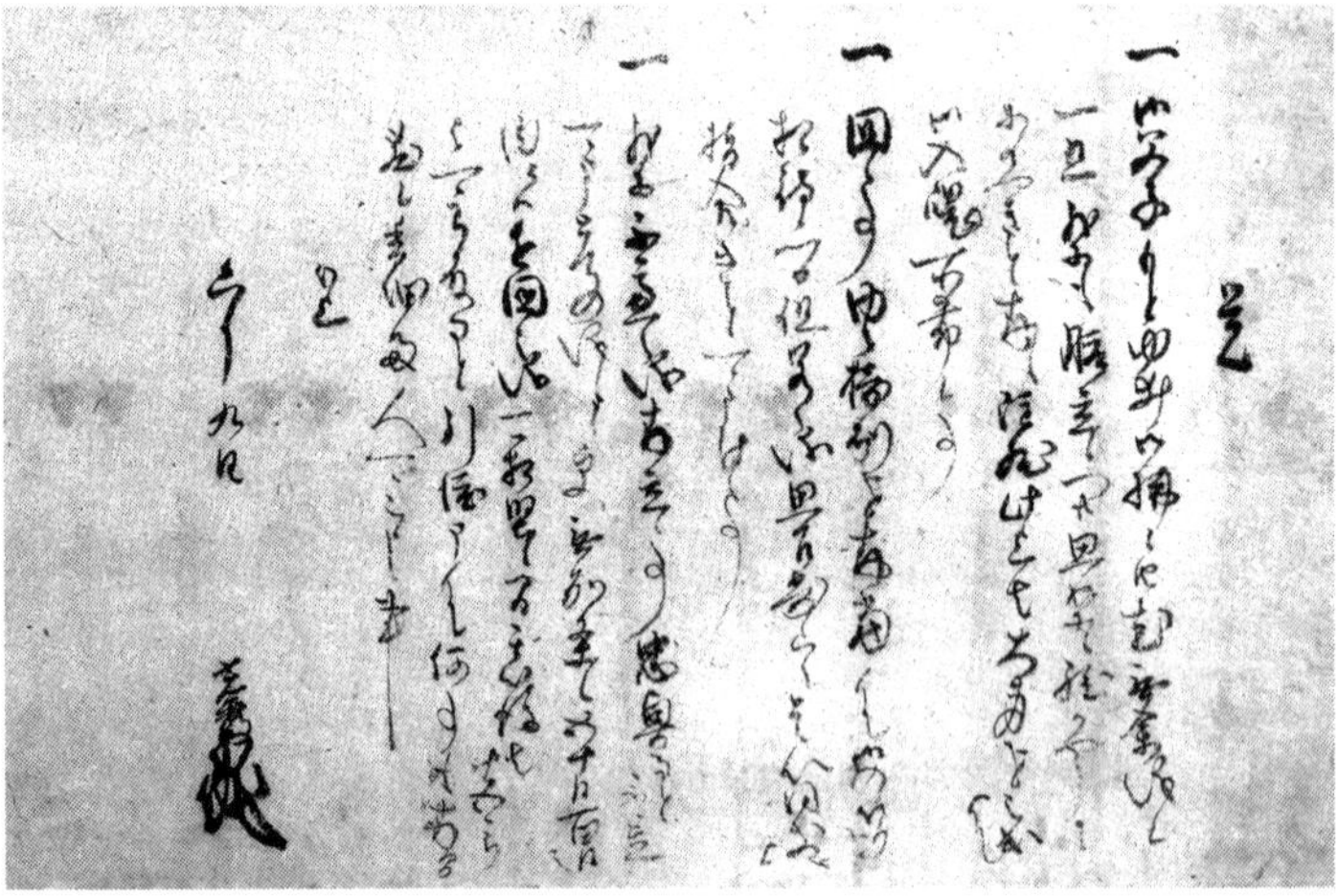

明智光秀覚書（永青文庫蔵）

一、領地については内々、摂津の国を与えようと上洛をお待ちしていた。しかし但馬、若狭をご所望ならそれでも差し支えない。他に約束した者がいたとしても必ず実行するつもりだ。

一、この度の事に及んだのは忠興などを取り立てたいと思ったからである。五十日か百日のあいだには近国を平定できるであろうから、そうしたら十五郎（嫡子・光慶）や与一郎（忠興）らに譲って隠居するつもりである。詳しいことは使者の両人から聞いてほしい。

信長を一夜のうちに屠って天下を握った人間の言葉としては覇気がなさすぎる。光秀にとっては、長岡藤孝・忠興父子が自分の側につかなかったことは大きな誤算だったことだろう。

藤孝にとってみれば、織田軍団の編成上、光秀の下に属してはいたものの個人的に君臣の恩義を感じるような性格の関係ではなかった。このあたりに光秀の誤算があった。

この光秀自筆の書状は細川家にいまも伝わっている。この事実はあまり注目されていないのだが、自分の立場を不利にしかねない書状をあえて保管しておいたことに藤孝の文書というものに対する誠実な態度を感じる。日本的な伝統では、自分に不利な文書は破棄してしまうのが通例で、今日なお改められていない。あらゆる文書を保管することに執着する藤孝の態度はむしろ西欧的ですらある。彼は時代に一歩先んじていたのである。

この書状にある使者とは娘婿の明智秀満（光春）と荒木勘十郎という者だったという。信頼できる重臣を使って父子の心を動かそうと試みたのだろう。

後の経過はよく知られるとおりで、信長の死を秘したまま毛利方と和睦した羽柴秀吉が、兵を返して光秀を攻め、孤立無援の光秀は、六月十三日、山崎の一戦であえなく敗れた。光秀方は青龍寺城に籠もったため、城は焼かれて廃墟と化した。

落城前に密かに城を脱出した光秀は近江坂本の城を目指したが、伏見の大亀谷《おおかめだに》から東へ越えた小栗栖《おぐるす》の竹林で落武者狩りの竹槍に刺され、力尽きて切腹した。明智藪とよばれる場所から徒歩十五分ほどの場所に胴塚がある。

遺言にしたがって首は家臣溝尾茂朝《しげとも》が京都の知恩院へ運んだ。東山三条付近の白川東岸に首塚がある。翌日、坂本城を守っていた明智秀満は城を焼いて自殺し、光秀の反乱は十日あまりで、あっけなく幕を閉じたのである。

秀吉と藤孝

光秀の討伐の中心となった羽柴秀吉を中心に信長以後の情勢は進行した。しかし曲折がなかったわけではない。六月二十七日に清洲城で織田家の宿老たちが会議を催し、後継者として三男の信孝を推す柴田勝家と信忠の子である信長の嫡孫、三法師（秀信）を推す秀吉が対立したが、結局、秀吉の主張が通った。遺領の配分についても秀吉の発言が会議を支配した。

こうして主導権を確保した秀吉は、長岡父子に対して七月十一日に、今回の事件における態度を称賛し、今後とも信頼するから分け隔てない態度を取り、中傷する者があれば直接話しあって解決しようという趣旨の起請文を出している。

敬白起請文前書の事

一、こんど信長御不慮について、比類なき御覚悟を持ち、頼もしく存じ候条、別して入魂《じっこん》申し上ぐる上は、表裏、抜け公事なく、御身上身放ち申すまじき事。

一、存じ寄る儀は、心底に残さず、御為よきように意見を申すべき事。

一、自然、中意の族これあらば、たがひに直談をもつて相すますべき事。

右の条々、もし偽りこれあるにおいては、

梵天《ぼんてん》、帝釈《たいしゃく》、四大天王、総じて日本国中の大小神祇、八幡大菩薩、天満大自在天神、殊《こと》に愛宕、

白山、氏神の御罰を深重にまかりこうむるべきものなり、
仍《よ》って起請文、件《くだ》んのごとし。

羽柴筑前守秀吉（花押・血判）

天正拾年七月十一日

長岡兵部大輔殿

長岡与一郎殿

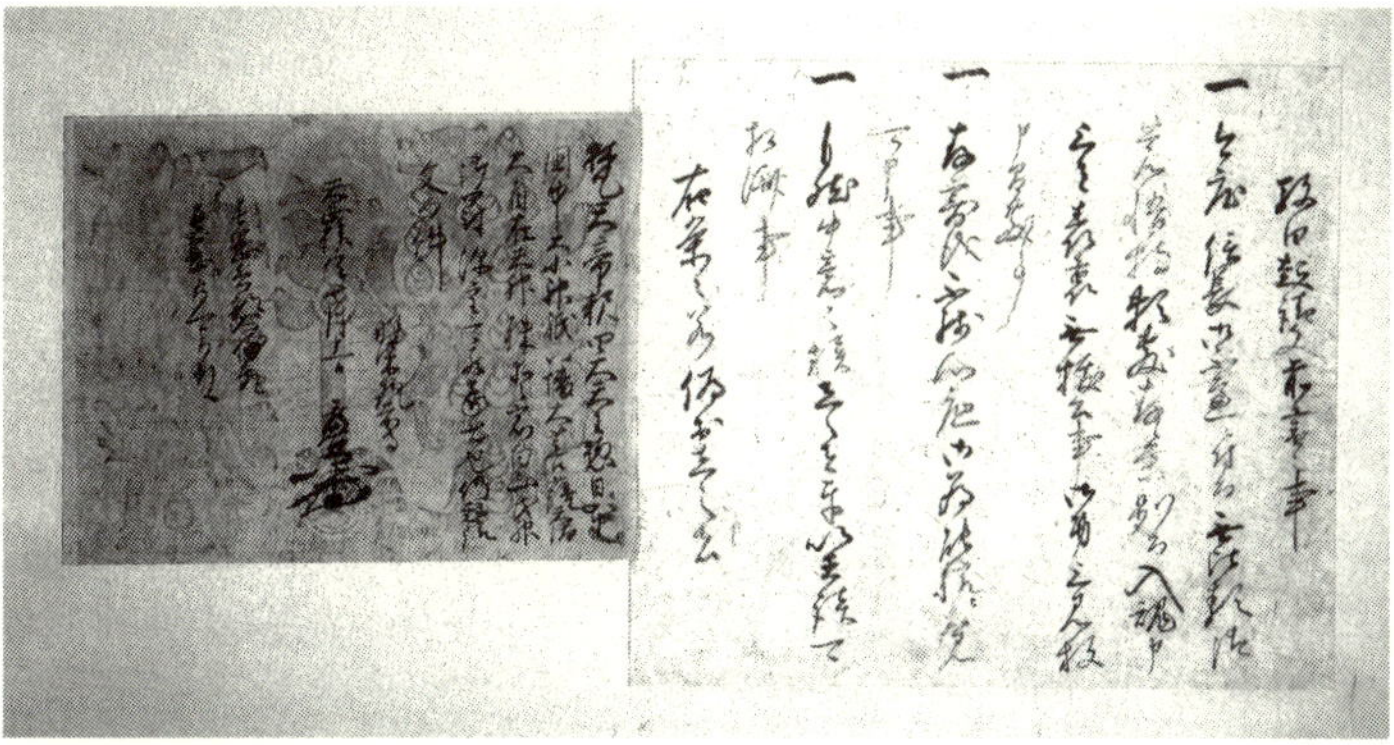

羽柴秀吉起請文（永青文庫蔵）

「梵天、帝釈」から後は、型どおり烏《からす》をかたどった熊野権現の午王《ごおう》宝印の誓紙を用い、自筆で血判するという、いかにも神妙な形式をとっている。しかし、これが長岡父子だけを対象としたものとは思えない。秀吉はきわめて政治的計算の働く人である。権力を手にするためには、同じような約束をこの時期、多くの人と結んだに違いない。

上京した藤孝は、この直後に本能寺の焼け跡に仮屋を建て、七月二十日つまりは四十九日に、信長追悼の百韻の連歌の会を催した。公武、僧俗の別なく、来会する者が多かった。その費用はすべて藤孝が負担した。

墨染めの夕べや名残り袖の露　幽斎
玉まつる野の月の秋風　道澄
分け帰る道の松虫音になきて　紹巴

幽斎の発句に聖護院門跡《しょうごいんもんぜき》の道澄が脇句をつけ、連歌師里村紹巴《じょうは》が第三句を詠んでいる。

信長の法要は、妹お市の方が妙心寺で行った百ヵ日の供養が九月十二日、秀吉が柴田勝家らを排除して主導権をとったことで知られる大徳寺での本葬が十月十五日である。七月二十日の追善供養はもっとも早い。

人々の関心が織田信長後の政権争いに向いているとき、誰よりも早く、連歌によってしめやかに追善供養を行った藤孝の行為は、個人の心情が籠もっている。辛辣な京都人にも好意的に受け止められたようである。

藤孝自身も、家督を忠興に譲って幽斎玄旨《ゆうさいげんし》と名乗ることによって、信頼していた信長の死をきっかけに、自分の生涯にひとつの区切りをつけるような思いがあったに違いない。

忠興と秀吉

幽斎・長岡藤孝と忠興の父子がいちはやく忠誠を誓ったことは、羽柴秀吉にとって、よほど嬉しかったことのようである。

第一に信長没後の天下の帰趨が明らかでなかった時期に、光秀の有力な組下であった長岡父子が早々と支持を表明したことが、政治的効果をもった。

第二に当代の文化人としての藤孝こと幽斎玄旨と茶人武将の忠興を臣下に加えたことである。信長の横死の後、天下の帰趨が明らかでなかった時期に、藤孝は本能寺での追悼の連歌興行という文化的な行動によって鮮やかに自己の存在をアピールしてみせた。人々が政治に狂奔している時、心からの信長の追悼を文化的行為によって明らかにすることは、人の心に訴えるなにものかを持っている。幽斎は微妙な自己の立場を信長追慕＝反光秀として鮮明にしたのであるから、逆説的ながらこの文化的行動はまた優れて政治的な行動でもあった。

このようなしたたかな政治感覚と文化的素養をあわせもつ藤孝という存在は、自らも卓抜な政治感覚をもつ秀吉にとってきわめて魅力的な存在と感じられたに違いない。

事変後、はじめて幽斎が忠興を伴って秀吉の前に現れた時、秀吉はよほど嬉しかったのか、

　細き川こそふたつ流るれ

と発句した。すかさず幽斎は、

　御所車ひき行く跡に雨降りて

と当意即妙に付け句したと伝える。たんなる機知だけではなく、御所車の轍の跡に細川二筋としたところに、僅かに追従の気分を匂わせてもいる。巧妙な対応というべきである。

もっともこれは後世の作り話であろう。幽斎が将軍に背いた後、細川の姓を捨てたのは生半可な決意ではなかった。そして同時代のあらゆる文献は、この時期の父子を長岡姓で記しているからである。

しかしこの逸話で見逃せないのは、秀吉が抱く文化的な劣等感である。彼の劣等感は、陰湿で屈折していたようにみえる。したがって秀吉に文化人として仕えることには一種、特別な危険が伴った。その意味は、殺された山上宗二《やまのうえのそうじ》、自殺させられた千利休を想起すれば充分であろう。

第二部　秀吉と細川父子

第十五章　奮戦する忠興——小牧長久手戦の前後

忠興、一色氏を滅ぼす

天正十年（一五八二）、二十歳で父に代わって丹後の主となった長岡忠興は、まず丹後の経営に力をそそぐ必要があった。信長、光秀という有力な抑えがなくなったことで丹後の状況はふたたび不安定になったためである。

八月に忠興は京都へ上って、秀吉や三法師に対面、神戸《かんべ》（織田）信孝と信雄《のぶかつ》にも挨拶をすませたが、その忠興の留守を狙って、かつての丹後守護であった一色氏の義有が反乱を企てた。一色義有は、細川氏の丹後入部にあたって弓木《ゆみのき》城を与えられ、忠興の妹を妻として姻戚となったが、不満はくすぶり続けていたのだろう。不穏な気配を察した幽斎《ゆうさい》は忠興へ密書を届け、忠興は急いで帰国した。

九月八日、忠興は完成したばかりの宮津城に一色義有を招いて宴席を設けた。一色方も用心して、騎馬武者三十六人、雑兵三百ほどを率いて来たが、三十六人だけを城内に入れた。

忠興が差し出す盃を義有が受ける。そこへ忠興はいきなり刀を抜いて斬りつける。刃先はわずかにそれて左の肩に切り込んだ。義有も剛の者、とっさに脇差で鞘ごと受けたが、かねて準備していたことなので、忠興方は隣室に伏せてあった討手十七人がかりで討ち取ってしまった。義有は蘆屋千八、金川与藤という二人の勇士を常に身辺に置いており、この日も次の間に控えさせていた。彼らも変を知って勇敢に立ち会ったが、多勢に無勢、ついに討たれてしまった。

家老の日置主殿介《ひおきとのものすけ》も討たれたが、庭に出て指図している忠興を目掛けてその弟小左衛門という者他一人が斬りかかる。忠興が二人の敵をあしらいかねていると、仕える坊主が薙刀《なぎなた》をもって庭へ飛び降り、忠興に手渡した。

忠興はこの薙刀を使って小左衛門を斬り、もう一人の方は忠興方の討手がどっと押し寄せて包むようにして討ち取ってしまった。

この日、城に入った一色方は三十六人、忠興が用意した討手は十七人、一人が二人ずつに当たったが、それでも相手は二人多かったと忠興はのちに、しばしば語ったそうである。『細川忠興軍功記』に出て来る。彼にとっては家督相続の直後の輝かしい武勇の自慢話であった。

一色方は城外の町家のあちこちに手の者を配置してあったが、この者たちがただならぬ気配を察して駆けつける。門から突入する一色衆と忠興の手の侍たちが大手橋の上で斬り結んだ。一色方は多くの者が討たれ、残りの者は弓木の城へ逃げ戻った。

義有の奥方は忠興の妹であるから、この期に弓木城に長岡勢が押し寄せて、戦闘の末、奥方を連れ

そして天正十二年(一五八四)三月六日、秀吉に内通した疑いで伊勢松坂の大河内城(三重県松坂市大河内)で三家老を切腹させた。

信雄は他方で四国の長宗我部元親《ちょうそかべもとちか》や雑賀《さいが》、根来《ねごろ》と結んで、大坂に城を構えて新たな本拠としていた秀吉を牽制する一方、三千の兵を率いて救援した家康と清洲城に会した。

一方、信雄の家老切腹の糾問を理由に十二万五千の大軍を引き連れた秀吉は三月十日に大坂を発ち、京都を経て近江へ進出した。忠興は三千の兵を率いて堀秀政とともに九段構えの第四段に位置していたという。

これより先、九日に信雄方が伊勢亀山城(三重県亀山市本丸)の関盛信を攻撃したことで戦闘が開始された。秀吉方の池田元信、森長可《ながよし》はこのすきに尾張犬山城を攻めて陥れる。

尾張平野を一望に収める小牧山に陣を構えた家康は十七日、森長可を急襲してこれを破る。秀吉は楽田《がくでん》(犬山市)に陣を構えてこれと対峙した。

秀吉側は小牧にたいして強固な柵をめぐらした砦を構え、挑戦するが、信雄・家康軍は動かない。長期の対陣にいらだった秀吉は、四月六日、甥の秀次に一万六千の兵を授けて家康の本拠、三河岡崎城を脅かそうとした。この動きを察した家康は密かに小牧山を下り、九日の夜明けに行軍中の秀次軍を長久手で急襲し、徹底的にこれを破った。秀次側は森長可や池田恒興(信輝)・元助父子などの有力武将が戦死する大敗北で、野戦における家康の強さを見せつけられた。

敗戦のなかにあって忠興は一日二度の功績をたて、秀吉から「両度の功無比類」という感状を授け

小牧長久手合戦図屏風（部分）（大阪城天守閣蔵）

られている。この日、小牧方面にいた忠興は兵をまとめて、青塚という小高い場所に拠り、鉄砲で敵を射すくめ、時に反撃に出て水際立った采配を示した。劣勢のなかで一番首をあげたのも忠興勢であった。

　また同日夕方、小牧へ戻る家康を遮断しようと出撃したものの、夕闇のなか、味方の動きを敵襲と見誤って秀吉旗本が浮足立ったとき、落ちついて自軍を纏めて動かず動揺の拡がりを防いだことが第二の功績とされた。この日、忠興は秀吉の見ている前で軍事指導者として冷静な判断と断固とした統率力を示したのである。

　忠興自身、この感状を誇りに思い、日常使っている枕のなかに貼り込んで常に身辺に置き、終生手放さなかった。八代に隠居して亡くなった時に、遺言によって葬送の場で焼き捨てたという。

　その後、局地戦はあったものの、秀吉、信雄、家康は帰国し、事実上、小牧長久手の合戦は終わった。秀吉の軍事的圧力のもとで、十一月にようやく秀吉、信雄のあいだに和平が成立し、大義名分を失った家康も講和に同意した。秀吉は軍事的な敗北を政治的な成果に転じたのである。

忠興の転戦

天正十三年（一五八五）に入ると、秀吉は小牧長久手戦の後始末として、信雄に与した勢力を圧倒的な軍事力で殲滅していった。それは彼の全国統一事業の一環でもあった。忠興はこの動きのなかに組み込まれて軍事に奔走している。

秀吉はまず三月に、前年信雄と結んで大坂を脅かした雑賀・根来を攻めた。根来衆は和泉の岸和田、積善寺《しゃくぜんじ》、千石堀、浜の城などの熊野街道沿いに設けた砦に拠って待ち構えていたが、秀吉は諸将に分担させて個別に撃破した。

忠興は蒲生氏郷《がもううじさと》とともに近木川《こぎがわ》左岸の高地に位置して熊野街道を押さえる積善寺城（貝塚市橋本）を攻めた。鉄砲集団として名のある根来衆の小銃の火力に手こずったが、なんとかこれを攻略した。他の諸砦も前後して陥落したので、秀吉は三月二十三日、根来寺に押し寄せ、焼き払った。多くの根来衆が戦死し、僧侶らは高野山に逃れた。

秀吉軍はさらに翌日、粉河寺や雑賀荘も焼いた。雑賀衆の一部三千あまりは日前《ひのくま》・国懸《くにかかす》宮に近い太田城（和歌山市太田）に立てこもったが、圧倒的な秀吉軍は紀の川をせき止め、水を溜めて兵糧攻めにした。兵力の無駄な損耗を防ぐ秀吉得意の戦法である。一ヵ月ほどで太田城は降伏し、首謀者五十人余りは自害した。

ついで秀吉は四国の長宗我部元親を攻める準備にとりかかったが、これに先立って七月十一日に関白の宣下を受け、人臣として最高位に上りつめた。諸将も叙任にあずかり、忠興は四位下に叙せられ、侍従に任ぜられた。

長宗我部元親は八月六日に降伏、秀吉は四国を手にした。他方で秀吉は家康と組んで抵抗した富山の佐々成政《さっさなりまさ》をも攻めている。忠興はこの戦争に動員された。丹波勢の主力は船で加賀の宮腰《みやのこし》まで送られ、加賀の前田利家とともに富山を攻めた。忠興自身は陸路をとり、途中で秀吉に追いついて共に加賀から富山へ侵攻した。佐々成政は加賀の前田利家と戦い続けて来たが、小牧長久手戦後の和平によって窮地に陥り、冬十一月の立山を越えて三河の家康のもとへ赴き、抗戦継続を説いたことで知られる。

その佐々成政も八月二十日、秀吉軍の前に屈して、黒衣をまとい僧形になって呉服山（富山西郊の呉羽山か）の秀吉の陣まで来て降伏した。秀吉は着ていた唐錦の羽織を与えて所領を安堵してやった。

この年、松井康之へ千宗易（のちの利休居士）が与えた自筆書状二点が松井家にある。松井は千宗易に茶を学んでいた。

第一は鯖を贈られたことに対する礼状で、利休は四国征伐直前の家康の調停工作の状況などを知らせている。第二は富山から出した松井の手紙への返事で、佐々成政の降伏の事実を松井が報知したことが判る。これらの手紙から茶というサロンが、戦国武将の情報交換の場となり、秀吉の茶頭である利休がそれらの情報センターとしても機能していた事実を物語っている。

第十六章　秀吉の九州平定

悠々自適の幽斎

すこしさかのぼって、幽斎玄旨《ゆうさいげんし》の様子をみておく。
天正十一年（一五八三）、五十歳になった幽斎の年頭の発句は――

道しるといふばかりなる今年かな

孔子が「五十歳にして天命を知る」といったことにちなんで、五十歳を知命《ちめい》ということを踏まえている。同時に和歌の道にさらに精進しようという抱負をもうかがわせる。
天正十二年（一五八四）八月には、はじめて里村昌叱《しょうしつ》（連歌師・紹巴《じょうは》の女婿）を田辺に招いて連歌興行を催した。

二十日には昌叱ら十一人で「何人」という題で連歌を巻いている。

橋立や松にもとめぬ秋の色　　昌叱

が、丹後に来ての挨拶句であろう。天橋立を詠んでいるから、これは宮津での興行だったかもしれぬ。

この後——

月まちえたる　なみのいり海　　宗堅
ゆふ霧に釣りする蜑《あま》の舟うけて　　玄旨

と続く。

二十五日には、田辺において昌叱と玄旨の二人で、互いに二句ずつ詠むという形式で連歌を巻いた。

何人

敷袖《しくそで》やはつ花すすき　かり枕　　玄旨
月はいる野も近き鹿の音　　昌叱
風ませに外山の秋のしくれきて　　昌叱

田辺（舞鶴市西舞鶴）の城は、宮津の城ととても地形が似ている。西側に北流して北の日本海に流れ込む高野川がある。河口付近が港で商工業の町屋が形成された。川の作った小さな平野部に、北側は海そのものを防衛装置の一部として城が作られ、海上と陸上交通路（東西の浜街道と南北の京都へ通ずる道）を制する。

東西には丘陵地があって城を囲むような形になっている。城の規模は青龍寺城《しょうりゅうじ》、田辺城と共通している。これが幽斎にとって身の丈にあった規模なのであろう。それは十一万ないし十二万石という丹後の経済基盤とそこから求められる軍役とに見合ってもいる。

北の沈鬱な海は、宮津よりは複雑な地形の湾内にあるので、風景の変化には富んでいる。まずは理想的な隠居城だったことだろう。

十月十五日には、秀吉に招かれて大坂城の茶会に出席した。津田宗及《そうぎゅう》の『他会記』によると宮内卿法印（松井友閑）、長岡幽斎、宗易（千利休）、宗久、宗及、今井宗薫《そうくん》、山上宗二《やまのうえのそうじ》、佐久間忠兵衛、高山右近、古田織部正、松井新介（康之）ら数奇者や茶人二十九人が招かれ、おのおのが茶の湯をし、秀吉がそれぞれの茶を喫したといういかにも秀吉好みの派手な茶事であった。長久手の敗戦後の信雄《のぶかつ》・家康との長い持久戦の緊張を散じたものか。

この年、もう一つ長岡家にとって注目される事件は、秀吉の承認を得て、忠興が夫人の玉を幽閉先の三戸野《みとの》から二年ぶりに呼び戻したことである。

三戸野は丹後半島中部の山中にあたる現京都府京丹後市弥栄町味土野の地で、細川護立氏の筆になる「細川忠興夫人隠棲地」の石碑が、昭和十一年（一九三六）に女城の通称のある小高い丘の上に建てられている。玉はこの時、忠興と同年の二十二歳であった。

秀吉の九州工作と茶事

天正十三年（一五八五）九月四日、秀吉は京都の徳雲軒（施薬院《やくいん》全宗）における幽斎の茶会に臨んだ（『兼見卿記』）。悠々自適の日々とみえるが、彼にとって文化行為は充分に政治的意味もあったようにみえる。それが、この男の喰えない点である。

幽斎は武野紹鷗《たけのじょうおう》について茶を学んだとされる。つまりは現在の茶道の確立する過程そのものの流れのなかにいたわけで、なまなかな経歴ではない。

わび茶の開祖とされる紹鷗は堺の商人出身だが、三条西実隆に和歌を学び、大徳寺の古岳宗亘《こがくそうこう》や大林宗套《だいりんそうとう》に参禅していたから、幽斎とは接点がある。千利休（与四郎、宗易）その人が武野紹鷗に師事してわび茶を学んだから、あるいは幽斎とも古くからの知己であったかもしれぬ。幽斎が子の忠興を幼少の時から各種の芸の場に連れ歩いたことはすでに見たとおりで、三斎忠興が後に利休十哲の一人となる契機もあるいは父幽斎と利休以来の関係があったかもしれないのである。

幽斎の茶会の三日後の九月七日、秀吉は禁裏小御所で茶会を催し、自ら茶を点てて正親町《おおぎまち》天皇以下の貴族に献じた。日時には別の説もあるがここでは『兼見卿記』による。この茶事を実質的に取り仕切ったのが千宗易で、この機会に利休居士の称を天皇から授かった。そして秀吉の茶頭《さどう》として、利休が茶の上でも政治の上でも急速に力をつけて来るのは、まさにこの時期なのである（芳賀幸四郎『千利休』吉川弘文館人物叢書）。

十月二日、秀吉は島津義久にたいして九州での和平を求める手紙を送った。関東でも奥州でも勅命のままに静謐《せいひつ》となったにもかかわらず、九州だけが今なお戦争を事としているのは不届きである。国境争論のことは後で沙汰があるはずだから、ともかく島津も大友も兵を収めよ。この勅命に背くなら、成敗を受けるのは必定であろう。よくよく弁えて返事せよ、と天皇の権威を背景に、きわめて威圧的な内容である。

これには「細川兵部大輔入道玄旨、当時の茶湯者宗易、両所よりも副状《そえじょう》あり」つまり幽斎と利休が副状を書いていた（『上井覚兼日記』天正十四年正月二十三日条。上井は島津家の老臣である／『大日本古記録』天正一二─十四）。

秀吉の側からみれば、禁裏の茶会で天皇にみずから茶の点前《てまえ》を行うことで自分の文化的・政治的な権威を天下に見せつけた上で、一ヵ月後に天皇の権威を振りかざして島津を威嚇したわけである。

彼の究極的な目的は武力による全国統合であり、最後に残った九州の征服が当面の課題である。勇猛な島津義久は和歌においては幽斎の、茶においては利休の弟子であったから、一応はむき出しの武力を避けて、二人を利用した。副状の方は条理を尽くした柔らかな内容で、秀吉は硬軟を使い分けて義久を屈伏させようとしたのであろう。

十月六日、幽斎は朝廷から法印に叙せられた。本来、僧位であるが、この時代には文化人への名誉として与えられる。もちろん裏には関白秀吉の朝廷への推薦がある。

黄金の茶室と大友宗麟

天正十四年(一五八六)、幽斎五十三歳、忠興は二十四歳である。

四月一日、秀吉は幽斎に在洛料の名目で山城国西岡の旧領で三千石を与えた。破格の待遇というべきだろう。当代一流の文化人を傍らに置いてわが身を飾りたいという権力者の自己満足もさることながら、目前の課題である島津対策における幽斎の政治手腕にも期待があったであろうことはすでに見た。

四月五日、大友宗麟《そうりん》が島津の圧迫に対する救援を陳情するため、上坂して大坂城で秀吉に謁した。宗麟は時に五十七歳、かつては豊前・豊後・筑前・筑後・肥前・肥後の六ヵ国を支配した九州の覇者も、天正八年(一五七八)に日向の耳川《みみかわ》で島津義久と戦って敗れて以来、次第に家臣が離反し、いまは凋落を極めている。前年にも彼は秀吉に名物の茶器を贈って庇護を求めている。

秀吉は彼を手厚くもてなした。大広間での供応の席に大和大納言秀長、宇喜多秀家、前田利家、安国寺恵瓊《えけい》、利休とともに幽斎を相伴させている。謁見の後、秀吉自慢の黄金の茶室に通され、最初、利休の点前で、つぎに秀吉自身の点前で茶を供された。この後、秀吉が自ら天守閣と豪華な寝室を案内し、さらに利休、津田宗及、今井宗薫らから名物の茶壺を見せてもらった。この日のありさまは、翌六日、宗麟が堺の妙国寺の宿舎から老臣にあてた書状で明らかである。

宗麟は秀吉の厚遇に感激しているが、秀吉にしてみれば島津を攻撃して九州を統一する絶好の機会である。着々と布石を打って来たことはすでに見たとおりで、大友宗麟を厚遇したのは、この戦略の一環としてみれば当然のことであった。

ところで黄金の茶室である。秀吉は大坂城を建てるにあたって、利休の指導のもとにわび、さびの極致のような山里丸《やまざとまる》を設け、そこに草庵風の茶室を作らせた。天正十二年（一五八四）正月には宗易（利休）と津田宗及を客にして茶会を催している。

その一方では、この黄金づくしの茶室をも作らせた。天正十三年十二月には完成、小早川隆景ら毛利の使節に見せている。また翌十四年正月には、解体して禁裏に運び、小御所の一画に組立て、正親町天皇や諸親王、貴族らを前にして自ら点前してみせた。

宗麟の先の手紙や『兼見卿記』によると、三畳敷で天井・壁や明り障子の骨まですべて黄金、障子には赤紗を張り、畳表は猩々緋《しょうじょうひ》、縁は黒地の金襴、そこへ黄金の金具をつけた梨地の三重棚を置き、風炉、円釜、飯桶形の水指、柑子《こうじ》口の柄杓立、合子《ごうし》の水こぼし、なつめ形の茶入、大きく深い茶碗二つ、四方盆、茶杓、蓋置などすべて黄金製の品で飾った。瓢箪形の炭入、火箸・火吹きもすべて黄金製、わずかに柄杓と茶筅だけが竹だったという。

この秀吉自慢の茶室の豪華な黄金の輝きと緋色の畳との対比の妙など、成金趣味だけとはいえぬ、秀吉独自の美意識が働いているように思われる。熱海のＭＯＡ美術館に復元展示されている茶室からも、その片鱗をうかがうことはできる。同時に秀吉流の派手な政治装置だったことも明らかである。

忠興の九州遠征

天正十四年（一五八六）の後半、秀吉にとっての重大課題は、徳川家康との和平と九州の島津平定による全国支配であった。

五月十四日、妹朝日姫を家康に嫁がせ、その後、朝日姫訪問の名目で、母大政所《おおまんどころ》を岡崎に送り、これを実質上の家康にたいする人質とする。その甲斐があって徳川家康はようやく十月二十七日、大坂城に出頭し、表座敷の上段の間に座る秀吉の前で平伏して臣従を誓った。これでようやく小牧長久手合戦以来の家康との関係は修復された。

この時、幽斎は供応の相伴に与った。これ以後、家康と親交を結ぶことになる。

このように家康との関係修復で後方を固めた上で、秀吉は西へ目を転じた。十二月一日、彼は島津追討のため三十七ヵ国の兵を徴した。

この年、忠興にとっての重大事は正妻・玉とのあいだに三男光千代が誕生したことである。彼はやがて寛永元年（一六二四）に肥後で五十四万石を授けられる肥後細川家の開祖・忠利となるだろう。

十五年（一五八七）三月一日、秀吉は緋縅《ひおどし》の鎧に鍬《くわ》形を打った兜、赤地錦の直垂《ひたたれ》という派手な姿で大坂を出発した。そして東西二手に軍勢を分け、豊前豊後と肥後から九州に侵入した。忠興・玄蕃《げんば》兄弟も先手を命ぜられ、豊前に渡海、小倉の東方に陣を構えた。

四月一日、忠興は、秀吉の見守る面前で、秋月種実《たねざね》に属する熊井久重の岩石城《がんじゃく》（福岡県田川郡添田町添田）を攻略することとなった。秀吉が杉原山に着陣すると丹波少将秀勝を大将に蒲生氏郷《がもううじさと》、前田利家ら三万余りの兵力に、忠興も加わる。城中から激しく鉄砲を撃ちかけ、矢を放ったため死傷が多く、攻めあぐねていると、秀吉からは督励の使番がたびたび派遣されて来る。

山手をわざと空けて諸将が三方から攻めるうち、城戸を開いて牛馬三百疋ばかりを繋ぎ合わせ、尾に松明をつけて追い出し、その後から熊井が精兵を率いて討って出た。寄せ手が動揺するさまは、幟の乱れで遠くからでもよく見てとることができる。そのなかにあって忠興だけは冷静に兵を指揮し、長岡家の筋違いの幟だけは動かなかった。先鋒を勤める松井康之の下知で鉄砲を揃えて牛馬を撃ちすくめ、敵兵を討ち取ること五、六十。残兵を城に追い返した。やがて攻め手は城に取り付き、火を放って熊井久重らをことごとく討ち取った。遠方から眺めていた秀吉から、あの幟は長岡の松井新助（康之）であろうとの言葉があり、忠興は面目を施した。

圧倒的な兵力にたいして島津勢は正面からの対決を避けていたが、北九州の戦局が不利になると、三月以来、子丸川《こまるかわ》北岸の日向高城《たかじょう》（宮崎県児湯郡木城町高城）を前線として秀長の率いる秀吉勢に対した。

高城は三方を崖に囲まれた要害の地で、秀吉方に厳しく包囲されたが守りぬいた。形勢をみた島津義久はついに二万余の兵を率いて救援し、四月十七日、城の南方、根白坂で藤堂高虎、黒田高孝《よしたか》らの軍に夜襲をかけたが逆に完敗した。このただ一回の敗戦で義久は二十一日、降伏した。肥後路を下った秀吉は、抵抗らしい抵抗に出会わぬまま、海路、出水《いずみ》に入り、五月八日、川内《せんだい》の泰平寺で、剃髪して龍伯と名を改めた島津義久の降伏を受け入れ、薩摩を安堵したのである。

忠興の大口城攻略

義久の降伏に先立ち、忠興は蒲生氏郷とともに島津家家老・新納《にいろ》武蔵守忠元の大口《おおぐち》城（牛山城）（鹿児島県大口市里上ノ馬場）を攻めた。この城は堅固で攻め難く、しかも秀吉軍は補給線が延びて兵糧が不足し始めた。忠興も一日一夜、食事をせずに凌いだことがあったという。

この時、新納側から米俵を下人に担がせ、若党が一人、川を渡って来て口上をのべた。

「この筋違いの幟は長岡幽斎様と拝察します。弓矢のことは兵糧を先にするものと承知しております。この度は秀吉公におかせられては、兵糧が不足のご様子、笑止に存じます。幽斎様はわが主、義久にかくべつのご懇志につき、はばかりながらこの米を差し上げまする」

忠興はこの口上を聞いて、内心では感心したが「兵糧は潤沢《じゅんたく》にあるのでお返し申す。御心入れの段については感心浅からず」と返答させて、米は受け取らなかった。

新納の行為は愚弄とも取れるが、忠興は感動のあまり、本心では米を受け取りたかったと後に語っているから、このやり取りが人間的な感情に裏打ちされていたことは否定できない。生命のはかなさを誰よりも実感していた戦国人は、個人的には何の怨恨もない人間と時としては生命のやりとりをしなければならなかったからこそ、時に自分のなかの人間を確認する必要もあったのではなかったろうか。

新納武蔵守は大口城を守って、島津降伏後も開城せず、主の島津が何度も説いて、ようやく開城に応じた。

島津征伐と幽斎の九州への旅

前項で述べたように、天正十五年（一五八七）に秀吉は九州征討を行った。忠興は戦線に立って奮戦していたが、幽斎は丹後を動かなかった。しかし急に思い立ったかのように四月二十一日、船で九州へむかった。

この日は、島津義久が剃髪して龍伯と名を改め、降伏を決意した当日にあたっている。戦争の帰趨が明らかになった時期を待って動いたのはいかにも幽斎らしい。秀吉を見舞って戦勝を祝い、同時に開戦前に義久への調停の手紙を書いたことへけじめを付けたのである。もう一人の秀吉付き文化人である利休は、すでに秀吉に侍して九州の陣中にあった。

この旅にかんする幽斎の紀行『九州道之記』はおよそ政治とは無縁の文化人の文学紀行である。歌枕を訪ね、和歌を詠みながら西へ下り、六月八日、博多で箱崎神社に仮館を設けて、九州支配体制の整備に忙しい秀吉と対面した。

つるぎをば　ここに納めよ　はこさきの
松の千とせも　君が代の友

箱崎という地名に箱の意を通わせて、和平を言祝《ことほ》いでいる。権力者に奉仕する詩人としての役割を充分に演じているといってもいいだろう。

秀吉が九州支配と博多の復興のため博多商人を重視したのは当然で、豪商、茶人の神屋宗湛《そうたん》の『宗湛日記』には、この年年頭に大坂城の大茶会に招かれて以来の秀吉の厚遇が記されていて、茶会や名物、そして背後の政治的思惑が読み取れて興味ぶかい。

九州に戻った宗湛は、六月に秀吉が博多に凱旋するとさまざまな茶会に招かれ、自らも招いている。六月十九日には秀吉は島井宗室と神屋宗湛を招いて茶会を催した。三畳敷の簡素な数奇屋造りで、夜明けに宗湛が参上すると、秀吉は障子を開けて「ハイレヤ」と声高に招き入れ、名物の鴫肩衝《しぎのかたつき》の茶入れを四方盆に据え、井戸茶碗で点前した。

返礼の意味で二十五日には宗湛が秀吉を招いた。この茶会の相伴に「長岡玄旨様」(幽斎)が同席している。箱崎陣中の青茅で作った二畳半の庵で、宗湛は風炉《ふろ》に真釜を仕掛け、新しい伊勢天目と文《ぶん》琳《りん》(宗湛自慢の「博多文琳」の名のある唐物の茶入れか)で水指なしで茶を点てて献じた(『宗湛日記』/『茶道古典全集』第六巻)。

この六月十九日夜は、秀吉が抜き打ちに抜天連《ばてれん》追放令を発した日であるが、もとより幽斎の『九州道之記』には何も触れていない。幽斎は七月四日に博多を発って上方へ戻る秀吉を見送り、自分も歌枕をめぐりながら悠々と瀬戸内海を船で帰った。厳島神社では延年舞を見ている。

備後の鞆《とも》の浦で、幽斎は毛利家の庇護下にある将軍義昭と十数年ぶりに対面した。義昭も五十一歳、すでに恩讐《おんしゅう》は消えていたことであろう。義昭は、まだ将軍の権威により島津と秀吉に和平を命ずるなど、見果てぬ夢を追っていたが、他方では現実を受け入れて秀吉に頼って京都に戻ることを願っていた。

翌年出家、昌山と称し、ようやく帰京の夢をはたすことができた。この経過をみると、あるいは幽斎は秀吉の内意を受けて帰京の下相談をするため、鞆の浦に立ち寄ったのかもしれない。

秀吉は七月に大坂へ凱旋する。一方、瀬戸内海の旅を終えて七月二十三日に難波（大坂）へ着いた幽斎は、二十五日に京都に入り、そこで九月四日には上洛した島津義久（龍伯）と会っている。ついで九月九日、重陽の節句の日には、龍伯から菊を贈られた。

龍伯は、人質として秀吉のもとに差し出した娘の亀寿《かめじゅ》を同道して帰国することを望んでおり、幽斎をつうじて秀吉に働きかけようとしたのである。

十月二十三日、石田治部《じぶ》少輔三成と連名で幽斎は島津龍伯へ副状を出している。島津家の薩摩統治にかんして三成が中心になったことはよく知られるところで、現に鹿児島東郊の磯庭園の隣の博物館「尚古集成館」には、三成署判の検地尺が保存されている。島津にかんしては龍伯の和歌の師の立場から、幽斎が三成を補佐する位置にいたことは注目に値する。

十六年五月には幽斎は島津の家老新納《にいろ》忠元に手紙を出し、まだ上方に滞在中の龍伯の近況などを報じた。彼はようやく十六年九月十四日に帰国を許されるが、そのさい質子の亀寿姫の同行を認められた。これは異例のことである。

龍伯は帰国にさいして三成と幽斎にたいして起請文を捧げている。型どおり秀吉への忠誠を誓い、違約の場合は神罰冥罰をこうむるであろう、とした上で、御芳志は決して忘れない。「御両所も被《あい》加御愛憐《れんをくわえらえ》、無御見捨頼存候事《おみすてなくたよりぞんじそうろう》」と願い、自分は田舎者だから、努力はしているつもりでも至らぬ点もあるだろう、重ねてご指南を賜りたい。また遠国なので予想もつかぬ誹謗を受けることがあるやもしれぬ、そういう場合は素直に告げていただきたい、と頼り切った態度で、形式以上の真実がこもっているように見える。

幽斎の島津にたいする後見人的な役割はその後も続いた。細川の家が、徳川政権のもとで島津にたいする押さえとしての役割を果たしつづけるのも、さかのぼれば、幽斎の威令がおこなわれたためであるかもしれない。

隆達節の記憶

島津降伏の後、忠興は秀吉の前で新納武蔵と対面する機会があり、大口でのことを語りあった。新納は、それではあの幟《のぼり》は幽斎様ではなく、忠興様でしたか。小牧における忠興様の水際だった戦いぶりは印象に残っておりますと語り、ふたりは以後、昵懇《じっこん》の仲となったという。

ある機会に宴席で新納武蔵が唄ったという隆達節《りゅうたつぶし》の歌の言葉を忠興は記憶していた。

のちに熊本藩は宇土支藩を立てるが、その初代細川丹後守行孝《ゆきたか》の夫人に御三様（源立院）という女性がいた。女流歌人として著名だった人である。まだ幼少のころ忠興に歌をせがむと、彼はしばしば鹿児島に伝わる歌詞で隆達節を歌って聞かせてくれたという。

〽かごしまのやかた　こころよひやかた
　おさかつきたもる　りうきうて　かたろ
（鹿児島の館、快い館　お盃賜る　琉球で語ろ）

隆達節は当時、流行した小唄で、やや古風な節まわしは哀調を帯び、しみじみとした寂寥感がある。多くは恋の情緒をうたうが、この歌は琉球使節が鹿児島へ来て歓待されたありさまを帰国して語るという体裁を取っており、内容も盃事にふさわしく、また薩摩武士にとっては薩摩の繁栄を誇る気分も含まれる。異国への憧れがこもった内容は童謡の趣があり、だからこそ幼女が忠興にせがみもしたのだろう。

御三様は忠興の側室立法院の妹で、姉の立法院のもとで養われ、のち忠興の養女となった。つまり幼少のころから忠興は親しい存在だったのである。七十年あまり後になって、元禄六年（一六九三）二月二十八日に加来佐左衛門という武士が、熊本で一夜、むかし語りをしたおりに、御三様から聞かされた歌詞を伝えたのである。立法院と御三様姉妹の父は加来兵右衛門という熊本藩士である（『綿考輯録』巻六十二）。むかし語りをした佐左衛門はその一族（おそらく弟）である。

ともあれ、無骨な薩摩武士がふと口ずさんだ隆達節は、忠興から御三様へ、御三様から加来佐左衛門へと肥後で語りつがれ、太平の世の元禄時代の一夜、記憶のなかから甦った。心温まる挿話である

（『綿考輯録』忠興公　巻十）。

新納武蔵守忠元は剛直な武士で、和歌をたしなみ、見事な髭を蓄えていたという。その後も義久の弟歳久を擁して秀吉に反抗し、このときは幽斎が調停に乗り出すという因縁を生ずる。

第十七章　北野大茶湯

権力の祝祭ふたたび

天正十五年（一五八七）七月十四日に大坂城に凱旋した秀吉は、九州における勝利を祝って十月一日から十日の間、京都の北野天満宮社頭の松原で茶会を催すことを企画した。

七月二十九日に、貴賤を問わず「茶湯執心においては」、つまり茶道に関心のある者は「釜一、つるべ一、呑物一、茶なきものは、こがしにても不苦《くるしからず》」、茶がなくても米を煎って塩を加えた飲み物でもかまわない、また日本にかぎらぬ、数寄心《すきごころ》がありさえすれば唐からでも来るがよいといかにも秀吉らしい布告を行った。「唐国の者までも」は、単純な国際性というよりは、天下統一後の秀吉の心が、すでに国境を越えた軍事的な世界統一という方向を向いていていたためであろう。

かねてから建設を進めていた京都の聚楽第《じゅらくだい》も完成し、九月十三日、ここに移る。日時が迫ると、北野の松原に思い思いに建物をしつらえ、準備をする者が多く、十月一日には吉田兼見《かねみ》を中心とする貴族たち、千宗易（利休）が率いる堺衆、奈良の僧侶などを中心に千とも八百五十ともいわれる茶室がひしめく、一大イベントとなった。

信長は馬揃えという軍事パレードで、祝祭性を帯びた権力の祭りを演出した。秀吉においてはむき出しの軍事力を覆い隠して、茶という文化的装置を用いて権力の祝祭を演じたことが対照的であり、屈折してもいる。奈良の多聞院英俊《たもんいんえいしゅん》は、この茶会が信長の御馬揃《おうまぞろえ》にも匹敵すると指摘している（『多聞院日記』九月二十三日条）。ふたつの権力における祝祭の相違と類似とを対比していることは、彼の観察の鋭さである。

十月一日、秀吉は二畳の仮屋のなかに、自分で飾りつけを行い、他に三茶頭《さどう》すなわち津田宗及《そうぎゅう》、千利休、今井宗久《そうきゅう》にもそれぞれ道具を預け、二畳の席を設けさせ、自ら茶を点じた。以下『北野大茶湯之記』（『群書類従』第十二輯飲食部）や『兼見卿記』によると、おのおの肩衣袴《かたぎぬはかま》姿で、八人ずつ秀吉の面前に出る。ここで籤をひいて秀吉か三茶頭のいずれかに振り分けられ、茶をいただく。吉田兼見は、籤で宗久の座敷に当てられた。つまり一番八人が秀吉ら四人の前で二人ずつ茶をいただいて下がる。出口は別に設けられていたので、おのおの入口で草履を懐中に入れ、出口で履いたという。

この日の秀吉の四つの席は午刻（正午）で切り上げられたが、それまでに八百三人の客があったという。細川家系の史書である『綿考輯録《めんこうしゅうろく》』では、忠興は三番に茶をいただいたとしている。

昼食をすませてから秀吉はひとつひとつの茶席を見てまわって、松葉囲いの庵や朱塗りの大傘という趣向に眼をとめたという。申の刻（午後四時）には公家衆のところを見てまわり、一日上機嫌であった。兼見らは小座敷前の庭に蹲居して迎えた。秀吉による見物が終わってから、公家たちも他の茶室をみてまわったという。

忠興は影向《ようごう》の松の下にわびた茶室を設けて松向《しょうこう》庵と名づけた。わびに徹した中に抑制のきいた華やかさがあって、忠興会心の作といえる。これを移したといわれる茶室が現に菩提寺の大徳寺高桐《こうとう》院にある。忠興の戒名松向寺殿もこれに由来する。

一方、幽斎は北野大茶湯とどうかかわったのだろうか。『北野大茶湯之記』には、列席者の名が「左座之方」十五人、「右座之分」十一人と二つに分けて列記されており、幽斎の名は利休ら三人の茶頭や貴族たち、秀吉麾下の武将たちの名とともに「右座」に記録されている。

『茶道古典全集』の『北野大茶湯之記』の解説者、林屋辰三郎・村井康彦によれば、この茶会では秀吉および三茶頭が設けたそれぞれの二畳の茶室とは別に、おそらく北野天満宮拝殿を利用して十二畳の細長い座敷をしつらえ、そこに秀吉の蔵する名品を飾りつけて見物させるとともに、中央に秀吉自慢の「黄金の茶室」を置いた。その前で特別に選ばれた二十六人を左十五人、右十一人に分けて座らせ、茶事を行ったのだろうという。幽斎はその一人として茶事に与ったわけで、要するに秀吉側近の文化人として、しかるべき位置を占めていたのである。

北野大茶湯は、十日間の予告にもかかわらず、実際には十月一日いちにちのみで突然、中止された。熊本の佐々成政《さっさなりまさ》の失政にもとづく一揆の報知がもたらされたことが原因といわれた。しかし他に諸説がある。先の林屋・村井解説は、この会では利休をはじめとする堺衆があまり前面に出すぎて、すで

に朝鮮侵略を念頭におき、利用価値が薄れた堺衆から博多衆に乗り換えようとしていた秀吉の意図にそぐわなかったのではないかという興味ぶかい見解を示した。芳賀幸四郎は確証がないとしてこの説に異議をとなえ、むしろ一日、数百人を相手に茶を点てた秀吉が疲れて、これ以上の茶事を放棄したのではないかという考えを示している（『千利休』吉川弘文館人物叢書）。

　いずれにしても吉田兼見は、予想以上に出費がかかり、一日で終わって内心ほっとしたと日記に書いている。またあまり知られないが、北野大茶湯そのものとは性格が異なるとはいえ、翌十月二日、

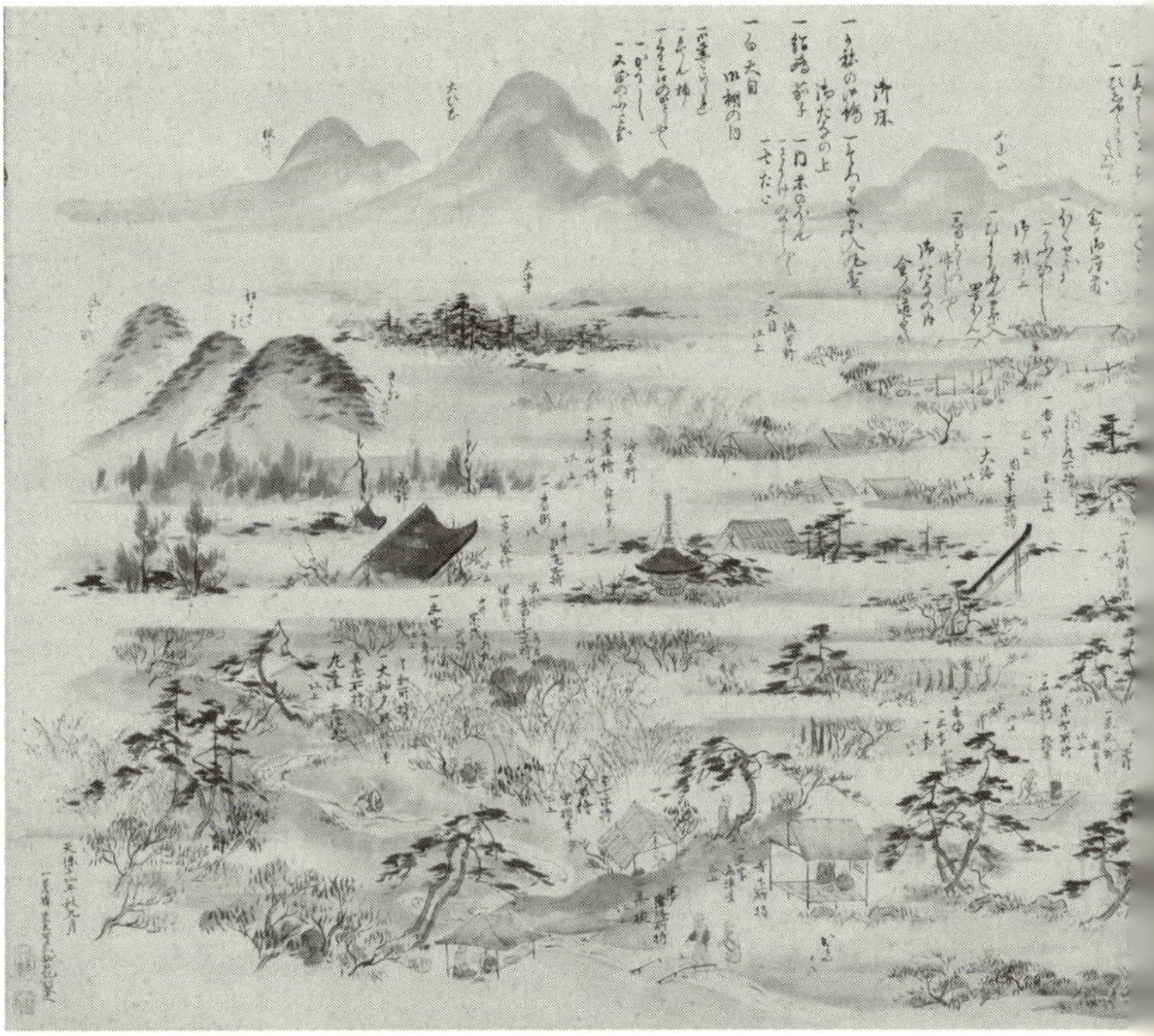

豊太閤北野大茶湯図（浮田一恵筆）（北野天満宮蔵）

豊臣秀長が奈良衆を相手に茶会を続けている。茶人も貴族も、心理的、経済的な負担は大きかったろう。

信長の馬揃えと違って北野大茶湯は、ある意味では秀吉という権力者のむら気を示して龍頭蛇尾におわった。文化的には、利休の追求するわびの茶と秀吉的な黄金の茶室の茶との均衡がきわめて危うくたもたれていた文化的行為ともとれる。

博多からただひとり大茶湯に招かれた神屋宗湛《そうたん》は、ようやく四日に大坂へ着き、聚楽第には八日に伺候した。秀吉は機嫌よくむかえ「カワイヤ（気の毒に）、ヲソク上リタルヨナ、ヤカテ茶ヲノマセウツヨ」といった。翌日、約束どおり朝の茶会に招かれる。秀吉は所用で出席できなかったが、津田宗及が点前《てまえ》した。十二日、御礼に参上、そこで幽斎と会って、利休、幽斎、古田織部とともに茶を服した。

翌天正十六年正月十九日、秀吉は幽斎邸を訪れた。幽斎が供応し、忠興も同席した。秀吉は自分で茶の点前をしたという(『綿考輯録』巻四)。幽斎自身は子の忠興のように茶道を究めたわけではない。松屋久重が「玄旨ハ茶湯ニ一円カマワヌ人なり」(『三斎公伝書』)という批評はあたっていよう。

定家ゆかりの『伊勢物語』

天正十六年(一五八八)もまた、幽斎は秀吉の文化的な側近として過ごした。四月十四日、秀吉は京都屋敷である聚楽第へ後陽成天皇を招いている。正親町《おおぎまち》天皇はかねての希望どおり、天正十四年に七十歳で譲位、孫の後陽成天皇が十六歳で即位していた。

女房衆、公家衆を引き連れた天皇は、六千人の武士の警護するなか、聚楽第へ向かった。天皇は五日間、滞在し、諸大名は天皇の前で秀吉に誓紙を出して忠誠を誓った。秀吉の一大政治的デモンストレーションである。幽斎は十四日に開かれた和歌御会を主催し、多くの人に代わって代作をしている。こういう点は、秀吉という権力者に奉仕する御用文化人以外のなにものでもない。

文化人としての幽斎は、この同じ八月に藤原定家自筆の『伊勢物語』写本を入手することができた。定家は生涯に何度も『伊勢物語』を写しているが、この写本は、定家自身が諸本を校訂したもので、冷泉家《れいぜいけ》に伝わったが、冷泉為秀の没後、土御門天皇（在位一一九八〜一二一〇）の御物となり、後、能登守護の畠山義統《よしむね》に下賜され、さらに朝倉教景《のりかげ》の手を経て若狭武田家の元信、元光、豊信と三代にわたって伝来したので、武田本とよばれるようになった。のち三好長慶の所有となったが、その没後、行方不明となり、数年後に堺で発見されて幽斎の所有に帰した。幽斎はこの書を松平下野守忠吉（尾張清洲藩主、徳川秀忠の実弟）に贈り、その没後、秀忠に所有が移り、さらに家康に伝えられた。その後の所在は不明となったが、幽斎が筆写したものをさらに中院通勝《なかのいんみちかつ》が転写、校正したものが現存する。また幽斎の入手以前にも写本があり、武田本は『伊勢物語』の良質なテキストとして重要な一系統となっている。

武田本には、諸本を校合してテキストを定めたという趣旨の漢文奥書と「戸部尚書」（民部卿の唐名すなわち定家）の署名と印があったはずである。『伊勢物語』は構成について議論がやかましいが、定家は主人公が伊勢の斉宮《さいぐう》のもとへ赴く「狩りの使」を冒頭に置くテキストには反対で、主人公の年代順に「初冠《ういこうむり》」から始める現行のテキストを定着させた。奥書にもその主張が書かれている。

二条派の歌学の正統をつぐ幽斎にとっては、定家自筆写本の入手は嬉しいことだったろう。宗祇《そうぎ》から講義を受けた三条西実隆、その子の公条《きんえだ》そして実枝《さねき》に至る語釈を主とした伝承は、幽斎の『伊勢物語闕疑抄《けつぎしょう》』に集大成されている。そして一冊の写本の流転そのものが、乱世の歴史とそこで生きざるを得なかった文化人の位置を、考えさせないわけにはいかない。

京都の町割りと幽斎

天正十七年（一五八九）の幽斎にはほとんどみるべき記事がない。大坂の旅亭で歳を越した時の和歌があるから、大坂城に年賀におもむいたのであろう。ほかに文学上の記録が少し残っている。

同じころ、楢村長教という人の『室町殿物語』（宝永三年版）に「秀吉公、京都の開基御たづねの事」（巻八、六十一）という、つぎの記事がある。

「六拾扶桑、悉く属し、一同の御世、四海静謐に治まりしかば」つまり天下統一の平和な時代が到来したので、秀吉は里村紹巴《じょうは》と前田玄以を連れてお忍びで京都の境界がどのような様子であるかを視察した。東は高倉より彼方は加茂川であり、そのむこうには東山まで人の耕した土地が拡がる。西は大宮大路から西は嵯峨太秦《うずまさ》まで見渡す限り田畑で、南北にも境界というものはなくただ農村のようなものである。

秀吉は「花洛（花の京都というほどの意味）という言葉があるが、じっさいはまるで田舎ではないか」と、不審に思い、疑問の点について幽斎を召して尋ねた。

いまの京都は、この上もなく衰えて見え、洛中洛外といっても境がない。その上、右近の馬場という森があるのに左近はない。京都の区分をしっかり定めたいので、由来を聞きたい。

『室町殿物語』は、『室町殿日記』という日記体の戦記ものを抄録したという体裁の軍記物語で、江戸の刊本である。このためどこまで史実といえるのかは心もとないが、京都の荒れ果てた様子をみての秀吉の感想には実感がある。また「都の旧記をきかばや」といわれて応ずる役割に幽斎をふりあて

洛中洛外図屏風（部分）（国立歴史民俗博物館蔵）　中央奥が金閣寺

ているところが、世間一般の幽斎と秀吉の関係についての認識を示しているといえよう。

そこで幽斎は京都（平安京）が都に選ばれて以来の歴史を説明した。桓武天皇が延暦三年に都を長岡京に定めてから十年後、同十三年に臣下に命じて土地を見させ、いまの京都の地を都に定め、条里をたて、東は京極、西は朱雀、北は加茂口、南は九条、北は一条から九条まで、これを九重の都という。そして油小路から東を左近、西を右近とした。しかしその後、動乱が重なって都はいつしか衰えたのである云々。

左近、右近はいうまでもなく天子が南面した位置からの左右である。油小路を新しい町割の中心としたという説は江戸時代に行われていた。また『室町殿物語』平凡社東洋文庫版の校注者、笹川祥生氏によると、幽斎の言葉の最初の部分は『平家物語』に拠っているそうである。

ともあれ、秀吉はそれに納得したので、境界を定めるために御土居《おどい》といわれる土塁を築かせ、京都の範囲を画定し、橋を架け、寺院を集中させて寺町を作った。たとえば三条大橋は天正十八年正月に完成した。現に「天正十八庚寅正月日豊臣初之御代奉増田《ました》右衛門尉長盛《ながもり》造之」と記した擬宝珠《ぎぼし》がある。土居の築造は天正十九年正月であった。この京都都市計画に幽斎がかかわったというひとつの伝承である。

小田原攻め

天正十八年（一五九〇）、幽斎は五十七歳、忠興二十八歳である。年頭に秀吉は小田原の北条氏を攻めることを布告した。

前年の九月に秀吉は諸大名の領地を定め、証書を与えた。丹後一国は領知高十一万七百石を幽斎・忠興父子に与え、軍役は忠興三千人、幽斎一千人を義務づけられている。これにもとづいて忠興は小田原へは二千七百の兵を出している。

このあわただしい時期に、徳川家康が三男長松（のちの秀忠）、当時十二歳を上洛させた。家康はとくに忠興にたいして、行儀作法を仕込むことを依頼している。幽斎は家康の将来をある程度予見し、大坂で面識を得た天正十六年以降は密かに接触を深めていたと思われる節もある。のち忠興が秀忠政権のもとへ三男光千代（のち忠利）を人質として差し出し、関ヶ原合戦前後の混乱のなかで忠利が秀忠の寵愛のもとで成長していくことまで考えると、この時期の忠興と秀忠の関係は関心をひく。

三月一日、秀吉は大坂を出発、小田原の北条氏征伐にむかう。忠興は二月二十五日、丹後を出陣した。幽斎は二月二十九日、丹後から熱田まで来ていることが紀行『東国陣道記』で判る。幽斎の紀行は、『九州道之記』同様、もっぱら和歌と歌枕が主体で戦争の影すら感じさせない。

一方、忠興は戦闘のうちにある。北条方は箱根周辺に防衛線を敷いて待ち受けていた。秀次の軍が東海道を扼する山中城（静岡県三島市山中新田）を陥れるあいだ、忠興は三島の宿に陣して側面の敵に備えた。

ついで忠興は韮山城《にらやま》（静岡県伊豆の国市韮山）を攻撃する手に加わり頑強な抵抗に会った。忠興は水練が得意なので、一人の供を連れて堀に入り、攻め口を観察して帰って来た。ところがその話をすると有吉四郎左衛門が微笑する。見とがめると「その時、なぜ城に火をお放ちあそばれなかったのか」と反問された。なるほどと忠興は無念がったという。臣下といっても遠慮がない。互いに切磋琢磨しようというくらいの気持ちがあったのかもしれない。

翌日、ふたたび力戦したが城は落ちないので、包囲陣を残して忠興らは小田原に向かった。

四月五日、箱根を越えた秀吉勢は小田原城に殺到する。翌日、早雲寺に本陣を置いた秀吉は、水陸十万を越える兵力で小田原城を包囲し、やがて城の西南に聳える石垣山に陣所を築き、そこから包囲戦の結果を見守った。忠興は城の西側、早川口（早川北岸、東海道を扼する）を担当している。

七月五日、北条氏直は弟氏房とともに投降、自決を条件に将兵の助命を願い、降伏は受け入れられ、城は開城、翌日、徳川家康が城を受け取った。氏直の父氏政や叔父氏照の他、宿老二人が主戦論の責任をとらされて自決、氏直は高野山に送られた。こうして北条氏は五代で滅んだのである。

幽斎にとって小田原陣は、まったく秀吉側近の文化人としてのそれである。三月一日に矢作川を越え、小夜《さよ》の中山、宇津などの歌枕を通過しながら和歌を詠む。駿府（静岡市）ではじめて富士の山に対し、小田原へ着いてからも五月十二日には鎌倉見物に赴き、金沢の六浦《むつうら》まで足をのばした。

長い包囲戦のつれづれに秀吉は茶や連歌の会を催しているが、その席にはそつなく出席した。秀吉は数奇屋を作り、利休に橋立の壺、玉堂の茶入れを飾らせて家康を招いた。相伴として幽斎、忠興は、大村由己《ゆうこ》、蒲生氏郷《がもううじさと》、上杉景勝などとともに同席したという（『綿考輯録』）。

茶にかんしては忠興は父を越えていた。あるいは父より遙かに打ち込んでいた。そういう一途さは、幽斎からみると一抹の不安を感じさせるものでもあったに違いない。秀吉の側近に文化人として仕えることの危うさについて、幽斎ははるかに多くを知っている。利休の高弟の山上宗二《やまのうえのそうじ》は、性格が狷介《けんかい》であり北条氏の食客となっていたというような事情にもせよ、小田原において秀吉の意向にさからったため耳や鼻を削がれた上、斬刑に処せられているではないか。

七月六日に小田原城の包囲が終わると、秀吉は十七日に小田原を出発、北へ進んだ。北条を支持した関東の諸領主も降伏し、戦争の経過をみて奥羽の雄伊達政宗も帰順したので、二十六日に宇都宮で奥羽の大名を引見した上、八月九日、会津黒川（会津若松市）の興徳寺に入り、検地と刀狩りを指示し、蒲生氏郷を会津に封ずるなど東北地方の処置をおえ、十二日に会津を出発して、九月一日、大坂に凱旋した。こうして豊臣秀吉の天下統一はついに完成した。

忠興は秀吉の供をして会津へ向かった。小山《おやま》（栃木県小山市）で会津百万石を授けるから奥州の要となれという内意があったが、忠興は政治上の必要ならお受けするが、褒美の意味なら小国でも都の近くがよいと述べて許された。秀吉は幽斎が老年だから移封は気の毒とも考え、忠興には会津の検地だけを命じたという。ただしこれが史実かどうか疑わしい点もある。忠興が検地を命ぜられたことから後世になって逸話が生まれたとも考えられるからである。一方、幽斎は病と称して秀吉から許しを得て小田原から帰国している。ただしわざわざ甲斐路をたどっているから病は口実であろう。

小田原から北上して足柄峠を越え、竹之下（御殿場付近）に宿り、河口湖東岸をかすめて御坂《みさか》峠を越えて甲斐路へ入り、塩山、甲府、諏訪を経て木曽路にかかる。木曽福島では寝覚の床を訪ねた。渓谷に奇岩が横たわり、浦島太郎が目覚めた場所だという伝承がある。美濃へ入ると、このあたりは信長のもとへ公方《くぼう》様（足利義昭）の使いとしてたびたび往来したところだと往時を懐かしんでいる。七月二十九日に京都へ入り、八月二日、丹後に戻った。

利休も会津へは同行せず、幽斎と同じころ小田原を出発して京都へもどった。八月九日には、京都の屋敷へ奈良の漆屋で茶人の松屋久好を迎えて朝の茶会を催していることが確かめられる（『茶道古典全集』第九巻『松屋会記』）。

第十八章　利休切腹

秀吉の勘気、忠興の奔走

天正十九年（一五九一）、幽斎は五十八歳、忠興は二十九歳である。

幽斎は京都で新春を迎えた。寅の刻（およそ午前四時）に天皇が束帯を着して清涼殿の東庭に出て属星、天地四方、父母の山陵を拝して年災を祓い、五穀豊穣、宝祚長久、天下泰平を祈願する四方拝の儀式を行う。幽斎はこれにちなんだ和歌を詠んだ。

　ともしひの光をそへて雲の上に
　　星を唱ふる暁の庭

なだらかな叙景の和歌というべきであろう。

発句は、

としといひて　春もむかへし今年哉

幽斎には老いの自覚がある。

一方、忠興は、茶の師とあおぐ利休が秀吉の勘気をこうむった事件をとりなすために奔走しなければならなかった。

利休は小田原から京都へもどった後、秀吉の茶頭《さどう》として相変わらず多忙であった。『利休百会記』によれば天正十八年八月から十九年閏正月二十四日まで、あるいは秀吉の茶頭として、あるいは個人として日常的に茶会を催し、精力的に活動している。このうち秀吉が加わった最後の茶会は十九年一月二十六日である。事件はそれより後、閏正月二十四日の家康を客とした茶会前後に起きたものと推定される。

閏正月二十二日に、利休は愛用の「引木《ひきぎ》の鞘《さや》」と名づけた古雲鶴《うんかく》の筒茶碗を細川忠興に譲ることを決意し、それに添えた「引木の鞘の文」といわれる書状を認《したた》めているからである。ここには既に秀吉の勘気をこうむっていたことを示唆する文言がある。

「大徳寺からいま帰参した。困却した果てに床に臥せっているが、あまり遅延したので、引木の鞘

豊臣秀吉（高台寺蔵）

を進呈する。すべてはお目に掛かって謝意を表したい」という内容である。

秀吉の勘気をこうむったことの善後措置で疲労困憊し、とりなすために奔走してくれた忠興に、謝意をこめて、かねてからねだられていたこの茶碗を贈ったものと思われる。

この「引木の鞘」の茶碗は根津美術館に伝存しているが、朝鮮から舶載された口径八・二センチメートルと小振りな筒茶碗で、朝鮮陶器に伝統的な雲に鶴の模様がついている。茶臼の引木にかぶせる鞘に似た形をしているので、利休がこの名を付けたという。

別に、同日のものと思われる利休自筆の忠興あての書状があって、夜に入って入会《いりあい》の時分（たそがれ時）に参上するとある。そこには人目をはばかって忠興を訪ねようとする憔悴《しょうすい》した利休の姿が浮かんでくる。

利休が勘気をこうむった理由についてもさまざまな説があるが、最大の公的な理由は、大徳寺山門上に自分の木像を置こうとしたことであった。また茶道具の売買で高利をむさぼったとも非難されている。

しかしさまざまな俗説を詮索することにさほど意味があるとは思えない。結局のところ秀吉と利休とのあいだで次第にたかまりつつあった芸術的な緊張とでもいうべきものが、何かをきっかけに、ついに破局を迎えたということではないのか。それは幽斎や忠興にとっても他人事ではなかったはずである。

千利休（長谷川等伯画，春屋宗園賛）（表千家不審菴蔵）

高まる緊張——野菊の扱い

このように考えると『利休百会記』のなかにみえる天正十八年九月二十三日、秀吉が主催し、黒田孝高《よしたか》（如水）、堺商人の針屋宗和、津田宗凡《そうぼん》を客とし、利休が茶頭をつとめた聚楽第での朝の茶会の記事が、改めて利休と秀吉のあいだの緊張を暗示するものとして浮かんで来るのである。

秀吉は宗和、宗凡を小田原陣への参加の褒美としてこの会に招いたという。この朝の様子を宗凡の『天王寺屋会記』によってみる。

床には小田原での戦利品である玉礀《ぎょくかん》筆の「遠浦帰帆《えんぽきはん》」の大軸をかけた。玉礀は元代の画家。この軸はもと連歌師宗長《そうちょう》の所蔵で今川義元を経て北条家に伝わったという因縁がある。床柱の前に紹鷗《じょうおう》旧蔵の天目茶碗を置き、なかに鴫肩衝《しぎのかたつき》（肩衝は茶入れの壺の形式のひとつ）を入れてあった。ここまでは常道の飾りつけだが、肩衝と天目のあいだに一茎の野菊がはさんであった。これは亭主秀吉の作意と思われる。

囲炉裏は一尺四寸四方、五徳に秀吉愛用の責紐《せめひも》の釜が掛けてある。やがて茶頭の利休が面桶《めんつう》の水覆《みずこぼし》をもって出て来て水屋から瀬戸水指と柄杓《ひしゃく》を取り出して床の前ににじりよる。

黒田如水以下の客が野菊をどう扱うかかたずをのんで見守るうち、利休は無造作に野菊を抜き取って床の畳の上に横たえ、肩衝を天目に入れたまま持って座にもどり、茶をたてて供した。やがて秀吉も勝手から出て来て座に加わり相伴する。茶が終わって客が鴫肩衝を拝見しているあいだに利休は天目と水指を水屋にしまい、肩衝は床の間に飾り、ついでに野菊の花を取り、さりげなく床の勝手側の隅の方に片付けておいて席を退いた。

秀吉が野菊を置くことで何を企んでいたのかは判らない。本心からこれがわびだと信じていたのか、あるいは利休の反応をみたいという出来心か。いずれにしても利休はほとんど無表情にさらりと事態を処置してしまった。秀吉の作為は無視されたといってもよい。どうみても役者が一枚上手である。そして一茎の野菊が、権力者とそれに奉仕する文化人のあいだの辛うじて均衡を保っている危うい関係を改めて露わにし、一挙に破綻に導いたともいえようか。

幽斎の機智

秀吉には文化人を試みようとする癖があったように思われる。幽斎もつぎの経験がある。連歌の座で、発句をするから付けてみよ、といい出して「奥山に紅葉ふみわけ鳴くほたる」と発句した。もちろん「奥山に紅葉踏みわけ鳴く鹿の声聞くときぞ秋は哀しき」(『古今集』秋上)を踏まえている。連歌師・里村紹巴《じょうは》は「しかとも見えぬ灯火のかげ」と巧みに付句したが、思わず「蛍は鳴く虫ではございません」といってしまった。

たちまち機嫌を損じた秀吉に対して、居合わせた幽斎は「武蔵野の　しのをつかねて降る雨に　蛍よりほか　鳴く虫もなし」という古歌があるといってとりなした。歌の意は「鳴く虫の声がとだえて蛍の光だけが見える」であるが、強引に解釈すれば「鳴く虫は蛍以外に見えぬ」といえぬこともない。そつのない、というべきか、おもねったというべきか。しかし、さらに念の入ったことには、近衛家熙《いえひろ》からの聞き書である『槐記《かいき》』（享保十二年八月晦日条）によると、この古歌そのものが、実は幽斎の即興の作だという。すると幽斎は、おもねるかにみせて、逆ねじをくわせたともとれる。

後で幽斎は紹巴をたしなめて、せっかく太閤さまは連歌に興味をもっておいでなのだから、あまり難しいことをいってはならぬ。不興のあまり連歌はまかりならぬ、などといい出されたらこまるではないか、といったという。これはいかにも権力者のわがままを知り尽くした言葉だが、その裏で幽斎もまた何かに耐えていたことを暗示している。

独裁者は一面、文化に憧れている。同時に文化人にたいする根強い劣等感がある。秀吉は、時にどぎつく自己を押し出して、相手の本心を覗き込もうとする衝動をもっていた。蛍の発句も茶事の野菊も、本質は同じようなものだったかもしれない。

忠興、利休を見送る

利休をめぐる事態は忠興らの奔走にもかかわらず一層、悪くなるばかりだった。

二月十三日、秀吉からの使者、富田左近と柘植左京亮《つげさきょうのすけ》が利休のもとへ遣わされ、堺に下って蟄居《ちっきょ》することを命じた。緊急だったにもかかわらず、川船の出る淀まで忠興と古田織部とが密かに見送りに行った。船の中からそれを見た利休は、驚きかつ喜んだという。

間に合わなかった松井康之は飛脚に託して慰問の手紙を送った。利休は松井への返書のなかで、忠興にたいする感謝をのべている。他に高弟のうちでは芝山監物源内が堺に見舞状を出している。

日頃、利休の周辺に集まる者は多かったが、秀吉の勘気をこうむって以来、いずれも遠ざかるなか、忠興と織部の見送りは、さすがに茶道の志ふかい者と称賛をあびた。利休門下にあって、古田織部は独創性の茶、忠興は利休の伝統に忠実な茶だったとされ、対照的であった。にもかかわらず利休にたいする志の深さは二人に共通するものだったといえる。

利休にたいする対応は、忠興という人の個性を輝かせるもののひとつである。これまでの忠興は、むしろ武人として名をあげて来た。秀吉にたいする態度も丁重そのものであった。しかし利休が処罰されようとするや、彼は世間的な計算を無視して敢然と利休の側にたったのである。武将としての地位よりは茶人としての誠意を貫いた。政治よりは芸術を選んだのである。忠興、時に二十九歳。この事件をつうじてはじめて忠興は自立した個人としての姿で、わたしたちの前に立ち現れるように思われる。

利休は、二十五日に辞世の偈《げ》と和歌を書いた。問題となった木像が聚楽第の門に近い一条戻り橋で磔刑にされたのもこの日のことである。

二十六日、利休は召されて京都葭屋町の屋敷に入った。上杉景勝の軍勢三千がこれを取り囲んでものものしく警護にあたった。

二十八日、尼子三郎左衛門、安威《あい》摂津守、蒔田淡路守の三検使を迎え、不審庵で最後の茶会を催して自分も一服した後、切腹した。介錯は茶の弟子であった蒔田淡路守である。妻の宗恩《そうおん》が遺体に白小袖をかけた。

閏月があったので二月二十八日は、すでに葉桜の頃である。この日、時ならぬ大雷雨が京都を襲い、大粒の雹が降った。辞世で自身を菅原道真になぞらえた利休にふさわしい劇的な背景となった。

秀吉は利休が命乞いをすれば助命する気だったとされる。事件に連座した大徳寺関係者はいずれも大政所《おおまんどころ》のとりなしで許されているからである。

利休にも前田利家から内々に大政所、北政所《きたのまんどころ》（秀吉の母と妻）を頼ってお詫びするようにとの助言があったが、彼は「天下に名を顕し候我等が、命おしきとて御女中方を頼み候ては無念に候。たとひ御誅伐《ごちゅうばつ》に逢ひ候とても、是非無く候」（『千利休由緒書』）と拒絶したと伝える。

この利休の気概がいっそう秀吉を怒らせる結果となった。首は折敷《おしき》にのせて、戻り橋際に彼の木像の足が踏みつける体裁にしてさらしものとされた。見物の群衆があふれたと伝える。

利休を語るとき、あまり言及されることのない部分だが、磔《はりつけ》にした利休の木像に、利休その人の首を踏ませるという幼児的な嗜虐《しぎゃく》と、それを物見高く見物する群衆という構図は、かえって利休の栄光――ついに権力によっては踏みにじることのできなかった矜持を、裏から照射する結果となっているように思われる。

第十九章　朝鮮侵略

唐入りという発想

今日、確認できる限りでは、秀吉が最初に大陸侵攻という構想を明らかにしたのは、関白になって間もない天正十三年(一五八五)九月三日、子飼いの家臣である伊予の一柳末安《ひとつやなぎすえやす》あての書状のなかの「日本国はもうすに及ばず、唐国まで仰せ付けられ候」という文言である。これは「唐《から》入り」すなわち明国を支配下におくことを目的とし、そのため道案内を朝鮮に求める(仮道入明)という論理に発展する。

天正十五年五月、九州を平定し終えるとすぐ、秀吉は博多の箱崎の本営に対馬の宗義調《そうよししげ》・義智《よしとし》父子を呼びつけて、朝鮮国王にたいする服属と使者の派遣を求めるよう指示した。朝鮮との貿易を経済基礎においている対馬にとって戦争は望ましいものではなかったので、宗父子が懸命に調停につとめた結果、天正十八年十一月、日本統一祝賀の名目で国書を持参した通信使——正使・黄允吉《ファンユンギル》、副使・金誠一《キムソンイル》が京都の聚楽第《じゅらくだい》で秀吉と会見することにこぎつけた。しかし秀吉はこれを服属の使者と思い込み、明を征服するための案内を命ずる返書を渡した。

平行して戦争準備も開始された。天正十九年に入ると渡海用の船舶や碇の準備が命ぜられ、十月には肥前名護屋（佐賀県唐津市）の海を見下ろす高台で本陣の普請が始まる。

天正二十年（一五九二）、幽斎は五十九歳、忠興は三十歳となった。秀吉は朝鮮への侵攻を正式に宣言する。年が押し迫った十二月八日になって改元され、文禄元年となったので、これが「文禄慶長の役」の開始された年となる。朝鮮では「壬辰・乙酉の倭乱」の名で記憶される災厄の始まりであった。

このような表現はあるいは奇異に感じられるかもしれないが、利休を殺す、という文化的な専横と国際環境とか国家の領域とかを理解しない侵略主義とは同じ根のものと感じられる。今世紀の日本が対外侵略と国内における文化の圧殺を平行して行ったことを考えるならば、利休殺しとアジアの侵略とが同根であるのは、むしろ当然、と考えるべきではないだろうか。

豊臣秀吉の政権は、無限の領土拡大の上に成立していた。軍事的に全国を統一する過程で、新たに得た土地を功績のあった臣下に与えることによって拡大を続けて来た。天下を統一して関白という高い地位を得た時、皮肉にも彼には新たに与えるべき土地がなくなっていた。政権の安定のためには領土を海外で拡大し続ける以外に方法がなかったのである。

豊臣政権はけっして強力な中央集権権力ではない。統一過程は諸大名との妥協や調整から成り立っている。太閤検地とか刀狩令なども、中央の徹底した支配の貫徹というよりは、朝鮮への侵略のための民衆の動員という性格をもっていた。

聚楽第行幸図屛風（部分）（堺市博物館蔵）

検地による石高の決定そのものが、現実の状況を反映しているとは限らなかった。それは何よりも侵略戦争のための軍役動員の基準となる数値を決定することだったのである。

　秀吉の指令にしたがって、大名たちは続々と九州に集結した。主として九州、西国の大名が渡海して朝鮮に入る。残りは名護屋を警護する体制である。

　一部の沿海の大名は渡海や北九州へ軍事物資を運送するために、船舶とその船員を提供させられた。小瀬甫庵《おぜほあん》の『太閤記』は、この侵略を「高麗陣《こうらいじん》」という名称で扱っているが、四国九州は一万石につき六百人、中国紀州五百人、五畿内四百人、近江・尾張・美濃・伊勢は三百五十人、遠州・三河・駿河・伊豆三百人、これより東はいずれも二百人、若狭・能登は三百人と西に厚く、東に行くに従って動員数は減らしてある。

　忠興の名は「羽柴丹後少将」として挙げてある。

これより先、彼は秀吉から羽柴の姓を賜り、朝廷から少将に任ぜられていたためである。その動員数は三千五百人。一万石につき三百人の計算であろうか。丹後十一万石で朱印状による軍役は幽斎一千、忠興三千、計四千。忠興が三千五百を率いて出兵すると残余五百はかろうじて平時の留守兵力となる。関ヶ原合戦で忠興が上杉攻めに動員した兵力が三千五百、幽斎が田辺籠城に辛うじて集めた兵力が五百であるから、これが丹後の実勢であろう。

秀吉が集結した兵力は約三十五万、うち現実に渡海して朝鮮に侵入したのは二十九大名、十五万八千八百人に及んだ。

李朝側の記録である柳成竜《ユソンリョン》の『懲毖録《ちょうひろく》』によると、天正十五年（宣祖二十年＝一五八七）、対馬藩の柚谷康広《ゆずややすひろ》が秀吉の書状を持参したが、文面ははなはだ傲慢で「今、天下は朕が一握に帰す」という表現があったと記している。対馬の宗氏は朝鮮国王を来朝させよという秀吉の要求に苦しみ、まず家臣の柚谷康年を派遣して「日本では新王を立て、その使者が来る」と予告し、ついでその弟の康広を日本国王の使者と称して送り込み、朝鮮からも通信使を派遣するように求め、秀吉の要求する国王の入朝とすりかえようとしたのである。

このようにして派遣された通信使であったが、朝鮮国内の官人のあいだの党争の影響で正使・黄允吉と副使・金誠一とは帰国後、日本の侵略があるか否か意見が一致せず、李朝の朝廷はいたずらに議論を重ねるのみで、思うように行動がとれなかった。

それでも朝鮮側も防衛策を講じなかったわけではないが、長年の平和に慣れて、戦国時代を経験した日本の軍事力、とくに鳥銃（小銃）の威力の前に緒戦は圧倒されるばかりだった。

日本軍の侵攻

文禄元年（一五九二）四月十二日、九軍に分けられた全軍の先鋒として小西行長、宗義智の第一軍一万八千七百が渡海し、翌日、釜山《プサン》を陥れた。朝鮮軍は「眺め渡してもその果てが見えない」ほどおびただしい日本軍の姿にまず圧倒された。

この後、対馬、壱岐に置かれた八、九軍をのぞく第一から第七までの諸軍がつぎつぎ渡海する。とくに加藤清正・鍋島直茂らの第二軍は互いに競い合いながら五月三日、同時に漢城（現ソウル）に入った。国王宣祖は都を捨てて平壌に逃れた。

漢城の占領に狂喜した秀吉は、天皇を北京に移し、関白として秀次を付ける。日本の帝位は皇子か皇弟に継がせ、自分は中国寧波に居住して天竺・南蛮を含む帝国を建設するのだという二十五条の構想を発表した。

名護屋から壱岐を経て、対馬で待機していた忠興は、六月三日、約六万の人数の一員として渡海の指示を受けた。明が朝鮮へ応援の軍を送る気配がみえたため、日本側も兵力を増強したのである。六月十七日に釜山へ渡海、二十七日に同地を出発、先鋒が切り開いた道を進撃して七月二十三日にはソウルに達した。

この間に日本軍はさらに北上して六月十六日、平壌を陥れた。宣祖は鴨緑江を隔てて中国領と接する平安北道の義州に逃れた。
日本軍は分担を定めて各地を平定し、なかでも加藤清正らは咸鏡道に達し、一時は豆満江を越えてオランカイの地（現在の吉林省）に侵入する勢いを示した。

しかし緒戦の進撃もそこまでで、次第に朝鮮の反撃が強まった。まず海上では名将李舜臣《イスンシン》の率いる朝鮮水軍に次第に圧倒された。早くも五月七日、巨済島玉浦《オクポ》の海戦で李舜臣は日本の水軍三十余艘をすべて撃沈し、翌日には赤珍浦で十三艘を沈めた。さらに各地の海戦で勝利した上、七月に閑山島《ハンザンド》沖で脇坂安治《わきざかやすはる》や九鬼の水軍を圧迫し、七月九日には日本軍の七十三艘を撃破した。このため日本軍は制海権を奪われ、補給が脅かされて、平壌の線で北上を止めた。

また各地で義兵が起きてゲリラ戦が始まり、侵略者に立ち向かう。長く延びた日本軍の補給線は義兵によって脅かされるようになった。またいくつかの城が朝鮮軍によって回復された。

文禄元年は明の万暦二十年である。日本軍の侵攻の早いことに驚いた明は、最初、朝鮮と日本の通謀をすら疑ったという。しかしついに平壌陥落前後に救援に踏み切り、先頭の千余りの軍は六月十五日早朝に鴨緑江を越えた。この部隊は南下の途上で平壌が陥落したことを知って義州に引き返し、そこで宣祖と出会った。

七月には遼東副総兵の祖承訓の率いる五千の兵が来援した。これと行動を共にした遊撃将軍・沈惟敬《ちんいけい》という人物が、八月二十九日、わずかな従者を連れただけで平壌に入り、小西行長と和平交渉を開始した。沈は経歴のはっきりしない人物で、浙江方面の出身。日本の状況に詳しいというので抜擢されて遊撃将軍という地位を与えられ、交渉にあたったのだという。交渉内容が不明なので朝鮮側は彼に不信感を抱いている。

八月七日、忠興はソウルから慶尚道《キョンサンド》に出撃して岩山という城を攻め、これを焼いた。九月に朝鮮軍は慶州を攻めてこれを回復した。

忠興は十月に晋州《チンジュ》城を攻めたが、牧使・金時敏《キムシミン》の指揮のもとで朝鮮軍が激しく抵抗したので激戦の末、撤退した。そして十二月末、明将李如松の率いる四万の大軍が鴨緑江を渡った。

幽斎の島津工作

文禄元年（天正二十年）六月ごろ、唐津の名護屋城で秀吉に侍していた幽斎のもとへ難題が持ち込まれた。薩摩藩内の反秀吉の行動である。

もともと独立傾向の強い薩摩藩に、藩主島津龍伯（義久）の弟、島津左衛門尉歳久入道晴蓑《せいき》という人物がいる。歳久は激しい性格の独立不羈の男だったが、無念なことに痿症《いしょう》（麻痺性の病気）だったので身体の動きが思うにまかせなかった。

このため天正十五年の秀吉の九州征伐のさいも、本拠の祁答院《けとういん》宮之城（鹿児島県薩摩川内市祁答院町）に籠もり、代理に猶子《ゆうし》の三郎次郎忠隣を義久のもとに参陣させたが、忠隣は討ち死にしてしまった。

義久が完敗し、頭を剃って秀吉に降伏しても、晴蓑は和平を認めたがらない。秀吉が祁答院を通過したさいには、弓の名手に命じて山中の木の上から矢を射かけさせた。また牛の瀬渡しという場所で秀吉の旗本六騎を討ち取るなど、抵抗を続けた。

秀吉の圧倒的な軍事力を思い知らされ、降伏して領土と家臣をなんとか維持しおおせた龍伯（義久）の立場からすれば、自ら参戦できなかったために状況認識が甘く、抵抗精神だけは旺盛な弟はきわめて危険な存在であるが、骨肉の情もあって黙視していたものと思われる。

さらに晴蓑を支持する有力者もあった。先に大口《おおぐち》城を守って忠興と対した家老、新納《にいろ》武蔵守忠元がその最たる者である。新納は晴蓑と結んで、再三、龍伯に秀吉との再戦をそそのかした。秀吉はこの事実を知って詰問の使者を送ったが、晴蓑は祁答院の城門を閉ざして入れず、使者を討ち果たした。新納忠元も大口城を出ようとしない。秀吉はこれを不問に付して兵を引いたのである。

ところが秀吉が名護屋城にいる時、梅北宮内左衛門忠重という者が一揆を起こして肥後七浦を焼き払った。このなかに晴蓑の足軽が加わっていたと知って秀吉の怒りが再燃した。彼は幽斎を呼んで、薩摩に赴き、龍伯に命じて晴蓑を自決させるように取り計らうことを命じたのである。

すでに見て来たように、島津を支配する上でこれまで秀吉は軍事力による威圧と利休と幽斎という文化人による懐柔を使いわけてきた。すでに利休は死んでいる。龍伯に対する工作に幽斎が起用されるのは、当然の結果というべきかもしれない。幽斎は龍伯と刺し違える覚悟でこの使いに赴いたといえよう。こうしてみると幽斎は、秀吉政権のもとで、信長時代にもまして、いっそう深く政治にかかわっていたといえる。

鹿児島に着いた幽斎を龍伯は丁重にもてなした。幽斎は国の仕置きのことを尋ね、和歌、連歌、茶の会などを重ねた後、数奇屋で人払いして密かに秀吉の意向を伝えた。

龍伯は老臣を集めて相談したが、はたして新納忠元が反対した。弟の首を討ち、秀吉に取り入って家をたてるのは何とも面白くない。もう一度、上方勢を引き受けて合戦するまで。それがかなわぬならば、晴蓑を連れて秀吉の前に出て、痿病で御前に出られなかったと弁明すれば、まさか二人とも切腹せよとはいわないだろう、という主張である。

新納忠元の主張はいかにも薩摩人らしいしたたかさだが、大勢を見る目には欠けている。龍伯は何とか反対を封じて晴蓑をさりげなく鹿児島へ呼び出した。龍伯は晴蓑と対面して思わず涙をこぼしたので、周囲は心もとなく思ったが、そこへ七月十六日、秀吉から晴蓑の切腹と、新納忠元を朝鮮へ出陣させ、妻子を人質として京都へ差し出すことを命ずる朱印状がもたらされた。

おそらく幽斎から龍伯を説得したという報告が名護屋の秀吉にもたらされ、その結果が、この命令となったものと思われる。いずれにせよこれが龍伯の決断を促した。

十七日、晴蓑は龍伯に別れを告げ、翌十八日、行屋の浜から乗船して大隅の脇本を経て祁答院を目指した。ところが脇本に着くと、陸路、龍伯が派遣した使者が待ち受けていて晴蓑に切腹を命じた。晴蓑の郎党は主人のために刀を抜いて闘い、ことごとく討ち死にした。その数二十六人。

晴蓑は龍伯あてに遺書を書いて自決した。

辞世は、

晴蓑めが　たまのありかを人問わば
　　いさ白雲の上もしられず

晴蓑に殉じた武士たちの名は「主人の供は如此《かくのごとく》とちむる〔勤める〕ものにて候。心あらん人は是を御覧あるべく候」として書き連ねてある。

幽斎は晴蓑の辞世を秀吉に披露するにあたって「いさ白雲の上と答えよ」と添削したという。これが幽斎の回向《えこう》の心である。

彼は祁答院へも赴き、晴蓑の猶子、六歳の袈裟菊丸《けさぎくまる》あての誓紙を送って安全を保証した。龍伯も丁重な手紙を送って説得に努めている。

晴蓑主従の首は、龍伯の手紙を添えて秀吉のもとに送られ、八月十四日に秀吉から龍伯あての朱印状が出されて決着した。秀吉は晴蓑主従の首を京都一条戻り橋で晒しものにした。

『綿考輯録《めんこうしゅうろく》』は、徳川家康が幽斎をねぎらい、祁答院問題の解決はひとえにあなたの才覚によるものだ、ご苦労は察するにあまりある、という行き届いた八月二日付の手紙を採録している。もはや徳川氏の安定した時代に肥後細川家の侍が書いた記録であるから、家康にかんする文書の取り扱いが丁重であることはいうまでもないが、この手紙を信ずるなら、むしろ幽斎が薩摩から、名護屋在陣の家康に報告していることに注目すべきであろう。

秀吉はといえば、大政所の病気の報を得て、七月末に急遽、大坂へ戻っている。結局、秀吉はその死を看取ることはできなかった。

ともかくも、島津家の問題を解決した幽斎は、一端、報告のため名護屋にもどり、再度十一月に鹿児島に赴き、文禄二年（一五九三）の春を、その地で迎えた。

第二十章　肥前名護屋城――難航する和平交渉

明・朝鮮軍の反撃

年が改まって文禄二年（一五九三）になった。忠興はなお朝鮮の戦線にいる。

一月五日（日本暦。以下同様）、李如松は約四万の兵力で平壌を囲んだ。都元帥金命元《キムミョンウォン》の率いる朝鮮軍八千もこれに従った。また釈休静《ヒュジョン》、釈惟政《ユジョン》らの組織した二千の僧侶軍も大同江の南に陣をとった。小競り合いの後、一月八日に明・朝鮮軍は総攻撃を行い、守将の小西行長は夜半に平壌を撤退した。

行長の退却の影響は大きく、黄海道鳳山《ファンヘド》の大友義統《よしむね》は城を捨てて逃走し、黄海道白川の黒田長政、京畿道開城《ケソン》の小早川隆景・吉川《きっかわ》広家らも兵を退いて一月十六日、漢城（ソウル）へ戻った。

勝ちに乗じた李如松の追撃も急で、一月十日夜には開城に達した。だが一月二十六日、ソウル北郊の碧蹄館《ビョクジェグアン》の戦いで明軍が敗れ、李如松は戦意を失って平壌まで引き揚げてしまった。

この結果、独力で日本軍と戦うことになった朝鮮の名将軍、全羅巡察使権慄《クオンユル》は、ソウル西郊、漢江の北岸の険しい丘陵地帯の幸州《ヘンジュ》山城に拠って、二月十二日、約一万の兵力で宇喜多秀家を総大将とする小西行長、黒田長政、吉川広家、小早川隆景らの三万の日本軍を迎えて戦った。朝鮮軍は早朝から夕刻に及ぶ激戦に耐えて幸州を守り抜き、日本側は宇喜多秀家、吉川広家が重傷を負うなかでソウルに引き揚げねばならなかった。

前年来、連戦連勝の日本軍は、状況の変化に危機感を抱いた。朝鮮奉行石田三成らは平壌の戦いの後、秀吉あてに十一ヵ条の注進状を出している。

これに対して秀吉は黒田孝高《よしたか》、浅野長政を朝鮮に派遣し、兵力の再編を指示した。小西行長・黒田長政に開城を、小早川隆景と増田長盛《ましたながもり》にソウルを確保させる。兵糧米を再配分する。近日、援兵を出して全羅道、慶尚道を平定するため兵糧米を送るから船舶を名護屋に回送せよ、そして宇喜多秀家を総大将として兵力を立て直し、慶尚南道の晋州城を攻略して全羅道、慶尚道を押さえよという内容である。

つまりはソウルまで撤退した兵力を開城まで押し戻して臨津江《イムジンガン》を確保し、開城とソウルのあいだで明・朝鮮軍を挟み討ちにしようという意図である。しかし秀吉の指示が出る前に戦局の変化があって日本軍はソウルに釘付けになっていた。

ここで急速に和平交渉の機運が高まる。秀吉は交渉の開始を認める一方で、鳳城を放棄した豊後の大友義統を前代未聞の臆病者と非難し、改易処分にして軍の統制を計るとともに、何度も晋州攻略を指示している。交渉の展開を有利にするためにも、全羅道、慶尚道を確保しようという戦略である。

晋州城は慶尚南道から全羅道へ通じる要衝で南に南江が流れ、他の三面は石垣を築き、池を掘った堅固な城であった。日本軍は海岸の金海からの通路にも兵力を配置し、直接攻撃には九万余の兵力をあてる慎重な配備で、忠興もこの戦いに参戦した。六月二十二日から始まった攻防で朝鮮軍は善戦したが、二十八日未明に激戦の末、城はついに陥落した。

碧蹄館の敗戦後、戦意を失った明軍は、日本軍との和平に傾きつつあった。そこで、日本は明への入貢を望んでおり、平壌での敗北後の日本は、秀吉を日本国王に封じ、寧波における通貢（つまりは貿易）を許せば朝鮮から撤兵するのではないかという見通しのもとに和平交渉を開始しようとした。

これは日本を不倶戴天の敵とみなしている朝鮮の反発をかった。国土を侵略された上、加藤清正に二王子を生け捕りにされ、さらに日本軍に王や王妃の陵墓を盗掘された朝鮮国王は、日本軍を追撃して、漢城（ソウル）を回復することを強く望んでいた。

しかし和平は朝鮮を無視して明の主導権のもとに開始された。明の経略・宋応昌は腹案をもっていた。日本軍が撤退し、清正が捕らえた二王子を返し秀吉が明皇帝に謝罪の上疏を行えば、秀吉を日本国王に封ずるよう兵部から皇帝に上奏するというものである。

中国皇帝を中心とする秩序で考えると、ほかに秀吉を遇する方法はないのだが、日本人の感覚では容認できそうもない案ではある。ともあれ、日本を交渉の席につかせるため、明軍は非常手段に出て、ソウルに潜入させた者たちに兵糧倉を焼き討ちさせた。

兵糧を失った小西行長は外交僧の景轍玄蘇《けいてつげんそ》に命じて明側と和平の条件について交渉させ、また竜山の朝鮮水軍に和を求める書翰を送らせた。この結果、明将李如松はふたたび沈惟敬をソウルへ派遣する。

和平交渉の開始

文禄二年（一五九三）三月十五日に小西行長と沈惟敬の交渉が開始された。明側は宋応昌の腹案の三条件を通告するとともに、明は四十万の大軍で日本軍を挟撃する計画だ。しかし王子を返して撤退すれば秀吉を日本国王に封ずるであろう、と威嚇した。

行長の報告を受けた総司令官宇喜多秀家と石田三成らの三奉行は、四月上旬に改めて加藤清正、小西行長を沈惟敬と会談させた。そこで二王子の返還、日本軍の釜山浦への撤退、開城の明軍は日本軍のソウル撤退を見届けた上で帰国すること、その上で明から講和使節を日本へ派遣することが取り決められた。

四月十八日、日本軍はソウルから撤退を開始した。宋応昌は幕下の策士、謝用梓、徐一貫らを「明使節」と称して日本軍へ送りこんだ。彼らの任務は肥前名護屋の様子を探り、秀吉から「関白降表」つまり明皇帝に対する謝罪の文書をとって来ることにあった。加藤清正はその真意を知らぬまま、二王子と官吏五人の他、随行者百人あまりの使節団を監視しながら、凱旋気分で南下していった。

五月十五日、石田三成ら三奉行は「明使節」を伴って肥前名護屋に着いた。秀吉はこれに先立って和議の条件と、朝鮮の南海岸に築城すること、晋州城の攻撃などを指示している。和平交渉と戦争が平行していたわけである。この結果、すでに述べたとおり、忠興も参戦した六月の晋州城の攻撃が行われ、城は日本軍の手に帰した。日本軍は秀吉の指示によって南岸に沿って駐屯のため築城にかかる。今日なお石垣を残す一連の日本式城郭――「倭城」がそれである。

文禄二年六月の晋州城の戦いの後、和平交渉の進行するあいだ、ともかくも戦闘は止んだ。朝鮮南岸には、東は西生浦《ソセンポ》（蔚山付近）から東莱《トンネ》、釜山をへて熊川《コムンカイ》（現・鎮海市）、安骨浦《アンゴルポ》、巨済島に至る十の城の築城が開始され、在番の大名が定められ、日本軍は駐屯体制を整えた。

閏九月に忠興は交代のため名護屋に引き揚げている。和平交渉が長引くあいだに朝鮮在番は続き、周辺で田畑の耕作を始める者も出るありさまで、厭戦気分が拡がり、「朝鮮在陣衆の逐電」があいついだ。他方では朝鮮に投降するいわゆる「降倭」も少なくなかった（北島万次『豊臣秀吉の朝鮮侵略』吉川弘文館日本歴史叢書）。この人々は鉄砲技術を朝鮮に伝えるなど、朝鮮への貢献が少なくない。

肥前名護屋で朝鮮派遣明軍のいつわりの「使節」と秀吉の外交僧、景轍玄蘇・玄圃霊三《げんぽれいさん》（南禅寺の僧。長岡家の家臣松井康之の叔父）らが和議折衝を行っていた文禄二年（一五九三）六月の頃、小西行長もまた沈惟敬と画策して家臣内藤如安《じょあん》を降伏使節に仕立てて明皇帝のもとに派遣した。日明双方が、偽りの使節を仕立てて和議の可能性を探ろうとしたのである。ソウル、平壌を経て長く待たされていた内藤如安は、ようやく翌文禄三年（一五九四）十二月に北京に達し、十二日に皇帝に拝謁、明側から厳しく朝鮮侵略の意味を詰問された。

このやりとりの結果、明側は、秀吉に「封を乞う誠情」があるものと認め、皇帝は秀吉を日本国王に封ずる誥命《こうめい》（任命書）、冠服、金印の作成を命じ、正使・李宗城、副使・楊方亭を任命した。

中国皇帝は世界の中心的な存在であるから、唯一絶対の権力者である。周辺諸国の権力者はこの皇帝に認められることによって初めて王として認定される。これが冊封制度とよばれる中国的な世界秩序であり、その角度からみるなら秀吉を日本国王と認めることは一種の恩恵なのである。これに対して秀吉は、みずから日の申し子であり、世界に君臨すべき存在だと考えているから、まったく相容れない世界認識である。そのことを充分承知しながら、何とか無意味な戦争を終結させたいという意向が双方に存在していたことが、欺瞞的にもせよ、交渉を継続させたのであった。

明側には厭戦気分があった。そして日本側の小西行長は、宗義智《そうよしとし》と姻戚関係にあり、対馬の経済的基盤が朝鮮との友好と貿易の上に成り立っていることを熟知してもいた。彼は戦闘において勇敢な武人であったが、キリシタン大名であり、堺商人の出自といわれる性格が協調的な態度をとらせたのでもあろうか。

文禄四年(一五九五)一月、明の冊封使・李宗城、楊方亭は北京を発った。明皇帝は沈惟敬を先行させ、小西行長に渡海の船の準備、釜山浦付近の日本軍の撤退、内藤如安が誓約した三条件の履行について調停させた。釜山浦駐屯の日本軍は対馬に留まることなく帰国する、秀吉には別に貢市を許さない(つまり明との貿易は認めない)、日本は朝鮮と修好しともに明の属国となる、という内容である。

最初、秀吉はみずから朝鮮へ渡海する意気込みだった。文禄元年(一五九二)四月二十一日、肥前名護屋の近く、肥前深江(佐賀県糸島郡二丈町深江)に着くと同時に、すでに壱岐に滞陣していた忠興に朱印状をつかわし、秀吉のための宿舎の建設を急がせている(『細川家文書』二)。自分は名護屋からすぐにも渡海するつもりだった。

しかし徳川家康と前田利家は秀吉の身に万一の事があってはと、渡海に反対した。他方、石田三成は秀吉の渡海なしでは事は成就しないと考え、両者は秀吉の前で激論を交わしたという。結局、秀吉は渡海を延期した。そこへ七月、大政所《おおまんどころ》の病気と死去があり、秀吉は一時、京都へ帰ったので、渡海の件は沙汰止みになった。

翌年を秀吉は名護屋城で迎えたが、無聊を慰めるために遊興に日を過ごしている。名護屋城の遺構からも茶室や庭園、黄金を塗った瓦などが発見されている。また能楽や茶の催しの記録も少なくない。秀吉は能楽に打ち込んだ。また博多商人で茶人の神屋宗湛《そうたん》の日記によると茶会の催しも少なくない。

前線の骨を削るような状況とくらべて、権力者というものの奢侈には落差が大きすぎる。そこに忍び寄る頽廃の香をかぎとらぬわけにはいかない。渡海せず名護屋に駐屯していた出羽の最上義光《もがみよしあき》ですら、国元へ「命のうちに今一度、最上《もがみ》の土をふみ申したく候、水をいっぱい呑みたく候」と書いていた。

名護屋城の現在

名護屋城を見に行く。博多からJR筑肥線で約一時間二十分、海沿いに西へ進んで唐津へ。そこからバスでさらに四十分で現地へ着く。

いま名護屋城跡は行政上、佐賀県唐津市鎮西町名護屋という。城を中心に周囲約三キロの範囲に諸大名の百二十もの陣屋が作られた。そのおよそ半数の石垣や土塁が残っている。年代が確実で保存状態もよいので現在、国の特別史蹟「名護屋城跡並びに陣跡」に指定され、佐賀県教育委員会と唐津市によって保護されている。

名護屋城は、もと松浦党の名護屋越前守経述《つねのぶ》の城があったのが名の由来で、海に面した八八メートルの台地の上に本丸を築き、それを囲んで二の丸、三の丸などいくつもの曲輪《くるわ》が作られた。じっさいに現地に立ってみると規模の大きさに改めて驚かされる。登りつめた台地の上の本丸跡から北には海が拡がり、壱岐や対馬が霞んで見える。汗ばんだ肌に海から吹いて来る風がさわやかである。ここから釜山までは海上わずか九〇キロ、しかも城の下には名護屋浦の深い入江がある。侵略の基地としてはふさわしい土地であった。

『黒田家譜』などの記録によって普請は天正十九年（一五九一）秋十月に開始され、西国大名の分担によってわずか五ヵ月あまり、翌年二月には主要部が完成していたことが判る。だが近年、水手曲輪から「天正十八年五月吉日」と篦《へら》書きした丸瓦が発掘され、いっそう早い時期から築城が準備されていたのではないかと考えられるようになった。

名護屋城の北側には、突然の軍需景気で、兵士や商人、そこに利を求める人々で雑踏する城下町が出現した。最盛期には人口十万人を数えたという。

秀吉の死によって朝鮮との和平が成立した後、名護屋城は解体されて石垣だけが残った。七年で城と都市は消滅したのである。建設そのものが各大名の分担だったから、多くの資材は持ち帰られた。たとえば仙台の青葉城の大手門（現存しない）は、伊達政宗が名護屋城の資材で建てたと伝える。

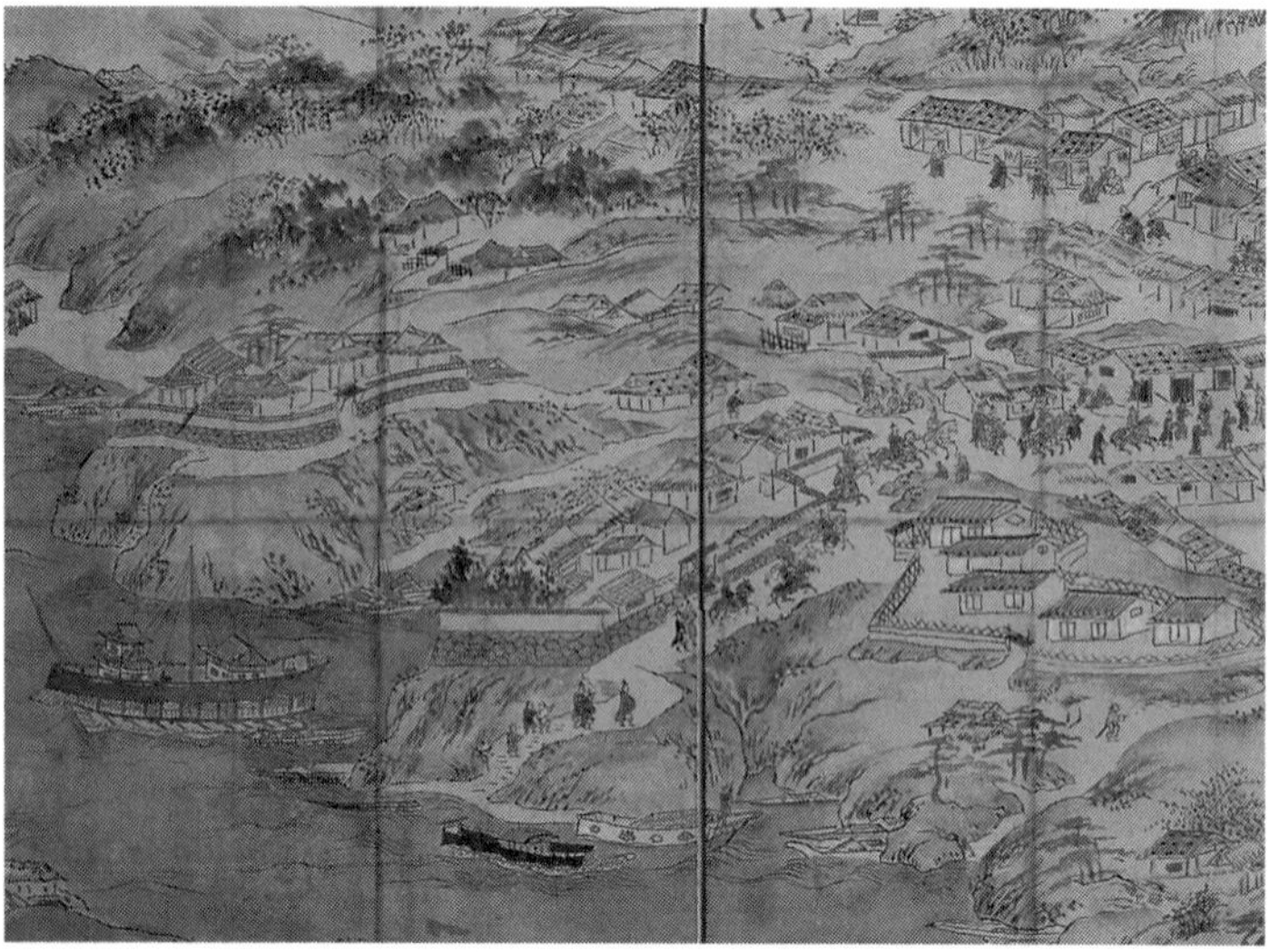

肥前名護屋城図屏風（部分）（佐賀県立名護屋城博物館蔵）

名護屋城本丸跡の玄界灘に面した海も、対岸の釜山を介してアジアへユーラシア大陸へと通じている。海は本来、人と人とをつなぐものだ。名護屋城の大手口には佐賀県立名護屋城博物館が設けられていて、侵略の時代だけではない朝鮮との古くからの交流を重視する展示に配慮がみられる。夏休みのせいか韓国の小学生の団体も多く、熱心に説明を聞いている姿がみられた。

海は世界につうじる。だから世界の多様性を受け入れ、他者とまじわるのか、あるいは他者を拒絶し、同化を至上とする偏狭な精神に走るのか、そこに私たちの叡知が問われている。

文禄二年（一五九三）、五月、明使節を迎えて、秀吉は黄金の茶室で歓待した。名護屋城博物館所蔵の「肥前名護屋城屏風」は、この時の情景を描こうとしたのであろう。名護屋浦に浮かぶ安宅《あたか》船から上陸した朝鮮使節の行列が大手門の方へ登って行く姿が見てとれる。また名護屋城の北側、海寄りに遊撃丸という名の出丸があるのは、遊撃将軍沈惟敬にちなんだ命名だといわれる。

文禄三年（一五九四）、秀吉は大坂にもどっている。和平交渉の機運がもちあがっていた頃の二月二十七日には吉野で花見を催した。幽斎はこれに参加するため名護屋から京都へ戻った。

しかし御供衆に黄金造りの太刀五百六十腰を貸し与え、金襴緞子で三千人の行列を飾りたてた秀吉好みの花見の企ては、雨に災いされた。雨は歌会の催された二十九日にも降った。供奉《ぐぶ》した幽斎は、五首の和歌を詠んでいる。

秀吉はつけ髭をして眉を描きお歯黒をつけていた。老いの自覚が秀吉を焦らせていたのであろう。飾れば飾るほど、老いは目立つ。人間には無関心な自然のなかにあって、黄金で飾りたてた姿は、かえって老醜を際立たせていた。彼は自分の引き起こした対外戦争によって、自分の権力そのものを危うくしつつあるのだが、自分ではそれに気づいていない。専横な独裁者になることによって、耳を傾けるべき忠言をしてくれる者もいなくなった。不満は満ちていたが、猫の首にあえて鈴を付ける勇気を持ち合わせる者は一人もいなかった。

第二十一章　難波の夢――秀吉の死

秀次失脚と忠興の危機

文禄四年（一五九五）、講和交渉の行方がはっきりせぬ時期に、秀吉が関白秀次を追放、切腹させるという大事件が起きた。忠興はこれに連座して、一時は生命さえ危険な状況に追い込まれた。

秀次は秀吉の姉「とも」の子である。秀吉が実子鶴松（すて）を失った後、秀吉の養子となり、関白の位を譲られて聚楽第《じゅらくだい》を居邸としていた。ところが文禄二年（一五九三）八月に側室淀殿が大坂城二の丸で幼名ひろい（拾）つまり後の秀頼を産んだことが、秀次の運命を狂わせはじめる。

秀吉が淀殿とのあいだの最初の子鶴松を溺愛していたさまは先に朝鮮通信使が秀吉に会ったさいの様子に活写されている。秀吉は朝鮮使の謁見の席に鶴松を抱いて現れ、鶴松が粗相《そそう》をして秀吉の衣服を濡らすと、笑いながら侍女に抱かせてさがらせた。その行動たるや「皆肆意《しい》自得にして旁《かたわら》に人なきか如し」（『懲毖録《ちょうひろく》』）と使節の目には映った。その鶴松が死に、彼の失意は甚だしかった。

そこへ「ひろい」の誕生である。彼に権力を譲りたいと考えれば考えるほど、後継者に据えた秀次がうとましくなる。秀次もそれを感じとって反応するようになる。結局、彼は謀叛の容疑をかけられて七月に高野山へ追放、間もなく秀吉から切腹を命ぜられた。さらに妻子三十九人が三条河原で斬殺された。秀吉は秀次の邸宅となっていた聚楽第を解体して伏見城に移し、秀次という存在の痕跡を完全に抹殺してしまった。

その秀次に加担した容疑で切腹、改易などの処分を受けた者は少なくない。忠興の娘の夫、前野出雲守長重とその父但馬守長康も切腹させられた。さらに忠興自身、秀次から金百枚を受け取った事実を謀叛に連座するものとみなされ、召喚された。奈良で伏見城の普請のため石を調達にあたっていた忠興は、伏見に登ったところ、金の授受は加担のしるし、容疑が晴れるまで当分、閉門と申し渡された。その後、石田三成ら五奉行が、切腹させると議論しているとひそかに告げる者があった。

血気の忠興は、讒言《ざんげん》で死を賜ったならば、むざむざと腹は切らない、石田を襲撃して伏見を焼き払うばかり、といきまくのを老巧な松井康之が、幽斎さまご夫妻の安泰のためには親孝行と思って、無謀な行動はしないようにといさめ、思い留まらせた。

さて松井は五奉行のうち忠興に好意的な前田玄以《げんい》を頼って、たんに秀次から金を借りただけで一味したわけではないと陳述し、金を返済し、娘を人質にすれば許されることになった。松井は返済金の用意がないので前田利家に金五十枚を借り、残り五十枚の工面に困っていたところ、徳川家康が快く百枚を用立ててくれたという。

忠興が金を戻すと、秀吉が対面を許し、気分を変えるために茶でも飲むがよい、と有明という名の茶入れを与えた。そしてもっと大事なもの（つまり生命）を与えたのだぞ、といったと伝える。磊落を装った恫喝めいたものが、権力の底にわだかまる暴力性をほのみせる挿話ではある。

この事件から、武将としての忠興といわゆる吏僚派の石田三成との不和、そして家康への信頼の深まりを見てとることができる。事態はすでに秀吉以後にむかって動きつつあった。

明使節との会見――秀吉怒る

日本と明との和平交渉は矛盾をはらんだまま、進行して行った。明の冊封使《さくほう》（秀吉を国王に任命する〔冊封する〕使節だからこのように呼ばれる）一行が、ようやく釜山浦の日本軍陣営にまで達したのは、文禄四年（一五九五）十月十日である。使節は日本軍の撤退が和議の条件であることを強調して違約を責めた。しかし元来、秀吉に撤退の意思はない。

翌五年（慶長元年）四月になって、釜山浦一帯に、秀吉は明国皇帝の冊封を受ける気はなく、使節が日本へ渡れば拘束されるだろうという流言がとんだ。恐れた正使の李宗城は、四月三日の夜、変装して逃亡してしまう。前代未聞の事件である。

やむなく明皇帝は、副使の楊方亭を正使、沈惟敬を副使として日本へ派遣した。沈は一足先に大坂へ着き、六月二十七日に大坂城で秀吉に拝謁している。楊方亭は少し遅れて六月なかばに対馬へ向かった。この後、朝鮮国王は黄慎《ホンシン》、朴弘長《パクホンザン》を正副使とする通信使を任命し、明使節の後を追わせた。

九月一日、楊方亭、沈惟敬は大坂城で秀吉に拝謁した。伏見城を改修して使節を迎える計画であったが、畿内の大地震によって伏見城の損害が大きかったため場所を変更したのである。秀吉は朝鮮通信使とは接見を拒んだものの、使節から伝達された明皇帝からの誥命《こうめい》（辞令書）、金印（日本国王の印章）、冠服を受けた。この時、忠興は明使からの冠服や進物の奏者役に任命された。これを機に参議に任ぜられ、越中守となった。父の幽斎も使節歓迎にあたっている。

しかし翌二日、秀吉は明使節を大坂城で供応した席上で、側近の外交僧、西笑承兌《さいしょうしょうだい》に明皇帝の誥命を読み上げさせたところ「爾《なんじ》を封じて日本国王と為す」とあって、秀吉が提示した和議七条件については、まったく回答がなかった。秀吉は激怒し、講和は破綻した。

秀吉は朝鮮への再派兵を決意した。九月中には、慶尚南道加徳島の城を守る島津義尚に、城普請を強固にし、在番衆と兵糧米を確保しろと命じ、島津義弘（島津家当主）にたいしても再渡海を促した。秀吉の開戦の口実は、和議条件のなかの朝鮮八道のうち四道を返却する代わり新たに朝鮮王子一名を人質とせよという条件を朝鮮国王が履行しないことである。

和議への期待を寄せていた島津家にとっては再度の戦争は衝撃であり、大きな負担でもあったが、それも家の存続のためには余儀ないことと受け止め、義弘は早速、兵力の増強と物資の補給を指示した。

慶長二年（一五九七）二月末、秀吉はふたたび朝鮮への陣立てを発表した。加藤清正の兵一万、小西行長の兵一万四千七百を先鋒として二日交代で先手を勤めさせる。その他の兵力を合わせて十四万一千五百が渡海する。先に築かせた城を拠点に穀倉地帯である全羅道を押さえて南部を固め、これを足掛かりに忠清道を押さえて北上する戦略であった。つまりは朝鮮南部の領土割譲を実力で強行しようとする意図である。

同じころ、初めて秀吉の和平条件（要求）を知った明の万暦帝も激怒し、使節は獄に下された。この頃になってようやく、日明の権力者は、虚構抜きで相対したといってもよい。明もまた大軍を動員して朝鮮へ送った。朝鮮にとっては明軍を受け入れることも食料や労役の重い負担を強いられるので好ましい事態とはいえぬが、もとより選択の余地はない。

ふたたび朝鮮へ出兵——慶長の役

朝鮮としては、日本軍を上陸前に撃破することが望ましかったが、この時期、朝鮮は西人派と東人派という宿痾《しゅくあ》ともいうべき派閥抗争を抱えており、その余波で名将李舜臣《イスンシン》は退けられ、朝鮮水軍は充分に力を発揮することはできないまま、日本軍の上陸を許してしまった。

幽斎、忠興父子は秀吉の側近にあって伏見におり、慶長の戦争には参加していないので、再開された戦争については簡略に記す。

秀吉の方針は、和平条件で要求して無視された朝鮮南部四道の割譲を実力でもぎとろうとするものであった。七月なかば総大将の小早川隆景が釜山浦に到着する。八月はじめ、日本軍は小早川隆景を釜山にとどめ、左右二手に分かれ、宇喜多秀家が率いる左軍の小西行長、島津義弘、加藤嘉明らは慶尚道から全羅道の南原に迫る。右軍は毛利秀元を大将に加藤清正、浅野幸長《よしなが》、黒田長政らが慶尚道から忠清道へと北上を開始した。この頃、首を取る代わりに鼻を削いで軍功の証拠とするという残忍な習慣が拡がる。

明軍も日本軍を待ち構える体制をとっていたが、八月十五日に左軍は南原《ナムウォン》城を包囲、陥落させた。右軍の加藤清正もまた慶尚道から全羅道全州へむかう要路にある金石山《ファンソクサン》城を陥れ、全羅道を掃討しながら全州にむかった。南原から北上した左軍が占領した全州で軍議が行われ、水陸の兵を分けて全羅道を押さえるとともに、右軍は忠清道を北上して京畿道をめざすことになった。

明・朝鮮軍は、緒戦で敗れ動揺したが、日本軍がソウルをうかがう形勢に、明の経理・楊鎬《ようこう》が平壌からソウルに下って体制を立て直し、稷山《チクサン》の金烏坪《クムオピン》へ精兵を集めて日本軍を迎え撃った。毛利輝元、黒田長政、加藤清正らの右軍は九月六日払暁から明軍と衝突し、双方に多くの死傷者を出し、夕暮れになって両軍とも兵を引いた。朝鮮側はこの戦いを日本軍のソウル再侵入をしりぞけたものと評価し、小西行長を退却させた平壌の戦い、ソウル近郊で日本軍を撃退した幸州山城の戦いとならんで朝鮮三大戦と称している。この後、日本軍は一部の兵が京畿道に侵入したものの、北進を中止して南部の占領地を固め、海岸沿いに城を建設する方針に転じた。

一方、明、朝鮮軍は南下して、十二月、約六万の兵力をもって、日本軍が建設中で完成寸前だった蔚山《ウルサン》城を包囲した。三十キロ離れた西生浦城にいた加藤清正が救援に駆けつけて籠城し、凄惨な包囲戦が演じられた。食料が尽きかけた日本軍は、翌年一月四日の総攻撃で落城寸前まで追い詰められたが、毛利輝元らが救援に現れ、なんとか包囲を解くことができた。しかしこの戦いの与えた衝撃は大きく、以後、戦線は膠着する。

前将軍の死と幽斎

朝鮮の戦局がはっきりせぬなかで慶長二年八月、出家して昌山公と称していた前将軍足利義昭が、腫れ物を患って、山城の槙島(宇治市)で死去した。享年六十一歳。幽斎は、病床を見舞い、葬儀にあたっては銭十貫目の香資を供えた。醍醐《だいご》寺《じ》三宝院門跡の義演《ぎえん》が、義昭の猶子《ゆうし》となることによって門跡になれたにもかかわらず、服喪の責任を逃れるため、あわてて実兄九条兼孝の養子となった態度とは大きな差がある。幽斎の旧主にたいする態度はあくまで丁重であった。あるいは旧主を捨てて信長の許に走ったことの負い目を、まだどこかで感じていたのかも知れない。

遺体は足利将軍累代の菩提寺、京都の等持院へ送られ、葬儀が行われた。導師を勤めた西笑《さいしょう》承兌《しょうだい》は、棺と火屋を作るために大工二人を使用することを所司代前田玄以に求めたが一人しか認められず、「世が世ならば洛中洛外の大工をすべて使うこともできようものを、二人の大工さえ使えない。ああ強弩《きょうど》の末は魯縞《ろこう》すら穿《うが》つことができないという言葉のとおりである」と慨嘆している。強い弓で射た矢でも末は薄い絹さえ貫けぬ、の意味である。

三宝院門跡の義演は、近年は将軍といっても有名無実、死んだといっても何の感慨もない、と日記に書いているとおり(『準后《じゅんこう》義演日記』)、たしかに時代は変わった。同時に専横な独裁者秀吉の時代もまた終わろうとしている。

慶長三年（一五九八）三月十五日、秀吉は醍醐《だいご》寺三宝院で花見を行った。北政所《きたまんどころ》をはじめとする妻妾中心の内輪の集まりである。幽斎はこれに扈従《こじゅう》した。従う女房衆千三百人には小袖、帯、帽子などを新調するように命ずるなど、秀吉好みの豪華さは変わらないが、諸大名すら招かれず、周囲五十町（五・五キロメートル）四方の二十三ヵ所に警護の武士を配置し、厳重な警戒のもとで行われた。かつて北野大茶湯で、茶を好むものは誰でも集まれと檄をとばした闊達さは見られない。秀吉は何を恐れていたのだろうか。

「醍醐花見図屏風」（国立歴史民俗博物館蔵）には、女房から日傘をさしかけられた前かがみ気味の老人として秀吉が描かれている。朱色の着物に牡丹の柄の派手な羽織を着ているが、画家の目は冷静に、隠すことのできぬ老いを見つめている。膠着《こうちゃく》した朝鮮の戦線、六つになった秀頼の将来にたいする不安、花見そのものが屈託した心を慰めようとするものだった。だが彼ははたして平安を得たのだろうか。

かつて信長の残虐に批判的で、比叡山焼き討ちの時にはわざと自分の守備する口から人を逃がしてやった若者は、

醍醐花見図屏風（部分）（国立歴史民俗博物館蔵）

六十一歳の専横な独裁者に変貌した。朝鮮では鼻を削ってその数を申告させ、首の代わりとさせた。秀次を自殺させた時は、その首を供えた前で妻子三十六人を皆殺しにした。

専横になればなるほど、独裁者は孤独になり、猜疑《さいぎ》が人間らしさを失わせる。他国を侵略して残虐のかぎりを尽くした結果、豊臣政権自体が疲弊し、まもなく崩壊するだろう。晩年の妄執ともいえる溺愛の対象、秀頼は火のなかで滅びる運命にあった。

醍醐の花見の後、秀吉の健康は急速に衰えた。愛児ひろいも秀頼と名を改めて、年は六つ、四月二十日に権中納言に任ぜられ、家康の孫娘千姫を嫁にもらう話もまとまった。ところが五月ごろから秀吉の健康が急に衰え、感情の起伏も激しくなった。

六月十六日には病をおして諸大名を引見し、かたわらの浅野長政や石田三成をみながら、秀頼が十五になり、今日のように大名たちを引見するのを眺めたいといって涙を流した。老人は涙もろくなっている。同時に不安が彼をさいなむ。七月十五日には諸大名から前田利家、徳川家康あてに秀頼への忠誠を誓う誓書を提出させる。

そして八月五日に重体に陥ると、あらためて五大老の徳川家康、前田利家、宇喜多秀家、毛利輝元、上杉景勝はそれぞれ五奉行の前田玄以、浅野長政、増田長盛《ましたながもり》、石田三成、長束正家《なつかまさいえ》あてに、五奉行も前田利家、徳川家康あてに誓書を提出した。秀頼への忠誠を誓う内容でいずれも血判である。

別に五大老、近臣、北政所、淀殿らにも遺言して、秀頼の将来を頼み、万事、家康と利家の指示にしたがうように頼んだ。

八月五日、来るべきものを予感した秀吉は五大老あてに最期の言葉を記した。

返々、秀より事たのみ申し候、五人のしゆ〔衆〕たのみ申上候〳〵、いさい五人の物〔者〕に申しわたし候、なごりおしく候、以上、

秀より事なりたち候やうに、此かきつけ之しゆとしてたのみ申候、なに事も此ほかにわおもいのこす事なく候、かしく、

秀吉〔御判〕

最後まで気がかりは秀頼のことであった。八月十八日、死去。六十三歳である。

八月二十五日、五奉行、五大老はその死を秘したまま、朝鮮からの撤兵を指示した。家康と利家は浅野長政と石田三成を博多に下して撤兵を指揮させるとともに、美濃高松城主・徳永寿昌《ながまさ》と豊後日田《ひた》の蔵入地代官の宮木豊盛《みやぎとよもり》の二人を朝鮮に派遣して撤収を伝えさせた。

しかし噂は巷を駆けめぐり、国中が動揺した。まもなく八月中には朝鮮も秀吉の重態ないしは死の風聞を察知するようになる。明・朝鮮軍は日本軍の撤収を予測して追撃に方針を転換し、東路、中路、西路、水路の四軍を編成して、攻勢に出た。

明・朝鮮軍はまだ撤収方針を知らない島津軍の拠る慶尚南道の泗川《サチョン》城を囲んだが、十月一日、島津勢は反撃して三万八千七百十七の首を取り、証拠として鼻を削ぎ、樽詰めにして日本へ送った。順

天では小西行長が秀吉死去の報を受けて撤収の準備にかかっているところを明・朝鮮軍が包囲したが、明軍に戦意が薄く、最終的に撤兵に成功した。

結局、十一月十六日夜半に明・朝鮮軍が日本軍を追撃した露梁津《ノリャンジン》の海戦を最後に戦闘は終わった。激戦のうちに朝鮮水軍の李舜臣《イスンシン》は戦死し、日本水軍も大きな損害を受けた。しかしその月の末には加藤清正、鍋島直茂、黒田長政らが相次いで帰国し、十一月二十日、最後の撤収軍となった島津勢も巨済島から対馬へむかった。

結果として戦争は豊臣政権の自壊と明朝の滅亡を促すこととなった。東アジア世界に変動をもたらした戦乱はこうして終わったのである。

第三部　三斎忠興と徳川家

第二十二章　その前夜——ガラシャの死

緊迫する政局

慶長四年（一五九九）の正月には、秀頼を抱いた前田利家が伏見城で諸大名の年賀を受けた。秀吉の死が公表されたのは十五日である。遺言で利家が秀頼、淀殿とともに傅役《もりやく》として大坂城に入り、徳川家康は伏見城で政務をとることになった。

すでに死が予感された頃から、政局は秀吉没後を予測して動きはじめている。衆目の一致するところ、最大の実力者は徳川家康である。そしてこれを危険視する石田三成など秀吉側近の大名たちの動きに、朝鮮での実戦を経験してきた武将たちの事務官僚への反感がからみ、いわゆる吏僚《りりょう》派と武将派の対立するなか、政局は緊迫の度を加えて来た。

秀吉が異例に出世をしたため、豊臣政権は組織が未成熟で、内部対立は必然的ともいえた。二木《ふたき》謙一《けんいち》氏が指摘するように秀吉は天下人であったにもかかわらず、葬儀さえ行われなかった。江戸時代に書かれた書物には慶長四年二月十八日に京都大仏殿で盛大な葬儀が行われたとしたものがあるが、後世の作り話にすぎない。秀吉の葬儀を公式に行おうとすれば、誰を喪主にするかなど、権力闘争の核心に触れてくるので、行えなかったのが真相であった（『徳川家康』ちくま新書）。

豊臣家の「御掟《おんおきて》」に違反して家康が勝手に諸大名と姻戚を結んだとして、一月十九日に前田利家ら大老、五奉行が詰問する事件が起きた。この時、三成が家康を襲撃する準備を整えているという噂が拡がり、それぞれの下に加担する大名たちが馳せ参じて緊迫した情勢が生まれた。生駒一正、堀尾吉晴、中村一氏《かずうじ》らが斡旋につとめ、ようやく二月五日、家康と五大老、五奉行のほかのメンバーとのあいだに誓紙が交わされ、和解がなった。

忠興は家康に心を寄せていたが、嫡子忠隆は前田利家の娘を妻に迎えていた。前田利家と家康の二大有力者にそれぞれ縁をつないでおこうという、当時としては当然の計算である。彼は両家の対立を案じて調停につとめ、結局、利家が病をおして伏見の家康を訪問した。家康もまた三月十一日、利家の病気を見舞うため伏見から川船で大坂城に赴いた。この時も幽斎・忠興父子が同行している。

閏三月三日、利家病死。その夜のうちに加藤清正と黒田長政は、忠興、福島正則、加藤嘉明、池田輝政、浅野幸長《よしなが》を語らって石田三成の襲撃を企てた。三成は意表をついてライバル家康の屋敷に逃げ込み、家康は七人をなだめるとともに三成を本拠の佐和山の城に隠退させた。これでもはや家康を掣《せい》肘《ちゅう》できる者はいなくなった。この頃から忠興は積極的に家康を支持する立場で行動することが目立つようになる。

忠興は堀尾吉晴と謀って、その直後、十三日に家康を伏見城に入れた。そして九月に、家康は重陽の節句を祝うことを名目に大坂城に入り、秀頼・淀殿に謁した後、そのまま西の丸に居を定めてここから政治を取ることとなった。

これにともなって秀吉正妻の北政所《きたのまんどころ》は城を出て、京都三本木の邸宅に移り、やがて剃髪して高台院と称した。豊臣家の妻の座を秀頼の母である淀殿に譲り渡したわけだが、その後も豊臣家系の大名たちの上に隠然たる影響力を保ちつづけ、彼らが徳川家康に加担するよう仕向けたのであった。

幽斎の布石

慶長四年の春を丹後で迎えた幽斎は、二月三日に伏見へ出ている。三月二十八日、八条宮智仁親王《はちじょうのみやとしひと》のもとで『古今集』の講釈を行った。表面上は風雅な暮らしぶりだが、忠興よりは一歩さがった位置で家康と他の有力者を調停する行動がみられる。

五月には丹後にくだり、翌月には烏丸《からすまる》光広らを迎えて宮津から船を仕立てて天橋立《あまのはしだて》へ案内している。

八月には伏見へ上って家康に面会した。かねて約束していた家康領国の歌所の和歌を書き抜いたものを進呈するためである。家康はひどく喜んだ。

この書の奥書には、丹山隠士玄旨と署名している。たしかに幽斎も六十六歳、てらいではなく隠士の名がふさわしい。とはいっても、翌年の関ヶ原合戦前後の進退からみると、あらゆる行動が将来の布石とも見えて来る。そう思わせるところが、このそつのない男の本領なのだろう。

八月、前田利家の嫡子利長が陰謀を企て、忠興も加担しているとの風聞がたち、十月、在国の忠興にたいして家康は使者をたてて糾問した。名分はあくまで秀頼にたいする忠誠を問うという形式を踏んでいるが、実は家康にたいする忠誠が問題とされているのは明らかであった。この危うい状況に応じて、忠興は単騎、馬をとばして大坂へ出て、利長の無実を証明するとともに、幽斎、家老の興元《おきもと》（幽斎の次男）と松井康之が連署した誓紙を出し、三男忠利（当年の光千代）を人質として江戸に送ることを約束して家康の信頼を回復するため奔走した。

慶長五年（一六〇〇）一月、光千代は人質として江戸へ出立する。これをきっかけとして、彼は徳川秀忠の信任を得、「忠」の一字を受けて元服、やがて肥後細川家五十四万石の祖となる道を歩むのだから、人の運命はわからない。

忠興、豊後六万石を与えられる

二月七日、忠興に豊後速見郡と由布院《ゆぶいん》とで六万石が与えられることになった。長束《なつか》、増田《ました》、前田の三奉行の名ではあるが、じっさいは家康の伏見城入城に奔走したことの論功であることは明らかで、しかもわざわざ松井康之を受け取りの使者とするように、と指名している。松井の力量は広く注目されはじめており、かつて信長が幽斎を将軍側近から自分の臣下に引き入れたように、家康は、状況次第では松井を直接、自分の勢力に引き入れたいと考えていたようでもある。松井は騎馬武者二十一人を引きつれて久美浜を出発する。忠興が城代と定めた有吉立行（有吉立言の子）も百三十人あまりの雑兵に騎馬十騎ほどの少人数で宮津を発ち、室津で松井と落ちあって九州へ下った。

忠興自身は三月二十日に大坂を発って、いったん帰国し、豊後支配の拠点となる木付城《きつき》（大分県杵築市）へ検分におもむいた。木付城は国東《くにさき》半島両岸の海を見下ろす見晴らしのよい岬の上にある。豊後はかつて大友義統《よしむね》の領地であったが、朝鮮の役で平壌撤退のさい無断で番城を放棄した臆病の罪で秀吉から没収され、無主となっていた。慣れぬ土地にあって、隣接する豊前中津の領主黒田如水が、なにくれとなく配慮してくれた。

忠興、上杉攻めに加わる

そこへ上杉景勝追討の事が起こる。家康は、留守のあいだに石田三成が兵を起こすのを予期しての出陣であったといわれている。福島正則、加藤清正とともに先鋒を命ぜられた忠興は、後事を松井に託し、急いで大坂へ帰った。家康は五万五千の兵を率いて十八日に伏見を出陣する。忠興は十六日付で丹後にいる嫡子・与一郎忠隆に陣立を指示し、自分も出陣すべく、宮津に戻っていった。

慶長五年六月二十三日、丹後勢の先鋒として与一郎忠隆が宮津を出発した。二十七日、忠興自身が出陣、田辺に立ち寄って幽斎に暇乞いする。その後、若狭街道を琵琶湖へ出て船で渡り、東岸の朝妻《あさづま》（米原市朝妻）で待っていた先鋒の忠隆と合流、美濃路を経て中山道を関東へ向かった。

七月九日、信州望月の宿に着く。ここは仙石越前守秀久の領分で、仙石から御馳走があった。江戸の光千代から、秀忠が七月十九日に江戸出陣との通報が届く。この物語の最初に記したように、光千代の手紙に答えて、従軍の心得を記した返書を書いたのは、この時である。その後の細川家の歴史を振り返ると、世代継承の上で、大きな画期となるものであった。

これに先立つ進軍中の小事件によって、嫡子忠隆は忠興の不興をかった。丹後勢の先鋒が若狭小浜を通過しようとした時のことである。城中から使者が来て、城下を通らぬようにと懇請した。小浜城主は木下勝俊、伏見在番であったが、秀頼に心を寄せている。家老たちが、家康派の丹後勢に城下の通過を許しては後にはばかりがあろうと策してこの行為に出たのである。

忠隆は使者の口上を素直に聞いて城下を迂回した。しかし後から来た玄蕃頭《げんばのかみ》興元（幽斎次男、家老）が率いる二の手は、出陣の門出に廻り道をするいわれはない、遮るなら打ち破るまで、とそのまま押し通った。忠興はこれを聞いて、玄蕃頭をほめるとともに、与一郎は軍法を知らないと叱ったという。忠興のなかで、長男に対する不満はこの頃から次第に形をなして行ったように思われる。

七月十五日、宇都宮に着陣。この時、大坂玉造《たまつくり》屋敷の家老小笠原少斎から、大坂の急を告げる注進があった。大坂方は人質を取る様子がある。夫人に申し上げたところ決して登城なさらぬという決意を示されている、御留守のことは気遣いあそばすなという文面である。この書状を読んだ忠興は、あらかじめ夫人の自決というような事態も覚悟したのではないかと思われる。

忠興は二十一日付で田辺の幽斎と木付の松井康之への密書を託して、家臣の森三右衛門勝正を送り出した。松井あての自筆書状は現物が残っており、ただちに丹後へもどり、状況次第では松倉の居城

（久美浜城）も捨てて宮津に籠もれ、他の者はかねて申し合わせのとおり黒田如水を頼れと指示している。結局、この指示より事態の進行は急で、松井は丹後へもどることはできなかった。

また内府（家康）はきょう二十一日に江戸を発つ由だが、我等は「さためてひっくり返し」上方で戦うことになろうと述べた。忠興は宇都宮からさらに小山《おやま》へ進み、そこから予期したとおり兵を返して関ヶ原の一戦に参ずることとなる。

ガラシャの悲劇

そのあいだに大坂では事態が進行していた。はたして七月十三日、石田三成は諸大名が京都、大坂に置いていた妻子を大坂城に入れ、人質にするという挙に出た。大坂玉造（大阪市東成区玉造町）の忠興の屋敷では家老の小笠原少斎、河北石見《いわみ》の両人が、この噂を耳にして奥方付きの侍女霜女《しもじょ》を呼び出し、事実であればどのようにするか、と相談した。忠興夫人玉は、治部少《じぶしょう》（石田三成）と忠興とはかねてから不和だから、さだめて人質に取りにくるのは当家が最初であろう。そのつもりで覚悟しておくように、とそばに仕える霜女をつうじて小笠原少斎、河北石見の両家老に伝えた。

玉は明智光秀の娘で、夫が秀吉の九州征伐に従軍中の天正十五年（一五八七）八月に洗礼を受けて霊名をガラシャ（恩寵の意）といった。以下、霜女が晩年に記した『霜女覚書』（正保五年＝一六四八）による。

まず　明智家の出で玉と交際のある尼をつうじて内々に人質を出すよう交渉があったが、玉はこれを拒絶した。十六日に公式の使者が現れ、玉を人質に出すべきこと、拒絶するなら実力に訴えるであろうと通告があった。玉はまことに押し入って来たならば自害すべきこと、介錯は少斎がすることを指示した。家老たちも覚悟をきめ、鉄砲の名人として聞こえた稲富祐直《いなどめすけなお》が、敵を防ぐ間に、少斎と石見の両家老が屋敷内の始末をすると分担をきめた。

はたして大坂方は十六日夜に押しかけて来た。ところが西門を守っていた稲富は心がわりして敵と合流してしまった。少斎は薙刀《なぎなた》をもって奥へ入り、玉に覚悟を促した。玉は忠興と与一郎忠隆あての書置きを、おく、霜の両侍女に託して立ち退かせた。

霜女が門を出たときにはもはや屋敷に火がかかっていたという。彼女は火事で集まって来た群衆にまぎれて落ちのびた。

玉は自分で髪を束ねて首をさしのべ、少斎の薙刀を受けた。キリスト教徒として自殺は悪だと信じていたので、人手を借りたのである。死に顔を見せないために覆面、くくり袴をつけていたともいう。少斎、石見の両家老は火薬をまいて火をつけ、すべてを焼いて自分たちも切腹して果てた。あまりの凄惨なありさまに大坂方もためらい、以後、人質を取ることをあきらめたという。

戒名は秀林院殿華屋宗玉大姉、三十八歳。殉死した人々とともに墓は熊本泰勝寺跡（立田自然公園）にある。

カソリック教会は彼女の死をあたかも殉教ででもあるかのように扱った。ルイス・フロイスの『日本史』は特に「丹後の国の貴婦人にして明智（光秀）の娘であり、異教徒（細川）越中殿の奥方なるガラシャの改宗について」という一章（第二部一〇六章）を設けて、感激に満ちた態度で彼女の入信について述べている。当然のことながらイエズス会士フロイスの記述には、強いキリスト教偏重の傾向がある。また歴史記述者としても視野が狭く、細部にとらわれすぎ、バランス感覚にとぼしい。以上の欠陥を頭に置きつつ、主としてフロイスによって入信の過程をみておく。

忠興はキリシタン大名の高山右近から信仰を勧められる機会が多かった。このことを夫人の玉に語った。これが玉のキリスト教にかんする関心をそそった。秀吉の政策で大名の家族は大坂に住むことを強制されたので、玉は夫とともに大坂城の南側、大名屋敷のならぶ玉造に住んでいた。いま屋敷跡の「越中井」が残っている。

彼女はキリスト教についてより深く知ることを望んだが、修道士を招くことも教会へ行くことも夫が許すとは思えない。周知のとおり忠興は玉を偏愛していた――「〔越中殿は〕家族に対して……厳しい命令や掟を課しており、そうした支配において厳しい男として天下に知られていた」（フロイス）。

忠興が九州へ出陣したことは絶好の機会となった。春の彼岸に事寄せて、彼女はもっとも信頼する侍女たちに囲まれて裏門から密かに外出し、天満にあった教会へ出掛けて説教を聴聞することができた。

この日はたまたま復活祭にあたっていた。もともと幽斎の仕込みで禅宗についての知識があった彼女は、霊魂の不滅などについて鋭い質問をして、たちまち二つの宗教の違いに気づいた、とフロイスはいう。

彼女は同時代の日本人から「フォム・モンストロ」すなわち非凡な能力をもつ婦人と呼ばれていた

という。尋常の女性とは少し違う個性の持ち主であったようである。

教会へ通う可能性はないので、侍女の一人を入信させた。教会から与えられた『こんてむつす・むん地』（天草本の邦訳がある。「キリストに真似《まね》びて」の意）を読み、その侍女をつうじて受洗の儀式を行い、教会からガラシャの霊名を授けられた。のち忠興は事実を知って怒り、刀を抜いて棄教を迫ったが、玉は頑として従わなかったという。

もっとも「からしや」の署名で忠興に留守中の家中息災を伝えたやさしげな仮名文字の消息が現存する（東京国立博物館蔵）から、フロイスが描く忠興像にも粉飾があることは充分に考えられる。

玉の名はかつての日本では夫に殉じた貞淑の鑑としてもてはやされた。カソリック教会は、当時からその死を殉教ででもあるかのように伝えていたが、第二次大戦後、価値観が変わると、キリスト教にたいする感傷的なあこがれから、一般にガラシャを美化する風潮が生まれた。

どちらにしても、この婦人については美化が働きすぎて本当の姿が見えにくい。彼女の死ははたして自分の意思によるものといえるのだろうか。「松井家文書」などで見ると、忠興は大坂、関東の手切れを予測して、丹後は籠城、大坂屋敷は焼き、夫人は自決することを、当然の前提のように扱っている。玉に個人としての自己主張や選択の余地はなかったはずである。

忠興はこの夫人を熱愛していたといわれる。その愛情はどこか独占欲に満ちた異様に激しいものであった。奥にいる夫人の姿をたまたま見た職人を怒って手討ちにしたとか、食事中に飯茶碗に髪が一筋入っていたのを玉が隠したのを見とがめて、係の者をかばうのかと、台所へ駆け込んで調理人の首

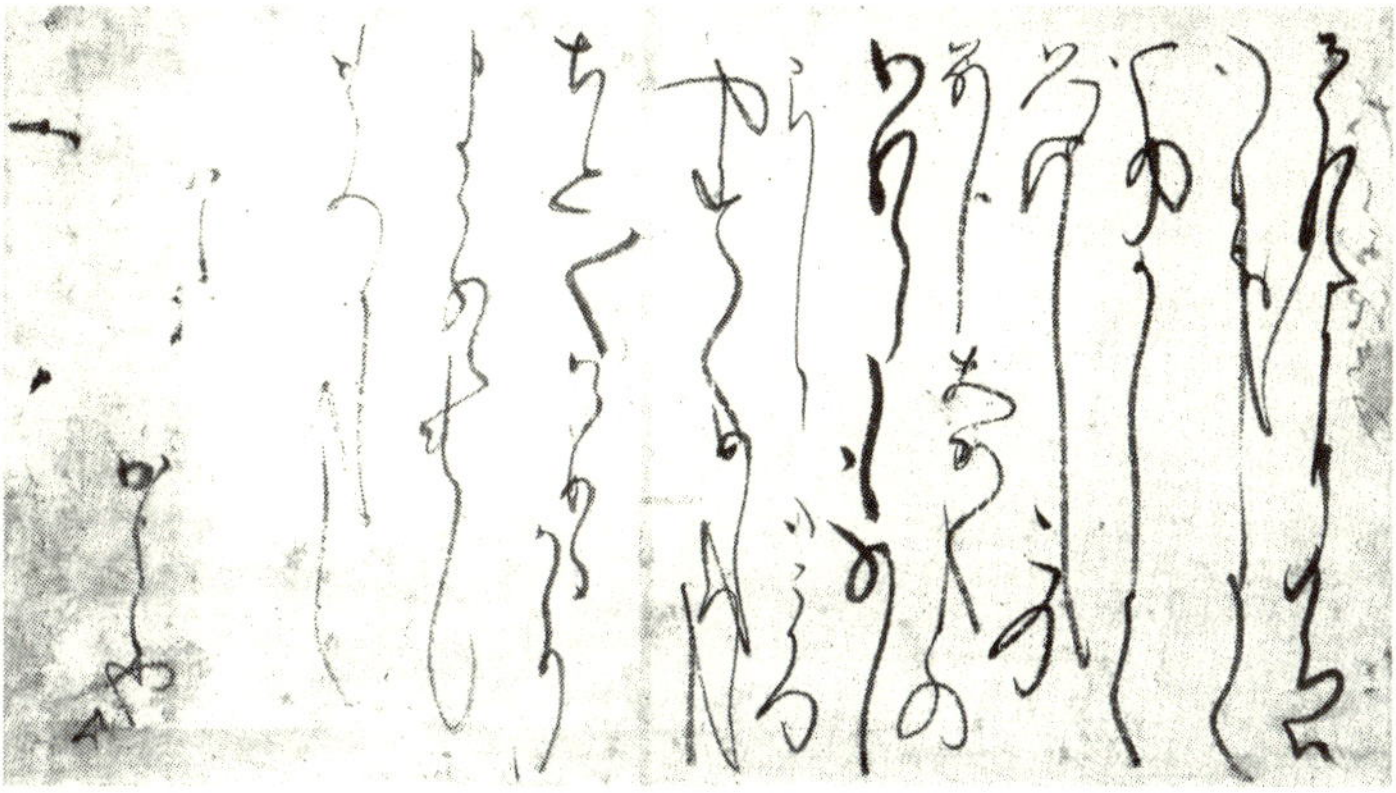

細川ガラシャ消息（細川忠興宛）（東京国立博物館蔵）　文面は下記

を斬り、玉の膳にのせた。玉が平然としていたので「汝は蛇か」とののしったところ、「鬼の女房には蛇がふさわしいでしょう」といいかえして、頑として生首を片づけさせなかったとかいう逸話が伝わっている。こういう夫をもってみれば、人質になるよりは死を選ぶのは当然の選択であったかもしれない。いやむしろ忠興の感情がそのように彼女を強いたのではなかったろうか。

この頃、三男光千代（忠利）は秀忠とともに宇都宮へ向かいつつある。重臣のうち松井康之、有吉立行らは豊後木付（杵築）の城にいた。そして領国の丹後には幽斎が残っている。ここへは当然、大坂方の手が及ぶであろう。長岡（細川）家の未曾有の危機に、彼らはどのように立ち向かうのであろうか。

（端裏書）「たゝおきとの　□」
それよりのちハ／御とおく〳〵しく／御ゆかしく／
思まいらせ候、この／ほとより大かくとの（澤村大学）／われらもふし／
にて候、御こゝろ／やすくめしまいらせ候べく候、／
ちと〳〵御めにかゝり／申され候まゝ、／まつ〳〵かしく
八日　からしやより

第二十三章　父と子の関ヶ原合戦

丹後への急使

この慶長五年（一六〇〇）という年に幽斎は六十七歳になっている。京都の吉田山の麓に設けた随神庵と名づけた隠居所に住み、和歌の会に出たり、歌集の校訂などに忙しかった。三月十九日に八条宮智仁親王《はちじょうのみやとしひと》に古今伝授を行うこととなり、誓紙を受けて講義を開始する。四月二十九日に伝授は終了した。

きっかけは二月十六日に、徳川家康が所司代前田玄以にたいして、幽斎も老齢だから、八条宮にたいして古今伝授があってしかるべし、と書状を送ったことにあるという。のちの籠城と古今伝授の関係をみると、その裏には家康と幽斎のあいだに政治的な思惑をはらんだ何らかの交渉があったのではなかったかと興味をひくが詳しいことは判らない。

五月には乱舞の会を催し「西王母」の鼓を打った。ひさしぶりに鯉をさばいて包丁の腕前も披露している。

五月二十九日、幽斎は忠興が上杉攻めに出征の留守を引き受け、丹後に帰国した。そこに大坂方が事を起こした。最初に田辺へこの報知をもたらしたのは、どうやら三刀屋《みとや》監物孝和という癖のある人物だったようだ。三刀屋は毛利の家臣だが、故あって浪人し、京都吉田山に隠棲するうち幽斎と知り合った。丹後へ招かれて遊びに行ったこともある。ところが事が起きると、幼時に三刀屋を養った縁で、大坂方の安国寺恵瓊《えけい》が丹後への道案内を求めてきた。

幽斎の人柄に魅せられていた三刀屋が、どちらへ就くか思案していると、たまたま、もと三刀屋家の家人で、幽斎の家来となった佐方吉右衛門という者と京都百万遍の御堂の前で出会った。残暑を避けようと本堂に入って語りあううち、ついに幽斎に加担することを決意したという。彼は旧家臣などを駆り集め、田辺に下って幽斎に会い、共に戦うことを申し出た。おそらく七月十七日ごろのことである。

幽斎の田辺籠城

十八日には大坂から急使が来て、玉造《たまつくり》の屋敷の焼失と玉（ガラシャ）の最期を伝えた。幽斎はただちに籠城を決意し、宮津、松倉（久美浜）、嶺山などの諸城を焼き払って田辺に人数を集めた。主力の丹後勢は忠興が引き連れて関東へ行ってしまったから、残存する兵力はわずかに五百ほど、田辺にまとまるのが良策である。当主の忠興も、このころ豊後の木付《きつき》（杵築）にいる松井康之にたいして、ただちに丹後に帰り久美浜城を放棄して宮津に籠もれと指示している。松井は時機を失って帰国はできなかったが、一城にまとまって籠城することは忠興も認める当然の判断であったといえる。

すでに大坂方は丹後攻撃の指揮を隣接する福知山の城主・小野木縫殿助公郷《ぬいのすけきみさと》に命じていた。彼は丹後国中に回文をまわして幽斎・忠興父子に一味すれば、磔《はりつけ》にかけると通達していたので、幽斎側は人夫を集めることすらままならず、撤収は難渋をきわめた。それでも出産後間もない有吉立行の妻は宮津を立ち退いて京都の寺に身を隠す。嶺山城の長岡玄蕃頭興元《げんばのかみおきもと》の妻は田辺へ引き揚げるなどの処置をすませた。

長岡一族では三十歳になる幽斎の三男幸隆《ゆきたか》（妙庵）が防衛の中心になった。また田辺桂林寺の大渓《だいけい》和尚が日頃の恩顧にこたえようと弟子の僧十四、五人を連れて入城し、大いに士気を高めた。和尚は追手門をゆだねられ、袈裟を掲げて旗とした。

七月二十日には大坂勢が丹後国境に現れた。その数一万五千。福地山城主・小野木縫殿助公郷を総大将とし、丹後の地侍を先陣に、但馬や摂津の大名もまじっていた。

関ヶ原合戦の前哨戦としては、鳥居元忠の守る伏見城や交通の要衝にある大津城を別にすれば、この田辺城包囲戦のみが東西両軍のあいだで演ぜられた戦闘である。いかに幽斎が智将でも手勢五百では、さしたる働きもできまい。むしろ忠興にたいする石田三成の個人的憎悪ともいうべきものが、戦略的には無意味な田辺城攻撃という行動をとらせたのである。おそらく短期戦を予想していたのだろうが、包囲は結果的には、一万五千の兵力を二ヵ月も釘付けにして、天下の形勢に大きな影響を与えた。

田辺城は現在の舞鶴市西舞鶴にある。若狭小浜方面から来たJR小浜線が西舞鶴駅に入る直前に、右の海側の車窓に見える緑の深い公園が城跡である。最近の発掘調査で、天守跡の石垣が現れた。もともと天守閣は作らず、堀で囲んだ強固な石垣のみである。野積みにした石垣跡が、幽斎の力戦をしのばせる。城は日本海から深く入り込んだ舞鶴湾に面していた。現在では埋め立てが進んで海は後退したが、当時の城の北面は海で、浅い津になっている。城は北流する高野《たかの》川が作った扇状地に川を西に置いて作られた。周囲は山地であるが、当時の鉄砲では台地から直接、城を撃つには距離がありすぎる。

平地へ下った軍勢は翌二十一日から三日ほど力攻めに城を奪おうとした。城の大手は南側にあり、杉の馬場という馬場が拡がっている。西側が搦手《からめて》で、門外には侍屋敷や町家が並び、高野川に架かる大橋を渡れば、桂林寺のある天満山の東麓に達する。搦手の橋のあたりに竹垣を結い、木戸を設けて外郭としていたので、二十一日の最初の戦闘は、いきおい高野川より西、下福井村のあたりで行われた。

幽斎は将軍に侍していた時期から鉄砲という新兵器に注目し、その充実に努めてきた。いま「鉄炮《てっぽう》放《はなち》」と称される小銃手の大多数は忠興が引き連れて関東に下ったが、なお名のある鉄砲名人が何人か残っていた。それらの人々が敵を狙撃する。麻野吉左衛門という侍は石火矢《いしびや》（大砲）を船に乗せて漕ぎ出し、海上から福井村の敵を撃った。三刀屋孝和の手の者が呼応して緒戦で三十ばかり首を取った。三刀屋はその夜、夜襲をかけて福井の敵を追い払ったともいう。もっとも彼は圭角《けいかく》の多い男で、その『三刀屋田辺記』という記録（『続群書類従』）では、一人で戦争したような記述になっているから、全部が全部、信用するわけにはいかない。

二十二日、遠望すると大坂勢の旗が山をくだって谷間でうごめいている。陣地を定めるところと判断して、北村甚太郎という鉄砲の名手に石火矢で撃たせた。

妙庵の持ち場からは白黒段々の幟がよく見える。これは摂津三田《さんだ》（兵庫県三田市屋敷町）の城主・山崎左馬助の幟《のぼり》、と見極めた妙庵が北村に狙撃を命ずると、四発目で幟が揺れて手応えがあり、寄せ手は退却して山影へ隠れた。まずは火砲に支えられた籠城軍の実力を示す順調な緒戦である。

七月二十五日、寄せ手は東西から貝を吹き立てて鬨《とき》の声をあげて一斉に城に迫った。とくに総大将小野木の兵は搦手口の外郭へ迫った。幽斎は北村甚太郎を呼び戻し、搦手口を見下ろす大草櫓から狙撃させた。黒革縅《おどし》に黒毛の前立の兜、鳥毛の棒の指物が目だつ侍を物頭《ものがしら》と見て、これを倒すと寄せ手はひるんで退却する。

大手口の攻撃も鉄砲で射すくめて撃退した。この日の攻撃を最後に寄せ手は持久戦に転じた。周囲の山から切り取った竹を束にして連ね、これを鉄砲よけとして次第に城に迫ろうとした。兵力の少ない防御側としては、持久戦の方が時間は稼げる。しかし次第に竹束が迫って来るのも心理的には圧迫される。

幽斎自身が城攻めの心理を知っており、『幽斎覚書』という書で、一般論ではあるが、竹束を使って城を囲んだ時には、櫓を組みあげて二、三人登らせ、拍子木を打って音頭をとりながら鉄砲をはた

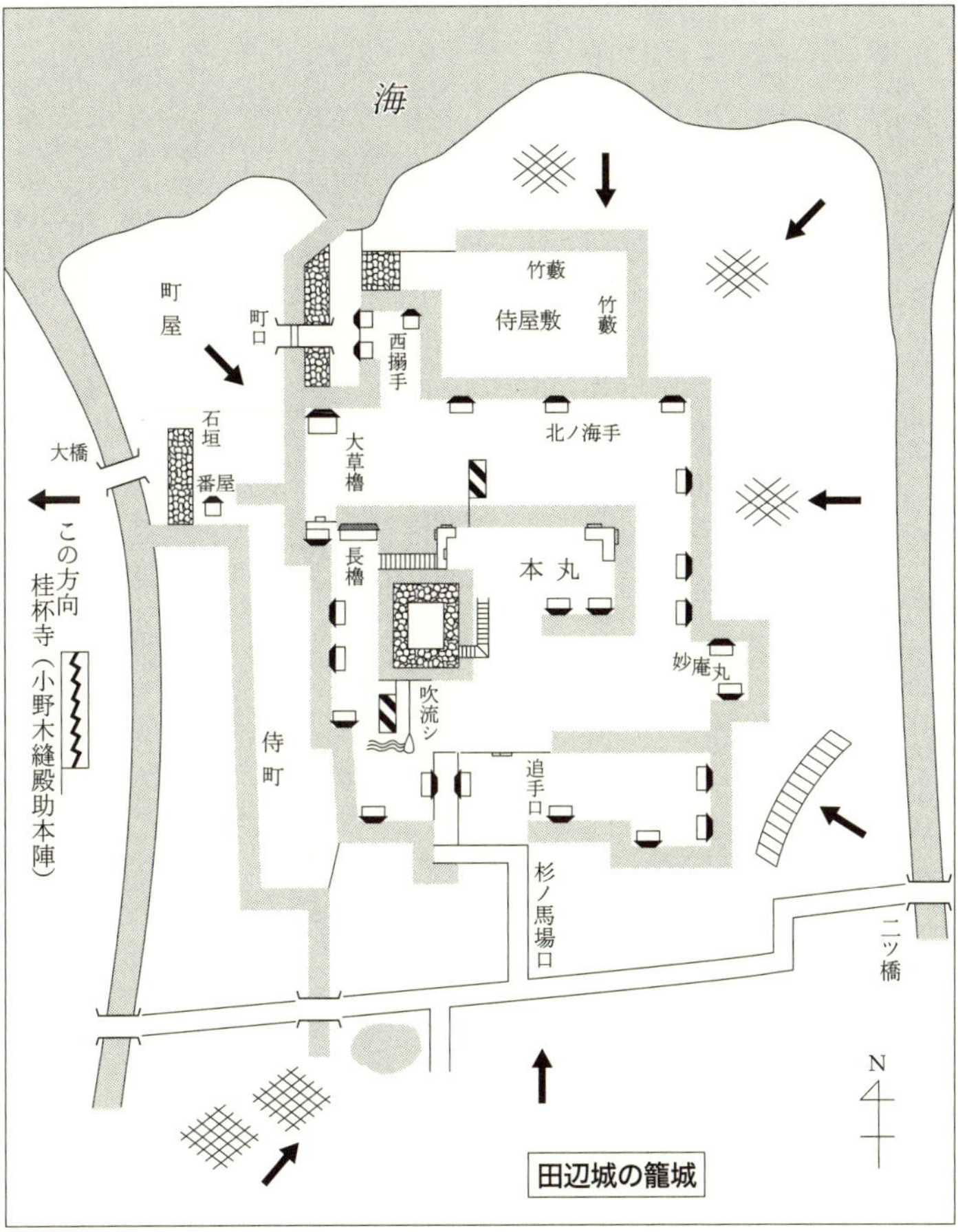
海
町屋
町口
西搦手
竹藪
侍屋敷
竹藪
石垣
大橋
番屋
大草櫓
北ノ海手
長櫓
本丸
妙庵丸
吹流シ
侍町
追手口
杉ノ馬場口
二ツ橋
この方向桂杯寺（小野木縫殿助本陣）
N
田辺城の籠城

はたと撃ちかけるとよい。とくに夕方五つ時や夜明けにこれを重ねると、籠城に慣れぬ婦女などが驚き騒ぐので、二十日保つ城も十日で落城するものだ、と書いている。守る立ち場に身を置くならば、このような心理的な動揺をいかに防ぐかが必要となってくる。さいわい北村甚太郎が射貫き弾というものを工夫し、この弾丸を込めて撃ってみると竹束を貫通して敵を倒すことができるようになり、敵はあえて竹束を近づけなくなった。

こうなると籠城側にとっては、問題はいかに平常心を保つか、である。幽斎はあくまで冷静に、和歌など詠んでみせる。時には狂歌を披露することもあった。夫人の麝香《じゃこう》も具足をつけて夜になると城内を検分して廻った。寄せ手の地侍のなかには、密かに城中に心を寄せ、わざと空砲を撃つ者もある。麝香は紅と白粉で包囲軍の持ち場と旗指物などを記した絵図を作って、心覚えを作ってみせる。夫妻の息の合った振舞いは味方を奮起させずにはおかなかった。

幽斎はまた雲龍斎という僧侶を密かに脱出させ、忠興に状況を伝えた。何も手紙を託さないのが幽斎の機知で、果たして捕らえられたが証拠がないため釈放された。この僧侶は八月十四、五日ごろ清洲にたどり着いて忠興に口頭で状況を伝えることができた。

この頃、寄せ手は大筒を取り寄せて東西から城を砲撃しはじめた。幸いわずか二門だったが、東の一弾は塀を貫いて柱に食い込んだ。弾丸は三百匁もあった。西の大筒は小野木勢によるもので、やや効果があり最終的に大草櫓を打ち砕いた。

古今伝授という秘策

他方で幽斎は政治工作に取りかかった。皇弟、八条宮智仁親王にたいして、自分は討ち死の覚悟であるから、古今伝授の証書をことごとく献じたいと伝えさせたのである。幽斎の言葉は親王をつうじて後陽成天皇に伝わった。天皇は古今伝授が絶えるかもしれないという事の重大さに気づいて愕然《がくぜん》とした。そして親王をつうじて勅をくだし、城を明け渡して身を全うするようにと勧告した。

最初の使者は八条宮の家老、大石甚助という者で七月二十七日に田辺へ着いた。幽斎は武士の本意ではないと城の明け渡しを拒んだ。しかし古今伝授にかんする書類を収めた文箱を形見として親王に献じた。文箱には一首の和歌が添えてあった。

古も今もかわらぬ世の中に
　こころのたねを残す言の葉

劇的な効果ではある。あわせて天皇には「二十一代和歌集」、親王には『源氏物語抄』、公家烏丸《からすまる》光広には「草紙」十二帖、京都所司代前田玄以には「六家集」十八帖を贈った。目録の日付は七月二十九日となっている。親王からの使者の出入にあたって休戦が成り立ったようである。幽斎は交遊のあった東条紀伊守行長からの二十七日付の手紙を八月二日に受け取り、返事を書いた。東条は包囲軍のなかにいたらしい。

『綿考輯録《めんこうしゅうろく》』の著者小野武次郎は、寛政五年（一七九三）に京都で幽斎自筆の東条あて書状の草稿を発見し、細川家の文庫に収めたという。

東条への返書は、八条殿からの手紙をいただき、使者に相伝の箱に歌一首を添えて渡した。ほかに知音の人々に書籍を贈った。思い残すことはなく、満足しているという内容である。

その後、戦闘が再開され、先にのべた砲撃戦となった。天皇はあきらめきれない。むしろ幽斎に拒絶されていっそう未練が生じたのかもしれない。大徳寺の玉甫紹琮《ぎょくほじょうそう》和尚に幽斎を説得してくれるよう打診した。和尚は三淵晴員《みつぶちはるかず》の三男、つまりは幽斎の同母弟でのち大徳寺高桐院の開山となった僧侶である。彼は、幽斎はすでに年老いている上、嫡子忠興は関東へ出陣中、二心なく討ち死にしてしかるべきだといって仲介を断った。

天皇はさらに京都所司代の前田玄以に勅使をたてて、包囲を解くよう命ずる。玄以も次男茂勝を派遣して和議を勧めたが幽斎はやはり応じなかった。

田辺の籠城をよそに情勢は天下分け目の戦いにむけて動きつつある。七月二十四日の小山《おやま》での軍議の後、忠興が予想したとおり、全軍は西へとって返した。先鋒を命ぜられた忠興は、東海道をひたすら西へ向かっている。

この頃、城内では外の状況を不充分ながら把握していた。忠興の使者が何度か潜入していたからである。八月末のころ、中津海五郎と小島六左衛門の両名が、八月三日に忠興から三島で託されたという書状を持って夜半に城に忍び込んだ。中津海五郎は異能の男で、宮津城での急の能楽の催しがあった時、田辺城まで五里（二〇キロメートル）の道を二時間で往復して高砂の面を取って来たとか、槍の柄を突いて田辺城の八間の内堀を飛び越えてしまうので、堀を十間に拡げたとか、いろいろ逸話がある。非常時にそなえて忠興に侍していたのだろう。

その後も森三左衛門とか魚住十助などという者が城に潜入して情勢を伝えた。森は忠興が七月の東西開戦直前に木付に派遣した使者で、その後、寄せ手のなかの知人を頼って田辺へ潜入した。知人というのは親類筋の興津《おきつ》弥五右衛門景一《かげかず》という者で、森鷗外の「興津弥五右衛門の遺書」の主人公の父である。公家の烏丸光広のもとに出入りしていた時分、幽斎・三斎父子と面識があった。この後、興津は森を頼って忠興に仕えることとなり、子の弥五右衛門も忠興に仕え、やがて殉死するという運命となる。

田辺城の包囲はすでに二ヵ月に近くなった。しかし小野木縫殿助の直属部隊以外は強い戦意が感じられない。ただ囲みを厳重にし、海にも番船を繰り出して包囲体制をとっているにすぎなかった。

ついに九月十二日、勅使として中院通勝《なかのいんみちかつ》、三条西実条《さねえだ》、烏丸光広の三人の公家が田辺に到着し、改めて天皇の名で停戦を命じた。三人ながら幽斎の和歌の弟子で、中院通勝は『源氏物語』の注釈書『岷江入楚《みんごうにっそ》』の著がある。三条西実条は幽斎が古今伝授を受けた実枝《さねき》の子、烏丸光広は幽斎に傾倒する若い貴族である。三人も揃えたところに天皇の必死の思いと幽斎にたいする敬意があらわれている。大坂方の謀略ではないことを示す配慮もあったことだろう。

京都所司代前田玄以の次男、丹波亀山城主の前田茂勝が案内をつとめる。正式の勅使とあっては、寄せ手の小野木縫殿助も道を開き、城内に入れぬわけにはいかなかった。三度目の使者に、幽斎はついに開城を決意した。後始末をつけた上で城を明け渡し、十三日、前田茂勝の丹波亀山城に移った。僧侶ながら奮戦した桂林寺の大渓和尚は、弓矢を投げ捨て、弟子たちを引きつれて意気揚々と寺へ帰って行った。二日後が関ヶ原合戦である。後二日、と考えるのは後知恵というもので、籠城もこれが限界だったのだろう。

亀山城主の前田茂勝は、城の本丸に幽斎を入れ、自分は二の丸に下がって丁重にもてなした。関ヶ原合戦後の九月十八日、近江八幡まで進んだ徳川家康は、伺候した忠興をねぎらい、田辺の救援を命じた。彼はひたすら兵を進めて、翌日山城に入るところで田辺からの使者に出会い、開城を知った。

二十日、忠興はようやく亀山へ着いた。幽斎は忠興を迎えに輿《こし》で城外へ出た。帰陣めでたし、という幽斎の言葉に忠興の返事がなかった。幽斎は「汝は田辺城を明け渡したことに腹立ちとみえるが、命が惜しかったわけではない。三度まで勅使を受けて開城した者がいたと思うか」とたしなめたので、忠興も平伏して涙にくれたという。田辺防衛という局面しか見えぬ子と、情勢全般への目配りを忘れぬ父との格の相違といえる。

古今伝授の伝統の絶えることを惜しんでの開城は、風雅な事件としてもてはやされ、一人立ちして歩き始めた。

日本の言論にとっていささか苛酷な時代を経験しているわたしは、筆が剣より強いという伝説をいささかも信じていない。田辺開城にかんしても、はたして文化の力だけだったのか。幽斎が充分に古今伝授を政治的に利用した結果が勅使派遣という効果を生んだのではないかと考えるのである。

しかしそれはそれとして殺伐とした時代だからこそ、風雅が和平をもたらしたという幻想が人々を喜ばした。

幽斎が智仁親王に伝えた古今伝授にかんする文書を収めた箱は、封を切らぬまま、烏丸光広の手を経て返却された。

明けて見ぬ　甲斐も有りけり玉手箱
　二たびかへる　浦島の波

幽斎の返歌。

浦島や　光をそへて玉手箱
　明けてだに見ず　かへす波かな

この贈答歌は、京童を嬉しがらせ、団扇扇子などに書き付けてもてはやされたという。

この経緯は近衛稙家《たねいえ》の先例を踏まえている。稙家は古今伝授にかんする伝書をことごとく所持していたが、箱に封をしたままで、三条西実枝に伝授のとき、はじめて封を切って実枝を感じ入らせた。幽斎は実枝から古今伝授を受けたのであるから、この逸話を直接、聞かされ、それを年少の友人である光広にも話してあったのだろう。

なお籠城のさいの「古も今も……」の和歌は、『古今集』仮名序の「大和歌は人の心をたねとしてよろづの言葉とぞやなれりける」を踏まえている。いま城跡の舞鶴公園内に心種園という区画があって細川護貞筆による石碑が建っている。

忠興の関ヶ原

関ヶ原合戦前後を忠興の立場からたどりなおして見る。七月二十二日、秀忠は宇都宮に着陣した。挨拶に来た忠興に秀忠は気をきかせて子の光千代と対面させてやっている。

二十四日、家康が小山《おやま》に着陣する。その夜、伏見城の鳥居元忠から、石田三成の行動について第一報が届いた。家康は翌日、上方情勢を諸将に報じ、家康に味方するも、上方に着くも勝手次第と宣言する。福島正則が最初に忠誠を誓い、家康は計算どおり、秀吉直参の大名たちを掌握して、西へもどることとなった。諸将がいかに家康への忠誠を示すかに腐心するなかで、忠興は次男の与五郎興秋《おきあき》を人質にすることを申し出た。家康は二重の質は無用とこれをしりぞけたが、内心は忠興の忠誠を心地よく感じたに違いない。

西へむかって兵を返した忠興は、二十七日、中山道の岩槻《いわつき》付近で大坂から家康への使者として下って来た但馬出石《いずし》の城主・小出大和守吉政に出会い、玉の自害と大坂屋敷の焼失を知らされた。小出はその後、西軍に属し、田辺城攻めにも加わったが、弟秀家が東軍にあって奮戦したおかげで、地位を保てた人物である。

忠興はそのまま兵を率いて東海道を上って行く。八月四日、興津《おきつ》の清見寺《せいけんじ》で、伏見落城と鳥居元忠以下の討ち死にを知らせる飛脚と行き合った。七日浜松、八日吉田（豊橋）、十二日名古屋を経て十三日清洲へ着いた。三千の兵を率いての行軍としてはきわめて速い。忠興はよほど田辺が気にかかっていたのだろう。

翌日、田辺からの最初の使者、僧侶雲龍斎がたどりつき、籠城のあらましを知った忠興は魚住十助を田辺へ派遣した。彼は城へ忍びこみ、九月十日、赤坂の陣へ戻って、田辺がなおも持ちこたえていることを報じた。

関ヶ原合戦図屏風（部分）（大阪歴史博物館蔵）

八月二十二日、東軍は一斉に木曽川を越え、岐阜城を攻撃する。翌二十三日、忠興らの奮戦によって城は陥ちた。忠興はその後も先頭にたって西軍との対決を目指した。田辺の情勢も気にかかる。豊後の状況も不透明である。石田三成への憎悪に加えて、彼なりに妻を愛していた忠興にとって玉の報復という気分もあったと思われる。九月一日、家康はようやく江戸を出陣して西へむかった。忠興はこの頃、赤坂に陣して大垣城の西軍と対している。結局、家康が着陣して、両軍は西へ移動し、九月十五日払暁から関ヶ原で両軍は激突した。通説によれば東軍七万四千、西軍八万二千といわれる。

忠興のその日の出で立ちは、山鳥の尾の立物のついた黒塗毛の兜に黒塗りの鎧という実戦むきの姿であった。銀の中剳《ぐ》りの差物がとりわけ見事で、兜の立物との取り合わせが遠方から見ると舞鶴のようだったという。

この鎧兜は、その後、肥後細川家の藩主の所有として引き継がれ、いまも永青文庫に伝わっている。黒漆ぬりでわずかに赤をあしらい、二枚胴、籠手つきという実戦むきの形である。その意味では具足に黒を用いたという父幽斎以来の伝統に忠実というべきだろう。ただしひと握りの山鳥の尾羽を無造作につかみ差しにした兜の立物は、簡潔なうちに華やかさがあり、忠興の茶の素養をうかがわせるものがある。ついでながら彼は兜の立て物のデザインの名手で、求められれば諸大名の兜をデザインしてやったそうである。

銀の中剳りの指物は、大きな銀色の円形の内側を大胆に丸くえぐって、鎌のような三日月が天にむかって突き出したような形をしていた。この指物ごしに山鳥の尾がちらちらと写って、鮮やかに動きをみせていたのだろう。配合の妙である。あまりの見事さに、忠興はこれを秀忠に乞われて譲ってしまった。肥後熊本家では歴代藩主が忠興着用の品を模した山鳥の尾を飾った甲冑を用いた。光尚の鎧など、朱を用いており、いっそう華やかなものとなった。馬印は黒地に白の九曜。幟は黒地に二引両、絹の三幅のものを二十本なびかせていた。

霧のなかで始まった戦闘で右翼に配置された忠興は、加藤嘉明らとともに直接、笹尾山の石田三成の陣へ掛かり、猛攻撃を加えた。石田軍は善戦したが、先鋒を率いる名将、島左近が戦死し、ついに敗走した。このあとは中央部で乱軍のなかで敵と戦った。午後になって小早川秀家の寝返りにより、東軍の勝利で合戦は幕を閉じた。わずか一日の戦闘で徳川家康は政権の安定を確実なものとしたのである。

忠興の田辺勢は首級百三十あまりを挙げて家康に認められた。ただちに勝利の報知を田辺に送る。その夜は野陣を張り、十七日、加々美に宿った。二十日に亀山城で父幽斎と対面したことはすでにのべたとおりである。逃走していた石田三成が捕えられたという九月二十三日付家康から忠興あての書状が、亀山へもたらされた。父子ともどもに家康から高い評価をうけて、細川家の関ヶ原合戦はこうして終ったのである。

石垣原の合戦——九州の関ヶ原

九州の状況はどうだったのか。豊後の旧領主大友義統《よしむね》は、朝鮮の役で卑怯な振る舞いがあったとして秀吉から領地を没収され大坂に蟄居《ちっきょ》していたが、西軍から旧領の回復を約束され、旧臣下の支持を計算して豊後へ侵攻した。一方、大坂方からは木付（杵築）城を守る松井康之にたいして、一味すれば恩賞を約束するという勧誘の書状が頻繁に届けられている。松井はこの間、九州の家康方である黒田如水、加藤清正らと連絡を密にして、大友侵攻を待ち受けた。

忠興の指令があり、清正からも丹後にもどるよう勧告されたが、松井は水夫が集まらないことを理由に木付に留まった。豊後の新領地を他人にゆだねることを潔しとしなかったのかもしれない。清正からの増援申し入れにたいする七月末日の返書では「松井有之間《これあるあいだ》は、ご加勢に及ばず候事」と、自負をうかがわせている。

この時期の「松井家文書」などによると、忠興やそのほかの大名たちが、いかに緊密な連絡網をはりめぐらしていたかが判る。忠興は姫路城主の木下延俊と親しく、その臣下中村神左衛門を連絡係にして、田辺と木付、さらに肥後の加藤清正、豊前の黒田如水らを結んでいた。

九月八日、大友義統は、これを機に領土を回復すべく安岐《あき》（大分県安岐町）城下の大畠に上陸、九日、立石《たていし》（速見郡立石・いま大分県別府市）の要害に陣を構えた。十日、大友家の老臣、吉弘《よしひろ》加兵衛統幸《むねゆき》は、木付城を乗っ取ろうと百余人で夜襲をかけた。

吉弘の立場は複雑である。大友氏が豊後を追われた後、彼は柳川の立花立斎のもとに寄寓していたが、大坂方に勝ち目はないものと判断、大畠に上陸した大友義統に会い、翻意して関東方に着くよう進言した。しかし義統が承知しないので、諫言のため切腹する決意を固めた。さらに考えて、無駄死にするよりはと戦死を覚悟で木付城を攻めたのである。旧主をしたう内通者が町家に放火するなど混乱したが、松井康之はこれを撃退した。

この頃、黒田如水は子の長政が出征して、不足する兵力を、浪人を駆り催して軍を編成し、九州における大坂方の城を攻撃する方針を立てていた。大友勢の侵攻を知ると、本拠の豊前中津城（大分県中津市）を出て南下して高森城（大分県宇佐市高森）に入り、松井と合流しようとした。

結局、大友勢が早い展開を示して立石の要害に拠ったので、これに対峙する実相寺山に陣を取った。両軍の中間の平野部が、決戦の場となった石垣原《いしがきばる》である。現在は別府市の西部ですっかり都市化が進んでいる。この地で九州の関ヶ原、といわれる石垣原の合戦が行われた。九月十三日、南の大友勢と北の黒田、松井勢のあいだで合戦が行われ、激戦の末、黒田勢と松井らは大友勢を破ることができた。大友義統は翌日、降参した。これとは別に加藤清正は、西軍側の小西行長の居城である宇土《うと》城を攻めて、包囲の上、陥落させた。

黒田如水にとって計算外だったのは東西両軍の戦いが関ヶ原の一戦で片づいてしまったことだった。彼は両軍の対峙する情勢の中で、すばやく九州を制し、さらに期するところがあったようである。家康のために奮戦して勝利を導いた子の長政の一途な行動の単純さには、舌打ちしたいような気持であったろう。

長政から関ヶ原の勝利の報告を受け取った如水は、天下分け目の戦いはわざと月日を過ごして浪人たちに飯の種を与えてやるべきものであるのに、家康に忠義だてして得々としているとは、「うつけ果てたる甲斐守〔長政のこと〕かな」と呟いたと戦国の逸話を集めた『常山紀談』は伝えている。

また如水は、家康を攻め滅ぼす気ならわけもないことである。九州はすでに平定した。残る島津は外交で何とでもなる。中国地方は空だから、二万の兵を率い、陸からは加藤清正を先鋒とし、海からは鍋島の水軍が側面を支え、自分が采配をふるえば向かうところ敵なしと豪語したともいう。

あまりに出来すぎた話ではあるが、それにしても乱世を渡って来て自分も天下人となり得る可能性を信じていた黒田如水や細川幽斎と、家康を信じてやまぬ子の長政や忠興の世代との感覚の違いを如実に示してはいる。

第二十四章　豊前の太守忠興

戦後の幽斎と忠興

古今伝授を名目とした田辺開城は幽斎の名声を高めたが、彼はもはや自分の時代が終わったことを自覚したようである。

「越中〈忠興〉にかかりてゆるゆると在る可《べ》きの所存候《しょぞんにそうろう》。又、自然の時は在京をも申し、心安き世をわたるべき所存候」と、隠居を楽しみたいという心情を、豊前にいる老臣・松井康之に書き送っている。

忠興は田辺籠城の始末として小野木縫殿助公郷《ぬいのすけきみさと》の福知山城を攻めることを許された。しかし城攻めには多少、手間どった。小野木が大坂へ行っていて不在だったため、敵将がいないまま城を攻めることは不本意だと帰城を待ったのである。

福知山城そのものも堅固で、いざ開戦となり大筒での砲撃にも屈しないまま十余日を経た。家康の立場からすると関ヶ原の一戦で天下を静めたのに、いつまでも戦争が長引くことは好ましくない。側近の山岡景友を使って、開城させるよう周旋させた。結局、小野木は兵の助命を条件に、城を明け渡して亀山へ赴き、十月十八日、城下の寺で切腹した。

この後まもなく、忠興は嫡子与一郎忠隆を勘当した。忠隆の妻は加賀の前田利長の妹であるが、玉《たま》造《つくり》屋敷にいて、玉が自害した時、自分だけ逃れたことを咎めたという。忠興には、これを機縁に忠隆に奥方と離別させ、前田家との縁を切り、徳川家の信頼を増す計算があった。忠隆はこれに逆らい、妻を弁護したため忠興の勘気に触れたのである。

玉造屋敷を逃亡した稲富祐直《いなどめすけなお》にたいする怒りも解けなかった。稲富はもと一色氏に仕え、鉄砲の専門家として名があった。忠興が一色氏を討った時には弓木《ゆみのき》城側にいて攻め手を手こずらせたが、のち長岡家に仕えていたのである。家康はその技術を惜しんで、忠興にとりなしたので、やむなく忠興はこれを許した。稲富は名を一夢と改め、家康に仕えた。

これらの一連の事件に忠興の性格の少々、粘液質なところが現れている。父幽斎が、時に口にする忠興にたいする不信感も、このあたりに由来するのだろう。しかし幽斎が田辺籠城を最後に、後は本人次第、という心境となったとしてもそれは自然の勢いというものであった。忠興ももはや三十八歳、実力者家康・秀忠父子の信頼あつい中堅の大名である。秀吉の対外戦争の苛酷な時代に人々はいつか年をとっていた。忠興もまた子の教育を考えねばならぬ年齢に達している。

三男光千代は、関ヶ原戦直前の八月二十一日、秀忠から「忠」の一字を受けて元服、忠利と名乗り、内記の官位を授けられた。忠興からの書状も、宛名はミツ、から「内記殿」に変化している。

忠興は忠利にたいして特に愛情をもっていたように見える。幼少のうちに手放さねばならなかった不憫さもあろう。しかしそれ以上に、この三男にはどこか自分に似た性格を感じていたのではあるまいか。やがて忠利が兄たちをさしおいて家督を継ぎ、肥後熊本の細川家の祖となっていく。強運ともいえるが、忠興のこの感情が微妙な影響を与えているように思われる。

豊前三十九万石

慶長五年（一六〇〇）十一月二日、忠興は関ヶ原の恩賞によって豊前国の他、豊後国の国東《くにさき》郡と速見郡の一部を拝領、およそ三十九万石の領主となった。三倍の加増である。幽斎には別に隠居料六千石が下された。

当初は但馬、丹波で加増の予定だったが、家康の謀臣井伊直政が、越中（忠興）はむごき者ゆえ、上方の近辺に置くのは為になりますまいと進言したため豊前を与えられることになったという。この種の流説には慎重な『綿考輯録《めんこうしゅうろく》』もあえて否定していないところを見ると事実だったのかもしれぬ。井伊直政は、小野木を切腹させた忠興の態度から「むごき者」という評価を与えたという。忠興の性格のなかにある、錐を袋で包んだように、隠しきれぬ激しさには、関ヶ原合戦で島津勢を執拗に追撃して鉄砲で右腕を砕かれた井伊直政のような豪気な侍にすら眉をひそめさせる側面があったのだろう。

ともあれ忠興は雪のなか、あわただしく丹後を発って十二月二十六日豊前入りし、中津城に入った。

前の領主だった黒田直政は、筑前に転封になっている。長子忠隆が松井康之あての書状で思わず漏らしたように、九州はたしかに「思いの外の遠国」であった。しかしとかく治めにくい西国において家康がもっとも信頼する大名になりおおせたことは大きなプラスといえよう。

ここが幕府にとって要地であったことは確かで、海を隔てて東に毛利、西に黒田、熊本には加藤、鹿児島には島津と油断できない大名たちが存在する。豊前はこれらの押さえとなる地であった。

中津の城も海に面している点は木付《きつき》（杵築）城に似ているが、木付が台地の街であるのに反して、中津は海に面してはいるものの街も城も平地にある。のち小笠原、奥平氏が入部したため、いまは忠興の時代の遺跡は少なく、むしろ奥平家の臣であった福沢諭吉の郷里として知られている。海に近いため歴代、飲用水に苦心し、黒田時代の施設を引き継いで忠興が東方の山中から引かせた水道の樋などの遺構が発掘されている。城内には忠興が掘らせたという池も残る。

忠興は、とどこおりなく慶長六年（一六〇一）の春を新領土の豊前で迎えたが、まもなく京都の幽斎が病み、三月には悪天候のなか船を仕立てて見舞いのため、京都へ急行した。一時は命を危ぶまれた幽斎は幸い順調に回復したので、忠興は三月十七日に大坂で徳川家康、秀忠に挨拶した後、帰国している。

かつて秀次事件のさい忠興が借用した金百枚を返却したのにたいし、家康は機嫌よく改めてそれを忠興に与えた。また秀忠は、忠興が国に代えても欲しいと戯れ言をいったほど執着していた「尻膨《しりぶくら》の茶入」を贈って忠興を狂喜させた。

家康も子の秀忠への権力の移譲を円滑に行おうと意を尽くしている。忠興のように忠節を尽くす大名は家康にとっても貴重な存在なのである。忠興と忠利の関係とあたかも二重写しのように、徳川家においても、もうひとつの政治権力のドラマが進行しつつあった。

豊前の支配体制

豊前へもどった忠興は、七月七日、中津城に関ヶ原、田辺、石垣原《いしがきばる》などで軍功のあった主だった侍たちを呼び集めて饗応した。この機会に長岡の姓や諱の一字を与えた者も多い。彼らが新領地を支配する上で骨幹となって行くのである。

彼はまた、ただちに領土の検地を行った。結果は豊後の速見郡の一部などを併せて三十九万五千石あまり、うち軍役を課せられるのは三十万石と定められた。丹後にくらべて三倍に近い収入となる。しかし慣れぬ九州の地でとまどう場面もあったと思われる。忠興はみずから知行割りを行って臣下の居所を定めた。

家老は丹後時代と同じく実弟の玄蕃頭興元《げんばのかみおきもと》と老臣松井康之の二人で、それぞれ二万五千石。玄蕃頭は小倉《こくら》城、松井は木付城を預かる。ほかに九つの城と城代をさだめた。

豊前と豊後の領地は現在の福岡県東部と大分県北部にまたがる。本拠は中津城（大分県中津市）に置き、北方は門司城（北九州市門司区）と小倉城（北九州市小倉区）、西の国境沿いに香春《かわら》城（福岡県田川郡香春町）と岩石《がんじゃく》城（田川郡添田町添田）、豊後の山寄りには龍王城（大分県宇佐郡安心院町竜王）と一ッ《ひとつ》

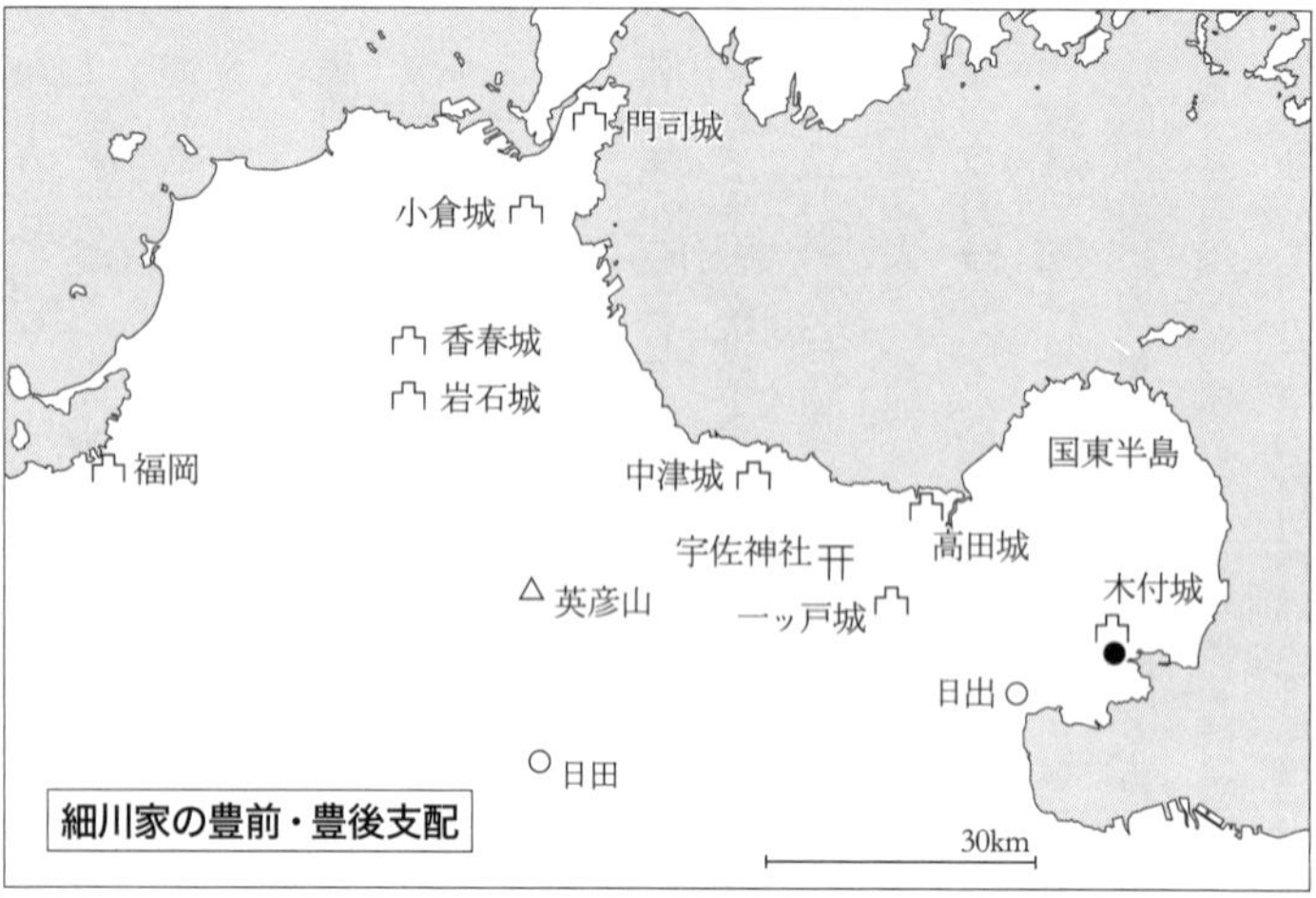

細川家の豊前・豊後支配

戸《と》城（中津市耶馬渓町宮園字一ッ戸）、国東半島の西端をおさえる高田城（豊後高田市玉津字本丸）、同じく南岸の木付城（杵築市）である。

　小倉、龍王、香春には実弟の興元（玄蕃頭）、妙庵（幸隆）、孝之（長岡中務少輔）を置き、門司、一ッ戸に従兄弟の沼田延元（長岡勘解由）、菅野輝宗（荒川勝兵衛）、そして岩石には姻戚の篠山忠直（長岡肥後守）と、すべて血縁で固めた一門の支配である。豊後の木付と高田はそれぞれ老臣の松井康之と有吉立行が城代に任ぜられた。

　もともと幽斎藤孝が信長のもとで自立したとき、足利将軍の家臣団を吸収した。松井、有吉、米田などはその有力な構成員として、軍事と政治で藤孝を支えて来た。彼は丹後支配に六城を設けたが、一門、家臣、地侍に配慮して均衡をとった。これと比べて忠興の新領地では、一門衆への依存がはるかに強まっている。

　しかしその後の諸事件は、次第に一門衆を排除し、結果的に忠興への権力集中と忠利への権力移譲を容易にする方向へ進んだ。

この年の十二月、健康を回復した幽斎がはじめて中津を訪れた。各地の城代たちも中津に集まって祝いの言葉をのべたが、小倉の玄蕃頭興元だけは、名代に養子の与一郎忠秋（忠興の次男）を出して自身は現れなかった。

一同が不審に思っていると、やがて玄蕃が出奔したとの報知がもたらされた。彼は黒田長政の手配した船で、小倉紫川に架かる大橋（常磐橋）から大坂に逃れたという。老臣松井康之より下に扱われ、丹後では知行高も少なかった、豊前でも臣下扱い、と不満が重なった結果であった。豊前入部にあたって、歳入の取り分にかんして黒田家と係争があり、重ねてこの事件で、忠興は黒田長政と不和になった。興元の出奔の結果、忠興は小倉城を本拠とすることを決断し、翌慶長七年（一六〇二）一月十五日に鍬初めを行った。城の規模を拡大する大工事で、十一月中旬に完成、年末には入城している。以後、元和六年（一六二〇）に隠居して中津城に移るまで、小倉が忠興の本拠となった。

島津龍伯の一節切

幽斎がはじめて中津を訪れた旅には、妻の麝香《じゃこう》も同行している。幽斎は六十八歳、春先には一時重態を伝えられた病もすっかり癒えて健康に自信を取り戻したのだろう。

かつて幽斎藤孝に仕えた家臣たちも多くは九州へ移って忠興のもとで城を預かる身分になった。とくに青年時代から藤孝に属した松井康之は、諸大名からも一目置かれる存在となった。かつて信長が将軍義昭のもとにいた藤孝を取り込んで配下に加えたように、家康は松井康之を独立させて大名に取り立てようとしたが、彼は応じなかったという。茶人としても三斎忠興とならんで一家をなし、利休ともしばしば手紙のやりとりをしていた。

有吉立行は立言《たつのぶ》の嫡子で、藤孝の膝下で育てられ、忠興に仕えた。若いころは多少、愚鈍とみられていたが、次第に勇気が認められ、忠興の信頼を得た。藤孝・忠興父子が丹後に入部した時、有吉立言は一城を与えられたが、間もなく病死したので、立行は城代待遇のままであった。忠興の豊後領知にあたって中津城の城代となり、豊前入部の後は豊後で高田城を預けられて松井とならぶ老臣となっている。

さらに幽斎が豊前へ来たことを知って、島津龍伯（義久）がわざわざ見舞いに現れた。幽斎は彼を小倉城に迎えて歓待した。

龍伯は幽斎の歌道の弟子である。その因縁で秀吉の島津征伐の前後には、幽斎も島津家のために奔走した。秀吉に反抗的な実弟晴蓑《せいき》（歳久）を自殺させたこともある。その後、島津家は当主義弘のもと朝鮮で苛酷な戦闘に耐え、関ヶ原合戦では西軍に属したものの陣を守って動かず、ついに家康の面前で東軍を強行突破して帰国を果たし、天下に勇猛ぶりを轟かせるとともに、六十万石の領土を守りおおせた。龍伯は隠居したとはいえ、上京して家康に謝罪するなど、家を保つために陰で力を尽くしていた。影での幽斎の尽力が大きかったことを彼は忘れていない。

龍伯を迎えた席に侍していた有吉立行（長岡武蔵守）が、龍伯さまは世に聞こえもない一節切《ひとよぎり》の名手と承っています。このような機会でなければ聞かせていただくこともありますまい、是非、お聞かせください、と所望する。

一節切は尺八の一種で、竹の節がひとつだけある。長さ一尺一寸一分（四〇センチ弱）、指穴は表四、裏一である。現代の尺八よりは短いが、当時はこの一節切が一般的だった。

龍伯は「しからば所望にまかすべし」と、供の家老島津下野守に当時、流行の隆達節《りゅうたつぶし》という小唄をうたわせて、快く一節切を吹いてみせた。

〽尺八の一節切こそ音のよけれ
　君と一夜は寝も足らぬ

古風な節まわしの隆達節は、多くは恋の情緒を題材にするが、にもかかわらず、しみじみとした寂寥感がある。龍伯の吹く管の澄んだ音色が歌にからまって流れる。戦国を生き抜いた男たちは黙ってそれぞれの思いを託してその音に耳を傾けていた。

第二十五章　世代交代——徳川家と細川家

父からの手紙

慶長七年（一六〇二）、六十九歳になった幽斎は中津で年を越し、三月に京都へ戻って行った。忠興は四十歳になった。正室玉とのあいだの三人の男子は長男忠隆が廃嫡、次男忠秋は興元の出奔に関与した容疑で中津城に幽閉、三男忠利は人質として江戸にいる。

忠興がこの三男にたいしてしばしば手紙を書いたことはこの本の最初にのべたとおりである。慶長五年六通、六年十通、七年九通、その後、次第に増えて、現存するだけで千七百通あまり、ほかに光尚あて、その他をあわせると二千通近くが残っている。忠利自身も手紙を書く習慣を受け継ぎ、光尚あてが千四百通あまり、その他に諸方面あての手紙の控（「公儀御書案」）が寛永九年から十四年の死去の年まで残されている。東京大学史料編纂所編の『大日本近世史料』（十編）の細川家史料は二〇一〇年現在で二十二冊が刊行されたが、ここに収められた忠利の手紙の総数は四千通あまり、いまだにほぼ二年に一冊のペースで刊行が続いていることからも判るほど膨大な量の書簡を残した。

初期の手紙は忠利に甲冑、馬具、刀などを整えてやるための忠興の心配りを示す内容が多い。しかしやがて江戸で『徒然草《つれづれぐさ》』を探すことを依頼したり、慶長六年閏《うるう》十一月二十一日の手紙のように、家康上洛の時期が判明したら、ただちに早飛脚で報告せよ、自分は伊勢、近江まで出迎える心づもりなのだから、と情報蒐集を要求するものも増えてくる。

つまりこれらの書状は、徳川政権の確立期に、ひたすら情報を集め、政治の推移をうかがい、自らも家を保ち、それを円滑に後継者に継承するための過程を生彩ある筆で描き出した、権力の物語として読むことも可能なのである。

慶長七年一月十五日、忠興は小倉《こくら》城の鍬《くわ》初め（起工式）を行った。工事は大規模なもので、城を拡張し、紫川河口の商業地域と接続する都市計画の側面をもっている。彼はしばしば中津から小倉へ出て工事の様子を監督した。

忠利あての手紙にも小倉の工事に触れる機会が多くなった。普請は一段と見事に出来たので安心せよ（六月二十四日）、普請の過半は済んだので十、十一月ごろには移れるだろう（八月八日）など。

この後、忠興は六年かけて小倉城を整備し、四層六階の天守閣をもつ本丸に二の丸、三の丸を配し、三重に堀を構え、板櫃川、紫川を外堀とする強固な城構えとした。

身体の具合に触れたものもある。春のころから忠興は左目が見えなくなり、医者はそこひ（緑内障）を疑って心配した。八月には、江戸の秀忠から見舞状が届けられるまでになった。

それでも、医者が不手際で散々な目にあったが、替えたので少しよくなった。もっとも腫れ物ができたりしているので、江戸行きを延期する。目がよくなったので小倉の普請を見まわりに行ったところ、大風に会い、散々であったので、今日は臥《ふ》せっている、しかし養生しているから安心せよ、などと親しみのこもった筆致で日常を語っている。

脇差は太くて短い方が実戦むきである。あるいは、最近、汝は花押《かおう》を変えたようだが、当世風の調子に乗った感じは気に入らぬ、縁起をかつぐのも無意味なことだと叱責めいた内容のものもある（十月晦日）。

語ることは自覚することでもある。忠利への手紙のなかで、忠興は親しい者への心やすさから、思いがけず自己を語っているようにみえる。

家康、将軍となる

慶長八年（一六〇三）、忠興四十一歳、忠利は十八歳、そして京都の幽斎は七十歳を迎えた。

家康は江戸の町造りのため埋立て事業を企画し、外様、譜代を問わず全国の大名に動員を命じた。権力の動向に敏感な忠興は、正月に伏見へ上って家康に拝謁した後、二月に江戸へ向かった。この時には行動を秘匿し、目立たぬよう夜、江戸に入るという細心ぶりである。忠利に対して細々と指示を与え、すぐさま西へ戻った。

二月十二日、徳川家康は伏見城に勅使を迎えて将軍宣下《せんげ》を受けた。室町幕府以来の武家政権の道を開いたことになる。忠興が急いで西上したのは、なるべく早く家康に祝賀をのべたかったためらしい。彼は三月二十一日に伏見着、「三月二十五日の参内に供奉《ぐぶ》できて幸いだった」と松井康之あてに書いている。しかし家康が伏見から上洛して宮中に礼を述べたのは二月二十五日のはずで、三月二十五日には落成した二条城に入っている。松井あて書状の日付に間違いがなければ、何らかの取り違えがあるのだろう。

それはともかく忠興の何となく不安げな様子は、徳川政権そのものの将来にたいする懸念ではなかったろうか。確かに家康が将軍位に就いたことは、巧妙な計算であって、頼朝の先例を受けて朝廷・公家の権威を排除した武家政治を行うことができる利点がある。さらに幕府を開くという形式で新政権を開くことによって、豊臣氏から政権を奪ったという非難をかわすこともできる。家康の将軍就任によって、秀頼と家康の主従関係は逆転したことになる。秀頼の経済的な地位も畿内をのぞく蔵入地を没収されたことによって、六十五万七千四百石の一大名の地位に転落した。

徳川家康（堺市博物館蔵）

しかしそれにもかかわらず秀頼には権威が

あった。名城大坂城に拠り、多くの富を蓄え、秀吉恩顧の大名たちの深い尊敬を受けている。家康が秀吉の遺命と称して、秀頼のもとに孫娘（秀忠の子）千姫を嫁がせたのも、秀吉系の大名たちの心をつなごうとするためであった。

慶長九年の春、江戸の徳川家康は諸大名の年賀を受けたが、豊臣系の外様大名のなかには大坂の秀頼にも年賀に赴く者が少なくなかった。そして八月、秀吉の七回忌にあたって行われた京都豊国社の臨時祭典は、秀吉にたいする崇敬の深さをみせつけた。家康はこの時、伏見にいたから、この祭礼の様子を肌身に感じたはずである。

町々から奉納される風流踊りの集団が繰り出し、五十五の大名が二百頭もの飾り馬を出して行列を行った。今に残る何点かの「豊国祭礼図屏風」は、その熱狂をあますところなく伝えている。派手な扮装に笠をかぶった人々の集団が、囃子方を中心に揃いの衣装で手振りも揃えて輪になって踊っている。ある者は笠をかむり、ある者は仮装し、熱狂的に踊り狂っているグループもある。あたかも内心の不安を隠すかのように人々は踊る。あるいはかつての秀吉の時代の豪華な浪費と奢侈を懐かしむかのように。

忠興、家督を譲る

小倉城の工事が完成したので、忠興は十一月中旬に入城、慶長九年（一六〇四）の春を小倉で迎えた。しかし疲労が出たのか体調を崩し、江戸への参賀をとりやめた。

六月ごろから病は重くなり、看病のため忠利の帰国を乞い、さらに病気を理由に忠利への家督相続を願い出た。

病気を案じた秀忠は八月にまず松井康之あてに病気見舞いの書状を送り、九月には直接、忠興あてに飛脚を差し立てて見舞状を送り、医師を派遣した。忠利の帰国を許したから、対面すれば慰みになろう、などといかにも行き届いた書状である。

秀忠は少年時代に家康の命で忠興から礼儀作法の指導を受けたので、忠興には格別の親しみを感じているようである。それにしても家康が高く評価した秀忠の律儀さが、こんなところにも現れている。

八月二十六日付けで家康と秀忠の名で家督相続が認められた。幸いこのころから忠興の病気は回復にむかい、忠興は小倉在城、忠利は中津に住むことになる。

ところが十年三月、代わりの人質として江戸に下ることになった次男興秋が出奔してしまった。彼は養父興元の出奔にともなう責任を問われて中津城に幽閉されていたが、兄忠隆の廃嫡後、家督を継ぐべき有力候補であったことも事実である。興秋は弟が家督を継ぎ、自分が人質として江戸へ赴くとに不満をもち、岩石《がんじゃく》城を預かる一門の長岡肥後守忠直の説得で、やっと出発したものの、京都へ着いたところで突然、建仁寺の塔頭十如寺《じゅうにょじ》に入り、剃髪してしまった。

浪人した彼は、のち大坂の陣では秀頼方に付いて奮戦する。落城後、家康・秀忠からは助命されたが、忠興が許さず、切腹させられてしまう。

翌慶長十一年七月二十七日、忠興は長岡（篠山）肥後守忠直とその父飯河《いいかわ》豊前守を誅伐した。理由は不明で興秋の出奔との関係も明らかではないが、結果的には忠利の家督相続の邪魔になる勢力の排除ということになる。

結局、忠興はお家騒動になりかねない一連の事件を巧みに処理して、一門の勢力を削ぎ、忠利への政権移譲を円滑にする道を開いて行ったのである。忠利の家督相続についての史料は多くない。忠興は胸中に秘めた自分の計画を、病気を機に一挙に実現したのであろうか。

これと平行してもうひとつの権力移譲のドラマも進行していた。慶長十年（一六〇五）二月十九日、家康は上洛して伏見城に入った。つづいて三月二十一日、秀忠が十余万の兵を率いて入京する。将軍の権威を示す一大デモンストレーションである。そして四月七日、家康は老齢を理由に将軍職を秀忠に譲ることを奏請した。すぐ承認がくだり、十六日、秀忠が将軍職に任ぜられた。

家康は巧みに将軍職を徳川家の世襲のものとする既成事実をつくりあげた。一方、秀頼が成長すれば政権の移譲があるものと甘い夢を描いていた豊臣系の人々には大きな衝撃を与えた。家康はまもなく駿府に城を築いて大御所として君臨し、秀忠を補佐して二元政権の体制を築きあげるのである。

忠利の結婚

慶長十三年（一六〇八）、古河《こが》城主・小笠原秀政《おがさわらひでまさ》の娘を将軍秀忠の養女とした上で、忠利と娶《めあ》わせるという縁組が将軍家からもたらされた。名目だけの養女ではない。小笠原家は信濃から出て、古い家柄だというので家康に目をかけられ、その長子・信康の娘を妻とした。だから秀政の娘は家康の血のつながった孫娘なのである。

このような婦人の忠利と結婚させるのは、外様大名にたいする異例の厚遇といえよう。婦人の名は千代姫という。翌十四年三月、江戸から伏見へ着いた千代姫を松井康之が受け取って中津へ迎え、四月に婚礼が行われた。秀忠からは化粧料として一千石が贈られる。この結婚を喜んだ忠興も五千石を贈った。いやしくも将軍の養女であるから、忠興は以後、忠利にたいする手紙のなかでさえ千代姫のことを「御姫様」と敬称でよんでいる。

幽斎死す

京都で和歌の会や古典の校訂などに静かな日を送っていた幽斎玄旨は、慶長十五年（一六一〇）、夏のころから何となく患いがちであったが、次第に病が重くなり、八月二十日未の下刻（午後三時ごろ）、京都三条車屋町の屋敷で逝去した。享年七十七歳。とりたてて病名は明らかではない。老衰による穏やかな死といえよう。

父重態の報を得て、小倉の忠興は忠利を伴って急行したが、京都へ入ったのは二十二日で臨終には間に合わなかった。

茶毘《だび》にふした後、遺骨は南禅寺天授庵と豊前小倉に分骨された。

幽斎には、生まれた土地と同じ場所で火葬されたという伝説があるが、『綿考輯録』の著者小野武次郎の考証によると、出生地は南禅寺山門北側の三淵晴員《みつぶちはるかず》の別宅、現在の塔頭聴松院の地であり、火葬にしたのは同寺北門前、吉田と黒谷のあいだで、本来、南禅寺の僧の火葬地なのだという。黒谷と吉田山はひとつづきの丘陵で、現在の北門からは相当の距離があるが、北門外であることには違いない。京都で初七日の法事を行った後、遺骨を守った忠興・忠利父子は九月十三日に小倉へ着き、十八日、盛大な葬儀が催された。

葬儀の奉行は松井康之の嫡子長岡式部興長がつとめ、遺骨を守って下った夫人麝香《じゃこう》（光寿院）の甥、沼田氏の出の圭長老を始め、大徳寺の玉甫紹琮《ぎょくほじょうそう》（幽斎の弟）、南禅寺の慶安をはじめとする僧侶百五十

細川幽斎（南禅寺天授庵蔵）

人が参列した。

将軍秀忠からも弔問の使者が派遣され、秀忠は三日のあいだ碁将棋を慎んで弔意を示した。

警護の侍五、六百人、喪主の忠興は冠を着け、鈍色《にびいろ》の束帯、無紋の太刀、青地の中啓《ちゅうけい》、という姿で焼香する。

隠居後は文人として気ままに過ごした幽斎にとっては少々、派手すぎる感じがないでもないが、豊前の太守の父君の葬儀ともなれば、それだけの格式も必要となる。たしかに彼は乱世に生きて、確実

光寿院（南禅寺天授庵蔵）

に大名の地位を得、それを子へ、孫へと伝えたのである。

戒名は泰勝院殿徹宗玄旨大居士。小倉には菩提を弔うため瑞雲山泰勝寺が営まれた。肥後の国主となったあとで忠利が作ったりっぱな五輪塔の墓が熊本にもあるが、むしろ幽斎を偲ぶには、妻麝香（光寿院）が自分の寿像と対で描かせた画像がふさわしく思われる。麝香その人の聡明そうで、夫のやんちゃぶりを優しくみまもるような姿と対になって、夫婦の肖像画の傑作だと思う。菩提寺である南禅寺天授庵に所蔵されているが、模本は永青文庫そのほかにもある。

幽斎の死から一ヵ月も経たぬうち、親交のあった吉田神社の吉田兼見《かねみ》が没した。兼見の長男兼治の妻は幽斎の娘である。十月には徳川四天王の最後の生き残り、勇将本多忠勝が死んだ。また十二月には島津の重臣で、秀吉の九州征伐では大口城を守って忠興を翻弄し、また秀吉に楯ついて龍伯の弟晴《せい》蓑《き》を支持して幽斎を手こずらせた剛直な島津の家老新納《にいろ》忠元が死んでいる。幽斎の死はひとつの時代の終わりを感じさせるものであった。そして権力は着実に忠興へそして忠利へと引き継がれていた。

第二十六章　嵐の前の静けさ

秀頼、家康と会見

慶長十六年（一六一一）三月二十八日、豊臣秀頼は京都に入り、二条城で初めて家康と対面した。慶長十年以来、家康が望み、秀頼が、家康に臣下の礼をとるものだとして拒否し続けて来た上洛がようやく実現したのである。

家康は織田有楽斎《うらくさい》（長益《ながます》、信長の実弟）をつうじて強く秀頼の上洛を要請し、危機感を抱いた秀吉子飼いの浅野幸長、加藤清正らが難色をしめす淀殿を説得したのだといわれる。浅野、加藤は秀頼をまもるため、会見に付き添って離れなかった。

巷では会見が実現したことで戦争にならずに済んだと安堵の声が満ちたが、家康は秀頼の成長に不安を抱き、それが結局、大坂の陣につながったのだともいわれる。

会見の実現に安心した加藤清正は、帰国途上の船中で発病し、六月二十四日、熊本で没した。豊臣家にとっては強力な後ろ楯を失ったことになる。

忠興は上洛する家康を迎えるため、二月に小倉を出て大坂で秀頼に挨拶してから京都に入った。しかし所労のため、十七日に家康が入京した時には、忠利に出迎えを代理させている。忠利は父の命令で江戸からくだり、先に京都へ着いて待機していたのである。

秀頼と家康の会見後、忠興は松井康之あてに手紙を書いているが、一書《ひとつがき》で、一、秀頼さまは大坂を船で出て二十八日、二条お屋敷にお出でになり、そのまま大坂へ帰られた。「一、秀頼さま御上、大御所（家康）様一たん御満足被成《なされ》、さま〱の御懇《おねんごろ》之御意《のぎょい》之よし候事」と淡々と事実をならべているにすぎない。

同じ時期に、後陽成天皇が幕府の朝廷への介入に抗議して譲位した後、四月十二日、後水尾天皇が即位することになった。この日、家康はこの機会を捉えて、在京の大名二十二人に三ヵ条の法度を示し、署名させた。主として西国、北国の大名たちを対象とし、忠興も誓紙を提出している。

頼朝以来の武家の法を守り、将軍家の出した命令や法を遵守する。法度や上意にそむいた者を領内に隠さない。家中の侍、奉公人から反逆者や殺人者が出た場合は届け出、たがいに召し抱えない。
――武家諸法度の先駆というべきものとされる。

翌年、東国大名も同じ誓約をさせられた。幕府の権威は次第に重くのしかかって来るが、忠興はこれらの事態を平静に受けとめていたようである。ひたすら体制に身をよせて忠誠に勤める。それが体制を安定させ、それはすなわち豊前豊後三十九万石の安定にも通じると信じている。家督を忠利に譲ることは幕府の承認を得たものの、国政を握っているのは依然として忠興であり、嫡子忠利はひたすら父の指示に従って行動している。

五月に忠興は小倉へもどる。忠利も中津へ帰った。この年の後半は大きな事件もないままに過ぎた。翌十七年一月二十三日、老臣松井康之が小倉で死去。六十三歳。家臣たちの世代交代も静かに進行している。

この年の暮れ、忠利は将軍に年賀のため江戸へ向かう。十二月二十日、駿府で家康に拝謁して、綿二百把を献上した。

木下延俊と忠利の交流

慶長十八年(一六一三)に忠興は五十一歳、忠利も二十八歳になった。忠興は在国、忠利は前年末に江戸に上り、将軍に年賀、三月には中津へ向かう。この年十二月には幕府のキリスト教禁止令が出され、翌年は大坂冬の陣が始まる。迫り来る変化の予兆は感じ取れたかも知れぬが、どちらかというと中休みにも似た平穏な年であった。

このように、とりたてていうことのない一年を敢えて取り上げるのは、忠利の動静が、豊後日出《ひじ》(大分県日出町)の領主・木下延俊《のぶとし》の日記で詳しく判るためである。延俊が臣下に筆記させた『日次記』のこの年の分が、近年、偶然の機会に発見された。慶長期の大名の実態を知る好材料である。この年の忠利については、なぜか『綿考輯録《めんこうしゅうろく》』にも、ほとんど記録がないのでいっそう貴重である。

以下、おもに二木謙一・荘美知子校訂『木下延俊慶長日記』（新人物往来社）を参考に記す。

延俊は秀吉の正室北政所《きたのまんどころ》（ねね）の兄木下家定の三男、つまり秀吉の甥である。幽斎の娘加賀を娶ったので忠興の義弟でもある。彼は豊臣系の大名として姫路城代を勤めていた。関ヶ原合戦には参加しなかったが、長岡家の丹後、豊後間の連絡を仲介して重要な役割をはたしたことはすでに見た。

忠興は合戦後、この義弟の地位を守ってやるべく奔走した。忠興の示唆で延俊は合戦後、ただちに家康に忠誠を誓い、福知山城の攻略に積極的に参加し、その功績を認められて豊後日出三万石の大名となることができたのである。

さて前年の末に、それぞれ駿府で家康に挨拶をした後、江戸へ出た忠利と延俊は、慶長十八年年頭に江戸城に登城して将軍秀忠に年賀の礼を行った。その後、二月に九州に帰るまで、江戸の忠利は、延俊や豊後臼杵《うすき》五千六百石の城主・稲葉典通《のりみち》と頻繁に訪問しあっている。稲葉の領地臼杵は日出と接している上、典通の子彦四郎（一通《かずみち》）の妻は忠利の妹であるから姻戚でもある。年齢は典通四十九歳、延俊三十七歳、忠利二十八歳とそれぞれ十歳ずつも違うが、社交好きの延俊を中心に互いに招きあい、三日に一度は顔を合わせている。そこには謹厳な父の監視の目から遠い江戸で、社交を楽しむ青年大名としての忠利の別の顔がうかがえる。

二月二日、三人は一緒に江戸城に呼ばれ、暇乞いのため秀忠に拝謁した。それぞれに秀忠から贈り物があり、二月四日ごろ、三人三様に江戸を出発している。驚いたことに四日、藤沢では三者は同じ宿場に泊り、延俊はさきに着いていた忠利の宿を訪ねている。箱根湯本でも忠利の宿を訪問、時には一緒に食事をとったりしている。寛永以後の格式のやかましくなった時代からは想像もできないが、まだ参勤交代が制度化されていない時代なので、それぞれ供揃えは十数人にすぎず、大名が旅先で気軽に交流する自由があった。

吉原を過ぎた頃、忠利と延俊は清水まで同道し、清水では忠利が誘って、延俊は一緒に寺参りをした。それぞれ駿府で家康の機嫌をうかがい、その後も二人は三月下旬に京都へ着くまで、前後して交流しながら楽しげに旅を続けている。

忠利は京都で延俊と別れて帰国するが、この年は先に述べたようにほとんど記録がなく『綿考輯録』でも正月三日の江戸城登城の後は「御下国之月日わかり不申候《もうさずそうろう》」という有様である。延俊の日記の三月二十九日の条に「細内記殿」(忠利)の使者が酒と肴を届けて来たとあるので、おそらくこれが別れの挨拶で、忠利はこのころ京都を去って中津へもどったのだろう。

延俊のほうは三ヵ月も京都で過ごして、知人の訪問、弓の稽古、謡、鼓、茶など趣味の生活を楽しんだのち、六月下旬にようやく日出へむかう。

だが彼の日記にはもうひとつ、見逃せない記述がある。五月京都で無二《むに》という兵法者を召し抱えたというのである。彼の名はその後、しばしば登場し、日出でも延俊は無二から剣の指南を受けている。別の資料で木下延俊は「宮本無二斎の流派」を学んだことが知られるので、日記に出てくる無二はこれと同一人物であろう。するとこれは宮本武蔵の父(一説に養父)とされる宮本無二であろうか。しかし当時三十八歳の延俊の指南役としては少し年をとりすぎているようでもある。すると当時三十歳前後の宮本武蔵その人なのであろうか。武蔵の経歴は不明の点が多いのだが、後、熊本で忠利が客分として召し抱え、この物語に再度、登場することになる。

キリシタン禁制

この年、十二月二十三日、幕府はキリスト教（キリシタン）の禁制に乗り出した。以心崇伝《いしんすうでん》が家康の命令で一夜で書き上げたといわれる「それ日本は神国也」に始まるキリスト教禁制の法令である。日本人の精神史の問題としてみるならば、この禁教が、異質な文化を受け入れるゆとりをなくし、異質即秩序違反とみなすようになってしまったことの意味は大きいといえよう。

摘発の過程で、駿府の奥女中にまで、おたあジュリアのような熱心な信者がいたことは、家康に危機感を抱かせたことだろう。おたあは小西行長によって日本へ連れて来られた被虜朝鮮人で、行長の妻ジュスタの影響で信者となった。彼女は棄教を拒否し、伊豆大島に流罪となった。

忠興は禁制の公布を江戸で聞いた。家康、秀忠に年賀のため十一月末に小倉を発って、年末に江戸に入っていたからである。

彼は、早速、幕府の指示に従った。じつは臣下に有力なキリシタン加賀山隼人正興良《おきなが》がいた。彼は高山右近の臣下で、右近が信仰のため領地を失ったとき、右近と親しかった忠興がもらいうけた。豊前では六千石、現に江戸城普請を監督する役で江戸の藩邸にいる。

忠興は以前から棄教をもとめていたが拒絶されていた。彼は国元へ使者を出して隼人正の娘婿小笠原与三郎玄也に棄教を迫ったが拒絶される。忠興は有能な家臣をかばいたい気持ちと、秩序違反を嫌悪する感情のあいだで板挟みになった。

禁教令にあたっても、しばらくは二人を放置して執拗に転向——当時の用語で「ころぶ」ことを迫ったが二人はこれを拒み、のち二人とも殉教した。

若やぐ家康、忍び寄る戦火

慶長十九年（一六一四）の年賀のため、江戸で年を越した忠興は国元の家老長岡式部大輔興長（松井康之の嗣子）に宛てて、大御所様の御気色は一段と良く、御達者に見えた、めでたいことだ、と書き送った。関ヶ原合戦の時同様に、家康は何か期するところがあって若やいでいたのだろうか。

しかし忠興の当面の関心は江戸城普請のことである。諸大名は江戸へ来るに及ばす、と通達されていたが、江戸で情勢を見守っていた忠興は国元の忠利にたいして、「念の入り過ぎ候衆」は江戸へ出て来る可能性がある。また自分と同時に参府した鍋島（肥前佐賀）、山内（土佐高知）、堀尾（出雲松江）らは帰国を延ばそうとするだろう。結局、総崩れになる可能性があるから出府の準備をしておくように、と書き送った。

大名たちが幕府の鼻息をうかがって方針をきめようとしている状況がよく現れている。また同じ書状で忠興は、キリシタン取り締りのため秀忠年寄の大久保忠隣《ただちか》が京都に派遣されたが、「御前一段悪しき躰に候事」と政治的立場が不利になっていることを報じた。忠興はしばらく帰国を延期して情勢をみきわめようとした。

　はたしてまもなく忠隣は改易された。これは本多正信、正純父子の権勢の増大を意味する。大久保の失脚については、反徳川陰謀の讒言が理由とされるが、山本博文氏がいうように、生きているあいだに豊臣家を滅ぼしたい家康が、本多父子の大久保への対抗意識を利用して、宥和派の忠隣を失脚させたと見るべきかもしれない（『江戸城の宮廷政治』）。

　たしかに大久保忠隣の失脚後、江戸の政治的雰囲気は激変した。三月、江戸城の普請を理由に、肥後の加藤忠広（清正の嗣子）は江戸で祝言をあげるべきことを命じられた。忠興のもとにも、忠利を出府させるべきだという勧告をする者が増えた。

　じつは忠興は、忠利が参府しないですむように、一月以来、佐州（佐渡守、本多正信）に相談していたが、三月になると、正信の態度が変わって、強く江戸に出ることを求められるようになった。ついに忠興は三月五日の書状で、土産物も銀子もこちらに準備があるから、すぐにも江戸へ出よと命ずる。すでに大坂との開戦を決意していた家康は有力九州大名を江戸に呼び寄せて、豊臣方との内応を防ぐ布石としたのだという。三月末、忠利は江戸へ着き、忠興は入れ代わりに帰国した。途中、瀬戸内海の船上で発病した忠興はその後も体調が思わしくなかったが、情報収集につとめ、江戸へ通報している。

　四月に豊臣家が財力を注いだ方広寺大仏殿が竣工したが、八月三日の開眼供養を前にして家康は、大仏殿のために鋳造した大梵鐘の銘文に異議を申し立てた。「国家安康　君臣豊楽」の一句が家康の名を分断しているというのだ。

駿府に釈明に来た豊臣家の代表、片桐且元《かつもと》にたいして家康は、秀頼が江戸に参勤するか、淀殿を江戸に遣わすか、国替えをするかという難題を突きつけた。豊臣家は激昂し、宥和派であった片桐は孤立して、やむなく十月一日に大坂城を退去した。いよいよ戦争である。

第二十七章　細川家の大坂の陣

機敏な忠興の行動

慶長十九年（一六一四）十月、諸大名の動員が開始された。忠利は大坂へ上り、本多忠朝とともに森河内《もりかわち》（東大阪市）に布陣する。国元の忠興は忠利あてにこまごまと指示を与えている。

家康は十一日に駿府を出て、二十三日、二条城に入る。将軍秀忠は二十一日に江戸を発ち、十一月十日伏見へ着いた。十九日、木津川口で戦端が開かれる。大坂冬の陣の開始である。二十万と称する徳川軍にたいして豊臣方も力戦したが、大坂城を包囲した家康は、長期の攻城をきらって政治的解決を計り、講和に応じた。

忠興は九千余の兵力を動員した。船頭、大工、鍛冶職などを併せると一万二千余りの大軍である。しかし島津氏の動向に不安な家康は、忠興を島津への抑えとして期待していたので、島津が動員に応じることを確かめてから出兵するよう命じ、ようやく十二月二十九日に小倉より船出した時には、すでに十二月二十日に講和が成立した後だった。急報を得て、忠興は門司から兵を返した。

しかしこれで平和が来るとは誰もが思っていない。翌元和元年（一六一五、七月十三日改元）四月十九日、果たして大坂と断交したので、ふたたび参陣せよとの命が下った。夏の陣である。とかく反抗的な九州の大名のなかにあっては家康・秀忠を心理的に安心させることが先決と読んだ忠興は、わずか五百ほどの少人数で船を用いて急行した。総軍一万二千を率いた忠利は、後から陸路を進軍する。

忠興は五月三日に兵庫の花熊《はなくま》（花隈＝神戸市中央区花隈町）に着き、鉄砲九十梃ほどの手勢のみを率いて先を急いだ。家康は五日に二条城を出て大坂へ向かう。忠興は淀でこれを迎えた。計算どおり、「家康は自分があまりに早く参陣したので驚かれた様子であった、また九州中が敵となるとも忠利・忠興は忠誠であると信じていたとのお言葉があり、面目をほどこした」、と忠興は満足そうに忠利に報じている。

冬の陣以後、大坂城は、すでに外堀を埋められており、家康は得意の野戦を仕掛けて短期決戦をめざす構えであった。主力が到着せぬまま、忠興は家康、秀忠の本陣近くに伺候した。山鳥の尾の立物の兜、黒塗りの鎧。関ヶ原の時に人目をひいた姿は相変わらずだが、その時、評判の中剃《く》りの銀の指物は、その後まもなく秀忠に望まれて献上していたから、この日の指物は朽葉《くちば》色の四半という伊達な姿である。

五月六日の道明寺および若江、八尾方面の激戦のあと、翌七日、秀忠は岡山、家康は茶臼山に着陣、十五万五千の徳川勢と五万五千の豊臣勢が激突した。なかでも真田幸村、毛利勝永が善戦し、秀

大坂夏の陣図屛風（部分）（大阪城天守閣蔵）

忠、家康の本陣に肉薄する激戦となった。

揃いの赤い鎧を着けた真田勢の決死の猛攻に耐えきれず、家康は三方《みかた》ヶ原以来、はじめて金扇の馬印を倒して退却するという状況だったが、ついに幸村も戦死し、大坂方の敗戦となった。

翌八日、秀頼、淀殿らは城に火をかけて自害し、豊臣家は大坂城とともに猛火のなかに滅んだ。

藤堂高虎勢とともに戦闘に加わった忠興は、八日、燃える大坂城をはるかに望みながら、進軍中の忠利にあてて自筆で落城の状況を伝える書状を書いた。忠利に、ただちに兵を返し、手回り衆のみ連れて上洛せよと指示している。豊臣家の滅亡という大事件にさいして、忠興は五月八日に奮戦したものの、大軍を実戦に参加させたわけではない。細川家の大坂の陣は、兵を用いず、手早く立ち回って、徳川家への忠誠を印象づける政治的な大イベントに終始したのであった。

次男興秋、弟興元の運命

しかし忠興にも心配があった。大坂冬の陣にあたり、豊臣方が多くの浪人を集めた時、忠興の次男与五郎興秋もこれに加わっていたのである。慶長十年（一六〇五）の出奔以来、十年近く、時に三十二歳の興秋は、夏の陣では五月六日、後藤又兵衛、毛利永勝、真田幸村らとともに道明寺の戦いに出陣、又兵衛の戦死後、二千ばかりの兵を率いて殿軍をひきうけ、敗軍のなかで見事に兵を引いた。

翌七日の最後の決戦では、岡山の家康本陣攻撃に参加、善戦した。戦いが大坂方に利あらず、ついに総崩れとなったときには姫路の池田利隆の攻め口に向かい、采配の鮮やかさにさすがに細川殿のご子息よと相手の池田勢も感服したという。

乱戦のなかで敵中を突破した興秋は、伏見に潜伏しているところを捕らえられた。家康は、忠興の多年の功労に免じて許すといったが、忠興自身が承知せず、六月六日、山城国稲荷の東林院で切腹させられた。

興元の方は、浪人後、堺に蟄居していたが、慶長十四年、家康の命で秀忠に召し抱えられ、下野国芳賀郡茂木（栃木県茂木町）で一万石を授けられた。忠興とも和解し、冬の陣には秀忠の馬廻りとして参陣、戦功により常陸国谷田部（つくば市）で六千三百石加増。元和五年に五十四歳で死んでいる。

細川姓にもどる

大坂城が炎上する情景を目のあたりにしながら、忠興は忠利にあてた書状に「一時のうちに天下泰平になり候事」と記した。しかしそれが単純に喜べるような時代の到来なのか、戦国をくぐり抜けて来た忠興には予感がなかったわけではないだろう。

はたして閏六月十三日、年寄連署奉書の形式で「諸国城割りの触状」が出された。城割りとは城郭の破壊のこと、いわゆる「一国一城令」である。小倉へ帰還していた忠興は、二十九日にこの触状を受け取ると即日、門司その他の支城の破壊を命じた。

江戸にもどっていた忠利は、中津の城にかんして年寄土井忠勝に破却の免除を打診したらしい。報告を受けた忠興は「済候へば能候、済候ハでも不苦事」つまり認められればよし、認められずともやむなし、といくらか突き放した対応をしている。この歴戦の勇士は、もはや強固な城で何かを守るべき時代ではなくなったことを痛感していたのかもしれぬ。

七月七日、武家諸法度十三条、つづけて十七日に禁中並公家諸法度十七条が制定され、幕府の統制はいっそう強まっていく。そして七月十三日、元和と改元、『書経』の「偃武《えんぶ》修文」の句にかけて「元和偃武」つまり武を停めて和平が来たと讃えられる時代が来た。

忠興が長岡姓から細川姓にもどったのは、この年といわれている。時代と心境の変化の両面から、改姓の時期としては頷ける。ただし彼は自分が将軍の命で養子となった細川輝経《てるつね》の家の名を再興したのであり、父の和泉細川家とは関係がないことを強調している。忠興にとって、偉大な父と自分とは違うのだという意識の表れともいえる。

もっとも、忠利は元服後すぐに細川姓を許されたとされ、慶長十五年（一六一〇）の江戸城普請に参加した忠利あてに家康、秀忠から出された労をねぎらう内書の宛名は「細川内記とのへ」となっているし、何よりも同時代の木下延俊《のぶとし》の慶長十八年の日記（二十六章参照）に「細川内記殿」とか「細川内記殿」とかあるのが根拠である。

家康死す

翌元和二年（一六一六）春、忠興は家康を見舞うために駿府に出た。忠利には家康の隠居所を建設する計画が中止になったことを報じ、「されとも何とも知れぬ事はいつもの通りにて候」と皮肉ともとれる物いいをしている。家康や秀忠には恭しく対しているが、幕府のやり方にたいする批判がないわけではない。そういう忠興の冷えた目を感じさせる。

そして時代の変化を象徴するかのように、大坂の陣以降病気がちだった徳川家康が、四月十七日に世を去った。謀臣本多正信も、後を追うように病死した。秀忠の時代の到来とともに、年寄土井忠勝の権勢が著しく増し、その腹心伊丹康勝も年寄安藤対馬守重信に並ぶ権勢を誇るようになった。一方、家康側近、たとえば黒衣の宰相とまでいわれた金地院《こんちいん》（以心）崇伝《すうでん》などの地位は急速に低下していった。

状況の変化を読みとっていた忠興は、家康の死ぬ以前から、しきりに藤堂高虎と会え、と忠利に指示している。はたしてその地位の向上はめざましく、忠興は「藤和殿（和泉守）出頭花かふり候由、満足申し候事」と、高虎の「花が降るような」出世を喜んでいる。父は長年の経験と情報網を駆使して、江戸にいる子の忠利が気づかない点まで小倉から指示を与えている。外様大名にとって、そういう政治が何よりも重視される時代が来ようとしていた。

母の死に会えなかった忠興

元和三年（一六一七）九月、秀忠の長子竹千代、のちの将軍家光が江戸城西の丸に入った。秀忠は元和九年に家光に将軍職を譲り、家康同様に大御所として君臨するのだが、これはその布石である。

元和四年、忠興はふたたび目を病んだ。閏三月には両目ともよく見えなくなり、顔が腫れ、しかも癪も再発するという散々なありさまである。二月十九日の忠利あて書状からは、花押の代わりにローマ字で二行に tadauoqui と記した円形の印章を青い朱肉を用いて捺印するようになった。南蛮好みは忠興らしい趣向だが、青なら目が悪くても読めるという実利に出たもののようである。彼は京都まで上って治療を受けようと決意するが、大坂から招いた医師の手当てで多少、回復した。そのことを報じた七月一日の忠利あての書状には、ふたたび花押を用いている。この経過をみると、以後の書状でも印章を用いる時は目の状態が悪い時と判断することができる。

この春、忠利不在の中津では内室千代姫の食が進まなかったが、やがて懐妊と判った。やがて誕生するのが嫡子光尚《みつなお》である。いやしくも将軍の養女であるから、忠興はわが子の妻とはいえ忠利への報告では「御姫様」と呼んで慇懃な筆づかいをしている。

ところが、忠興の母、光寿院つまり幽斎の妻麝香《じゃこう》が江戸で病んだ。多難な時代に夫幽斎を支えて来た賢夫人である。慶長十四年に幽斎が亡くなった後、忠興は忠利に代わる人質として光寿院を江戸に送り、彼女は忠利の屋敷の傍らに住んでいた。何かの予感があったのだろうか。忠興はこの年五月に光寿院屋敷の土居に小唐竹を植えて藪に仕立てることを思いつき、梅雨のあいだに「うらおもてニひしと植」、いかにもやせた小藪の風情に仕立てるのがよい、とそこは茶人らしく忠利に細々と指示を与えたばかりだった。

幸い目の具合がよくなりかけていたので、忠興は七月十三日、小倉から船出して見舞いに駆けつけた。ところが逆風で難航し、せめて室津(兵庫県たつの市御津町室津)まで行ければ陸路をとろうとしたが、それさえままならなかった。忠利に対して船の上から、母は老齢だから万一の場合にはと死後の手配を指示し、自分は臨終には間に合わずとも、訃報を聞くまではひたすら江戸を目指すのみだと書いている。

「tadauoqui」の印章
(永青文庫蔵)

気性が激しい分だけ忠興は肉親の情には細やかで、関ヶ原の直後に幽斎が病んだ時にも、中津から悪天候のなかを船で上方へ急行したものであった。船頭も経験したことのないという逆風がつづき、長く離れていた母の死に目にさえ会えないのか「心中推量の外ニ候事」と室津を目前にした船上で記している。

七月二十六日、光寿院は江戸で没した。火葬して骨壺は家臣が守って小倉へ帰って来るよう手配されていた。二十九日にようやく京都吉田の屋敷に着いた忠興は、すぐに母の死の報知を受け取った。船旅に心労が加わり、ふたたび目が悪化したまま、忠興は葬儀を営むため小倉へ戻って行った。

第二十八章　隠居した忠興

父の姿に似ると自覚

元和六年（一六二〇）十月四日、藩主・忠興は小倉を出発して江戸へ向かった。十一月七日、江戸到着。入れ代わりに嫡子・忠利に帰国の許可が下り、二十八日、江戸を出発して中津へ帰った。ところが帰国直後、幕府年寄の連署で、忠興が発病し、将軍も心配している、すぐに見舞いのため江戸へ戻るようにという通知が届いた。

驚いた忠利は通知を受けた翌日の十二月二十一日には小倉を出発、江戸へとって返した。幸い忠興の病気は持病の癪《しゃく》（腹の痙攣《けいれん》痛）によるもので、まもなく快方に向かったが、忠興はこの機会に隠居することを望み、閏十二月二十五日剃髪して三斎宗立《そうりゅう》と号した。

烏丸光賢の妻となって京都にいる娘（忠利妹）のまんからの見舞状に返事を書いた三斎忠興は、髪を剃ると、父の幽斎そっくりの容貌となって我ながら胆をつぶしている。「かどう（歌道）をしらぬ

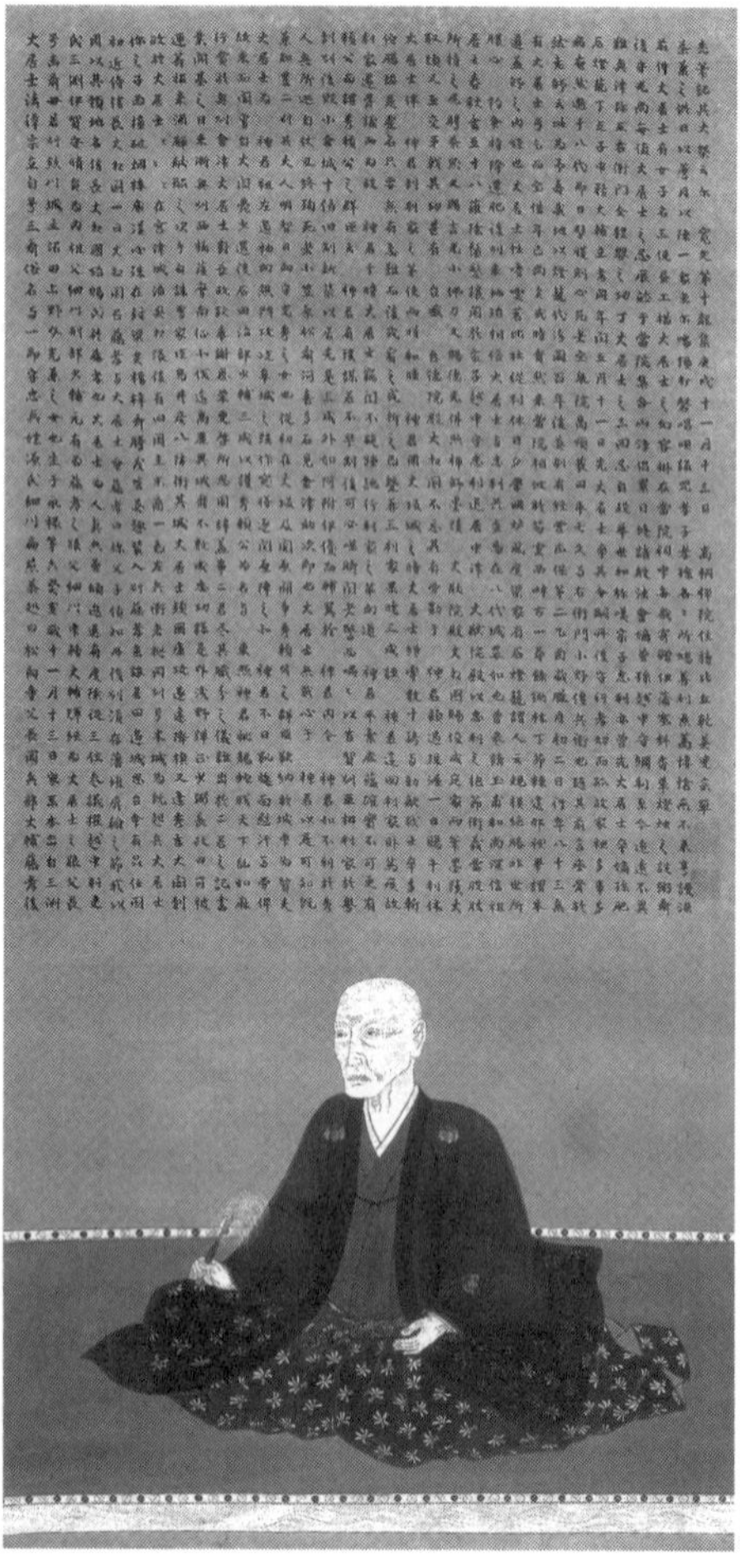

細川忠興（永青文庫蔵）

ゆうさいと御おもひ候へく候」と、いささか自嘲的に心境を語っている。心を許した間柄だけに親しみのこもった手紙で、父に似て来たと老いの自覚を素直に語っている。現実に残る晩年の三斎画像は、痩身でいかにも神経質そうにみえ、父の闊達さとはいささか異なるようにみえる。にもかかわらず、自身で似てきたと称するのは、必ずしもいつも理解していたとはいえなかった父にたいする和解の言葉なのだろうか。前年には忠利に嫡子光尚（六丸）が生まれている。そろそろ世代交代にはふさわしい時期であった。

忠興の隠居願いは幕府に受理されたので、年を越して元和七年（一六二一）一月二日に江戸へ到着した忠利は、即日、登城して将軍に礼をのべた。七日、家督相続の許しが出て、忠利はまたお礼のため登城した。すでに慶長九年（一六〇四）八月に忠興重病のさい、家督相続の許しは出ていたはずだが、その後、実権は忠興が握ったままだったから、今回の隠居届によって、家督相続を再確認したのかもしれない。

二月には病も回復した三斎は忠利の家督相続を祝って饗応し、はなはだ上機嫌で、秘蔵の茶道具などを譲った。二人は共に賜暇を得て帰国した。これ以後、三斎は中津城に隠居し、当主忠利は小倉に移ることになる。六月二十三日、忠利は当主として小倉城に入った。

中津に移った三斎忠興は、隠居による人の心の変化を思い知らされた。家臣が誰も伺候しないのである。九月五日付の忠利あて書状では、あからさまに不満をぶちまけている。

いったい家督相続、隠居は一生に一度のことなのに小倉から中津へ挨拶に来ない者があるのはどういうわけか。家中のことは一切、汝にまかせたから口出ししないが、これは自身にかんすることなので言うのである云々。

驚いた忠利は、挨拶にもうかがわぬ不届き者は、調べてしかるべく処置いたしますと即日、返事をした。この結果、忠利の意を受けて訪問者が殺到したらしい。さすがに三斎も自分の勝手な発言の重みに気づかないわけにはいかなかった。九月二十六日には、国中に苦労をかけることになるから、無用の者まで中津へ遣わすには及ばないと断り、さらに無分別なことをいった、後悔していると素直に謝っている（十月十三日）。

三斎にとって隠居という現実を受け入れることには、理性では認めても、心情には抵抗があったのだろう。隠居したのだから鷹狩りのための狩場を所望するなどと甘えてもみたが、なかなか悟りきった心境に落ち着かず藩政にたいして発言を続けている。

微妙な父子関係

隠居とはいっても三斎・細川忠興の場合は、幕府から藩主に準ずる礼遇を受け、参勤交代も行う半独立的な身分であった。

小倉藩は三十九万九千石余り、このうち忠興の隠居料は三万七千石、無役、つまり軍役の義務がない。忠興は中津城を隠居城として認められ、一国一城令の原則からいっても特権的な存在であった。以下、主として山本博文氏の『江戸城の宮廷政治』（読売新聞社、一九九三年）にしたがって説明する。隠居領は小倉藩の行う検地や人畜改めの権限が及ばない。独自の裁判権をもち、小倉藩の側からみれば「支藩」に近い。ただし家臣の位置が少し違って来る。

忠興の家臣は「中津衆」とよばれ、忠興に仕える独自の家臣団を形成する。元和七、八年の『豊前御侍帳』によれば百二十八人、知行高四万二千石余だが、その給付はすべて本藩の小倉から出る。念のため比較すると藩主忠利に仕える「小倉衆」は三百六十二人、知行高二十一万四千石余、忠利の直轄地（蔵入地）は十万五千石余となる。つまり支藩と違うのは、中津の隠居領の家臣は、忠興に仕えるものの、あくまで本藩から知行を受けている点である。忠興が死ねば本藩に復帰するわけである。

忠興は「中津衆」が、本藩の家臣としての意識をもち続けるように配慮している。たとえば元和七年九月十八日付の忠興の書状は、中津衆の小物成《こものなり》を、自分が取るようにといってくれた好意はありがたいが、中津にいる者はすべて、その方の者であり、小物成もそちらに属する。私に小物成をくれると、中津の者たちは私の家臣のようになってしまう。それは好ましくない、と指摘している。

小物成とは年貢以外の産物や山野河海などの用益にたいする賦課で、本来は将軍に帰属する。ただし現実には領主に与えられる。したがって小物成を誰が徴収するかは、その土地と人が誰に帰属するかを決める重要な要素となる。したがって忠興は、忠利が好意で自分にそれをくれようとするのを拒絶して、藩主と隠居の権限の別をはっきりさせようとしたのである。

逆に寛永五年（一六二八）に、忠利が江戸城普請の助役を命ぜられたさいに忠興に石船の負担を持たせようとした時には、隠居は無役でこれまでもまったく軍役などに応じたことはない。今度の船役だけを負担するわけにはいかない、と拒否している。

寛永九年の加藤家改易の後、熊本城受け取りに上使が派遣された時には、緊迫した状況のなか、隣国の豊前は出兵準備をした。忠興は出兵を命ぜられたら、銀子二百貫を無利子で貸す。米も四万五千石準備がある、と忠利に申し送った。父子のあいだとはいえ「無利子で貸す」という合理性が興味深い。これが藩主と隠居のけじめの付け方であった。

もっとも時には隠居が無理をいい、子が当惑する場面もないではない。理知では抑えがたい感情の部分も含めて、この親子関係は面白いのである。

もの騒がしい江戸

元和七年（一六二一）十一月、忠利は藩主としてはじめて小倉から江戸への旅に上った。三歳になる嫡子六丸（光尚）を伴っている。十二月に江戸へ着いて将軍に挨拶、二十一日には六丸も将軍夫妻に拝謁を許された。忠利の妻千代姫は将軍養女であるから、六丸は孫の待遇でこういう特権を得ている。三斎は隠退したが、忠利の襲封、嫡子六丸の拝謁と細川家は着々と権力の安定に布石を打っていた。

明けて元和八年の江戸は政治的緊迫のもとにはじまった。交代で帰国するはずの東国大名たちは、帰国を差し止められ、江戸で年を越した。秀忠は江戸城本丸を普請し、自身は西の丸へ移って家光に職を譲る計画だったが、越前の松平忠直（家康次男秀康の長男、二十七歳）が病気を理由に江戸へ出てこないことで「世間は何となく物騒がしく」、忠利は国元の家老興長に、念のため出陣の準備をしておくことを命じたほどであった。徳川一門の有力者の動向が政治情勢を支配する。秀忠体制は、まだそういう脆弱さを残していた。

この直後、越前の情勢を視察するために派遣された使者近藤用可《もちあり》が、帰路の二月十一日、大磯で落馬して死ぬという事故にあった。しかし彼は死に当たって、自分の弟にたいして越前様の病気は口実で日夜、酒にふけっていると言い残した。秀忠は黙認して様子をみると決めたらしい。情勢次第では本丸の普請どころではなくなるだろう。

それでも忠直は三月二十一日に福井を出発、一日二里三里ずつ進んで江戸にむかっている。秀忠は家康の七回忌なので日光社参を決め、四月十三日に異様に厳重な警戒のもとに江戸を出発する。社参は無事に終わったが、忠直は四月十二日に関ヶ原まで来たものの、そのまま逗留して動かない。緊迫した情勢のまま夏になった。

出羽山形の最上家の御家騒動に裁決が下り、改易となる。十月、その処分のため年寄本多正純と永井直勝が派遣される。ところがその留守中に、「奉公ぶり然るべからず」という漠然とした理由で、実力者本多正純に領地召し上げという処分がくだされ、全国を揺るがせた。

主要大名には、年寄が個々に事情を説明した。これも大名を一堂に集めて宣言するという普段のやりかたとは違っている。忠利も十月十八日に森忠政（美作津山）、池田忠雄（備前岡山）とともに土井利勝と酒井忠世の両年寄から説明を受けたが、奉公ぶりがよくないという漠然とした理由以上の説明はなかった。

結局、秀忠は父家康の側近、本多正純の専断を憎んで遠ざけ、自分の権力基盤を固めようとしたのである。幕府の大名統制も強まって、妻子を江戸に居住させる大名が増えた。忠利も年寄土井忠勝から示唆されて、妻の千代姫を江戸に呼ぶ準備にかかった。細川家の上屋敷は道三河岸《どうさんがし》沿い、和田倉門外、現在の千代田区丸の内一丁目の一角にある。この頃拝領した下屋敷は三十間堀に面した中央区八丁堀三丁目にあった。

家光、将軍となる

年が改まり元和九年(一六二三)になるとすぐ、秀忠は福井藩主・松平忠直を豊後萩原に隠居させ、家督は長男光長が継ぐよう命じた。豊後府内藩主竹中重義が忠直をあずかり、のち彼を監視するため豊後目付が置かれることとなる。

本多正純を追放し、自分と対抗する可能性のあった忠直を封じ込めることによって元和八年の危機を乗り切った秀忠は、五月に上洛した。日光社参を済ませた家光も後を追うようにして七月十三日に京都に入る。二十八日、将軍職を辞退した秀忠に代わって家光に将軍宣下が行われた。こうして家光は二十歳で将軍となり、秀忠は計算どおり大御所として政治を支配する体制を作りあげた。

春に賜暇を得た三斎忠興は、江戸を出たあと京都に滞在し、秀忠・家光の上洛を出迎え、将軍宣下を見届けてから中津へ帰っている。いかにも細心な態度である。

翌元和十年は二月晦日に寛永と改元。大坂城石垣の普請が西国諸大名に命ぜられ、忠利は十五万石分の負担をすることになった。普請は二年間にわたり、大名の経済負担は大きかった。

秀忠将軍時代、幕政の中心となる年寄職は酒井忠世、本多正純、土井利勝、安藤重信であった。本多の失脚、安藤の病死のあと井上正就《まさなり》と永井尚政が就任した。

秀忠は大御所となると江戸城西の丸に移り、本丸は将軍家光に譲った。将軍のもとにも年寄職が置かれる。寛永五年(一六二八)初頭の西丸年寄は土井、井上、永井で、本丸年寄には酒井忠世、酒井忠勝、内藤忠重、稲葉正勝である。ともに秀忠の小姓組番頭であった。これは将軍を護衛する直属の親衛隊の指揮者である。

実質的には大御所秀忠の西丸年寄が政治の中心であったが、秀忠は文書の発給を双方の筆頭年寄の連署にするなどの配慮を示し、均衡を保った。

西丸年寄のなかでは井上正就が秀忠の気に入りであったが、寛永五年八月に城中で目付豊島信満《としまのぶみつ》に刺され不慮の死を遂げた。この事件は怨恨が原因とされるが、犯人の豊島もその場で自殺したので原因ははっきりしなかった。結果として次第に権力は土井利勝一人に集中していった。

細川三斎、忠利父子の往復書状にも、大炊殿（土井忠勝）の名がしばしば見られる。他に土井に近い勘定奉行伊丹康勝や旗本の曽我尚祐、加々爪《かがづめ》民部少輔忠澄、内藤外記《げき》正重らは、幕閣と細川家を結ぶ重要な情報源であり、時には将軍家や土井忠勝への依頼事の仲介者でもあった。

いい遅れたが、三斎忠興と忠利のあいだの書状は元和六年までは忠興のものしか残っていない。その後も忠興側で受け取った書状は失われてしまったが、忠利は襲封前後から、父にあてた手紙の写しをとっておいたので元和六年以降は「書状案」が残る。このため私たちは、これ以降はじめて往復書状として二人のやりとりを読むことができるのである。

茶人としての三斎

寛永四年（一六二七）の春を三斎と忠利は珍しくともに領国で迎えた。前年に大御所秀忠、将軍家光がともに上洛するのを迎え、九月に暇が出たので帰国した結果であった。

しかし二月に忠利が出府する。三斎も三月には中津を出たが、京都で目を患い、ついで癪が起こり、療養のためしばらく京都にとどまった。

四月五日、自分の参府が遅れていることを気にして「大炊殿〔土井大炊頭〕をはじめ加々民〔加々爪民部少輔〕、内外記〔内藤正重〕、その外我々等閑なき衆へ申し候て給うべく候」と忠利に依頼している。幕府への気遣いも相当なものである。

三斎は結局、四月末に江戸へ着いた。彼は隠居後、藩邸とは別に愛宕山下の現・愛宕山三丁目、旧称西久保桜川町に屋敷を賜っている。屋敷の北側に三斎が植えた藪が二十間あまりも残っていて藪小路の通称があったと江戸中期の随筆などに書いてある。

その後、六ヵ月の江戸滞在のあいだ、三斎は隠居らしく、茶会や能の催しに日を過ごしている。もちろんこの種の茶会は社交すなわち情報交換や政治でもあるのだが、利休高弟として茶の正統を伝える者としてとくに三斎は重んじられた。

秀吉の派手好みの茶から侘茶へと主流が移ったことも彼にとっては幸いだったろう。慶長十七年のことだが、家康は駿府へ来た秀忠のために茶会を催し、楢柴《ならしば》と投頭巾《なげずきん》という二つの茶入れを運ばせて、秀忠に選ばせた。秀忠は天下無双といわれた大名物の楢柴ではなく、村田珠光ゆかりの侘道具である投頭巾を選んだ。家康はひどく喜んで、その座に居合わせた大名たちに、いつかお前たちも、投頭巾の茶会に招かれる日があろうと語ったという〔『徳川実紀』〕。忠興は秀忠直々に江戸城内の茶室で、茶をいただいたこともある。たとえば元和四年十一月に忠興が江戸へ出府したときには、秀忠から茶に招かれた。これは新しく見つけた柴の茶入れの披露という意味もあったらしい。

寛永四年にもどると、秀忠は大名の茶に招かれることを好み、三斎は土井利勝の屋敷で伊丹康勝から「数奇の御成りをなさるように」といわれた。将軍を茶に招いて下さいの意味である。伊丹の態度があまりに執拗なので、じつは将軍自身の内意なのではないかと三斎は加々爪忠澄に相談している。しかし結局、彼は御成りを辞退した。将軍を招くことは名誉ではあったが、建物の改造をはじめ多大の準備と出費を覚悟せねばならなかったからである。

三斎は利休の弟子であることに自信と誇りをもっていた。忠利あての書状で、利休伝来の茶杓《ちゃしゃく》というものを使者がもって来たが「利休の手ニもとらさる茶杓にて候、しらぬ物が似せたる物候」と言下に否定した（「細川家史料」一―二六二）。

別の機会に風炉《ふろ》の茶事で中央に卓を置くことについての質問に答えて「利休軾〔ママ〕をおかれたること一度見申候、それハ替事無之候」（同上六―一三五九）と、利休の茶法の変更を認めぬ毅然とした態度を示している。原文の「軾《しょく》」は車の横木の意味なので、唐音で同音の「卓」の書き損じか。

光尚の婚約

寛永六年（一六二九）正月、江戸の忠利は中津の父三斎に嫡子六丸（光尚）の結婚相手について意見をもとめた。まだ六丸は数え年十一歳であるが、自分の方針が父に受け入れられるかどうか打診しておきたかったのだろう。

忠利の考える相手は烏丸《からすまる》光賢に嫁いだ忠利の妹、万の次女禰々《ねね》であった。年は十歳、いとこ同士にあたる。相談を受けた三斎は、妥当な考えだと思う。あの子は利発な子だから何よりなことだ。万と内密に相談してみよう。お前も土井利勝殿の意向をうかがっておくように、と大いに乗り気であった。三斎はついでに一般論をのべ、最近、大名が有力者の子女を縁談の相手に選ぼうとする傾向があるが、好ましいことではない、気安く、物入りにならない相手が望ましい、と忠利の考えを支持している——万は三斎のお気に入りで、京都に滞在するときには必ず訪ねていたし、元和六年の隠居にさいして愛情ぶかい書状を与えている。三斎としては話しやすい相手であった。

三斎自身が信長の意向で縁組し、忠利も大御所家康、将軍秀忠の意を酌んでの縁組である。主人に目を掛けられることの利点と気苦労について、父子の間には暗黙の了解があったのかもしれない。父子は将軍家の意向の変化も敏感に読んでいた。

この年末、参府の途上、京都に立ち寄った三斎は烏丸家に正式に縁談を申入れ、承諾を得た。暮れに江戸へ着いた三斎は七年正月二十四日、「六縁辺、大方相済み」と入れ違いに小倉に帰った忠利に伝えている。

彼は機会を得て土井利勝に、家光の承認を得てくれるよう申し入れた。利勝も「奇特なる分別にて候」と好意的であった。

四月三日、三斎は土井利勝、酒井忠勝、伊丹康勝、内藤正重ら細川家と縁の深い幕府の要人たちを招いて朝の茶会を催した。縁談の当人光尚を要人たちに紹介しておく心づもりである。

茶が終わって酒が出る。そこへ光尚を呼び出し、忠興は土井利勝の盃をいただかせようとした。ところがすでに、この婚約は利勝が大御所、将軍に計り、内意を得ていた。つまり土井、酒井は上使だったわけである。その他の客たちも、わざと三斎を驚かそうと、黙って招待を受けたのである。

土井利勝は改めて「秀忠、家光の両上様も、三斎・越中父子は奇特な分別をしたと感心なさっています」と告げ、光尚に盃を与えた。出頭人の利勝や酒井忠勝さえも、三斎にたいしては心置きなく、このような親しみのある態度をとっている。

好意的な不意打ちに三斎は驚きかつ喜び、早速国元に報告した。

二人の結婚は内輪に小倉で行う予定で、禰々は京都から小倉へ下ったが、その後、秀忠の病気などで延期され、結局、結婚は江戸で寛永十一年（一六三四）三月八日に質素に行われた。

三斎は孫の結婚まで見届けることができた。細川の家はなおも栄える、と確信したにちがいない。

第四部　肥後藩主忠利

第二十九章　忠利、肥後領主となる

秀忠死後の緊迫

寛永八年（一六三一）は、あの元和八年（一六二二）を思わせる不穏な年となった。家光の弟駿河大納言徳川忠長の振舞いがますます常軌を逸するようになった。酒にふけり、家臣を手討ちにする。忠長は兄よりも将軍候補として有力視されていた時期があり、不満がこうじた結果だという。数年前から江戸で辻斬りが流行したが、これも忠長の仕業だと噂された。駿府に帰ってから行状はますますひどくなり、ついに五月に甲州谷村《やむら》に蟄居《ちっきょ》させられた。

この年三月には、ひさしぶりに浅間山が噴火した。風向きによっては江戸にも火山灰が降った。五月八日に江戸で雷雨があり、雹《ひょう》が降った。八王子や鎌倉でも雹の被害があり、死者まで出た。豊臣秀頼の十七年忌、しかも大坂落城の当日である。忠利はこれを秀頼の祟りではないかと考えている。

政治的には、長崎奉行竹中重義の政治にたいする告発があり、黒田家では老臣栗山大膳とのあいだが紛糾して御家騒動となり、対馬の宗氏では老臣柳川調興《しげおき》が、主人宗義成《そうよしなり》が朝鮮への国書を偽造しているると告発する対外関係の大事件――いわゆる柳川一件が起きた。

こういう中、九月ごろから大御所秀忠が病んだ。病気は癪と寸白《すばく》（寄生虫病）だという。次第に病状は悪化する。秀忠危篤の報に東国の有力大名は続々と参府し、代わって帰国を許された西国大名たちも江戸に留まっている。忠利はこの状況をみて三斎にも出府を促した。彼は早速中津を発ち、十二月二十四日、江戸に着く。

そして翌寛永九年（一六三二）正月二十四日、秀忠は死んだ。享年五十四歳。

喪を秘してはどうかという意見もあったが、家光はただちに大御所の死を公表させ、家康や秀忠と違って自分は若年でもあり、まだ戦いに臨んで兵鋒の利鈍を試みたことがない。隙に乗じて事を計りたい者は遠慮なく本国に駆けくだって戦争の準備をするがよかろう。自分も軍勢を率いて兵の強弱を試みるまでだと言い放ったと伝える（『徳川実紀』）。この発言から見ると、どうも家光には偉大な祖父や父の武勇にたいして引け目があったようにみえる。彼はそれを巧みに政治的手腕で乗り越えて行くのだが、とりあえず力の政治で、難局を乗り切ろうとしている。徒目付《かちめつけ》による市内取締まり、新設した大目付（大横目）による閣老や大名の監察という一種の恐怖政治である。

ついで四月に西の丸の書院番頭全員を更迭し、書院番を再編成した。他方では本丸小姓組番が西丸小姓組番を吸収して、番頭松平信綱、阿部忠秋のほかに太田資宗、阿部重次を番頭に任じた。これに堀田正盛、三浦正次を加えた六人が近臣としてのちの若年寄の原型となる。

書院番は将軍直属の軍団の中核であり、小姓組は親衛隊である。こうして自分直属の組織をもった家光は、当座の幕政を土井利勝、酒井忠世、酒井忠勝の三年寄による合議制とした。

家光の親政開始と加藤家の改易

家光の親政開始時期の寛永九年、江戸の緊張感に満ちた暗い雰囲気を、三斎は国元の忠利に「爰元《ここもと》御目付衆のきびしき事、推量の外に候」と書き送っている。五月十七日の明け方、島津屋敷の材木小屋から火が出たが、屋敷内でさえ気づかぬうちに目付衆が駆けつけて門を叩き、出火を告げたというのである。目付が市中を油断なく見張っているさまはこのように言語を絶する、と三斎はいう。

これより先四月十九日、幕府代官井上新左衛門のもとへ土井利勝を首謀とする反乱を呼びかける怪文書が届けられ、犯人を捕らえたところ、肥後熊本藩主・加藤肥後守忠広の嫡子光広の家来と判明した。五月二十四日、家光は伊達政宗ら有力五大名を招集して、この文書を見せ、「御世始めの御法度」として厳重処分を行うことを宣言し、二十九日、加藤家の改易を発表した。怪文書は土井利勝の謀略だったとも、光広のいたずらにすぎなかったともいわれるが、将軍が就任早々に断行した有力大名の改易は、天下を揺るがし、家光の強権に服従させる効果は充分であった。三斎は「万事御つよみなる手ばやき仰せ付けられ様、言語に絶する迄《まで》に候事」と感嘆した。

江戸の三斎は、事件発覚後から連日のように、小倉へ飛脚を送って光利に状況を知らせている。その後、加藤肥後守は出羽庄内藩（酒井忠勝）預け、子の光広は切腹すべきところ、詮議の結果「うつけ者」

と判ったので飛騨高山藩（金森重頼《しげより》）へ預けという処分が下され、老中からの奉書で正式に忠利にも処分内容が伝えられた。

三斎はその後、肥後の引渡しとなれば、豊後にも人数差出しの命令があるやもしれぬ、あらかじめ心がけておくように、必要なら中津の人数もすべて提供する。よしんば動員はなくても上使通過の接待などで費用が要るだろう。無利子で銀二百貫を貸すから切手を送る、と細かい指示をしている。

他方では、熊本城受け取りの上使の一人に指名された稲葉丹後守に、豊前小倉から熊本への道筋などについて絵図を添えた細やかな手紙を送るという配慮を示してもいる。稲葉は家光の乳母春日局の子で、家光幼少時からの側近であり、秀忠大御所時代には本丸年寄（つまり家光の年寄）を勤めた。次世代の幕政を担う有力者である。

忠利、熊本藩主に指名

六月、熊本城受け取りの上使が江戸を発ってまもなく、二十三日付けで、三斎は国替えについてはさまざまな風説があるが、肥後へはその方が遣わされることが大方きまったともいわれている、と報じた。つまり次の熊本藩主は汝である、というのである。あくまで雑説だと断った上だが「千万一に左様ニ候は其方大大名ニなられ候ハん事ハ珍重候」と期待を隠さない。雑説とはいうが、三斎としてはかなり確実な筋から情報を得ていたものと思われる。

一方、国元の忠利の方は上使への対応に忙しく、とどこおりなく稲葉丹後守を迎えたが、何もおっしゃらなかった、といくらか半信半疑の様子である。しかし稲葉から今年の参勤交代は九月に出発して十月なかばには江戸へ着くようにと指示されたことは、後から考えれば肥後への国替えの伏線であった。忠利自身は、これで国替えはなくなったと考えたようである（七月十二日付、三斎あて。「細川家史料」十―五一四）。

忠利は九月十三日に小倉を発った。旅の途上に、先には十月中旬には江戸へ着くようにと求めたが、なるべく早く到着するようにとの老中連署の奉書をもった飛脚が着いた。このあたりでようやく忠利も国替えを予期したのではなかったか。

十月三日、忠利は江戸に着いた。即日、明日登城せよとの奉書が届けられる。

翌四日巳の刻（昼すぎ）登城、そこで将軍家光から直接、肥後国替えを命ぜられた。

「父三斎しば〱忠節を東照宮（家康）に謁し其功多く、又其方連年心を尽して奉公をなす。父子の勤労暫《しば》しも忘れおかず、其忠志を賞して肥後之国を授与《さずけあた》ふる也。益《ますます》忠勤を抽《ぬきん》つへし」

というのであるから、これは長年にわたり三斎忠興、忠利の父子が営々として築きあげてきた幕府の信頼が、報いられたというべきものであろう。

肥後一国に豊後鶴崎一万石を添えて五十四万石の太守である。鶴崎（大分市鶴崎）は豊後の良港で、熊本から豊後街道が五日行程で結んでいる。参勤交代のさいの船便を考えての配慮であった。

加藤家改易にともない、幕府は権力の浸透が遅れていた九州に一挙に手をつけたのであった。外様ながら幕府成立以前から忠誠で、北九州の支配に三十二年の経験をもつ細川家を肥後に配置することによって、黒田（福岡）、鍋島（佐賀）、島津（鹿児島）といった三十万石以上の大藩を牽制し、あわせて対外関係の要地、長崎への押さえとする。他方で移封後の豊前には、小倉に小笠原忠真《ただざね》、中津に小笠原長次《ながつぐ》、龍王に松平重直《しげなお》（忠真の弟）、木付に小笠原忠知《ただとも》と譜代大名を配置した。幕府は、大国を仰せ付けたからと、小倉城から一切の武器、玉薬（火薬）の持ち出しを許した上、大坂城から石火矢三、大筒十、小筒千、および玉薬それぞれ二万斤を与えている。肥後の軍事的な重要性を示している。

忠利はあわただしく準備に取りかかった。小倉十五万石に小笠原忠真が入部したことについて、忠真は忠利の妻千代の弟であるから、忠利も「さては心安く存じ候」と安堵している。年貢は新領主に引き渡すのが原則で、当座の消費分（兵糧米）だけは徴収して、後に返却する。豊前入部にあたって黒田家と紛争になったのもこれが原因であるから、慎重に事を運ぶ必要があった。

忠利の熊本入城

寛永九年（一六三二）十二月六日、小倉城を出発した細川越前守忠利は、中津から鶴崎を経て九日、熊本に入った。

早朝に山鹿《やまが》を発った忠利の行列は、威儀を正して熊本城下に入り、大手門に着いた。鉄砲頭が銃を放って祝福（魔よけ）する。忠利は門外で駕籠をおり、けはなし（敷居）をいただくように恭しくひざまずいて一礼した。さらに進んで本丸玄関に立つと、幕府上使の石川忠総（譜代大名）から武器、財宝などの目録を受け取る。

熊本城南面大観図（熊本市立熊本博物館蔵）

その上で天守にのぼり、周囲を見渡した。そして加藤清正の墓所のある中尾山の本妙寺の方角を尋ね、そちらに向かって頭を垂れると、「この度、不思議なご縁でこの城を賜ることになりました」と挨拶した。

清正に敬意を示すことで新たな領民を宥和しようと気をつかったのであろう。

中津にかわって八代《やつしろ》を隠居領として与えられた三斎は、忠利を祝福するため二十日に熊本城に赴いた。松の間で祝宴が行われる。酒食に先立って「目出たふ候、謡《うたい》候へ」と三斎は所望した。忠利が中村靭負《ゆきえ》を召すと、三斎は「靭負はいらぬ、伯耆《ほうき》、四海《しかい》波《なみ》を謡え」という。

いささか説明が必要である。肥後には加藤清正以来の遺臣で、中村少兵衛という金春八郎直伝の能謡をよくする者がいた。靭負はその子、忠利が父少兵衛に懇望して最近、千石で召し抱えた自慢の家臣であった。まだ二十歳あまり。

これに対して三斎が指名した伯耆とは志水伯耆守元五清久、丹後時代から細川家に仕えたが、三斎忠興と喧嘩して退散、肥後の加藤家に仕えていた。石垣原《いしがきばる》の合戦では清正の命令で旧主を救うべく参陣、その後、忠興は清正に頼んで帰参させた。豊前で五千石、現に熊本では六千石を与えられている。

幽斎藤孝、三斎忠興とともに能に親しみ、先にあげた中村靫負の仕官にあたって家老の長岡（松井）興長とともに後見を引き受けている。三斎は、熊本入城にあたって、この老臣を指名して長年の友誼に報いたのであろうか。

「四海波」とは『高砂』の一節、高砂では「この浦船……」が名高いが、荘厳な場面では「四海波静にて国も治まる時つ風、枝をならさぬ御世なれや」が小謡としてうたわれる。老いかあるいは感動か、かすれがちになる伯耆守の声に、三斎は「いずれもつけ候へ」――皆で唱和しようと声を掛けた。一座の者が共に声を出して目出たく謡い納めた。

父幽斎は能楽に造詣ふかく、鼓の名手として知られる。三斎もまた観世宗節《そうせつ》についてシテ方として修業を積んだ。忠利の熊本城入りは諸書が『堀内伝右衛門覚書』を利用するが、この覚書のなかの能楽の記事については言及されることが少ない。ここでは熊本の史家中村勝氏の論文「熊本能楽の源流――細川家入国のころ」（『市史研究くまもと』十二号）によって記した。なお志水伯耆守の孫一学（一角）は熊本における喜多流の祖で、先の中村靫負の金春流とともに肥後能楽の源流となった。

転封という大事業

転封つまり大名の引越しは大事業である。まして熊本のような大藩を治めるのは容易ではない。忠利はまず小倉城の引き渡しを行った。武具はことごとく熊本へ持っていく、本丸の建物の床下の炭、薪はそのまま置いて行くなどと細かく規定した。この事実から副次的に、小倉城では非常時に備えて、床下に燃料の薪炭の備蓄があったことを知ることができる。

忠利の移封を知ると中津の町人で熊本へ付いて行きたがる者が多かった。町人の移動は幕府の禁じるところで、これは厳しく取り締まるが、素早く引越してしまった者もいたらしく、最低限、家を明けないように、つまりどうしても移動する者は隠居して家督を譲るなどの措置を講ずるように指示した。

百姓身分の移動禁止も秀吉以来のものである。封建制度のあり方からいっても、移動を認められるのは武士だけである。いちばん問題となるのは、武家奉公人で、年季奉公の使用人で武士ではないものの、日常生活を維持するには不可欠の者たちである。そこで譜代（代々仕えている者）の奉公人は連れていく、豊前豊後で雇った者については翌年二月の出替り（契約更新期）に小笠原家に引き渡すこととした。このようにして戻した者千八百九十七人、他に逃亡した者四百七十五人がいた。これも記録に残し、小笠原家から請状を取った。

入城の翌十日、忠利は、城受け取りが無事にすんだことを江戸の六丸（光尚）に報じた。「事外《ことのほか》ひろき国にて候、城も江戸之外にはこれほとひろき不見《みず》候」と満足げである。

しかし国替えにともなう出費もあり、十二月末には江戸の上屋敷が火事の類焼を受けるなど事件も重なった。

肥後と主要街道

寛永十年（一六三三）二月には六丸にたいして「今年来年つつしみ候へば我等は金もちになり可候間、おやこともニ当年来年迄かん用之としにて候」と互いに出費を戒めている。思えば、父忠興が関ヶ原合戦の直前に自分に書状をくれてから三十年近く経つ。その自分が子の六丸（光尚）に書状を書くまわりあわせになったのである。

この年、忠利は家臣の知行割りを行いたかったが、改易のため加藤家家臣の知行にかんする資料がない。農民は正確な年貢を申告せず、収穫高を隠そうとする。そこで幕府の許可を得て四、五月に検地を行い、秋の収穫までには知行を定めようとした。

忠利はまた肥後の政治について三通りの覚書を作成し、年寄稲葉利勝をつうじて家光の許可を得ようとした。利勝の返書は、上様の内意を得たいとの思し召しだが、「一切かてん不参候」と手厳しい。肥後の国は越中殿にお預けになったのだから、いちいち指示を得る必要はない、三つの覚書どおり心次第になさるがよい、という。

だが、この後では一転して「大名になられて御分別はさがられたのかと榊原職直《もとなお》（年寄）とともに笑いました。おなつかしく存じます」と親しい間柄らしい文面が続いている。細心な忠利は大国の国主となって、いささか神経質になりすぎている。それを軽くからかい、勇気づけてもいるのである。

第三十章　御世はじめ——家光の親政

病気がちな将軍家光

忠利が藩政の整備にとりかかるのにあたって慎重すぎるほど慎重だった背景には、家光の親政開始期の厳格な雰囲気がある。

寛永十年（一六三三）、忠利は熊本における最初の新年を迎えたのだが、その正月六日、幕府は全国を六地区に分けて国廻りの上使を派遣することを決定した。

九州の場合、正使は小出対馬守吉親《よしちか》、副使は使番《つかい》の堀信茂と書院番の能勢頼隆《のせよりたか》、総人数は四百人余にも及んだ。吉親は秀吉に仕えた小出秀政の孫にあたり、丹波園部二万九千七百石の領主である。この時の国廻りの正使は外様大名で徳川家の信頼のある者が多く、補佐役として家光側近の旗本が加わっている。例のない全国一斉の上使派遣に、各地の大名は緊張した。忠利は、表向き上使の目的は諸国の道筋や境界の見届けとされているが、真の目的は内政の調査であると確かな筋から聞かされた、と三斎あてに報じている（六月十一日書状案）。

上使は三月に九州に着いたが、熊本へ入ったのは九月であった。家光からの指示で、上使は酒、菓子のような些細なものまで大名からは贈答を受け取らぬ厳しい姿勢を示した。同じ九月、忠利は上使への応接を家老たちにまかせて熊本から最初の参勤交代に出発している。国絵図を提出するなどして応接はとどこおりなく終わったが、緊張は一通りのものではなかった。

家光の健康は不安定で、それが政局に微妙に影を落としていた。彼は神経質で、不安を酒にまぎらわす傾向があった。九月十四日の晩、月見酒を飲みすぎて、四日間も粥だけ食べて摂生し、大名たちも見舞いのため登城する騒ぎとなった。この時は順調に回復し、江戸にいる子の六（光利、のち光尚）からの報告を受けて、江戸への旅の途上にあった忠利は「上様御本ふくのよし、夜のあけたる様に覚へ申候」とほっとした様子で返事を書いた。

いまや忠利は、父の三斎へ報告する一方、子の光利にも手紙を書き、書状で情報を交換する細川家の伝統を引き継ごうとしている。ただし、同じ時期に父三斎にあてた書状のかしこまった対応とは違って、子あての書状には、格式ばらずに思わず本音をもらしたという趣があって人間味を感じさせる。

十月十日に忠利は江戸に入ったが、直後の十四日、家光は増上寺参詣のため月代《さかやき》を剃り、行水したところ、風邪をひいたのか十五日朝からまた床に就いてしまった。病状は深刻で三人の医師が薬を調合したが効果があがらず、大名たちは毎日、時には一日二度も三度も登城する緊迫した状況となった。家光はもしものことを考えて譲位を口にするほどである、と忠利は国元の三斎に報じている。

幽閉されている家光の弟、徳川忠長を擁立する企てがあるとか、紀伊の徳川頼宣《よりのぶ》が戦争の準備をしているとかいう噂が飛び交ったのは家光の政権の不安定さを物語っている。

懸念された家光の病気は十月中には回復に向かったが、彼は密かに阿部重次を忠長の幽閉地高崎に派遣して十二月六日、自害させ、禍根を絶った。

将軍の上洛

寛永十年に権力の分散を嫌った家光は年寄三人の合議を命じた。しかし万事に厳しい家光の前で年寄たちも萎縮しがちとなり、政務は目に見えて停滞した。このため十一年（一六三四）三月、家光は年寄酒井忠世、土井利勝、酒井忠勝に月番制（最初は半月交代）で分担して責任を負わせ、さらに政務を六人衆（若年寄）と町奉行にも分担させた。

成果はすぐに表れ、三月十八日、忠利が熊本城の塀、矢倉の修理を年寄に願い出たところ、当番年寄から家光に披露され、その日のうちに許可がおりた。あまりの迅速さに「胆をつぶした」と彼は三斎に報告している。

家光は上洛を計画しており、一月以来、在府の大名たちはさまざまに取り沙汰したが、公式な発表はない。ようやく四月になって上洛時期の内示があった。家光は情報を自身に一元化することによって、権力の威厳を増そうとしているようにみえる。かつてのように懇意な旗本を通じて情報を得ることができにくくなっている。

痰《たん》で悩んでいた忠利は、有馬で湯治する目的で許しを得て早めに江戸を発ち、京都を経て有馬へ行き、家光の上洛を迎えられるよう六月十二日、指示された宿所の上鳥羽へ戻った。三斎も八代から京都にむかう。江戸からは五月十一日、先頭の軍団が進発し、供奉《ぐぶ》の軍勢が続々と京都へ向かった。家光は二十日にようやく江戸城を出、七月十二日に京都に入った。総勢は三十万人に及ぶ。朝廷、公家に対する武家の一大デモンストレーションであった。

将軍を出迎えた忠利は、七月十八日の将軍参内に供奉。また閏七月二十二日の二条御所での蹴鞠の興行には、三斎ともども参加している。

徳川家光（堺市博物館蔵）

忠利は八月一日に京都を発って熊本へ戻る。家光は京都で五万石以上の大名に朱印状を与える旨を発表し、江戸へ戻って行った。忠利も八月四日付で、肥後と豊後三郡あわせて五十四万石の領知を確認する朱印状を授けられた。改めて家光との主従関係を確認するものである。

国元へ帰った忠利はまず、家光の指示にしたがって切支丹《きりしたん》詮議に力を注いでいる。この後、九月から十月にかけて領内を巡検した。

十月には、幕府から江戸城の石垣普請を命ぜられ、その準備にとりかかる。大藩の藩主は物心両面で負担も大きかった。

前後するが、将軍上洛に前後する時期に三斎は、八代城の屋敷の庭に池を掘らせようとした。これを知った忠利は、幕府年寄の許可を得たか、と確かめる。三斎は、城の防備にかかわることではないので、合点がいかぬと反論する。忠利は丁寧に父を納得させようとした。

「御当代は、三斎さまが取るに足らないと思われることまで大事をとる方が満足なさいます。石垣にしないで板で押さえたとでも報告なさいませ。崩れた方が公儀への聞こえはよいようです」。三斎から見れば気を遣いすぎ、と思われる態度で忠利は神経質な将軍にたいして家を保とうとしている。

国を鎖す

家光体制のひとつの要素は対外関係の整備である。発端は長崎奉行竹中重義の失脚であった。竹中は豊後府内二万石の藩主で、外様ながら秀忠の信任を得て寛永六年(一六二九)以来、長崎奉行を勤めたが、職権を利用してポルトガル貿易に関与し、収賄や唐船への私的な課税などについての苦情が長崎商人から出始めた。しかし彼は幕府年寄の出資で中国貿易船を仕立ててやったりして幕閣に取り入り、地位を保った。寛永九年に加藤家改易、熊本城受け取りのため派遣された上使一行は長崎商人から直接、竹中の所業について報告を受け、秀忠の死によって後ろ楯を失った彼は翌十年に罷免された。代わって今村正長と曽我古祐《ひさすけ》の両旗本が長崎に上使として派遣され、長崎奉行としての任務とともに竹中にかんする調査を行った。

翌十一年二月二十、二十一日に江戸城西の丸で竹内の審問が行われ、朱印状のない船を自分名義の証明書で国外に派遣したり贋金を作っていた事実が明らかとなり、即日切腹を命ぜられた。

これ以後、特定の大名に長崎奉行を委任することは廃止され、毎年、家光の任命した上使が奉行として派遣されることになった。これにより対外関係にかんしても家光の意思が直接に反映される結果となった。

寛永十年度の今村、曽我は直接、将軍に拝謁して指示を与えられ、年寄連署の下知状が与えられた。二月二十八日付の十七ヵ条で、奉書船以外の日本人の海外往来禁止、外国船貿易の取り締まりなどを規定する。普通、これを鎖国令とよび、以後、十一年、十二年、十三年、十六年と類似の内容のものが出されたとされている。

しかし寛永十年の下知状の内容は諸大名を拘束する法令でありながら、その全貌はどの大名にも公開されていない。情報通の細川家が知らなかったのは有力な証拠といってもよく、とくに曽我古祐は、忠利の旧知の間柄で、長崎奉行着任にあたって書状や贈り物をしているにもかかわらず、忠興─忠利の書状にも「鎖国令」にかんしては一切、言及がないのである。

これらの事実から山本博文氏は、寛永十年の「鎖国令」は、老中連署下知状という形式で、新たに任命された長崎奉行にたいしてその年の職務内容を伝達する性格の文書であり、それ自体は公表されるべき性格のものではなかったと指摘している（『寛永時代』『鎖国と海禁の時代』）。

やや専門的になるが『熊本県史』史料編には発給者・宛所は不明の寛永十年五月十三日付、五ヵ条の「掟」が収めてある。この出典は『部分御旧記』で、そのさらに元となったのは「元和より之公儀御法度書」（永青文庫蔵）という幕府の法令の留書である。したがって寛永十年に熊本藩領でこのような布告が行われたとは思えない。内容からみて長崎町中を対象としたものとみなされ、細川家は長崎出入り商人などからこれを入手していたのだろう。

武家諸法度の発布

忠利は九州における幕府と中小大名をつなぐ仲介者的な位置を果たしてきたが、さらに中央の政治にも、もう少し積極的にかかわろうとしている。

参勤交代制度の改革にかんする提言はその最大のものだろう。寛永十一年（一六三四）十一月十八日、彼は書院番頭、永井直清にたいして、下々のくたびれこそが、天下の大病であると指摘し、大名の負担軽減のため江戸参府の東西の大名の交代時期を三月とすること、従者の数を減らすことの二点を提案した。

三月の意味は、武家の奉公人出替り時期である二月二日より後ということであり、また海上が穏やかになるので西国大名は出仕が容易になり、東国も雪が融けるので道中が楽になるという理由である。人数制限の方は大名の負担を軽くし、物価の高い江戸での生活の不便を避けるためであった。

この頃、幕閣は武家諸法度の改定を検討中であり、忠利の提案は永井をつうじて家光に伝えられ、法度に反映されることとなった。忠利は外様雄藩の当主として、むしろ積極的に幕府の政治に影響を及ぼそうとしたのである。独立独歩という三斎の態度とのおのずからなる相違は、世代の違いを如実に示している。

寛永十二年六月二十一日、すべての大名は登城を命ぜられ、大広間で年寄たちが法令を仰せ出される旨を伝え、林羅山が武家諸法度を読み上げた。

その後、家光が出て来て、自分には子がないので、明日にでも養子を取るかもしれず、また自分が死ぬようなことでもあれば、遺言と思ってこれを遵守するように、また臨席の大名たちは三代にもわたって仕えているのだから起請文は必要ないという言葉があった。

新法令の発布の場としてはいかにも暗い言葉だが、家光は四月末にひいた風邪から回復せず、食欲不振で粥と汁ばかりといった生活を続けており、しかも酒は飲むので余計、食欲が出ないといった悪循環が続いていた。家光は独裁色を強めていただけに、その健康状態は政局に大きな影を投げかけている。

武家諸法度十九ヵ条は、新しく城郭を築くこと、徒党や誓約、私的な婚姻などの禁止、反逆者、殺人者にかんする規定など従来の条項に加えて、幕府の許可を得ないで軍を出すことの禁止、音信、贈答、結婚、饗応、家作などを簡略にすることなど重要な内容を含んでいた。そして参勤交代にかんする規定では、江戸参府は四月交代で大名を二組に分けて交互に参勤すること、従者の数を減らすことなど忠利の提案が考慮されていた。

島津家久は、この当日に江戸屋敷に細川三斎を訪れ、ほんとうに起請文を出さなくてよいのだろうかと相談した。また武家諸法度は漢文だったため、内容が理解できない大名が年寄に問い合わせる事例が目立つ。面白いのは忠利が長崎奉行榊原職直に法度を伝えていることだ。法度は大名にかんする規定なので直接、奉行には伝達されていないのである。

肥後守光尚の誕生

寛永十二年（一六三五）七月二十三日、十七歳になった忠利の嫡男六丸は、江戸城に登城して、家光から「光」の一字を与えられ、元服して光利と名乗った。のち寛永十八年春、光貞と改名、さらに十九年秋に光尚と改名するのだが、まぎらわしいのでここでは最初から光尚としておく。

従四位下侍従、忠利のたっての希望で肥後守に叙任された。領地と官名が一致するのは国持大名の特権で屋形号と称する。忠利にしてみれば、肥後の領主としての誇りと、まがりなりにも家の存続が保証されたような安堵を感じたに違いない。

十三年五月、三年越しの江戸城石垣普請は細川家担当の御成門付近の石垣が大雨で崩れるなど難渋したものの、ようやく完成。忠利は将軍家光からねぎらいの言葉を受け、江戸を辞して熊本へ下った。

この年十月、江戸の藩邸において光尚とねね（禰々）の間に待望の男子が誕生する。しかし産後の肥立ちが悪く、間もなくねねは亡くなった。わずかに十七歳である。生まれた子も十二月には死んだ。ところが忠利はねねの産後の状況を三斎には知らせてなかった。この頃、三斎の健康はすぐれず、十一月に八代をたち、京都で静養するにあたって、自分は京都の生まれだから京都の土になるつもりだと言い置いたほどであるから、心配をかけぬようにという当然の配慮だったのだが、孫の誕生を喜んでいた三斎にしてみれば、不意にねねの死を告げられたことになる。

ねねは烏丸《からすまる》光賢に嫁いだ三斎の愛娘まんの娘であるから三斎自身の孫でもあり、縁談を取り次いだ経過もある。前後の事情からみて、彼は十一月二十四日に京都へ出て、はじめてねねの死を知ったようである。激怒した三斎は、ねね付きの宮本次郎大夫夫妻と三斎の江戸中屋敷留守居役、町源右衛門と神戸喜右衛門の扶持を召し放った。

宮本は死んだ兄の子伝右衛門を後見していたが、その伝右衛門が三斎の児小姓に任ぜられ、次郎大夫自身もその縁で三斎のお声がかりで側女中を妻に迎え、ねね付きとして江戸へ出て来たという因縁がある。三斎にとっては、それだけに信頼を裏切られた気持が強かったのだろう。宮本は、光尚に熊本藩領の豊後鶴崎居住を願い出て許された。忠利は機会があれば再出仕させるつもりだった様子だが、結局、かなわぬまま病死した。

翌寛永十四年は気候不順で冷夏の年であった。瘧《おこり》や風邪が流行し、家光の健康状態はまたも思わしくない。年寄衆も酒井忠勝が瘧、堀田正盛も病気、土井利勝は目眩《めまい》などで登城できぬというありさま。当然、政務は停滞した。

江戸へ出た忠利も二十年ぶりに癪《しゃく》を経験し、また九月ごろから持病の痰に悩んだ。許しを得て十月十六日から鎌倉で静養するが、ここも寒く、十一月四日には江戸へ戻ってしまった。

このようになんとなく不安な政情のもと、十一月八日、権力を根底からゆるがした島原の乱の勃発を告げる報知が江戸に届いた。

第三十一章　島原の砲声——光尚の初陣

島原の乱起きる

寛永十四年（一六三七）十月二十五日、島原の口之津《くちのつ》（南島原市口之津）で、公然とキリストの像を掲げて礼拝を行う教徒の集団があった。駆けつけた代官が肖像画をひき破り、怒った信者たちに殺された。これが島原の乱の発端となった。一揆は、たちまち旧有馬家の遺臣や農民のあいだに広がり、島原城（長崎県島原市城内）を包囲し、半島の南半分を支配下に置いた。

島原の松倉氏と唐津藩の飛地天草は重税で知られ、乱は年貢減免の農民一揆という側面をもっている。島原藩が直後からキリシタンの反乱という認識を示しているのは、ご法度のキリシタンに転嫁することによって酷政の責任をあいまいにする意図もあったようにみえる。それが天草四郎（益田時貞）を中心とする一種の終末観にもとづいたキリシタン再結集の動きと、蜂起のなかで結合したのである。

二十六日に一揆は島原城を囲んで猛攻を加えた。熊本藩が対岸の島原の異常に気づいたのはこの日が最初である。家老の長岡監物《けんもつ》（米田是季《こめだあきすえ》）が囲碁の会を催しており、耳さとく西南の方で大砲の音がするので、早速、探索を命じたという。

翌二十七日朝、飽田《あきた》郡小島《おしま》村（熊本市小島町）から、有明海を隔てた島原表に火の手があがり、銃声がしきりであるとの注進が郡奉行によってもたらされた。早速、歩使番《ほのつかいばん》の侍を小早船《こはやぶね》で島原へ派遣した。

一揆は唐津藩領の飛地である天草の大矢野（熊本県上天草市大矢野町）を中心とする地域でも拡がった。唐津藩の派遣した千五百ほどの軍勢は志岐に上陸したが、そこへ島原から小舟に分乗した一揆勢が支援に現れ、十一月十四日、本渡《ほんど》付近で戦闘が行われた。城代・三宅藤兵衛は戦死し、唐津勢は敗走して天草下島の西端、富岡城（熊本県天草郡苓北《れいほく》町）に籠もった。

一方、熊本藩や佐賀藩から一揆の報告を受けた豊後目付は、幕府に報知し、十一月十二日、一揆鎮圧の上使として板倉重昌、石谷貞清が任命され、肥前の鍋島勝茂と唐津の寺沢堅高《てらざわかたたか》が出陣を命ぜられた。島原からは熊本藩の支援をもとめる使者がしきりであり、藩重役も気負いたったが、武家諸法度の規定で、勝手に兵を送ることはできない。しかも豊後目付牧野成純《しげずみ》と林勝正は出兵を許さなかった。このあいだに反乱は次第に拡大していった。

光尚の出陣

江戸では光尚に帰国の命が下った。十一月十五日出発、二十二日には大坂に着いて、旧知の町奉行曽我古祐《ひさすけ》から情勢をつぶさに教えられ、翌日には熊本に向かった。板倉、石谷の両上使は、光尚より一日早く、大坂を発って島原に向かったばかりである。他の西国大名の嫡子にも帰国の命令が下った。

一方、熊本藩は派遣した使番からの独自の情報で、状況はかなり的確に把握していた。島原ばかりか、天草でも一揆が拡がっている。キリシタン大名小西行長の旧領を抱えている熊本藩にとって隣領のキリシタン蜂起は無視できない状況である。また遅れをとってはならないという武士独特の功名にはやる気分も否定し難い。

十一月十七日朝、天草へ遣わした歩の使番井口庄左衛門が帰着して、本渡での戦闘で唐津藩の三宅藤兵衛が戦死したなどの詳細を伝えた。熊本にいた家老長岡監物は、井口を即座に高瀬へ派遣し、そこまで出張していた豊後目付に直接、状況を報告させたが、案に相違してやはり出兵の許可はおりなかった。

豊後目付もまた幕府の官僚だから、中央の意向をうかがって、諸藩の共同行動を好まず、事態を軽く見せたくもあったのだろうか。やむなく熊本藩は、天草に接する三角《みすみ》や川尻の港に兵を出して備え、出兵の要求を続けた。ようやく十一月二十六日、小倉に着いた板倉、石谷上使が豊後目付の失態を認め、細川家に天草派兵を求めた。

十二月一日、気負いたった細川勢の先鋒、備頭《そなえがしら》の長岡右馬助、志水伯耆《ほうき》の率いる二組が三角半島の郡浦《こおりうら》へ向かった。さらに三日には家老有吉頼母佐が備頭の小笠原備前（長元）、清田石見の率いる二組とともに天草をめざす。

熊本藩の軍制では、少数の大身の侍を除いて大部分の武士は十二組に分けられ、それぞれ千ないし五千石の備頭が率いた。家老は藤孝以来の松井、米田、有吉の三家で、それぞれ家臣団を率いて非常時には軍を指揮した。三斎の支配下の八代組も加わり、二日間に計四組、約三分の一の兵力を動員したことになる。

細川勢はまず天草四郎の本拠である大矢野に上陸、山狩りをしたが一揆勢はすでに立ち退いた後であった。十日に光尚が着陣したので、天草下島の上津浦で海を隔てて島原と対峙することとなった。

このころ、本渡で勝利した一揆軍は富岡城を包囲したが陥せず、船で島原へ渡って、もと有馬氏の居城であった原城の跡を修築して立てこもっていた。劣勢とはいえ、食料、武器弾薬を持ち込んで士気は高かった。十一月下旬に領主、松倉勝家が島原へ帰着し、十二月上旬には上使板倉重昌らも長崎経由で島原に着いた。十二月十日、島原、鍋島勢は原城へ押し寄せたが、予想以上に頑強な一揆勢の抵抗にあって持久戦に方針を転換し、柵を作り、山を築いて陣地を作り始めていた。

忠利、わが子を督励する

藩主忠利は療養先の鎌倉から江戸へ戻った直後に島原の変報を聞いた。十一月十七日に幕府は第二の上使、松平信綱と戸田氏鉄《うじかね》を任命している。最初の上使の任命からわずか九日後の任命は、乱の後始末を予定したものとされる。事実とすれば幕府も事態をあまりにも楽観的に見ていたといえる。

忠利は八日に光尚あてに報告を求める書状を出した。光尚の方は十二月十日に天草に到着、対岸の島原へ渡航しようと待機している。父からの書状を受けるまでもなく、十二月十四日から十六日までのあいだに五通もの書状を書き送った。これらはすべて十二月二十七日に江戸へ着いた。

一方、一揆勢を攻めあぐんでいるとの現地からの報を得た忠利は、十二月二十四日に早打ちの使者をつかわし、島原の状況が思わしくない場合には熊本勢が派遣されるはずだと将軍の仰せを受けたから、ただちに島原出陣の嘆願を行え、と指示した。

軍勢を遣わすことが許されなければ、島原に見舞いに行き、戦場の様子を観察したいと申し出てみよ。何度でも嘆願するがよい。最初の上使、板倉殿や石谷殿はもはや指図できる立場ではなくなるだろうから、新上使である信綱殿や氏鉄殿に懸命に嘆願するがよい。この両殿は、上意を伺わずに自由に裁量する権限を与えられている。だから二人に嘆願せよ、と情勢を見極めた上のきめ細かい指示である。

泰平の世になっていた。現実に戦闘にしたがって武名をあげる機会など滅多にあるものではない。忠利は島原一揆を嫡子光尚の名をあげる機会としてとらえていた。

現地の光尚は、天草から川尻まで退き、上使に参陣を願うとともに、鉄砲除けの竹束など城攻めの仕寄《しよ》り道具を船に積んで待機していたが、一向に参戦の命令が下らない。この状況を知って江戸の忠利は、光尚を督励する。上使の下知次第という消極的な態度では、戦機を失い、ほかの大名たちからは笑い物にされかねないというのである。

「その方あしきと申す事にてはこれなく候、油断と人申すべき所御入り候」（その方のやり方が悪いというのではない。油断といわれかねない所があるのだ）。忠利は光尚の将来に傷がつくことを恐れるとともになんとも歯がゆそうである（寛永十五年正月八日）。

忠利自身、実戦の経験は豊かとはいえない。幕府の体制の下の人間にふさわしく、彼はこの戦いをむしろ政治として見ている。

海を渡る熊本勢

ところが新上使がもはや小倉に到着したという報知にあせった最初の上使板倉、石谷は、突然十二月晦日の朝に、翌日の総攻撃を下知した。こうして寛永十五年一月一日未明から攻撃は開始されたが、一揆勢の抵抗は激しく、松倉（島原藩）、有馬（久留米藩）勢は塀際で釘付けになって前進できず、死傷者が続出した。

板倉重昌は攻撃を促すために先頭に立って進んだが、有馬勢は進めず、松倉勢は猛反撃を受けて仕置の竹束の番もできぬほどで、後続する兵がなく、板倉は城壁の下の塀際で鉄砲で狙撃されて即死、石谷貞清も負傷して退いた。幕府軍の大敗である。使者などとして島原に派遣されていた細川家の武士も参戦、戦死四、負傷五十三を出している。

ようやくここで細川勢に動員が命ぜられた。光尚は八千ほどの兵力を率いて川尻を出港、悪天に難渋しながらも四日、島原に着き、翌日から城攻めに参加した。

原城は廃城とはいえ、海にむかって突出した台地の上にあり、海に面した三方からは攻撃不能で船からの砲撃もあまり有効ではない。陸側の北西方向から攻めるしか方法がなかった。

細川勢に与えられた仕寄場は、城にむかってもっとも左手、三の丸正面で立花忠茂、松倉勝家の仕寄場だった場所である。仕寄場とは竹束などで鉄砲を防ぎながら城壁へ接近する分担地区を意味する。まず築山を築いて大砲を撃ち、さらに井楼《せいろう》を築いて城を見おろしながら狙撃する準備をするように命ぜられた。新上使は慎重に攻撃軍を配置して攻撃担当部署を定め、統一した指揮のもとで包囲を狭めて行こうとしている。だが、戦功をあげようとする各藩の駆け引きも激しく、なかなか足並みは揃わなかった。細川勢に仕寄場を譲った立花忠茂は細川の先駆け的な行動を非難している（「立花立斎自筆島原戦之覚書」――じつは立斎〔宗茂〕の子忠茂の筆になるもの）。

機敏に行動する忠利

寛永十五年（一六三八）正月十二日、上使戦死の報を得て、江戸では忠利をはじめとする九州の諸大名が出陣を命じられた。かねて準備していた忠利は六日間で東海道を馳せ下り、十八日には早くも伏見に達している。

京都で病を養っていた三斎忠興は、伏見まで出向いて忠利と会う心づもりをしていたが、あまりの早さに後手となった。自分を待っていては遅くなるから、大坂へ下るように、使者を大坂へ出すからと書状を書かせ、自筆でつぎのように書き加えた。

「扨々《さてもさても》はやき事に候、その方は煩いの内にて候、かように候ても苦しからず候や、あきれ申し候」（一月十八日）。

わが子の身体を気づかいつつも、迅速な行動に満足気である。忠利は大坂から船に乗ると、熊本にも寄らず、島原に直行して二十六日には戦場に着いた。

細川勢の仕寄りは壁際に十九間（三四メートル強）にじり寄っていた。城に対する築山も完成してその上から塀裏を見透かして大砲を撃つので、一揆勢は塀の裏側の堀を通行している様子であると忠利は京都の三斎に報じている。

子の光尚の采配を危ぶんでいた忠利も、戦地に着いてみて、存外抜け目ない行動に満足したことであろう。細川家にはまだ戦場経験豊かな武士が少なくなかったから、このような他勢との駆け引きでも抜け目なく、主君をもり立てて行動したものと思われる。

家光はしばしば使者を遣わして、仕寄りを確実に前進させて兵糧攻めにするなり、好機をみて一斉攻撃をするなり、慎重に見極めるよう求めた。包囲は持久戦の傾向を帯びている。

京都の三斎にも、戦場の様子は気がかりであった。島原の絵図を要求し、それが届くと、色々と忠利に訓戒の手紙を書く。仕寄りの近くに敵の口がある。討って出られた時に備えて厳重な備えをせよ、あるいは城内からの投石を防ぐために船の帆を立てて築山を築いているというが、松明を投げたり火矢を撃ちかけられたりして焼かれたらどうするつもりだ、等々。

この歴戦の勇士は久しぶりの実戦に血が騒いで仕方がない。しかし何と手紙に書いたところで「三百里参り、また三百里もどり申す事に候間、入らざる儀と存じ候へども申し候」。手紙の往復に費やす距離と時間を考えると、事態の変化には応じきれないので詮《せん》ない事ではあるが、と時に我に返るのであった。

原城の包囲

二月初旬、幕府軍が原城の包囲を完成したころの兵力は、軍夫を含めて八万五千内外に達している。寄せ手のなかで最大の兵力は肥後勢で、八代組を含めて三万余り、実力からいっても、五十八歳の年齢の重みからいっても、忠利は攻撃軍の中心的な存在となりつつあった。

細川勢につぐのは鍋島勢（肥前佐賀）三万余だが、侍は少なく軍夫が多かったという。この他、黒田（筑前福岡）一万五千、有馬（筑後久留米）三千、立花（筑後柳川）二千、寺沢（肥前唐津）二千、松倉（肥前島原）五、六百。上使は公称で松平信綱千五百、戸田氏銕三千五百、実勢はそれより少ない。ほかに物を売る商人なども集まった。

仕寄場の全長、つまりは前線の幅は八百六、七十間（一・五キロメートル強）、うち細川勢の分担は、海岸に張り出した分を含めて二百七十間（三四六メートル）であった。ここから城にむかって順に右へ立花、有馬、松倉、鍋島、寺沢、黒田と七手が並んで担当地区から攻撃の手筈である。これら七大名の軍に戦目付がついて監督した。

包囲はすでに三ヵ月に及んでいる。一揆側では次第に食料や弾薬が欠乏し、鉄砲はあまり撃って来なくなった。代わりに城の塀裏に多くの礫を貯え、これを投げて防戦した。石とはいえ、あなどりがたい効果があり、包囲側の工事を難航させた。宮本武蔵はこのとき中津城主小笠原長次の後見として参戦していたが、延岡城主の有馬直純に宛てた現存する自筆書状で「拙者も石ニあたりすねたちかね」と投石によって負傷したことを記している。

二月なかば、原城正面の二の丸を担当している鍋島勢が、四角く突出している二の丸出丸の塀を大砲で破壊した。敵が囲わないようにそれぞれの部署で仕寄りを寄せよと上使からの命令が下る。細川勢は前々から仕寄りを寄せる用意をしていたので、その夜のうちに仕寄を付けた。立花勢の担当地区は水田で道を作りながらの作業だったため難航したが、それでも二日後には追いつき、上使の命令で井楼を二つあげた。

井楼とは木材を組みあげた櫓《やぐら》で、城内を俯瞰するように高く組み上げて銃撃したり偵察したりする城攻めの道具である。細川勢も二つの井楼をあげ、さらに仕寄場を拡げ、井楼の土台となる空間を確保してもうひとつあげた。二月十五日には諸手の仕寄は、塀際三間半（六メートル強）にまで接近した。

激しい攻防

上使松平伊豆守信綱の指揮は行き届いたもので、忠利も三斎あての書状でほめ言葉を記している。しかし彼にもあせりはあったらしく、オランダ船を呼び寄せて海から砲撃させた。異国船に協力させたのは日本の軍事史上異例のことで、評判が悪く、忠利の具申もあり、一度だけで終わった。

包囲は三ヵ月を越えた。一揆勢は食料や弾薬、薪などが不足しはじめたようで、城内の木々はことごとく切り倒され、鉄砲もめったに撃たなくなった。もっぱら礫を投げて作業を妨げようとする。細川勢は船の帆柱を立て、帆を張って投石を防ぎ、その陰で作業を進める工夫などをしている。井楼によって城内の様子はかなり明らかになったが、塀裏には堀を作り、おそらく落とし穴などもある様子であり、一揆勢の士気も衰えてはいないので軽々しくは侵入できなかった。

一揆勢は劣勢を挽回するために、二月二十一日の夜半、精鋭四千が夜襲に出た。なかでも最多の二千四百は黒田勢の守る大江口を衝き、密かに柵を五個所で破って仕寄りの中へ入った。闇夜のことで黒田勢は同士討ちを演じ、戦死五十五、負傷百八十一という損害を出した。とくに主立った武士五、六人が戦死したので、数字以上に損害は大きかった。

一揆勢は鍋島本陣の脇の方へなだれ込み、小屋に放火して百軒ほども焼き、さらに柵を破って仕寄り内に入りこみ、井楼を焼いて出丸へ引き揚げた。

幕府側の戦死六十九、負傷二百二十八。他に小屋掛けして食料や火薬などを売っていた商人の小屋が焼かれ、相当の死傷を出した。一揆側も首を取られる者二百八十六、捕虜七の損害を出している。これが一揆勢の最後の攻勢であった。

戦機は熟した。上使らは二月二十三日に総攻撃を指示した。しかし雨のため二十六日に延期、ところがこの日も大雨で、放火の効果があがらないため、攻撃予定日は二十八日に延期された。

しかし偶然のきっかけから、攻撃はそれより早く開始される結果となる。

総攻撃——原城の最期

寛永十五年（一六三八）二月二十七日、つまり明日は総攻撃という日の昼頃、鍋島茂勝は、攻撃に備えて出丸の端に竹束を着けておきたいと上使に申し出た。築山まで来て状況を偵察した上で両上使はこれを許可した。

正午ごろから鍋島勢は出丸に竹束を寄せて行ったが、一揆勢はこれに気づかない。夜襲の失敗以後、一揆勢には士気の衰えがみられた。鍋島勢がこれに乗じて、ずんずん竹束を進め、出丸に取りついた。やっと気づいた一揆勢が激しく鉄砲を撃ちかける。

鍋島勢の目付、長崎奉行榊原職直《もとなお》の十八歳の子息職信は前線にいた。その手勢の弓矢による攻撃が効果をあげ、前面の一揆勢が退き始めた。かねて一番乗りを期していた職信は細川家から付けてくれた鉄砲二十挺の頭、芦村十郎衛門に「唯今、よき乗り潮にてはなきか」と小声で尋ねた。心得た芦村が、出丸の犬走り（升形の隅）に登り、職信の手を引き、浪人成田十左衛門という者が腰を押して同時に塀の上に登り、

「一番乗り」

と、大声で呼ばわった。父の職直も続き、とっさのことに遅れ気味の鍋島勢に「かかり候へ！」と下知してそのまま押し進んだ。後で榊原父子は軍令違反を問われてさかんに弁明に努めているが、ほと

んど偶然に戦端が開かれてしまったことは事実のようである。そこへ一揆勢が押し出して来たので、少人数の鍋島勢は小屋に放火したが、火の回りが早く、かえって行く手を阻まれて攻撃のさまたげとなった。

三の丸担当の細川、立花勢は、出丸へ鍋島が乗り込んでも三の丸には乗り込まないという事前の約束をしていたが、立花忠茂は二の丸の様子をみて細川勢に使者を送った。「鍋島手は塀際へ人数少し寄り申し候、何とあるべき儀にて候哉」

光尚は「御使ご覧候ごとく、はやのりこみ候間、早々御乗り候へ」と応じて、すぐに進撃を命じた。これより先に鍋島の抜け駆けとみて、家老の制止も聞かず、細川勢の先手は動き始めていた。三の丸には、ほとんど一揆勢の姿はなく、細川、立花勢は、たちまちそこを占領するとさらに一段高い二の丸方面へと進んだ。

忠利は立花宗茂の陣屋で上使松平信綱らと協議をすませ、自陣へ帰る途中で、鍋島の抜け駆けと光尚の進撃を知った。具足もつけずに馬で三の丸際に駆けつけ、三の丸に入ると、即座に右筆《ゆうひつ》に三斎あての書状を書きとらせた。

「二月二十七日未の刻（午後二時）、三の丸塀、此方へ取、すなわち内へ押込み申し候。二の丸際まで押詰め申し候。鉄砲かすくにて打ちすくめ押込み候故、きりしたんはたらき此前のごとくには成り申さず候。一門無事に罷りあり候。」

そこへ二の丸占領の報が入る。

彼は追而書《おってがき》を記す。

「……以上かように申す内に二の丸まで乗っ取り申し候。以上」

二月二十七日、鍋島勢が二の丸出丸で一揆側の虚を衝いたことに始まる予定外の攻撃は、全戦線に波及した。こうなると鍋島の抜け駆けに遅れをとってはならない、という意識があらゆる行動を支配する。大局よりも武士の意地が優先してしまうのが、時代の感覚というものなのだろう。

二の丸へ乗り込んだ細川勢も、ひたすら本丸を目指そうとする。しかし二の丸ではまだ激しい抵抗が続いている上、二の丸と本丸との間には大きな蓮池があり、一段高い本丸へは簡単に乗り込める状況ではなかった。

それでも三斎の代理として八代組を指揮している細川立孝《たつたか》（立允、三斎四男）はいち早く本丸下の流尾筋とよばれる場所まで詰め寄っていたが、三十間（五四メートル）もある斜面は砂や灰土まじりで柔らかく、足がかりにならぬ上、土煙が立ちこめ、敵味方が争うと土煙で白昼ながら五間（九メートル）先が見えぬ月夜のようなありさまだったという。しかし彼は少数の麾下の精鋭とともにその場に踏みとどまり、折敷きの姿勢で槍ぶすまを作って横手からの敵を退け、ひたすら機会を待った。

二の丸での攻撃を指揮していた細川家の家老、松井興長、その子の寄之、有吉頼母佐（英貴）らは、このまま二の丸の敵を殲滅していては他勢に遅れを取ると判断して「一人なりと先に進み、本城に乗り入れて高名を遂げられよ」と下知した。

ともかく細川の手で本丸を乗取ることが先決というわけである。腕に覚えのある勇士たちは、われ勝ちに先へ進んだ。備頭《そなえがしら》の小笠原備前の組の藤本勘助という武士は本丸塀に取りついて旗を掲げ、「備前が旗を、藤本勘助一番に付けたるぞ」と叫ぶ。しかし、投石で旗竿は折られ、絹の旗も散々に破られた上、重傷を負って退いた。

家老松井家の組頭松井新太郎も、部下に鉄砲を撃たせながら石垣に取りついて「一番乗り」と名乗ったが一揆側も激しく戦って進めない。この頃には本丸の石垣に取りつく細川勢の数も増したが、上からも大石を投げる者あり、槍で突く者ありでなかなか本丸の塀を越えることはできなかった。

時刻はすでに申の刻（午後四時）になろうとしていた。本丸を攻めあぐねている状況をみて上使松平信綱は、戸田氏銕と相談して、日も暮れるので、いったん撤退し、明日、攻撃を再開することを決断した。しかし前線の武士たちは命令を聞こうとしない。八代組を指揮する細川立孝すら上使の使番をわざと「見知らぬ者」だといいはって命令を聞こうとしなかった。

この様子をみて忠利は、目付の馬場利重に、直接、撤退を命じてほしいと求め、馬場は先手の松井興長のもとに馬を駆って命令を伝えた。興長は子の寄之が引こうとしないという。そこで馬場は直接、寄之に退却を命じた。それでも寄之は後勢が邪魔で引けないと言い張って動こうとしない。しかしやがて徐々に命令が行き渡り、攻撃軍は次第に退きはじめた。

このため一揆側は自然と防御が緩み、矢や石が間遠になった。攻め口を保って退かなかった松井寄之は、すかさず「今ぞよき乗り潮」と、攻撃の采配を振り、攻め太鼓を打たせ、「一きおいに乗取れ」と励ました。細川勢は一斉に石垣を登りはじめた。引き返しかけていた者も、われ先にと石垣に取りついた。

光尚の歩頭田中左兵衛は、海手の隅脇から石垣を登り、「一番乗り！」と名乗って本丸に入った。しかし五、六百の一揆勢が群がっており、槍を合わせるうちに負傷し、家僕に助けられ、槍を合わせながら退いた。

ところがこの後、益田弥一右衛門正景という武士が南寄りの海手の隅から石垣を登って、石で兜の立物を打ち折られながらも塀を乗り越えて本丸に入った。酉の刻（午後六時）ごろ、もはや日没になろうという頃である。背にした大きな指物が、遠くから観戦していた上使にもよく見えたという。結局、後に上使から益田が一番乗りと認定された。

忠利は一番乗りを認められなかった田中左兵衛の不快を思い、戦後、手ずから金熨斗《のし》つきの陣刀を与え、益田に倍する恩賞を与えるから遺恨を残さぬようにと訓戒した。このため彼は生涯、益田に対してどちらが先だったかというようなことは口にしなかった。

彼は確かに報いられた。忠利は約束どおり田中左兵衛を五百石から千五百石に加増、小姓頭に任じ、のち千石加増、熊本城代に任じた。忠利はさらに遺言で二千石加増を約束し、左兵衛は最後には四千五百石取りの大身に昇進した。

本丸内へはその後も細川、立花の武士が入り込んで来る。混乱を避けるために柵を立て、交代で鉄砲を放って夜明けを待つことにした。それでも功名に駆られて密かに柵を破って敵中に忍び込み、夜になって首を挙げた侍もいる。

翌二十八日朝、もやが晴れると本丸の北方、高い石垣の上に焼け残った家がある。忠利はこれを見て火矢で焼き払うことを命じた。家はたちまち燃えあがった。

歩小姓陳《ちん》佐左衛門《さざえもん》安昶《やすあき》は、この朝、すでに首二つを取っていたが、家が燃え上がるのを見て駆け込むと、衣をかぶって臥せっている者があり、傍らで女が一人、怖さに泣いていた。足音を聞いて衣をのけて起き上がろうとする所を佐左衛門が斬って首を取った。続いて入った三宅半右衛門という足軽が、引き留めようとする女を切り捨て、火がまわったのでそのまま二人は外へ飛び出した。建物はたちまち焼け落ちた。忠利の前で首実検があり、後にこれが天草四郎の首と判明した。大殊勲である。

正午ごろ細川勢が本丸を制圧したが、残りの戦闘は夕方まで続いた。原城が落ちたのはその日の夕方のことである。

島原の乱の始末

最初、農民一揆として軽く見られていた島原の乱は、八万に及ぶ諸藩の軍を動員し、四ヵ月近い城攻めの本格的戦争になった。

最後の総攻撃のさいの幕府側の損害は、戦死者千百四十七、負傷者六千九百五十に及んだ。幕府軍のなかでは最大の三万に近い兵力を動員した熊本藩は、戦争全体で戦死者二百六十七、負傷者千五百五十四の損害を出している。これは正式動員に先立つ年末から正月にかけての戦闘での死傷者を別とした数である。

籠城した一揆勢は天草四郎をはじめとして、ことごとく首をはねられ、さらし首にされた。その数一万あまり。生け捕りにされていた四郎の母親も切られて、首をさらされた。

島原の乱は徳川家光の治世に大きな衝撃を与えた事件である。後にみるように、とりわけキリシタンの背後のカソリック国にたいする警戒心は日本の対外政策をいわゆる鎖国に導いて、根本的な影響を与えた。

しかし肥後細川家にとっては、これはあくまで戦争であり、武士たちがいかによく戦い、功績をあげたかということが最大の関心事であった。戦争が他藩の領地で行われ、直接、民政に責任がなかったこともあるが、『綿考輯録《めんこうしゅうろく》』には、それぞれの武士がどのように戦ったか、その結果、どのような論功行賞がなされたか、というようなことが詳細に記述されているだけで、一揆そのものの政治的な意味については、考えた形跡すらない。

落城後、付近の山狩りを行った後、細川勢は三月二日に熊本に凱旋した。三の丸という戦線の側面を担当していたにもかかわらず、迅速に二の丸、本丸へと兵を進め、本丸一番乗りを演じ、天草四郎の首級まであげたことによって、大いに武名を轟かせた。

江戸へ正確な情報が伝わったのは大分、後になってからである。原城陥落直後に細川勢の攻撃は手ぬるいという風評が流れ、心配した永井直清が肥後藩江戸留守居役の加々山主馬《しゅめ》を呼んで事情を尋ねたほどである。忠利はよほど心外だったらしく、江戸からの書状に、自筆で細々と反論を書き加えたものが残っている。

一方、三斎は、二月二十八日に京都を発ち、三月十日、江戸に着いた。留守居の家中の者たちが、細川勢の一番乗りを喜ぶのに対して、冷淡ともいえる態度で、決して誇ってはならぬ、と強く戒め、忠利にも同じ趣旨を書き送っている。戦争は彼の血を騒がせたものの、すんでしまえば政治が前面に出て来る。彼は早くも老練な政治家の顔を取り戻していた。外様ながら幕府の信頼の篤い細川家にはそねみから、誹謗や中傷も少なくなかった。三斎はそれに対応して慎重にふるまおうとしたのである。

第三十二章　将軍家光の秩序

島原の乱の後始末

幕府としての島原の乱にたいする対応は、さまざまな段階にわたる。まず寛永十五年（一六三八）四月十二日、一揆の責任を問われて松倉家は改易となり、唐津寺沢家からは天草の四万石が召し上げられた。松倉勝家は七月に斬罪に処された。

島原には浜松から譜代の高力忠房《こうりきただふさ》が、天草には外様の山崎家治が入部した。それぞれ四万石である。高力は長崎奉行を補佐する九州防衛の責任を負い、山崎は天草の復興が任務であった。後者は寛永十八年九月、讃岐丸亀に転封、以後、天草は幕府直轄領となる。

戦争に関連しては軍令違反がきびしく詮議された。抜け駆けの責任を問われて鍋島勝茂と軍監・榊原職直《もとなお》は六月二十九日、閉門を命じられ、七月二日には松平行隆《ゆきたか》が知行を没収、追放された。行隆は状況報告の目的で有馬へ上使として派遣されたが、現地にとどまって戦闘した。武士の心理としては当然の行動ともいえるが、家光は私的な軍功をむさぼるものだとして、統制違反の方を重くみたわけである。

ただし、統制を重視しすぎると士気にかかわる。結局、最終的な処分はかなり緩和されたものとなった。追放された松平行隆にしても十二年後に許されて先手弓頭に任ぜられた。

しかし当時、鍋島勝茂と榊原職直は、切腹を命ぜられるのではないかと噂された。榊原と親交のあった忠利は深く案じ、江戸へ戻っている光尚に助命のための嘆願を指示する一方、熊本では藤崎宮に職直のための祈祷を命じ、飛脚に託してその御札を江戸の職直のもとへ送った。幕府から閉門を仰せつかっている者ではあるが、藤崎宮は熊本のなかの神社であるから差支えあるまいという論理である。父忠興が利休の切腹にあたって秀吉の意向を無視して見送りをしたことを思わせるものがある。このあたりの友情は、忠利が単純に幕府の意をくむことに汲々としているだけの大名ではないことを物語っている。

六月末に両人は許されるらしいという情報が入り、忠利は「飛州〔飛驒守＝榊原職直〕事、古きともだちを一人拾い申し候。この中の憂き気遣い煩いの内の一つにて候。かようの満足ござなく候。天下一の仕合にて候」と喜びをのべた。ただし鍋島勝茂にかんしてはこの年十二月晦日に赦免が申し渡されたが、榊原職直の閉門が解かれたのは翌々寛永十七年の五月である。

豊後目付の林勝正と牧野成純も、当初、隣接諸藩の出兵を認めなかったことの責任を問われ、閉門の上、取り調べを受けたが、七月十二日に許された。とくに牧野は自身の処置は正しかったと主張して譲らず、赦免後も病気と称して出仕しなかった。たしかに武家諸法度は隣領といえども幕府の許可のない出兵を禁じている。この規定も五月に改定される。

この年十二月、幕府は土井利勝、酒井忠勝の両年寄の役儀を免じ、職務を軽減して老中を補佐する地位に置いた。六人衆（のちの若年寄）から阿部重次が昇格し、松平信綱、阿部忠秋とともに三年寄が政務の中心となる体制となった。

島原の乱と対外関係

幕府にとって、島原の乱が最大の影響を及ぼしたのは、キリシタン（カソリック教）と対外関係である。細川忠利にとっては、かつてキリシタンの臣下をもっていたこともあり、個人としては彼らに人間としてさほど異質なものを感じてはいない。島原落城にさいして、自ら火中に身を投じて自殺するキリシタンを目撃して「なかなか奇特なる下々の死、絶言語申候事」と三斎に報告し、類似のことを松平越中守にも書き送っている。一種の感銘を受けていたといってもよい。

しかし家光の立場からすれば、幕府の統治の根幹をゆるがす異端の宗教を、これ以上許容することはできなかった。早くも四月に、江戸へ参府したオランダ商館長ニコラス・クーケバッケルにたいして、取次を勤めていた牧野信成は、宣教師を連れて来てキリスト教を広めることをやめようとしないポルトガル人の来航を禁止したいという幕府の意向を伝えている。

クーケバッケルは原城砲撃のためオランダ船を派遣したことからも判るように、幕府の意を迎えて自国の貿易を維持することに熱心である。カソリック教禁止のためにポルトガル人の来航を禁止したら、海外から生糸・織物などの必要な輸入品を供給できなくなるのではないかという幕府のジレンマに対して、自国が肩代わりできるであろうことを強調した。しかしこの課題は翌寛永十六年まで持ち越される。

当面の動きは、まず九月二十日にキリシタン禁制令として現れた。「バテレン門徒は年来、禁制であるにもかかわらず断絶せず、今度、九州で悪逆を行った」という文言で始まるこの禁令は、諸大名にたいして宗門改めの強化を命ずるとともに、キリシタンを密告すれば、たとえ本人がキリシタンであってもその科を許し、公儀から褒美を与えるとした。在府の大名には土井利勝宅へ家老を呼び、旗本には殿中で酒井、堀田両年寄が趣旨を徹底させた。

忠利は、すでに仏教徒であることを証明するため寺から証文を取り(いわゆる寺請証文)、五人組にも胡散くさい者を届け出るように命じているので、改めてすることはない、と幕府の指示にいささか当惑気味である。熊本藩は従来から長崎奉行からキリストの肖像絵を入手して絵踏みを行い、密告に褒賞をあたえるなど、禁令には積極的な態度だったので、このような感想になったのであろうが、寛永十五年令は、法制としては画期的なもので、藩内における密告者にも幕府から賞金を出す点にある。つまり幕府(国家)は、キリシタン禁制をきっかけとして、藩政を越えて国家の規制を及ぼそうとしているのである。

また密告の奨励とくに密告者を免罪する規定とか、五人組による相互監視とか、対外危機感をきっかけとして、相互監視の陰湿な制度が普及したことは、その後の日本人の精神風土になみなみならぬ影響を及ぼした事実を思えば、問題は単純にキリスト教禁止にとどまらないのである。

忠利、父三斎への対応に苦しむ

熊本へ凱旋後まもなく、三月十五日には光尚(二十歳)はあわただしく江戸へ向かった。戦乱が終わった途端に、質子としての幕府への義務を思い出すあたりは、細川家らしい細心さである。

京都で病を養っていた三斎(七十六歳)が島原の乱の最中に江戸へ向かったことも、孫光尚の不在中の肩代わりという計算が働いていたと思われる。家光の性格を知る彼は、為政者が危機にあたって周囲に感じる猜疑心を静めることの意味を充分にわきまえている。このあたりの行動は見事なまでに息があっている。

光尚は大坂町奉行の曽我古祐《ひさすけ》の歓待を受けたのち四月九日、江戸着。すでに出府していた三斎とともに十九日には登城して将軍家光と会見した。家光は機嫌がよく、光尚の島原報告に耳を傾け、三斎を懇ろにいたわった。祖父と孫とは満足して退出した。光尚にとって島原は、武名を輝かす好機となったのである。彼の未来は明るい。

三斎はこの年、夏の暑さを避けて秋まで江戸に滞在し、九月七日に江戸城西の丸で家光手ずからの茶の饗応を受け、十四日に江戸発、京都で一ヵ月近く滞在した上、十一月五日に八代へもどっている。戦乱は何となく彼の血を若やがせ、政治家としての判断が健在であることも示した。京都で生まれたのだから京都で土にもどるといっていた一年前の弱気ともみえた時期にくらべて、健康と自信を取り戻したようである。忠利や光尚あての書状でも、はなはだ上機嫌にみえる。

藩主忠利（五十三歳）自身は、島原に参戦した大名は参府に及ばぬという上使松平信綱の指示にしたがって、この年は熊本に留まることができた。だが次第に江戸の三斎の勝手な言動に頭を悩ますようになる。早くも六月二十五日には、江戸の光尚あてに、あまりわがままがすぎるようなら、年寄酒井忠勝にいさめてもらうように、と書いている。

幕府年寄をわずらわせねばならないほどのわがままとは何か。この書状や九月十五日付で忠利が光尚に与えた書状の追而書《おってがき》によると、三斎はいずれ八代を譲りたいと思っている四男立孝（立允）の加増を求めていたようだ。またかねてから三斎は、八代城の石垣改修を強く望んでいたが、忠利は年寄稲葉正勝、その没後は堀田正盛の助言を受けて、求めに応じなかった。

忠利は家光体制のなかで、外様大名として細心の注意を払って生き延びようとしている。三斎からは、それが臆病とも見える。そんなところに親子の葛藤のもとがあった。戦争という激動はそのような矛盾を露呈させる役割を果たした。

忠利は七月にも「三斎様、万事御物こらへなく候はんと、案じ申し候」と光尚に書いている。かつて三斎忠興は、父幽斎にたいして表せぬ感情を子の忠利には打ち明けていた。いつか忠利もまた父に対する愛情と当惑に満ちた屈折した感情を子に打ち明けるようになっていた。島原の乱は、このように人々の心にも計り知れない影響を与えていた。あらゆる歴史上の大事件がそうであるように。

多難な寛永十五年

島原の乱は鎮圧されたものの、寛永十五年は為政者にとって心労の多い年であった。

まず長雨がつづき、九州では牛の疫病が流行した。八月には久留米藩の牛はすべて死に、病気は筑後の藩境から熊本藩にも拡がった。役牛は農耕に欠かせぬ家畜であり、九州の馬は代わりにならぬので為政者には心配の種であった。

島原での戦功の評価も続き、この年いっぱいを費やした。島原の戦功を評価するという行為そのものが、三斎と忠利との意見の対立した点のひとつである。

忠利が過去の例を教えて欲しいと三斎に書き送っているが、これはかならずしも実務としてではなく、老人をいたわる気持から出たもののように思われる。しかし三斎の返事は、自分には判らない。信長公の時代には、そもそも戦功の詮議などということは行わなかった、とにべもない。侍の働きを第三者に評価してもらって褒賞《ほうしょう》を得るという行為そのものが、三斎からはいじけたものと目に映り、面白くなかったようである。忠利の世代となると、武士は稀な機会に戦功でもあげなければ、知行を増やす機会がない。論功行賞をきちんとすることは為政者にとっても組織を維持する上で必要な行為である。幕府、つまりは武士による政治が次第に官僚政治に転化しはじめる過渡期にあたって、世代による意識のずれがこんなところにも現れている。島原の戦費による財政上の負担も大きく、来年の参府費用は借金でまかなうことになる、と光尚に報じている（十一月二十五日）。

忠利は島原での無理が出たのか持病の癪《しゃく》と痰《たん》に苦しんでいた。「脈が切れる」（不整脈か）病状が不安である。三斎や光尚あての書状では、元気になったと安心させているが、本人には完全に健康を取り戻したとは感じられなかったのだろう。親友の榊原職直には「畢竟はや五十ニあまり申し候間、幾ほどの命もこれなく……」ともらしている（十一月五日）。ただし人間の作法にはずれることはしたくない、大身の大名であることをうらめしく感じることもあると手紙は続いている。忠利は弱気になっていた。

とくにこの手紙は、江戸からもどった三斎を熊本で饗応した直後に書かれ、亭主役を勤めてくたびれたので、本来、自筆でかくべきものを右筆に書かせたと断っている。忠利は父親をあしらうのに苦労したのであろう。

他方で江戸の光尚には、三斎さまはご機嫌がよく、とどこおりなく接待したから安心せよと書いている。子に対しては何気なくふるまっているだけに、余計、忠利の孤独が身に沁みて感じられる。

この頃、忠興弟の孝之（休斎）の手元に信長から幽斎あての感状が伝わっていると聞いて、忠利は、幽斎については諸人がただの連歌の人と心得ているのをかねてから心外に思っていたので、ぜひ手元に置きたいとめずらしく執着を示した。忠利にとっての祖父の意味がふと現れていて興をひかれる。

安定した秩序

寛永十五年（一六三八）十一月七日は定例の御用日である。将軍家光は表へ出て、顧問格の井伊直孝および年寄衆を召して、土井利勝、酒井忠勝には一日と十五日以外は必要に応じて登城すればよい。両人の嫡子土井利隆、酒井忠朝は六人衆（のちの若年寄）を免ずる、という人事を発表した。

六人衆から阿部重次が年寄に昇格、松平信綱、阿部忠秋とともに三人の年寄合議制となる。土井、酒井の両人は顧問格でこれを補佐することとなったわけである。年寄に代わって老中という呼称が定着するのも、この頃である。

他方では大番頭、町奉行などいくつかの役職を老中支配と定め、職務を分掌させるとともに、横の連絡を密にするために評定所寄合を定例化するなど、複雑化する政務を円滑に処理する配慮もなされた。

年が改まって寛永十六年二月二十六日、忠利は一年ぶりに参府する。三月二十二日、江戸着。これより先に八代を出た三斎もゆるゆる旅を重ねて参府、四月四日に江戸着。

入れ代わりに光尚は四月十六日に江戸を発ち、五月七日、熊本に入った。昨年の島原出陣のさい、熊本に立ち寄ってはいるものの、今回は世子として初の公式の御国入りである。熊本の町人たちは踊りでこれを歓迎した。この頃西国の城下では島原の凱旋を祝って、踊りが流行していたという。平和と安定を喜ぶ気持が拡がっていたのだろう。時代の底流を感じさせる。

一方、江戸では四月二十二日に家光が江戸城大広間に諸大名を集めて能の興行を催した。その後、酒と食事の饗応があり、奥の間で家光から、自分の病気本復、徳川家の三代にわたる安定、大名たちの忠誠を満足に思っているという言葉があった。

他方で贅沢を戒め、キリシタンへの警戒を一層厳重にすべきことが指示された。

山本博文氏によれば、すでに大名への警戒心は消え、庶民の贅沢とキリスト教だけが秩序を乱すものとして意識されたことになる。「四月二十二日の能は、いわゆる領主間矛盾から領主・農民間矛盾へと対立の図式が変化したことを示す歴史の転換点を、ほかならぬ将軍その人が理解したことを示す大行事だったのである」(『江戸城の宮廷政治』)。であるならば、この能興行は、信長の馬揃え、秀吉の北野大茶湯にも匹敵する、もう一つの権力の祭りだったといえる。

将軍の健康状態が微妙に政局に影響するような体制のもとでは、家光の天下泰平の宣言ともいえる四月二十二日の観能は、忠利にも安心感を与えた。

五月六日、熊本の光尚にあてた書状で「もはや何もかも心にかかり候事これなく、めでたく候、めでたく候」と忠利は心情を洩らしている。この頃、三斎とのあいだの問題のひとつであった立孝への三万石の加増も実現していた。内外ともに安定して一息つける状況だったのであろう。

思えば細川家も、徳川家の三代の政権維持の事業に身を寄せるようにして幽斎藤孝―三斎忠興―忠利と家を保って来た。肥後熊本の藩主としては忠利の事業は子の光尚に継承されるであろう。家光の天下泰平の思いは、また忠利のものでもあった。

ポルトガル人の来航禁止

寛永十六年（一六三七）四月二十日、新任のオランダ商館長フランソア・カロンは参府した江戸で評定所大寄合の席に招かれ、ポルトガル人の来航を禁止しても代わりにオランダ人は必要な貿易品を提供できるか、またその場合、日本の朱印船はポルトガル人の妨害を受ける可能性があるか、などを諮問された。

この後五、六月に、評定所の大寄合は頻繁に開催されており、ポルトガル人をめぐる問題が討議されたものとみられる。

七月三日、幕府は六人衆の一人太田資宗《すけむね》の長崎派遣を決定し、翌日、家光から四通の文書が手交された。「かれうた御仕置之奉書」「諸大名へ被仰出浦々御仕置之奉書」「唐船に乗来族え相伝覚書」「阿蘭陀人え相伝之覚書」（すべて『御触書寛保集成』に収める）である。

最初の二通は七月五日付井伊直孝、土井利勝、酒井忠勝、堀田正盛と三老中・松平信綱、阿部忠秋、阿部重次の七人の名を連ねた年寄連署奉書の形式できわめて格式が高い。

同日、諸大名も白書院に呼び出され、酒井忠勝から太田資宗の長崎派遣を伝え、奉書の内容を林羅山が読み上げた。奉書に署名した幕府の最高首脳部も、土井を除く全員が臨席した。

最初の奉書はポルトガル人にたいする追放令、第二の奉書は諸大名にキリシタン禁止と沿岸警備の強化を命ずるものであり、残り二つの文書は、それぞれ中国人、オランダ人にポルトガル人の来航禁止を伝え、キリシタンを乗せて来ることを厳禁する旨を徹底するものである。

これが第五次鎖国令といわれるものだが、従来の禁令が長崎奉行に対する個別の指示だったのに反して、全大名に伝達して周知徹底を計った点が重要な相違点である。

この日、他の大名とともに白書院で伝達を受けた忠利は早速、島津家へ使者を送り、翌朝、訪問した薩摩藩留守居役新納久詮に事情を伝えた。島津氏では当主家久が没し、世子光久は帰国中であったから忠利が特別に配慮したのである。島津への補佐ないしは押さえとしての地位をわきまえた行動ともいえる。

長崎に着いた太田資宗は、八月五日、ポルトガル人に最初の奉書の内容（追放）を伝えた。ポルトガル人は日本貿易を絶たれてはマカオの存立の基盤が失われることを訴えて、宣教師以外の者の貿易を願ったが、もとより聞き入れられるべくもなかった。

資宗は翌六日、オランダ人、中国人に対しても、キリシタンを乗せ来ることの厳禁を伝え、さらに七日、長崎に招集した諸大名の家臣へ、第二の奉書の内容であるキリシタン禁止と沿岸警備の強化を命じた。他方では八月九日、忠利は黒田忠之、有馬豊氏、鍋島直茂、立花宗茂ら、他の九州有力大名とともに江戸城大廊下において、異国船来航のさいは江戸、長崎へ急報すること、長崎に家臣を常駐させ長崎奉行の指示にしたがうこと、島原藩主高力忠房と万事、相談することを指示された。

第三十三章　忠利という存在――寛永時代を生きる

江戸図屏風の世界

家光一代の繁栄ぶりは、佐倉の国立歴史民俗博物館が所蔵している六曲一双の「江戸図屏風」にあますところなく描かれている。

この屏風はおよそ寛永十一、二年（一六三三〜四）ごろの景観にもとづいて、家光一代の繁栄をモニュメンタル（記念碑的）に描いたとされる。

金箔をちりばめた絵のなかで江戸城の五重の天守閣の威容がひときわ目立つ。形式は秀忠時代の元和期の天守閣であろうとされるが、圧倒的な高さと黒漆を施した簡素で威厳のある姿から、家光が造営した寛永期のそれを連想することは容易である。寛永期のそれは各層に破風を設け、とくに四重目には四方に唐破風を施して、いっそう安定した姿となっていた。

大名屋敷は、彩色や金のきらめきで豪華な楼門を備えている。日光の東照宮や芝の徳川霊廟の門が、特別なものではなかったことを思わせる。現在、わたしたちが認識している江戸の武家屋敷の簡素な印象は、じつは明暦の大火以後の変化した姿なのである。

それよりも一層、注目されるのは、町屋の賑わいである。屏風には日本橋から新橋にかけての町並みが描かれているが、往来する男女僧俗、武士、庶民あらゆる階層の人々、色とりどりの幟をたて、各種の品物をならべた商店、河岸に積まれた材木、竹、米俵などの商品、それを積んで往来する小舟など、活気のある生活が繰り広げられている。朝鮮通信使の姿がみえるのは、寛永十四年の太平の賀にちなむのか。

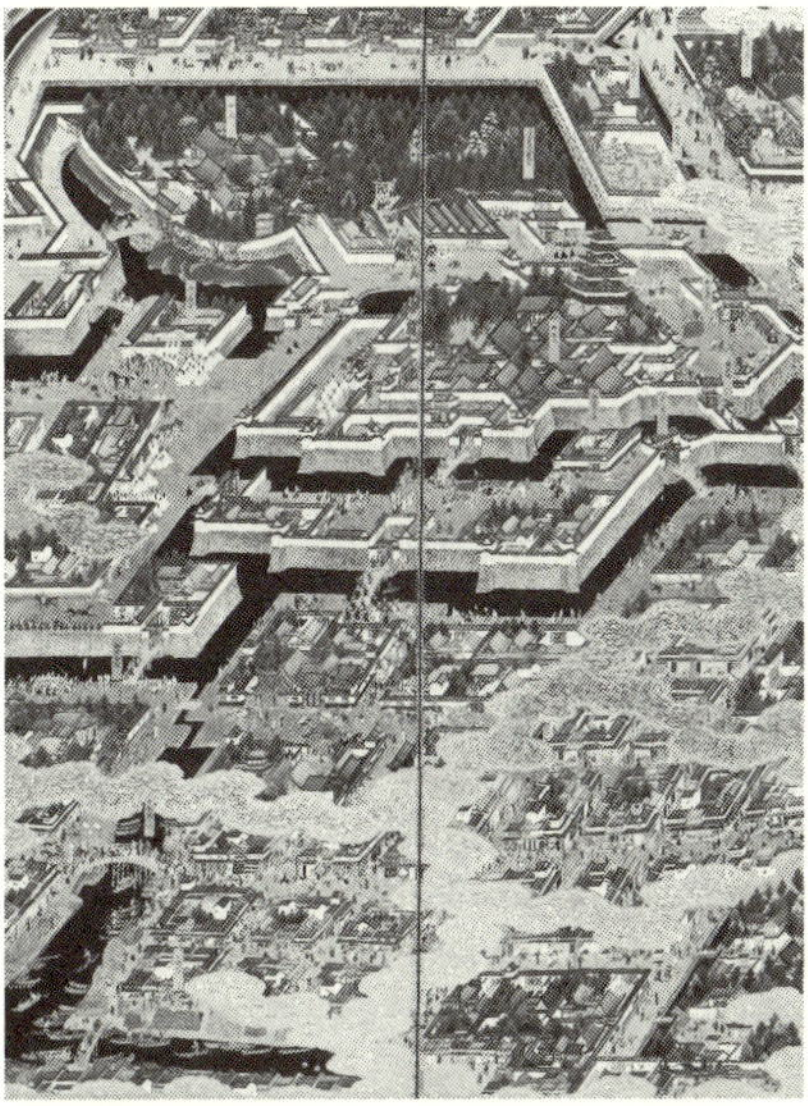

江戸図屏風（部分）（国立歴史民俗博物館蔵）

さらにもうひとつ出光美術館に伝わる、やはり寛永期を対象とした「江戸名所図屏風」では、三社祭の祭礼、若衆歌舞伎や文楽、湯《ゆ》女《な》風呂などの享楽の場も描かれていて、登場する人々の色鮮やかな衣装ともどもに都市として発展しつつある江戸の姿を現前させてくれるのである。

しかし寛永期の繁栄には、どこか危うさが伴っている。歴史の示すところでは寛永十五年に始まった九州の牛の疫病は、十七年には全国に波及した。気候不順も続き、火山噴火や冷害で十七、十八年は二年続きの凶作となった。江戸時代の経済は「米使いの経済」ともいわれるほどで、米は食料としてのみではなく、換金されて経済の基礎となる。すでに貨幣が発達し、大名の生活には現金が必要となっていたから、米不足、価格の高騰は経済基盤を脅かすものでもあった。それでなくても消費生活の拡大が財政を圧迫していた。

武士の窮乏にたいしては、当時の経済観念では消費を節約する政策しかない。寛永期にはしばしば倹約令が出された。繁栄と贅沢の時代は他方では倹約の時代でもあった。家光は心情的にも贅沢を嫌ったようで、寛永十四年に建設した本丸御殿は華美にすぎると造り直させた。また寛永十七年正月、放鷹の時、たまたま目にした大番頭加藤良勝の屋敷の華美が気に入らず、改築を命じた。彼はなかば本能的に身分秩序を乱す贅沢を嫌ったのである。外敵を防いだ後、内なる敵は贅沢だったわけである。

倹約とキリシタン詮議

寛永十六年（一六三八）四月五日、熊本藩は、起請文の提出と旦那寺による宗門改めによるキリシタン取り締りの徹底を指令した。これは江戸にむかいつつある藩主忠利の伏見からの指令であるとしている。

これまでも他国に先がけてキリシタン詮議を厳しくしていた熊本藩のことである。念には念を入れるという趣旨ででもあろうか。四月二十二日に江戸城で家光が諸大名に能を見せるとともに天下泰平の宣言を行い、改めてキリシタン取り締りと倹約を指示したことを思えば、幕府の政策を先取りした忠利らしい読みというべきだろう。

倹約にかんしては、四月二十七日に江戸から、光尚の最初のお国入りに際して熊本の町人へ踊り興行を許可したことのつけたりのような体裁で、町人の月見や花見もさしつかえない。金銀をちりばめるような贅沢は許さない、祝言なども軽く行え、等々と奢侈を戒めている。倹約令の目的が一面、庶民の統制にあったことが、実感できる。

寛永十七年（一六三九）正月十三日に、家光はこんどは旗本たちを江戸城二の丸に集めて、じきじきに倹約を指示した。

役儀に必要な者以外の人減らし、衣類は定紋にこだわらずありあわせのものを着ること、屋敷の新築禁止、贅沢な修理は不可、持ち馬の数の制限、今後、梨子地の道具を作らぬこと、饗応は二汁五菜、酒三献等々、きわめて細かい。

旗本への倹約令は、すでに寛永十二年にも出されており、旗本窮乏への対策でもあった。だが、いちはやく指示の内容を入手した忠利は、三斎に写しを送るとともに、正月十三日の当日付で国元の光尚にも書状を送り、最近の江戸城での振舞いが、かつては無制限に膳が出たが、最近は二汁三菜、結構なるものは少しも出ないという倹約ぶりを伝え、衣類も繻子《しゅす》や綸子《りんず》などの高級な絹製品、これまた高級品である羅紗《らしゃ》で作った合羽なども着なくなったので、国元でも以前のように木綿を着るよう家老たちに達するように、お前も参府にあたっては重々、心得て、道中が華美にわたらぬように、と例のごとく事細かい注意である。

忠利は家光の倹約令をほとんど恐怖の思いで聞いている。それが江戸の雰囲気だったのだろう。家光は旗本に対する指示が、このように大名領国にも波及効果を生むことをも計算していたのだろう。おなじ一月、江戸町内にも町奉行から家作、衣類、雛祭りの道具などにかんして華美にわたらず分相応であるべきことが指示された。

忠利の教養

三代忠利は、幽斎、三斎父子とくらべると、とくに個性的な存在とはいえない。没後に描かれた肖像画をみると、顔だちすら幽斎の豪放、三斎の神経質ほどには目立った特色がなく、どちらかというと平凡で実直そうに見える。五十六歳という年齢のわりに髪が白いのは心労の多さからでもあろうか。もっとも乱世に生きた幽斎、三斎は時代を抜きん出た個性であり、多彩な教養人でもあったから、これと比較するのは気の毒かもしれない。

安定期の国持大名としては、求められるものは目立った個性ではなく、慎重で実直な性格であった。彼の生涯をふり返ると、外にあっては幕府によく仕え、内にあっては父三斎をたしなめ、子の光尚に為政者としての政治学を教え込んで来た。むしろ死後になってはじめて、それらの関係をそつなく扱って来たことの見事さが改めて認識される。

言葉を替えれば、自分の位置をそのようなものと見定めて、身を処して来たところに忠利という人の個性があるのだろう。

そんな忠利は、沢庵《たくあん》禅師に傾倒していたようだ。祖父や父には見られなかった宗教的な傾向である。たとえば寛永十七年（一六四〇）の正月、松前志摩守公広から物を贈られた礼状の追而書《おってがき》で、ふと和尚の消息に触れ、ある人がわが子をなくして嘆いていた時、普通なら嘆くなというところを、沢庵和尚は、いくらでもお嘆きなさるがいい、喜びは喜び、悲しみは悲しむという当然の感覚の上にしか仏縁はあり得ないとわれた、と興味ぶかげに記している。

ほかにも沢庵との問答を記したものや、問答体で欲と義と命の軽重を論じた文章などもあり、忠利が沢庵との談話などで為政者としての修養に努めていたことが判る。

それは孤独な権力者の心の拠り所でもあったのだろう。じっさい、忠利には祖父や父には感じられない平時の為政者の孤独のようなものがつきまとっている。心を許した榊原職直《もとなお》への書状でもらしたように、大身の大名であることが、ふと疎ましく思われる時もあった。八代分領問題で、三斎が立孝を寵愛して自分の跡を継がせようと画策した時には、光尚への書状で、立孝は実の弟ではあるが、言葉を交わす機会も多くなく、心の内までは判らぬ、といったことがある。

忠利は和歌や茶道もそつなくこなしはしたが、目立った一芸というほどのものはない。むしろ武士らしくありたいと心がけていたように見える。乗馬は馬上で湯漬を食べて見せるなどの曲技を演じるほど巧みであった。それは戦場で槍一筋でおのれの地位をかちとって来たひとつ上の世代にたいする密かなひけめともかかわるのであろう。それは家光にも共通するコンプレックスである。

忠利の場合は、島原の乱に遭遇し、軍事指導者としての実力を示す機会があっただけ幸いだったといえるかも知れない。祖父や父のように個人的な武勇を示す機会がなかったのはやむを得ない。

細川忠利（永青文庫蔵）

忠利の最後の帰国

寛永十七年（一六四〇）二月二十六日、熊本藩主嫡子光尚は熊本を出発、三月二十七日に江戸に着いた。四月一日に登城して、恒例のように将軍家光に挨拶する。

藩主忠利は、四月二十八日から五月四日まで、家光の日光社参に随行、四月十八日に江戸を発って熊本にむかった。恒例により将軍から老中を上使として馬、時服(季節にあった衣服)、白銀五百枚を賜る。五十四万石の格式で威儀を正し、五十五歳の忠利は東海道をのぼって行った。これが江戸の見納めとなるのだが、彼自身はそれを知るべくもない。

忠利は五月二十五日藤川、二十六日鳴海、二十七日四日市、二十八日土山、二十九日草津と旅を重ねて東海道をのぼる。暑さが激しかったが、六月一日には伏見に着き、京都の父三斎を見舞った。

老人は機嫌よく忠利を迎えたが、食欲がなく、昨年、江戸で別れて以来、少し痩せたようである。このまま食欲不振が続くようでは、七十八歳という年齢では万一のこともないとはいえない。国元で鷹でも使わせて、それを見るだけでも運動になり、食もすすむであろう。土用を過ぎたら八代へもどるように、と勧めて忠利は六月十二日に熊本へ帰った。

ちょうどマカオから貿易再開を願う使節が長崎に到着、これを処刑する事件のさなかで、九州大名にも沿岸警備などの指示が出されたが、忠利は直接には関与していない。

帰国した忠利は、川尻(熊本市川尻町)から城下の長六橋のあたりまで高瀬船が通行できるようにしたら熊本発展の役にたつだろうと、川筋を拡げることを考え、坪井川の浚渫とあわせて老中の許可をもとめている。すぐに許しは出たが、この事業は結局、実現しなかった。『綿考輯録《めんこうしゅうろく》』の伝えるところでは、高瀬船が通じると、川尻から城下までの駄賃馬で稼いでいる町人の数が減る。そうすると小身の侍が非常のさいに馬を得にくくなるだろうという理由だという。藩主がせっかく発展策を考えているのに、当時の経済が武士本位、勢い倹約令という消極策にとどまってしまうことが、こんなところにも現れている。

三斎は忠利の勧めにしたがって七月十六日に熊本着、八代へもどった。もどって見ると城は荒れており、修理が必要であった。忠利あての書状では、この程度のことでも老中の許可が要るのか、と依然として三斎は不満げではあるが、以前のようなとげとげしさはなくなって、いずれにせよ汝の意見を聞いてからにしよう、と折れている。忠利はこの時期、健康がすぐれなかった様子で、三斎の書状にも気づかいが見られる。

八月、肥後は大雨に見舞われ、熊本、八代ともに城の石垣が崩れた。老中に許しを得た上で十月には工事が始まった。

第三十四章　宮本武蔵の仕官

忠利、武蔵を招く

忠利の行ったことで、もうひとつ注目されるのは宮本武蔵を召しかかえたことである。この名高い武芸者はよく知られているものの、伝説につきまとわれて虚像ばかりが大きく、とくに前半生の実像は不鮮明である。最晩年の五十九歳の年に熊本へきて忠利に仕えてから、ようやく手触りのある像が描けるようになってくる。

年度不詳の七月十八日付けで松井（長岡）興長にあてた武蔵の手紙が近年、松井家家老の竹田家から発見された（八代市立博物館蔵）。前後の関係から寛永十七年（一六四〇）のものと考えられる。

有馬陣（原城攻撃）のさいには使者により手紙を頂いて恐縮している。その後、江戸上方に行っていたが、少々用事もあり、当地へ来たのでお目にかかりたいという面会を求める内容である。花押は玄信、「宮本武蔵　二天」の署名がある。

彼が小笠原家のもとで島原の乱に参戦したことはすでに述べたとおりで、そのさい旧知の松井から手紙をやったとしても自然である。さらに当時の有馬直純あての手紙と筆跡も似ていて、確実に自筆と思われる。武蔵の用事というのは仕官をもとめることだったろう。この直後、八月十二日付けの「書き出し」という形式の奉書で、八月六日から藩が「七人扶持合力米十八石」を遣わすという公式文書が存在していることが証明になる。もっとも松井あての手紙の文言は読みようによっては六月まで江戸にいた藩主忠利とすでに接触があり、松井とは仕官の条件を詰めるために会見を求めたとも考えられる。別に十二月五日、合力米三百石を支給する旨を忠利が承認した、ローマ字印章を捺した「御印帳」というものがある。合力米は臨時給与の性格であるが、その後も毎年、合力米の支給の記録がある。武蔵への支給は藩への義務をともなうものではないので、年三百十八石は相当の額とみなされる。

城の東側に隣接する上士の住む千葉城という地区に屋敷を与えられ、年賀にさいしても忠利から特別扱いを受け、山鹿の温泉場へ湯治のさいにも特別の配慮があり、武蔵は客分として藩主・忠利に優遇された。

忠利は柳生新陰流を学んで免許皆伝の腕をもち、柳生但馬守宗矩《むねのり》の直弟子である氏井弥四郎を熊本に招いていた。武蔵は忠利から懇望されて、人払いの上、忠利の前で氏井弥四郎と立ち合った。三度立ち合ったが、氏井が技をかけようとすると武蔵に機先を制せられて、一度も打ち込むことができなかった。『五輪書』火の巻では「枕をおさゆる」と表現する技術である。武蔵も君主の前なので、その師である氏井にたいし、打ち込むことを控えはしたが、技量の差をみせつけた。忠利も自ら立ち合ってみたが、やはり打ち込めず、感服して二天一流を学ぶようになったという。以後、肥後で二天一流を学ぶ者が増えた。

それまでの武蔵――巌流島の決闘と細川家

最晩年の『五輪書』によれば、武蔵は天正十年（一五八四）播磨の国生まれ、十三歳で最初の試合を行ってから二十九歳まで六十余回の勝負に負けを知らないと自ら誇っている。真剣勝負の話題は多いが、多くは後世に作られた物語であって、詳細は判らない。しかし定刻にわざと遅れたり、あるいは早くから待ち構えていたり、勝負に勝つためには策略を用いることも辞さなかったようである。

関ヶ原合戦に参加したことは知られているが、根拠がないままに石田三成方とされてきた。孤独なイメージゆえであろう。ところが父（あるいは養父）である新免無二《しんめんむに》という兵法者が、慶長七年と同九年の『黒田家分限帳』によって慶長五年（一六〇〇）の関ヶ原合戦以前から、黒田如水に仕えていたことがわかって来た。とすると父とともに黒田如水のもとで九州の石垣原《いしがきばる》の合戦などに加わった可能性がある。黒田藩の二天一流師範、立花峯均《みねひろ》が享保十二年（一七二七）に著した武蔵の伝記『兵法大祖武州玄信公伝来』はこの立場をとっている。このとき細川忠興は豊前に入部したばかりで、臣下の松井康之が木付《きつき》城を預かり、大友氏の侵攻に対抗するため、黒田如水と協力関係にあったから、松井をつうじて細川家と因縁を生じた可能性は否定できない。

またこれとは別に、いわゆる巌流島の決闘のあと、細川家との関係を暗示するような記述も見つかっている。

永青文庫に保存される細川家の重臣沼田延元の事歴をまとめた『沼田家記』という写本がそれで、豊前小倉で兵法の師をしていた岩流《がんりゅう》という者と武蔵の弟子とのあいだで「兵法の勝劣」をめぐって争いが生じたので、二人は豊前と長門のあいだの「ひく島」（彦島、舟島のちのいわゆる巌流島）で試合をした。勝負は武蔵が岩流を破ったが、一対一の約束を破って島に渡っていた武蔵の弟子たちが、蘇生した岩流を打ち殺したので、これを知った岩流の弟子たちが押し寄せた。武蔵は門司城城代の沼田延元に保護を求めた。そこで沼田は武蔵を城内に保護し、のち乗馬の侍に鉄砲衆をつけて父の新免無二がいる豊後へ送り届けてやったというのである。『沼田家記』は沼田延元の事蹟を子孫がまとめた著作で、その行為を淡々と記しているので、あくまで多くの事歴のひとつとして記された武蔵にかんする記事は信頼できそうである。

『沼田家記』を紹介した熊本大学の吉村豊雄教授は、大名権力の側からすれば自領内で起きた「果たし合い」は乱闘・殺人事件として刑事罰の対象となるべきもので、だからこそ毛利と細川の境界にあって帰属があいまいな無人島を選んで決闘が行われたのだろうと歴史学の立場から推定しておられる。

そして沼田は武蔵を保護した上で、藩主の忠興の判断を仰ぎ、忠興は島が自領ではないので、あえて是非を判断せず、武蔵を領外追放処分にしたのだろうという。

豊後で武蔵の父・新免無二が仕えていた日出《ひじ》の領主・木下延俊は忠興の義弟にあたり（幽斎の娘が

延俊の妻)、子の忠利(豊前中津城主)とも親しかったので、何かと都合がよかったのではなかったか(「異説『巌流島』」『東光原──熊本大学付属図書館報』三十四号、二〇〇二年十月)。

わたしたちはすでに『木下延俊慶長日記』によって、日出の木下延俊が慶長十八年に京都で無二斎を召し抱えて剣を学んだことを知っている。武蔵を豊後の日出に送り届けたとすると事実関係は符合する。これまで巌流島の決闘は慶長十七年とされてきたので、これとは時期が合わないが、慶長十七年説にもたいした根拠があったわけではない(『沼田家記』には時期は記していない)。第一、武蔵の試合相手の名、佐々木小次郎というのは近世後期になってからの創作によるのである。

慶長十九年─元和元年(一六一四─五)の大坂の役では、従来いわれてきたように豊臣方ではなく、水野勝成《かつなり》の客将として徳川方に加わり、勝成の嫡子・勝重(のち勝俊)付であった。

その後も武蔵は流転の生活を送った模様で、寛永三年(一六二六)には播磨の地侍田原久光の次男伊織を養子とし、宮本伊織貞次の名で明石城主小笠原忠真《ただざね》に出仕させたことが知られている。伊織は寛永八年(一六三一)二十歳で小笠原家の家老となった。伊織は武蔵の没後九年にあたる承応三年(一六五四)に父の菩提を弔い、事跡を顕彰するために小倉藩領の手向山《たむけやま》(福岡県北九州市小倉北区赤坂)に碑を建てた。時に伊織は小倉藩の筆頭家老であった。そのいわゆる「小倉碑文」は武蔵にかんする基本資料のひとつである。

寛永十五年(一六三八)の島原の乱では小倉城城主となっていた小笠原忠真に従い伊織も出陣、武蔵も忠真の甥である中津城主小笠原長次の後見として出陣した。

延岡城主の有馬直純に宛てた武蔵の自筆書状が現存するが「拙者も石ニあたりすねたちかね」と一揆軍の投石によって負傷したことを伝えている。

遺作としての『五輪書』など

熊本藩に仕えるようになった武蔵は寛永十八年（一六四一）に入ってまもなく、忠利の求めに応じて「兵法三十五条」を献じたが、忠利は三月に急死してしまう。藩主の座を継いだ光尚も武蔵に同じ待遇を与えて優遇し、自身も武蔵から剣を学んだ。ほかに藩主一族、士分の者から陪臣、軽い身分の者に至るまで門弟は千人余もあったとは、直弟子となった山本源左衛門（士水）の談話である（『武公伝』）。

しかしこのころから彼は、武芸の指南も弟子たちにまかせ、龍田山《たつだやま》の泰勝院の住持大淵玄弘《おおぶちげんこう》のもとで参禅にいそしむようになる。この寺は幽斎の菩提のために小倉に建てられ、八代を経て熊本郊外に移っていた。従来、春山玄貞《しゅんざんげんてい》和尚が師とされてきたが、春山はまだ大渕のもとで修行中の若い僧侶にすぎなかったから、後世の取り違えであろう。

武蔵はこのころから書画にも親しむようになる。水墨画の達磨や布袋図、それに鳥を描いた小品が多い。とくに渡辺崋山も絶賛したという「枯木鳴鵙図《こぼくめいげきず》」は傑作で、すっと伸びた枯れ木の枝にとまったもずが、あたりを見回している光景を、無駄のない神経の行き届いた線で一気に描いて引き締まった構図である。

他方で武蔵は自分の兵法を集大成する著述にとりかかった。寛永二十年（一六四三）から熊本近郊の金峰山《きんぼうざん》にある雲巌禅寺（熊本市松尾町）裏山の霊巌洞にこもって執筆した『五輪書』がそれであって、仏教の地水火風空の五輪になぞらえて体系化したものである。しかし仏教の体系を借りてはいるが、神秘主義めいた精神主義はその目的ではない。一読すれば、きわめて実践的な、爽快とも感じさせる合理主義で貫かれていることが理解できる。

地の巻で兵法を学ぶ上での基本を考え、水の巻では剣の使い方を心の持ち方、身体の使い方、訓練法など、具体的に記す。そして火の巻では、戦いに勝つための道理を説く。この巻の主眼は一人にたいする剣術の理が、そのまま万人の戦いの理につうじることであり、いわば戦いの本質について考察している。風の巻は他の流派の批判をつうじて自流の長所を明らかにしようとするもので、技の内容や、ことさらに極意・秘伝などを設ける教え方を批判する。そして最後の空の巻では、剣の最高の境地を空と表現するが、それは仏教的な空しさではなく、実技を究めた上の境地を表現しているもののようである。

そして正保二年（一六四五）五月十二日に、二十一箇条の『独行道』（自誓書）を書き、『五輪書』とともに兵法の弟子である寺尾孫之允《まごのじょう》に与え、七日後の十九日に千葉城の屋敷で亡くなった。つまり彼は肥後細川家の庇護のもとで波乱に満ちた生涯を締めくくったのである。

『独行道』は武蔵がこれまでの人生をかえりみて生き方を確認したともとれる簡潔な一書《ひとつがき》の文書で、「世々の道をそむく事なし」「よろづに依怙《えこ》の心なし」「身をあさく思《おもい》　世をふかく思ふ」「佛神は貴し佛神をたのまず」など、味わいのある言葉が並んでいる。

しかし二天一流はその後、必ずしも肥後に根づいたとはいえない。武蔵というあまりにも卓越した個性と結びついた特異な刀法のためかもしれない。

第三十五章　忠利の急死

忠利病む

寛永十七年（一六四〇）十一月二十六日、忠利は江戸の光尚あての書状を「我々息災、十年この方、覚え申さず候」と結んだ。久しぶりに健康を取り戻したという実感があったのだろう。家老の有吉頼母佐を供に連れて、冬の山野で好きな鷹狩りを楽しんでもいる。

年が改まって寛永十八年一月十八日、八代の三斎を訪れた。この時も元気で、寒さにもかかわらず頭巾も着けていなかった。ところが帰路、小川（下益城郡小川町）のあたりにさしかかった時、足にしびれを感じた。足を揉ませ、いつものように宇土で一泊、医師に鍼《はり》を打たせ、服薬して回復したが、後からふり返ると、これが病の始まりであった。

二十八日にも鷹野に出たが、また手足が痺れ、目まいがした。熱が出、三十日昼ごろから舌がもつれて言葉が出なくなり、右の手足も麻痺した。

二月五日、八代の三斎は心配して、三浦新右衛門を見舞いに寄越し、京都で懇意にしている名医盛《せい》方院《ほういん》（吉田浄元）を招くよう勧めた。忠利は迫っている参勤交代の時期を気にしており、江戸への途上、京都で診察を乞うつもりだと、使者の前では元気そうに振舞ってみせた。しかしこの頃から容体は一進一退をくりかえす。

二月十五日ごろ、舌のもつれや手足の麻痺は疝気《せんき》（下腹痛）と腸内の熱によるものと診断され、中風を案じていた忠利は安心して気分が軽くなった。十八日付の光尚あての書状では、ゆるゆると江戸へ向かうつもりである。途中、病気が出れば、そこから引き返すまで、と語っている。しかし周囲は事態を重く見て、三月六日には盛方院を迎えるための使者が京都に派遣された。翌日から大便に血がまじるようになり、合計三十六回も下血したと、忠利自身が光尚あての書状に記している。三家老も城内に詰めきる状態となる。忠利自身は九日朝、気分がよいので腰湯を命じたところ、上気したのか、また舌と手足の麻痺が始まった。

忠利は四月二十日に熊本を発って江戸へ向かう予定であった。何としても予定どおりに江戸へ出たいという気持と、延期せざるを得ないかもしれないという気分が交錯する。三月十日、老中あてに病気のため参府が遅れるかもしれぬ、という届けを出した。この届けを持参した使者に、光尚あての書状を託し、光尚からも老中に病気のことを伝えてくれるようにと指示する一方、「何とぞ仕り、二十日に立ち申したき覚悟に候、田舎にては養生ならず候間、成るほどに候はば、上り申すべくと存じ候事」と参府の決意を示した。

この書状の裏に忠利は自筆で――「右のてくひより手なへ申計ニ候、しに可申様ニハ無之候、可心安候」と記した。手首から腕が麻痺しているだけだ。死ぬことはあるまいから安心せよというのである。文字は乱れており、花押が書けず印判を用いている。

気遣う三斎

忠利の病状について三家老からも光尚に書状が送られているが、すでに述べて来たような楽観を許さぬ病状を記す一方では、ご気色に少しもかわりはない、食もすすんでおいでだ、と努めて軽く見せようとする配慮も窺える。君主の病気は政治的な影響が大きいから、側近にとっても使いわけが必要なのである。

八代の三斎も、忠利の身を気遣っている。三月十三日には参府を延期するように忠告し、自分からも酒井忠勝あてに参府延期の願いを書いた。上包みを開いて読んだ上、きちんと包み直して提出するがよい。京都の医師盛方院も数日中に着くとのこと、治療を受けた上で参府してはどうか、ときめ細かい。忠利は素直に忠告にしたがって延期をきめ、三斎の老中への披露状にたいして礼をのべた。十三日付で書いた二通の返書が、三斎あての最後の手紙となった。

十四日にも三斎は、病中は手紙を書かない方がよい、自分も何よりも手紙を書くのが好きなので、病中に書いては後で難渋する。どうしても必要な場合は、誰かに命じて書かせた手紙を河内加兵衛あてに遣わすよう、といっている。つまり身体をいたわって口述もするな、家臣同士の手紙という体裁にしようという提案である。

思えば三斎からの最後の書状が、手紙というもののあり方にかんする内容であったことは、四十年にわたって書状でさまざまな公私にわたる厖大な情報をやりとりして来た親子にふさわしい結末といえる。

この十四日、忠利は突如、危篤に陥った。急を聞いて八代から三斎が駆けつけた時には、もはや意識はなかった。

狼狽した老人は江戸の孫光尚あての書状を書く。


越中煩い、此中我々へかくし候て、よきくと計申ニ付、さかと存じ候てこれ在る内に、今日十四日、俄につまり候由、申越候間、驚き八代を未の下刻〔午後三時ごろ〕に罷り出、熊本へ夜の四ッ時〔十時〕着しめ、越中体を見候処、はや究まり申し、人をも見知り申さず、目も明申さざる体に候、言語に絶し候、此の如くに候間、讃岐殿〔酒井忠勝〕、柳生殿〔宗矩《むねのり》〕などと談合候て御暇申上げ、下国待ち申し候。我々、事の外困じ、正体なく候間、わけも聞へ申すまじく候、恐々

三月十四日　三斎

宗立

肥後殿まいる

忠利の様子を一見して三斎はもう駄目だと直感したのであろう。病状を隠しているので、軽いという言葉をそのまま信じていたら、このような有様だ――というのは怒りというよりは老人らしい繰言とわたしには読める。三斎は忠利や光尚にあてて現存するだけで千九百通もの書状を書いて来たが、これほど感情の揺れを素直に表した書状は、この一通だけである。

彼は心底、動揺していた。

江戸の光尚

寛永十八年（一六四一）の年頭は火事が多く、江戸の光尚は慌ただしい日を送っていた。とくに正月二十九日の火事は三斎の中屋敷に迫り、駆けつけた光尚の活躍でなんとか類焼をくい止めた。この日の火事の現場で、忠利が懇意の加々爪忠澄《かがづめただすみ》（大目付）は、中風の発作を起こし、翌日死去した。忠利が中風を懸念していたことには、このあたりが伏線になっているのかも知れない。

その光尚のもとに、熊本から父忠利の病気の報がつぎつぎともたらされるようになった。熊本からの飛脚は十日ほどの時差で江戸に着く。三月十日付の忠利の病気届けは、十九日には江戸に達した。三月二十三日夕刻、将軍からの上使が、父の病気を見舞うため光尚に帰国の許しが出たことを伝えた。他方で幕府は、鍼医半井以策《なからいいさく》を派遣するとともに見舞いの上使曽我又左衛門を熊本に発足させた。外様大名にたいする扱いとしては丁重をきわめたものである。

光尚は即刻、出発した。翌日には蒲原、二十五日八つ時分（午後二時）には浜松に達するという急ぎの旅であった。しかしここで忠利の訃報を伝える使者と出会い、光尚は、空しくその場から江戸へ引き返した。

藩主の死は政治的事件である。感傷にひたっている余裕はない。二十三歳の嫡子光尚には肥後五十四万石を継ぐことの成否を賭けて、江戸で幕閣の意向を見届ける重大な責任がのしかかって来た。

忠利は三月十七日申の刻（午後四時ごろ）に没した。五十六歳である。死に先立って家老松井興長に、光尚は年若いので、充分に補佐するよう、三斎さまは老齢で気が短くなっているから気を遣ってくれるように、また殉死を願っている者たちへの手配りなど、行き届いた遺言を残したという。

十九日の晩に棺に納め、御花畑の座敷の床をあげて土中に安置し、江戸の光尚からの指示を待った。

江戸の幕閣にたいする肥後熊本藩主細川忠利死去の最初の報は、三月二十七日に豊後目付からの注進状によってもたらされた。翌日、熊本藩の使者、歩の使番《つかいばん》、深水太郎兵衛が到着、正式に届け出る。家光からはさっそく弔問の上使として使番斎藤利政が熊本に遣わされた。

四月一日、光尚は江戸へ戻る。五日、阿部豊後守が上使として弔問に訪れ、香奠として白銀五百枚を下賜した。江戸では四月二十六日に品川東海寺で法事が行われる。将軍の代理として柳生但馬守が焼香した。

熊本では四月二十八日、遺言によって飽田《あきた》郡春日村（熊本市春日三丁目）の岫雲院《しゅううんいん》という寺で忠利の遺体は火葬に付された。鷹狩りに行って休息に立ち寄ったことが縁で、忠利は住職と懇意になっていたのである。戒名は妙解院殿《みょうげいんでん》台雲五公大居士とされた。

第五部　光尚と三斎

第三十六章　肥後五十四万石を継ぐ――光尚の時代

光尚の襲封

忠利の死――当時の表現を使うなら「御遠行」（遠くへ行く、の意）を浜松で知ってただちに江戸へ引き返す途上の光尚に、三島で国元の家老たちからの書状が追いついた。

三月二十八日、長岡佐渡守あて、二十九日、佐渡守を含む三家老あてに出した返事の書状が、嫡子としての初めての指令である。ついでながら光尚の当時の名乗りは光貞であるが、ここでは光尚で統一しておく。

国元からの書状は、十八日つまり忠利の死去の翌日に出されたもので、遺言とその執行にかんする報知であったらしく、光尚は城番を置いて当面の管理を厳重にすることなど、遺言にしたがった家老たちの処置を追認している。

大名が死去した後の藩内には、一種の権力の空白状態が生じる。従来の家光の信頼からいえば、光尚が後を継ぐことが認められるだろうが、確定しているわけではない。藩内を厳正に保ち、光尚自身も身を謹んでひたすら将軍の意向が伝えられるのを待つほかはない。

殉死を願う者たちについては、自分が下国する日時が定まらないので、それを待っては時期を失して見苦しいだろう。近日、使者を派遣して口頭で指示するので、それまで待つようにといっている。

四月一日、光尚は江戸へ戻った。将軍以下の弔問と答礼、四月二十六日の法事、国元への指示など慌ただしい一ヵ月が過ぎた。

五月五日、光尚は勘定奉行伊丹順斎（康勝）、寺社奉行堀式部少輔直之、大坂町奉行曽我丹波守古《ひさ》祐《すけ》と同道の上、老中酒井讃岐守忠勝邸へ出頭を命ぜられた。

酒井邸へ上使として老中松平伊豆守信綱、阿部豊後守忠秋が派遣され、三老中から、

一、忠利は譜代同様に信頼していたが不慮の死を残念に思う。

一、忠利の忠勤にかんがみて、大国ながら肥後一国を、今後とも相違なく光尚に預ける。

一、光尚は「御爪の端」であるから（自分の爪先同様に大事なものと考える、の意味だろう）、今後も安んじて忠勤に励むように。

という家光の言葉が伝達された。

喪中を配慮して江戸城中を避けたのか、老中邸での申し渡しという形式が一般的なものなのかどうかは、よく判らない。伊丹、堀、曽我ら細川家と親しい有力者が同席したのは、老中からの口頭の申し渡しを見届ける意味があったらしく、自分たちも確かに上意を承ったという一書《ひとつがき》の体裁の覚書が三

人連署で光尚あてに出されている。

光尚はこの吉報を直ちに国元に報じた。翌日、跡目相続のお礼のため登城して、助吉の太刀一腰、馬代の銀千枚、帷子単物《かたびらひとえもの》五十を献上する。こうして細川光尚は、とどこおりなく肥後五十四万石の主となった。

殉死をめぐって――阿部一族事件の虚実

五月十一日に帰国の許しが出て、白銀五百枚、時服五十を拝領。お礼のため登城すると馬一疋を拝領した。すべて父忠利の時と同じ扱いである。

十九日に江戸発、光尚は肥後藩主としての格式ではじめて国元へむかった。六月三日、大坂着。五日に乗船、六月十日、鶴崎到着。ここまでの光尚から国元への指示はすべて先代妙解院さま（忠利）の格式同様という点が強調されている。彼は間もなく江戸へもどる心づもりで、供揃えも多人数ではなかった。しかし肥後へ入れば国主としての威厳も必要であるから、鶴崎へ弓、長柄の者なども派遣を指示する。ただし美々しく目立たぬようと、喪中の配慮もしている。

この頃には忠利に殉死を願った側近の者たちの大部分は切腹を遂げていた。光尚帰国後を含めると合計十九人。十七、八歳の小姓から六十九歳の老人までさまざまである。しかも殉死の時期はさまざまで、のちの忠興や光尚への殉死にくらべると時間的に長期にわたっていることが特徴的である。江戸で育って殉死に否定的な幕府の考えを知っていた光尚はむしろ殉死を抑制しようとしたが、熊本における戦国の遺風はまた反応が異なり、かれは最終的にそれと妥協したのである。森鷗外の『阿部一族』は、十九人のうち阿部弥一右衛門通信《みちのぶ》だけは、許可がないままに殉死したため、その後、さまざまな経緯があって、一族は上意討ちによって全滅したとするが、これは事実に反する。

阿部一族にかんしては、藤本千鶴子氏が鷗外の依拠した『阿部茶事談』という史料の性格に疑問を抱き、一連の論文を発表している。それによると忠利は最後には意識不明だったので直接、殉死の許可を得た者は少数であり、阿部だけが特別な条件の下で許可を得ないで殉死したわけではない。鷗外は忠利による許可、不許可を絶対の基準とし、阿部に許可を与えなかった忠利との心理的な葛藤を作品の軸としたが、これは歴史的事実に反しているという。

阿部家の問題は別のところから生じた。殉死した弥一右衛門は豊前の惣庄屋から忠利によって抜擢された行政官であり嗣子権兵衛もまた、忠利のもとで財政や郡の行政、収税などに通暁した有能な官僚であった。藩主の交代によって庇護者を失ったため、その後、相続において光尚から冷たい処置をされ、寛永二十年二月、忠利の三周忌に焼香のさい「目安をあげ」た上で髻《もとどり》を切った。目安をあげる、つまり下の意見を上にあげる行為は、忠利時代には公認された行為だったが、新藩主光尚はむしろ権威をもって下に臨む態度をとるようになっており、権兵衛の目安の内容は不明とはいうものの、藩主を無視して先代の霊前になにごとかを訴えた行為は当然、光尚の怒りを買った。この結果、一族は三日後、上意討ちに会って全滅、そして権兵衛は縛り首（縛って首を差し伸べさせておいて斬首する）という不名誉な刑に処せられる。歴史的事実としては上意討ちと処刑の前後関係は『阿部一族』とは逆である。

つまり阿部家の悲劇はむしろ忠利から光尚への代替りにあたっての体制内の軋轢を反映していたとみられる。

光尚体制の安定

さて寛永十八年（一六四一）六月、ようやく熊本入りした光尚は、六月二十一日から七日間の法事を催した。藩士から主立った町人まで前藩主の霊前で焼香した。

七月二十二日からは、順を追って藩士たちのお目見えがある。光尚は改めて藩主としてこれらの人々に対するわけである。

これまで見て来たように、三斎から忠利への権力移譲は、対立候補の可能性のある人物を次第に排除して、三斎—忠利関係だけに権力構造を絞って行き、最終的には三斎が隠居として顧問的な位置に収まることによって円滑に行われて来た。

忠利から光尚への権力移譲にあたっては、最初から対立候補はなかったが、三斎の八代分領の動きなど、対応せねばならない問題を抱えてはいた。忠利はかつて自分が経験したと同じように藩主としての心得を子の光尚に教えこみ、父三斎との対応の方法も教えた。

本来ならこのまま順調に、忠利は隠居して、家中に睨みを効かせながら、光尚が藩主として成長して行くのを見守るはずであった。ところが忠利の早すぎる死で、順序が逆になってしまったわけである。

忠利の没後、六月十日付で東海寺の沢庵宗彭が光尚に与えた弔問の書状がある。忠利の死は不意の事なので、長年親しんでいただいた拙僧などは、いままだ国元においでになって、やがて江戸へ出ておいでになるような気がして、はっと現実に立ち返り、思わず手を打ってしまうことがある、と心持ちの籠もった行き届いた書状である。

国元で充分に君主としての恩寵を与えていた忠利から、江戸住まいが多かった新藩主の光尚への権力移譲はそれなりに緊張をともなうものだったことは、殉死をめぐる問題でみてきたとおりである。

江戸で家光の権力の発揮の仕方を身近にみてきた光尚は、自分の権威を高めるいくらか高圧的な態度

細川光尚（永青文庫蔵）

でこれを乗り切ったようである。彼は側用人林外記《げき》を重用することで家臣と自分とのあいだに意図して垣を設けて権威をたかめた。家康の孫娘を母とする出自への誇りもあったと思われる。側用人林外記が憎まれたことは、光尚の死後、まもなく彼が謀殺されたことにも現れている。

なお肥後藩は農民一揆が少ないことで知られるが、これはかならずしも善政の結果とはいえない。豊前時代から採用した「手永《てなが》」という組織によって農民を末端まで統制していたからである。手永は郡と村との中間にあたる行政区画で、藩領を五十二手永に分け、それぞれ惣庄屋を置いて二、三十村を支配した。

九月二十九日、細川肥後守光尚は、熊本を出発、十月二十六日に江戸へ着いた。今回は家光の意向で家老たちをも同伴している。登城の挨拶のさい、家老たちにもお目見えがかない、将軍家の威信のもとで藩主としての地位を、いっそう確かなものとすることができた。

第三十七章　三斎忠興の死――ある時代の終焉

光尚との関係の変化

忠利の死が三斎に与えた影響は大きかった。

忠利が重態に陥った時、八代から急行した三斎は、そのまま熊本でいつも宿にしている三淵内匠《みつぶちたくみ》昭知の宅に泊まり、最期を見届け、忠利が死ぬと哀傷の和歌一首を詠んだ。

往くも道ゆかぬも同じ道なれと
　つれて行かぬを別れとそいう

彼は父幽斎とは違って文藝の人ではない。義理にもうまい和歌とはいえないが、それだけに、わが子に先立たれ、和歌を詠まずにはいられなかった嘆きの深さは実感できる。

家光からの上使斎藤左源太利政が熊本へ下向したのは四月一日で、熊本から八代へも下り、三斎に対面してすぐに江戸へ戻って行った。

光尚の三斎にたいする丁重な対応は変わらない。襲封の報知などもまめに八代へ報じているが、三斎の反応は忠利在世中ほど敏感ではなくなった。三斎はこの後、正保二年（一六四五）まで、四年あまり生きたが、公刊された『細川家史料』でみる限りでは、先にあげた忠利危篤のさいに江戸の光尚あてに書いた書状以後、光尚にあてた書状は一通しか残っていないのである。

藩主となった後の光尚の文書管理の方針が変わったと考えることもできないわけではないが、子の忠利が介在することで保たれていた孫との関係が、突然、変化してしまったような印象を与える。

七月一日、光尚は藩主として公式に八代を訪れた。三斎は襲封を祝って左文字の脇差を贈った。

七月十九日、三斎は八代を発して江戸へ向かった。光尚が肥後五十四万石を授かったことの礼のためである。すでに家光からは参勤交代を免除されている。しかし五十四万石を安堵された礼として、自分が江戸におもむくべきだという政治的判断はまだ的確であった。

熊本で光尚から機嫌よく饗応を受け、途中、久留米で有馬玄蕃頭《げんばのかみ》のもとに立ち寄り、京都を経て十月末に江戸に着いている。

細川系図にかんする書状が二、三残っている。この年、幕府は諸大名に系図の提出を命じていた。忠利はこのことを気にして、病気になってからの光尚あての書状でも何かと指示を与えているが、三斎は忠利からの照会には、そっけなく対応して来た。

幕府にたいする功績を明らかにするため系図を提出する行為そのものが、三斎の気持にそぐわなかった。父幽斎藤孝と自分は系図上、別の存在である。藤孝関係の書類は全部、そちらへ渡した。信長さま、太閤さま以来、氏系図などということは一切かまわず、その者その者の人物を見て取り立てられたものである、とにべもない（三月九日）。しかし年末になって、家光直々に系図改めの沙汰があり、多少は丁寧に幽斎の出た三淵の家などについて書状で答えている。忠利に死なれて、三斎は、いくぶん、未完に終わった仕事を代わりに仕上げてやるような気分になっている。

耳の遠さを逆手にとる

三斎にかんする逸話がある。

話はさかのぼるが、おそらく寛永十二年（一六三五）七月二十三日、まだ六丸といった光尚が元服して、家光から「光」の字を与えられ、従四位下侍従、肥後守を授けられた時のことと思われる。

江戸城に三斎、忠利、光尚の細川家三代が揃って登城した。家光は三斎を懇ろに扱い、年をとったとはいえ、この嘉儀に会われたことを大慶に存ずるとの言葉とともに盃を与え、左文字の刀を贈った。その上で家光は諸大名が居合わせる場で、三斎が将軍家にたいして忠節を忘れぬことを褒めた。

ところが三斎は、耳が不自由なので、よく聞こえない様子である。

家光はまた声を高めて、同じことを繰り返した。三斎は、なおも耳を傾けてにじり寄る気配なので、耳が遠くて聞こえない様子だ、掃部《かもん》申し聞かせよ、と井伊直孝《いいなおたか》に命じた。井伊は声をはりあげ、

「三斎御当家にたいし、重ねての忠節の段、忘れはせぬ、との仰せである」

と二度まで上意を繰り返した。

三斎は家光の言葉を奉るのでもなく、井伊へ対応する気色もなく、突然、大声をあげて、はるか末座に控えている光尚に呼びかけた。

「ただ今の上意承りたるか、よく小耳に留めてご奉公の所、覚悟の上にも覚悟せよ」

そして、我らは行き迫りたる老いの身なれば、家康公、秀忠公へはご奉公申し上げて来たが、これほどかたじけない上意を承ったことはなかった。ご当代さまには何のご奉公もできないのに、むかしを聞き及ばれて、このようにかたじけないお言葉を賜った、ありがたし、と言葉を継ぎ、涙をこぼした。

これを聞いていて、並居る大名たちも感じ入った様子であった。

さて退出してから、忠利が、今日はことの他、耳が遠いご様子で心配いたしましたというと、いや、最初に上意を確かに承ったが、老人の耳ゆえおぼつかなく思い、掃部におめかせて、何も知らぬ若い末座の衆へも聞かせてやろうとしたまでのこと、咄嗟《とっさ》の機知であったと述べて平然としていたという。

寛永十八年、光尚の襲封の礼のさいの出来事とする書もあるが、その時、三斎は江戸にいなかったからあり得ない。逸話というものの性格上、語りつがれるあいだに、多少、面白く作られすぎたきらいもあるが、根本となる事実そのものは実際にあったのだろう。三斎の対応にはいかにも徳川三代に仕え、実力をもって信頼をかちとって来た大名らしい、人を喰ったゆとりがある。

家光に対して、身分の差だけへりくだっては見せるものの、膝を屈しているわけではない。そういう矜持が、かえって自分の威信を増すこと、それが忠利―光尚の安泰につながること、さらにはそれを並居る大名たちの前でアピールするところなども、心憎い計算といえる。家の安泰を計るという三斎の意思は一貫していた。

八十歳の江戸の春

寛永十九年(一六四二)、細川三斎は八十歳の春を江戸で迎えた。

前年、細川家は忠利の急逝で、慌ただしい年であったが、家光にとっては長男の出生という慶事があった。母は側室お楽の方(増山氏)、出生は八月三日、幼名竹千代、のちの四代将軍家綱である。

家康はつねづね、自分は寅年、秀忠は卯年、家光は辰年の生まれであるから、家光が巳年の子を持ち天下をゆずれば、徳川の天下は安泰であるといっていた。寛永十八年はその巳年であり、しかも家光は三十八歳で、家康が秀忠をもうけたのと同年齢にあたる。家康崇拝の念の強烈な家光にとっては、神意とも感じられる出来事であった。

さて二月に三斎が登城すると、家光は三斎の長寿にあやかるように竹千代を見せてやれ、と酒井忠勝にいい置いて奥へ入ってしまった。

女房たちが竹千代を抱いて来る。相変わらず眼病に悩む三斎は治療のため目の縁に赤い薬を引いていた。しかも髪を剃っている。竹千代さまが怖がりはすまいか、とためらう三斎に対して、女房たちは、髪を下ろしたお医者衆を見慣れているから、恐れられることはありますまい、と近くに招いた。

「三斎にあやかりなさるべし」

という女房たちに対して、

「御武勇、果報は権現様〔家康〕に御あやかりなさるべし。御齢は私に御あやかりあそばせ」

と応じたのは三斎らしいそつのなさである。

竹千代は機嫌がよい。女房たちは、さてさて今日は若君様のご機嫌がよく、おとなしくしていらっしゃる。めでたい御事である、では口祝いを三斎に遣わされませ、と三方を差し出した。

口祝いとは、初めて接見するときに授ける祝いの品で、結んだ熨斗鮑《のしあわび》を三つばかり手ずから与えるのが作法である。

竹千代が熨斗を摑んで、くわっと口に入れようとするのを三斎は、そのまま頂戴して退出した。障子のあたりに人影がさしていたが、それは物陰から家光が様子を窺っていたのだった。家光はようやく授かったこの男子が可愛くて仕方がない。

三斎は、この様子を家臣に語り聞かせ、

「さてさてよき生まれつき、よく権現さまに似させられ候」

と祝福した。そして頂戴した熨斗鮑を一門に分け与えたという。

三斎は将軍家の四代目の誕生に立ち会った。細川家にかんしても忠利の若すぎる死があったとはいえ、肥後五十四万石の光尚への継承は無事に済んだ。としてみると、自分のするべきことはほとんど何も残っていない。それは老年ならではの慄然《りつぜん》とするような感覚であった。

この年、八十歳の賀の祝いをしたが、

思ひやれ八十のとしの暮なれば
　そこはかとなく物そかなしき

と詠んでいる。

老いれば生もまた辛い。

墓所を定める

四月二十六日、三斎は江戸を発って八代へ帰る。途中、京都に立ち寄り、大徳寺高桐院の清巌《せいがん》和尚に対面して、わが死後はこの下に骨を納めていただきたいと秘蔵の石灯籠を献じた。もはや京都の土を踏むことはあるまい、と自覚しての行為である。

かつて京都で生まれたから京都で土に帰るのだといっていた男が、生涯を終える場所は八代、と思い定めたのは、忠利を先に失って、肥後五十四万石にとっての自分の位置の重さを改めて自覚させられたためであろうか。思えば気楽な隠居として思うままの日々を送れたのも、子の忠利の庇護あってのことだった。忠利なき後、三斎の地位も変わったのである。

この灯籠は利休から贈られた品である。さりげない春日灯籠だが、参勤交代のさいにも京都、江戸、八代と運ばせて、茶事ではつねに路地に置くほど愛玩してやまなかった。運搬の途上で水没することを恐れ、船に乗せる場合には下関廻しで最小限の渡しに限ったほどである。

高桐院の庭に立てさせた灯籠を三斎は、つくづくと眺めて、整いすぎていると感じたのか、わざと笠石の一部を打ち欠いた。そしてこれでよい、こうしておけば、末世になっても自然に水を手向けてくれる者もあろうと満足そうであった。

この時、金の大香炉と青磁の花瓶も添えて寺に納め、みずから焼香して、はらはらと涙をこぼした。三斎宗立・細川忠興は、いま自分の生を自分で締めくくる心境に達している。

この石灯籠にかんしては、三斎が遺言で墓石として高桐院に納めたともいい、利休がかつて秀吉から所望された時、わざと一部を欠いて、献上を拒み、三斎に与えたという言い伝えもあって、時間とともに次第に伝承はあいまいになっている。だが三斎の心境を思いやってみると『綿考輯録《めんこうしゅうろく》』が伝えるように、最期に京都に立ち寄ったさいにみずから笠石を欠いて高桐院に納めたという所伝がもっともふさわしい。

大徳寺高桐院は、三斎が父幽斎藤孝の菩提寺として建てた塔頭で、禅宗寺院としてはきわだって異彩を放つ造形をもつ。本堂に面した庭には、まったく庭石がないのである。一面の平面にはさりげなく楓《かえで》が植えてあり、下は一面の苔である。視点を定める目印として正面中央に石灯籠が立つ。それだけの庭である。

また三斎が秀吉の北野大茶湯のさいに影向《ようごう》の松のもとに営んだ茶室を移したと伝える松向軒という

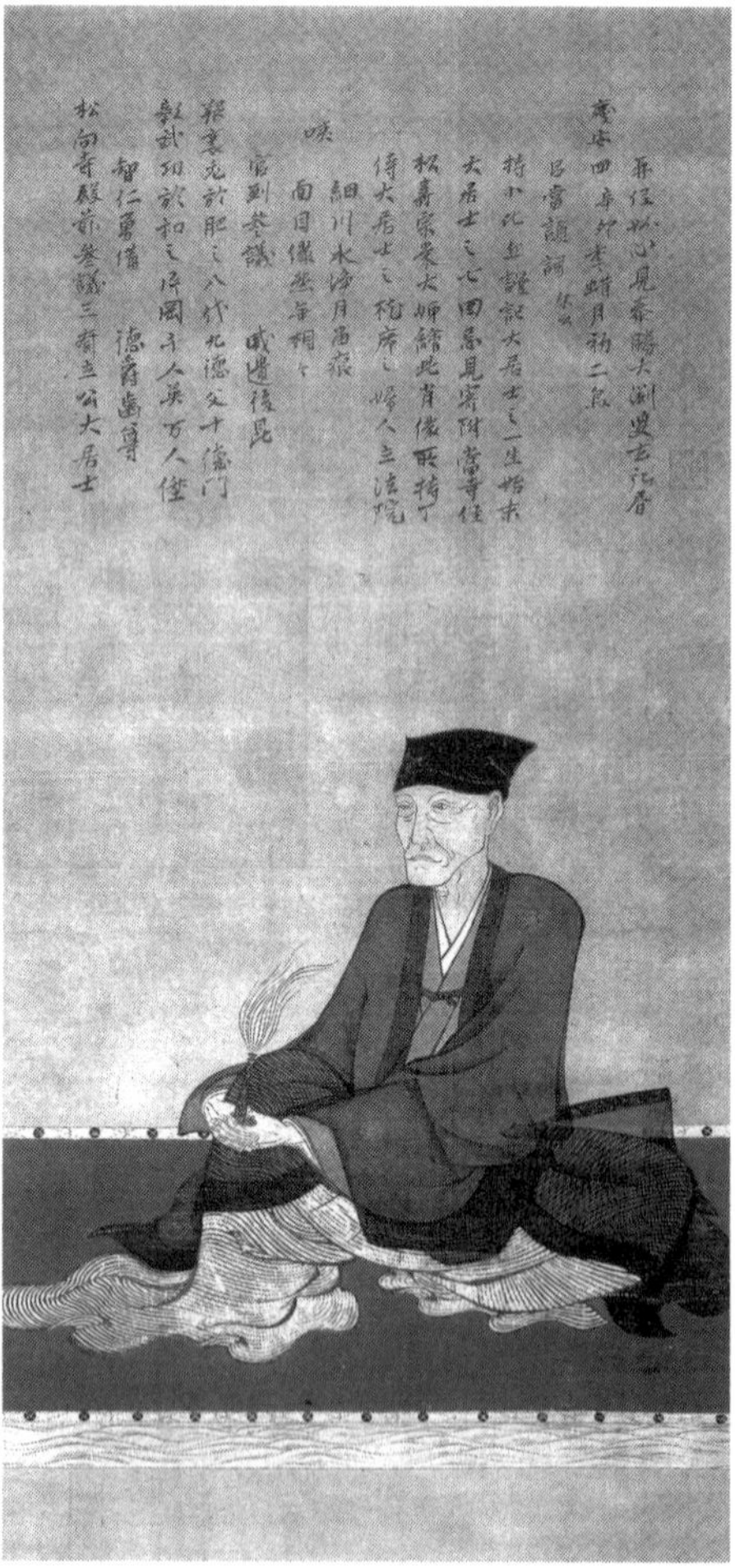

細川忠興（永青文庫蔵）

二畳台目の茶室がある。三斎は松向寺殿とよばれることもあったほどで、この茶室は会心の作だったのではないか。簡素なたたずまいだが、赤松皮付きの中柱から躙口《にじりぐち》の役石の置き方まで、細かな目配りが行き届いており、侘びのうちにも抑えた華やかさがあって、利休を継承しながらも、一味違った三斎らしさが表現されている。

高桐院は彼の美意識がもっとも行き届いた場所として、その墓所にふさわしかった。

三斎は、寛永二十年（一六四四）に生存中の遺物として秘蔵の品のなかから、芝栗の壺、雪舟重山の屏風、達磨の唐絵の三品を将軍家光に贈った。彼はなお生を締めくくる準備を続けている。

寛永二十一年が来た。十二月十六日に改元、正保元年となる年である。二月に、光尚は江戸の三田村（現港区高輪一―十六―二十五）に下屋敷を拝領した。従来の下屋敷は将監橋《しょうげんばし》の付近にあったが、万一の火事が近くの徳川将軍の霊廟のある芝増上寺に及ぶことを恐れて屋敷替えを願っていたものである。当時、この付近には人家がひとつもない野原で、屋敷まわりで啼く狼の声が光尚の居間まで通って来たという。このあたりは高輪泉岳寺にも近く、これから百年後、赤穂浪士の討ち入り後、細川家はこの屋敷に大石内蔵助らを預かることになる。

この年五月三日、江戸を出発した光尚は二十七日に熊本にもどった。八月には八代の三斎の元へも機嫌うかがいに赴いている。八代の三斎はもはや藩政に口を出さない。『閑斎筆記』という書物に、三斎は忠利と会っている時は自若としてふるまったが、光尚と会う時にはかぶっている頭巾を脱いだ。ある人が理由を問うたところ、忠利は子で、いたって近いので敬意を示さない。光尚は孫で、いささか遠いから敬意を表するのだといったと伝えている。光尚への距離の置き方をあらわす挿話である。

四男・立孝の死

正保二年（一六四四）閏五月十一日、細川立孝《たつたか》が江戸中屋敷で病死した。三十一歳であった。立孝は三斎の四男。元和元年つまり大坂夏の陣の年の七月十五日に小倉で生まれた。母は側室の清田氏、名は幾知《いち》。細川家の重臣清田主計鎮乗（入道後は寿閑）の娘である。

三斎には五人の男子がいる。長男忠隆は、廃嫡されて休無と号し、正保二年現在で六十六歳、京都に居る。次男興秋は出奔して大坂の役では大坂方に加わり、戦後、三斎から自殺を命ぜられた。三男が熊本藩主となった忠利で、ここまでは明智氏玉つまり洗礼名ガラシャとのあいだの子。四男立孝と五男興孝とが清田氏の子である。

興孝の方は元和五年、証人として江戸に差し出したが、立孝は手元に置いた。晩年の三斎がもっとも愛したのがこの四男立孝である。最初、僧籍に入ったので幼名は坊とか御坊主とかよばれる。三斎は寛永元年（一六二四）の参勤にさいして十歳となった「御坊主」を連れて京都へ出、翌年には江戸へも伴っている。

寛永五年（一六二八）三月三日、十四歳で袴着の儀式をあげ、東方立允《とうほうりゅういん》と名のった。寛永九年（一六三二）に忠利が肥後の藩主となると、三斎には八代で九万五千石を与えた。ほとんど小領主の趣があるが、三斎はうち立允（立孝）分三万石、興孝分が二万五千石であるとして、表面を取り繕った。

このあたりから三斎には八代の隠居領をそのまま立允（立孝）に譲るという八代分領化の方向を考えはじめたようである。後年の興孝の不満などから察すると、二人の子へは直接この石高を渡さず、三斎から必要額だけを支給していたらしい。

寛永十一年十二月に立允は五条中納言為適の息女と結婚、十四年には宮松が生まれた。のち宇土の支藩の主となる人である。

寛永十五年の島原の乱にあたっては、三斎は京都にいたが、二十四歳の立孝は僧形のまま、父に代わって八代勢を指揮し、勇猛ぶりを発揮した。本丸総攻撃のさいに先頭にたち、鉄砲や鏑矢《かぶらや》で旗竿が折られるような激戦を経験している。

八代の事実上の分離独立をめぐって忠利―光尚と三斎のあいだには対立が続いたが、最終的に忠利が隠居領を三斎一代に封じ込めたことはすでにみたとおりで、寛永十六年二月、三斎は隠居家督を立孝に譲った。これは家臣知行としての扱いで、あくまで立孝は藩主忠利のもとにおける家臣として知行を受ける者であった。

この処分に関係者は満足し、三斎は間もなく江戸へむかい、立孝も跡を追うように五月、江戸へ赴き、はじめて髪を伸ばし、中務大輔立孝と名乗った。九月二十日、家光にお目見えしている。

立孝はそのまま、興孝と代わって江戸に証人として残り、つぎに八代に下ったのは五年目の寛永二十年であった。翌年二月、ふたたび江戸に出て行った。これが三斎との最期の別れとなったのである。

三斎忠興の死

正保二年（一六四五）四月二十三日に家綱が元服し、江戸城では祝いの能興行が催された。

この頃から、八代の三斎は体調が思わしくない。昨年来、持病の痰に悩んでいた上、閏五月十一日に愛息立孝が病死したことが、精神的に大きな衝撃を与えた。さらに夏の暑気がいつになく辛い。

光尚はこの頃、江戸にいたが、三斎の病状を心配して、つねに家臣二人を八代に置き、交代で容体を熊本の家老たちに報告させている。六月二十九日に三斎は光尚あてに見舞いにたいする礼状を書いたが、これが現存する最期の書状となった。

九月十八日、八代の家老から三斎の容体が思わしくないと、熊本へ使者が立つ。家老たちが八代に赴く。医師が何人も派遣される。十月、三斎の病気は江戸の幕閣にも伝えられ、将軍の命令で名医盛《せい》方院《ほういん》が下されることになった。しかし、三斎は病状がよくなったからと辞退の使者を出し、盛方院は三河から引き返した。事実、三斎は次第に回復し、十一月には健康を取り戻したかに見えた。

ところが十一月末日にまた病状が改まった。熊本から医師が呼ばれる。江戸へも急使が出される。しかし症状は重くなる一方である。十二月一日の夜五つ（午後八時）時分には死期を悟ったのか、周囲の者に、やがて落命したら、心地よく湯をかけてくれ、と言葉をかけ、一同、涙をこらえかねた。

最期まで病床に侍した者は四人である。小野伝兵衛は額をおさえている。久野与右衛門は足を押さえ、蓑田平七は胸を撫で、山伏の宝泉院は薬を飲まそうとする。次第に意識が朦朧《もうろう》としてくるなかで、三斎は皆の忠義、戦場が懐かしいぞ、と声をかけた。

この言葉は意味ぶかい。たんに戦場を懐かしむのではあるまい。権力の移り変わりやあらゆる権謀術策を見て来た男は、最期の瞬間に、生死を賭けた場における人間と人間の誠をもっとも貴重なものと思い定めたのである。

十二月二日、申の刻（午後四時）、逝去。八十三歳である。法名は松向寺殿三斎宗立大居士。

伽羅の本末

三斎が亡くなって二年後、正保四年（一六四七）十二月の三回忌に、江戸屋敷で聞役を勤めていた興津弥五右衛門景吉という五十四歳の侍が殉死することとなった。三斎の逝去後間もなく光尚に殉死を願い出て許されたが、職務上の必要からすぐには実現せず、心静かに事務を処理し終えて、この日を待っていたという。興津ののべた殉死の理由はつぎのようなものである。いまを去ること二十余年、寛永二年（一六二五）三月に長崎に安南の貿易船が入港した。この船は大きな伽羅《きゃら》の香木を積んでいた。木に本末《もとすえ》があり、当然ながら本木の方が値段は高い。長崎役を務めていた興津はこの香木の本木を三斎のために求めようとしたが、仙台から伊達政宗の家臣も来ていて、これも当然、本木を望む。互いにせりあって値段は次第に高くなって行った。

興津の相役に横田清兵衛という者がいた。横田は、あまりにも値段が高くなったので、本木をあきらめ、末木を買ってもどろうと言い出した。興津は承知しない。主命は珍奇な品をもとめよとのことであった。臣として主命を奉じる以上、値段を云々すべきものではないだろう。口論の末、激した横田は脇差を抜いて投げつけた。興津は一刀のもとにこれを斬り捨て、ついに本木を購入して中津へ戻った。

三斎の前で興津は事情を報告し、いかに主命とはいえ、お役に立つべき侍一人、斬り殺したのであるから、切腹を仰せ付けられたいと申し出た。しかし三斎は興津の言い分を認め、閉門を命じただけで死を許さなかった。興津はこの恩義ゆえに殉死を願ったのだという。

この伽羅は希代の名香で、三斎は、

聞く度にめずらしければ郭公《ほととぎす》
　いつも初音の心地こそすれ

という古歌の心で、「初音」と名づけた。

二年後、寛永三年（一六二六）九月六日、二条城への後水尾天皇の行幸にさいして忠利からこの香を献上し、天皇はこの伽羅に改めて「白菊」の名を与えた。

一方、仙台藩の役人は、やむなく伽羅の末木をもとめて帰ったが、伊達政宗はこの香に、「柴舟」と名づけて珍重した。いずれも古歌にちなむ命名である。

興津弥五右衛門はこのような名香をもとめ得たことで面目をほどこした。その後、三斎に従って八代に行き、島原の乱では立孝の手に属して幟《のぼり》奉行を務め、二の丸の攻防で重傷を負っている。

森鷗外は「興津弥五右衛門の遺書」で、功利的な横田清兵衛と主命を重んじる興津弥五右衛門を対比して描いてみせた。そのことの当否はともかく、殉死の因縁が、大名同士の伽羅の競い合いという出来事であったこと自体が、もはや過ぎ去ったひとつの豪奢な時代の記念として印象づけられるのである。

興津弥五右衛門の殉死

正保四年（一六四七）十月二十九日の朝、興津弥五右衛門は三斎の三回忌の法事に合わせて京都に上るべく、江戸の上屋敷の藩主光尚のもとへ暇乞いに赴いた。光尚は彼を饗応し、みずから茶を供した上、細川家の九曜の紋のついた赤裏の小袖二つを与えた。

十一月二日にいよいよ江戸を出発する時には、田中左兵衛を品川まで見送りに遣わす。京都での準備は、古橋小左衛門がすべて執り行う。藩として丁重をきわめた対応である。

この時までに弥五右衛門の殉死は評判になり、大老堀田加賀守から歌、白小袖、菓子、稲葉能登守から白小袖などが贈られる。京都でも烏丸《からすまる》大納言資慶《すけよし》や五山の僧侶たちから和歌が贈られた。

大徳寺高桐院の三斎墓所から、切腹の場と定められた船岡山の麓の仮小屋まで十八丁（一八〇〇メートル）のあいだには菰《こも》三千八百枚が敷きつめられる。もはや殉死は個人的な行動というよりは、藩の名を上げるための行事となろうとしていた。それは藩主光尚にとっての世間にたいする思惑と、興津自身の忠興への忠誠心との微妙な落差でもあった。

当日、大徳寺の僧侶が揃って読経する。物見高い見物が列をなして、三斎の墓所に焼香を済ませた興津弥五右衛門が、ゆっくりと菰を踏んで船岡山の仮小屋に入るのを見送った。

戒名は孤峰不白と定めてある。介錯にあたったのは旧知の乃美《のみ》市郎兵衛。切腹後、声をかけるのを合図に介錯するよう頼んである。白布で覆った畳に坐った興津弥五右衛門は古式に則って腹を三筋に切ったという。声をかけた時、乃美は少し斬りそこなった。弥五右衛門は喉笛を刺すようにといったが、二の太刀を振るう前に、絶息していた。

比類なき名をば雲井にあげおきつ
　やごえをかけて追腹を切る

という落首を詠んだ者がいる。

いうまでもなく「おきつ」に興津を、矢を放つ時の気合であるやごえ（矢声）と「弥五右衛門」をかけている。

ひとつの時代の終わり

興津弥五右衛門の殉死が、わたしにもっとも衝撃を与えたのは、この部分である。すなわち彼の殉死を、見物の対象として待ち構え、ひしめく人々。そしてこの行為を熱心に洒落のめそうと待ち構える人々――つまり殉死が、もはや娯楽の対象となっているという時代の変化である。

もともと武士の世界では戦場で主君が討ち死にした時に、従者が切腹して死後の供をしようとした。主君の病死にさいしての追腹はむしろ異例のことであった。それが一般化したのは、戦乱が絶え、主君への忠誠を示す機会が少なくなった時代になってからである。殉死は必然的に形骸化し、体面や打算（遺族が厚遇される）による殉死すら増えて来る。幕府が殉死を禁じたのは、興津の死から間もない寛文三年（一六六三）、四代将軍家綱の時であった。

自分に生命を預けてくれた三斎に殉ずるという忠誠の意識しかない。しかし現実には、彼と三斎とのあいだに成り立っていたような死を媒介とした人間的な了解は、もはや全面的には理解されない時代が到来していた。その意味で、三斎も彼、興津弥五右衛門ももはや過去の人であった。

してみると興津弥五右衛門の殉死は、期せずして細川三代とともに終わった何ものかを記念する行為となり得ていたのかも知れぬ。

終章　赤穂浪士と桜田門外の変——その後の細川家

宇土支藩の成立と八代城の存続

三斎忠興は隠居後、八代分領を四男の立孝《たつたか》に継がせることを強く希望していたことはすでに述べた。しかしその立孝が正保二年（一六四五）五月に死去したので、光尚は幕府の意向をくんで翌年、松井興長を八代城代に任じ、以後世襲させた。一国一城令にもかかわらず城の存続が認められた特例である。光尚は、他方で同じ正保三年（一六四六）に立孝の遺児十歳の宮松に、益城・宇土両郡で三万石を分与して宇土支藩を開かせた。元服して行孝《ゆきたか》という。宇土には城はなかったが大名として処遇され参勤交代も行った。幕末まで存続している。

しかしその光尚も慶安二年（一六四九）十二月二十六日、まだ三十一歳の若さで江戸藩邸で病死してしまう。遺児に六丸《むつまる》（綱利）と七之助がいたが、六丸はわずか六歳。しかも重態に陥った光尚は、死の二日前に上使として見舞いに訪れた老中・酒井忠勝にたいして、充分のご奉公もできぬまま、このような大病になって残念である。子供二人はまだ幼く、ご奉公もままならぬから「私果《はて》候已後《いご》領国之儀ハ差上可申候」つまり死後、肥後を返上すると伝え、遺書を差し出していた。

事実を知った藩重役は色を失い、国替えか分割かを覚悟したが、家老松井興長や姻戚の小倉城主・小笠原忠真《ただざね》らの必死の嘆願と、光尚の遺言に感動した将軍家光の裁断で、三斎以来の忠誠に配慮して相続が認められ、慶安三年四月二十九日、幕府は六丸にたいして領知安堵の黒印状を与えた。光尚の遺書は、結果としてみるなら、家光の情に訴えて藩主の地位を保つための捨て身の秘策ともいえた。ただし六丸成人まで家老による合議、幕府から派遣された目付二人および小笠原忠真による監督がきめられた。

六丸は承応二年(一六五三)十二月に元服、将軍綱吉から綱の一字を与えられ越中守綱利《つなとし》となった。江戸住まいが長く、最初の国入りは寛文元年(一六六一)である。

赤穂浪士と綱利

綱利は豪放な性格で積極的な政策をとったが、華美を好み、消費的な時代風潮もあって、藩の財政を疲弊させたことも事実であった。

彼の藩主時代で大きな事件は、元禄十五年(一七〇二)十二月十五日の赤穂浪士の吉良邸討ち入りの後で、大石内蔵助ほか十七人の浪士を預かったことである。

十五日は大名たちが江戸城へ登城する定例の日にあたっていた。朝五つ前(午前七時半)、大目付仙石伯耆守《ほうき》久尚《ひさなお》の屋敷に、大石内蔵助の指示を受けた浪士の代表、吉田忠左衛門、富森助右衛門の二人が討ち入りの口上書を届けに来た。内玄関で二人に会った仙石は、家老に命じて聴取書を作らせ、登城まえに老中稲葉丹後守邸へ立ち寄って経過を報告した。これを受けて老中若年寄の協議が行われ、とりあえず浪士たちの身柄を大名に預けた上、処分を決めることとして将軍綱吉の承認を得た。

この結果を受けて、登城した細川越中守（肥後）、毛利甲斐守綱元（長門長府）、水野監物《けんもつ》忠之（三河岡崎）と当日、風邪のため登城しなかった松平（久松）隠岐守定直（伊予松山）の四大名に対し、仙石伯耆守から浪士を預かるようにとの命が伝えられた。

なぜ幕閣が、この四家に預けることを決めたのかははっきりしていない。強いていえば泉岳寺に近い場所に屋敷をもつ諸藩だったように思える。細川下屋敷は現在の高輪一丁目、水野家の中屋敷は三田四国町、毛利甲斐守の屋敷は六本木六丁目、松平隠岐守の中屋敷は三田でいずれも高輪の泉岳寺に近い。この朝、誰もが考えたのは吉良上野の実子綱憲が藩主である米沢上杉家による浪士たちへの報復の可能性であったから、機敏な措置が優先された可能性がある。最初は大石ら浪士が謹慎している泉岳寺から直接、身柄を引き渡す予定だったから、この考え方には妥当性があると思う。

やがて方針が変わって、いったん仙石伯耆守の屋敷へ浪士一同を移した上で、改めて仙石家で身柄を引き渡すことになった。

細川家の浪士預かりについては『細川家御預始末記』（細川家記録）という公式のものから『綱利家譜』という綱利の行動を描いたもの、直接、浪士たちの世話をした堀内伝右衛門の『覚書』などによって詳細を知ることができる。

台命を受けた綱利はまず直接、自分が身柄を受け取るべきかと尋ねる。他の諸大名も同じ質問をしているので、これには単に手続き確認以上の意味はないだろう。それには及ばないという返答を得ると、すぐに留守居役を仙石邸に遣わし、打ち合わせの上、旅家老（江戸詰の家老）三宅藤兵衛を責任者として小姓組から医師まで七百五十人（八百七十五という史料もある）という大人数を仙石邸へ派遣した。

浪士一同が泉岳寺を出たのは暮六つ頃（午後五時）である。四大名の側にも多少の混乱はあったものの、仙石家の前にはこれら四藩の人数が到着してひしめきあった。細川七百五十、松平隠岐三百、毛利甲斐二百、水野百五十あまり。

細川家で預かったのは大石内蔵助、吉田忠左衛門、間瀬久太夫、片岡源五右衛門、小野寺十内、原惣右衛門、堀部弥兵衛、磯貝十郎左衛門、潮田《うしおだ》又之丞、富森助右衛門、近松勘六、矢田五郎衛門、奥田孫太夫、早水藤左衛門、赤埴《あかばね》源蔵、大石瀬左衛門、間《はざま》喜兵衛の十七人である。

玄関にまわした駕籠に浪士を一人ずつ乗せ、身の回り品すべてを書類にして引き継ぐなど慎重な事務処理の上、仙石邸を出たのは亥の下刻（午後十一時）すぎ。上士二人が騎馬で先駆し、定紋の高張提灯二張り、さらに大提灯一張り、小姓二人、その後に浪士一人を乗せた駕籠を中間六人ずつが担ぎ、左右に護衛の足軽十人という厳重な態勢であった。このあたりは厳重かつ丁重という肥後藩の方針は徹底している。藩によっては罪人に近い扱いをしているからである。高輪の下屋敷に着いたのは丑の刻（午前二時）を過ぎていたが、藩主綱利は待ち受けていて一同に対面した。「孰《いずれ》も忠義の至り感心す。誠に天命に応《かな》ひたると存ず。当家に預かること武門の本望なり。心易くくつろぎ、数月の辛苦、昨夜の疲をも休め申すべし」とねぎらったという。

さらに何事によらず希望があれば遠慮せず申し出るように、また公儀の大法により、「家来少々出し置《おく》と雖《いえ》とも番人というにはあらず」、世話役と考えて遠慮なく使ってほしい、と行き届いた挨拶である。食事の後、風呂をたて、入浴後には各人に小袖を出すなど、細かい配慮がなされた。浪士を預かった四家のうち当日に藩主が挨拶をしたのは細川家だけであり、他家ではその様子を知って翌日以降、藩主が挨拶したと思える節もある。

その後も綱利は個人的な好意を隠そうともしていない。

十七人にたいしては各人に新調の小袖二枚、夜着一枚、上帯、下帯、足袋が支給され、元禄十六年の年頭には別に衣類を与えている。日常の膳部は二汁五菜、午後には菓子、夜には薬酒の名目で酒も出た。

接待役の一人、堀内伝右衛門勝重の遺した覚書は、細川家における浪士たちの動静にかんする一級史料であるが、あまりのご馳走攻めに、大石が自分たちは浪人暮らしゆえ軽い食事になれている。「結構なる御料理、数日頂戴つかまつり候、ことの外塞《ふさぎ》いり候て候、此間の黒飯に鰯《いわし》こいしく覚《おぼえ》申し候、何とぞ御料理かろく仰せ付けられ下され候様にと申され候」（『堀内伝右衛門覚書』巻三）と、玄米の飯にいわしが懐かしいので料理を軽くしてほしいと頼むほどであった。

義士切腹之図（永青文庫蔵）　大石内蔵助切腹の部分

細川家はまた助命嘆願を繰り返し、将来、長く当家でお預かりしたいと願い出ている。
この点では家中は好意的であった分だけ見通しが甘かったとも見える。堀内伝右衛門は二月三日、大石らが酒を酌み交わしている席に居合わせて杯を勧められたが、所用があったため断ってしまい、後になってから、あれは別れの杯の意味だったと悟って後悔しているほどだった。
二月四日、仕置きの奉書が老中から届けられると、綱利はただちに下屋敷に伝達、浪士らに妻子親類へ遺書をしたため、準備するように伝え、料理を出し、沐浴させ、麻の上下、小袖を与えた。綱利はひそかに自身で下屋敷に向かい、内蔵助と対面して別れを惜しんだ。
上使が派遣され、切腹を見極めた後、遺骸は駕籠で泉岳寺に運び、細川家からは追福料金子五十両を寺に寄進している。浪士ら十七人のいた部屋や庭の切腹の場はあえて清めず、当家の守り神の場所だと、そのまま保存したともいう。

細川家の肥後支配の変化

本藩を継いだ綱利は、弟七之助（元服して利重）を寛文六年（一六六六）に独立させ、新田の三万五千石の蔵米を支給する、つまり知行地を与えない形式で支藩を立てさせた。これが新田支藩《しんでん》である。江戸定府で鉄砲州に屋敷があった。これも世襲でつづいたが幕末になって時の藩主細川利永《としなが》をまねき、高瀬（玉名市）に置いて藩北の警備にあたらせた。これを高瀬支藩というが慶応四年から廃藩置県の明治四年まで四年間の短命に終わった。

綱利は男子がすべて早く死んだため、弟利重の子を養子にして後を継がせた。四代宣紀《のぶのり》である。このころから藩の財政難は深刻なものとなっていたが、その子五代宗孝は延享四年（一七四七）八月十五日に江戸城中で板倉修理勝該《しゅりかつかね》に刺殺されるという不幸に見舞われる。これはまったくの人違いで板倉修理は精神の変調をきたしており、本家の板倉佐渡守は家の廃絶を恐れて修理を隠居させようとしていた。これを恨んで修理は厠で佐渡守を待ち受けて害そうとした。たまたま入って来たのが細川宗孝である。板倉家の紋は九曜巴、細川家は九曜丸星、薄暗い場所で見間違えたのである。重傷を負った細川宗孝は翌日、江戸藩邸で死んだ。予想外の事件に弟の重賢《しげかた》が部屋住みの身から、二十八歳で六代藩主の座に着いた。彼は堀平太左衛門を抜擢し、宝暦の改革と称される藩政の立て直しに成功した。

桜田門外の変と細川家

時代はさらに下って幕末の万延元年（一八六〇）三月三日、桜田門外の変にあたって、細川家は水戸浪士を預かる廻りあわせになった。時の藩主は十代斉護《なりもり》である。

これは偶然の結果である。井伊大老を襲撃した後、水戸浪士のうち四人が細川家の上屋敷に自訴したのである。襲撃参加者は、負傷して行動のままならぬ者は自決、他の者は老中のもとに自訴することを事前に申し合わせていた。

この約束にしたがって襲撃後の浪士たちは、三、四人ずつ桜田門外から坂を下って日比谷門を抜け、現在の日比谷公園角を左に曲がり、濠に沿って大名小路と俗称される大名屋敷の多い地域に入りこんだ。現在の丸の内一帯にあたる。

一部の者は月番老中の内藤紀伊守信思《のぶこと》邸を目指したが、全員に徹底していたわけではない。だいたい内藤屋敷の所在を知る者はだれもいなかった。また事変後すぐに馬場先門、和田倉門は閉ざされていて、西の丸下（いま皇居外苑）の内藤屋敷へ近づくことは不可能でもあった。こうした経過は、時代も気風も違うとはいえ、赤穂浪士の緻密な計画や整然たる行動とは比べるべくもない。事件後の幕府や大名たちの対応もそうである。

井伊の首を奪った薩摩藩脱藩の有村次左衛門は辰の口の若年寄・遠藤但馬守屋敷の門前で切腹、重傷の他の三人もこの付近で次々と切腹した。

別の重傷の四人は和田倉門まで来て力つき、目の前にある老中・脇坂安宅《やすおり》（播州龍野藩主）邸へ自訴した。比較的軽傷の別の四人、森五六郎、大関和七郎、森山繁之介、杉山弥一郎は辰の口を右に折れて細川家の上屋敷へ自訴したのである。

朝、五つ半（午前九時）ごろ、藩士たちが節句の神酒をいただこうとしていたところ、血に染まった四人の者が、頼む頼むと声高に叫びながら駆け込んで来て、門番が制止する間もなく、玄関に駆け上がったという。

応対した取次ぎ役に対し、大関和七郎が口上書を渡し、井伊大老を討ち取ったと告げたので邸内は騒然となったが、処置は冷静であった。小姓頭の部屋に引き取って医師が傷の手当をする。他方では留守居役から大目付、目付に届け出るとともに、水戸藩へも使者を出した。

その日のうちに月番老中の内藤紀伊守から、四人をそのまま預かり、さらに脇坂邸に自訴した四人も預かるよう命じられた。形式上、町奉行に引き渡し、そこから細川家預けという体裁をとったので、脇坂邸に町奉行、細川家中が出張し、黒澤忠三郎、蓮田市五郎、斎藤監物《けんもつ》、とすでに絶息していた佐野竹之介の遺骸が細川家に渡された。短い距離ではあるが、細川家では錠つきの駕籠四挺を用意し、高張提灯を掲げ、騎馬の物頭四人、ほかに騎馬四人、小姓十七人、足軽八十人あまりという物々しさで、脇坂邸を出たときはすでに夜五つ半（午後九時）になっていた。彦根藩による報復の可能性があったから警護は厳重をきわめた。

この後、七人は刀を取り上げられ、一人ずつ別に格子を組んだ中で監視された。食事は一汁一菜、酒は出さない。筆紙は与えないなど厳重な扱いであった。浪士の預かりを命ぜられたさい、肥後藩はその取り扱いにたいする詳細な質問状を出しており、それにもとづいた措置である。このあたりは万事、お上の意を酌むことに汲々とする時代精神のあらわれともいえる。

しかし現実には攘夷気分のあった藩士の対応は同情的で、上記の建前よりは融通の利いた対応をしたようである。たとえば蓮田市五郎は家族に手紙を書いているし（蓮田市五郎憂囚筆記）、他の者にたいしても、ひそかに揮毫をもとめたり、当日のありさまを聞いたりしているようである。何しろ真剣で渡り合った経験をもつ者はひとりもいなかった時代である。切りあいでぼろぼろに刃こぼれした太刀といい、いざとなると日ごろ習った剣法はどこへやら、つば競り合いとなったというような生なましい話はなかなか聞けるものではない。

四日には幕府から浪士たちの傷の検分の使者が来る、五日には評定所での尋問がある、と多事であった。他方では復讐をはかる彦根藩士が周辺で様子をうかがい、藩としても幕府に犯人らの引き渡しを要求している。他方では水戸藩士の大挙上府の噂もある。不安を感じた細川家は、三月六日、役目御免を願い出た。八日、許しが出て、翌日、浪士たちは分散して諸藩へ預けられた。しかし斎藤監物は重傷のため、八日、細川屋敷で息を引き取っている。

生き残った五人にたいして細川家は別れに臨んで酒肴をふるまった。これは若殿さま（韶邦《よしくに》＝慶順）の指示によるもので、浪士たちはもてなしに感謝して若殿のいる白金藩邸の方向を伏し拝んだなどと伝える。なかには酒を過ごして大酔した者もいた。一同、詩歌など揮毫したものも多い。なかでは大関和一郎が水戸藩では番頭という地位にあったせいか代表格で多く語っている。年のころ二十三、四歳、「余程人品もよく美男に御座候」と、彼については人物描写も残っている（『改定肥後藩国事史料』巻二）。

この五人はすべて七月二十六日に斬首されて桜田門外事件は決着した。藩の対応は幕府の意をうかがいつつ慎重であるが、藩のおよぶ限りの丁重さを示す、という果断なところは時代を経ても変らぬ藩の気風といえるかもしれない。この後、政局は対外関係をめぐる大きな変動の時期をむかえるが、それはまた別の物語である。

（完）

あとがき

ここで対象としたのは細川幽斎（藤孝）（一五三四―一六一〇）、三斎（忠興）（一五六三―一六四五）、忠利（一五八六―一六四一）という細川家三代のおよそ百年である。時代からいうと足利将軍の権威が崩れ、戦国大名が台頭するなかで、信長、秀吉の中央集権的な統一が生まれ、さらに徳川幕府が成長して三代家光の安定政権に至るまで。中世から近世への移りかわりにあたり、価値観も人の心も大きく変化した時期に相当する。

この長い時間を、概説風な時代の物語としてではなく、個々の人間の営みの美しさ、卑小さや偉大さのなかで捉えようと試みた。それを可能にしたのは、この一族には手紙を書き、それを保存するという根強い伝統があったからである。個人の心情を語るものから江戸と熊本での情報交換、さらには公文書に近い内容まで、おびただしい量の手紙が残されている。それが歴史の細部を生き生きとよみがえらせてくれ、型どおりの歴史ではなく、その底に存在している生きた人間の輝きを描き出すうえで役立った。

これは価値観の大きな変動する時代を経験しながら戦国大名としての地位を確立した幽斎藤孝、秀吉から家康への権力の移り変わりのなかで、まず軍事的才能を発揮し、次第に卓抜な政治感覚を発揮していく三斎忠興、さらに徳川政権の確立期に信頼を深め、ついに肥後五十四万石の藩主となった忠利と、変化する時代のなかで権力におもねることなく家を維持した人々の物語なのである。

幽斎はまた和歌や物語の世界に詳しい文化人であり、三斎忠興は利休十哲の一人に数えられる茶人であった。五十代で世を去った忠利もまた大藩の藩主にふさわしい教養を備えていた。このような資質は、文武を兼ね備えた、といわれることが多いし、そのようにいわれると納得しやすくもあるのだが、実は文と武は別の概念ではなく、ひとつの人格の発展の方向の相違にすぎないと考えている。幽斎が政治と軍事に多忙な時期に、かえって連歌や歌学の習得にも熱心であった事実はその根拠となろう。

そのように考えるなら、古今伝授の伝統が絶えるのを恐れて勅命によって田辺城を開城したという美談も、芸術が戦争という暴力に勝ったというような感傷ではなかった筈である。本文でも述べたが、田辺籠城にあたって、幽斎は古今伝授という文化行為を最大限の政治として利用したように思える。芸術はいつでもむきだしの暴力の前では無力である。その無力な芸術を盾にとって政治工作を行い、負けを勝ちに転じたところが幽斎の面目ではなかったろうか。このような文化と政治の関係についての考えかたも、本書のもうひとつの特徴だと考えている。

＊

本稿は最初二〇〇一年に、ほぼ一年にわたって『熊本日日新聞』に安達東彦画伯の挿絵とともに連載された。今回の出版にあたり、大幅な加筆訂正を行っている。

連載にあたっては、当時の論説委員、久野啓介氏の暖かい励ましのもとに文化部の井上智重氏が担当してくださった。また実務には反後有希子、渡邉裕子両氏を煩わした。これらの方々に改めて感謝したいと思う。

また連載時には、多くの方々から助言や励ましの言葉をいただいたが、これまでお応えする場が得られなかった。いちいちお名前はあげないが、この機会にお礼を申しあげる。

その後、いくつかの不運な偶然が重なって、なかなか出版の機会を得なかったが、細川幽斎の没後四百年という節目の年にあたって、藤原書店社長兼編集長の藤原良雄氏の目にとまり、ようやく発表の場を得ることができた。藤原氏に御礼を申し上げるとともに十年にわたって刊行のために心配りをしてくださった井上氏（いま熊本近代文学館館長）に重ねて感謝したい。また担当してくださった藤原書店編集部の刈屋琢氏は、きめ細かく原稿を読んで、適切な助言をくださり、さらに校正から図版、索引の製作など面倒な実務にお手を煩わせた。編集者は最初の読者だといわれる。よき「最初の読者」が筆者を鼓舞し、充実した美しい書物を完成することができたことを共に喜び、感謝したい。

＊

現在、菓子から化粧品にいたる商品名から、コンピュータゲームまで、《物語》という言葉が溢れている。それはかえって想像力の欠如と《物語》の衰弱を意味しているように思えてならない。わたしは具体的に残されている歴史史料の細部に入り込んで、細川家の物語を叙事詩のように語ってみた。そのことが言葉の真の意味での物語の再建につうじることを願っている。物語るとは畢竟、過去を呼びもどすことによって、歴史の光のもとに現在を顧みる営為に他ならない。語るものと読む人との共感に支えられながら、わたしたちが、混迷した時代のなかで、よりよく生きる道を探りあてることができることを願ってやまない。

二〇一〇年九月

春名徹

主要参考文献

〈史料類〉

小野武次郎編『綿考輯録』六巻、出水叢書1〜6（細川護貞監修、土田将雄編、熊本・出水神社発行、東京・汲古書院発売）一九八八〜九〇年

東京大学史料編纂所編『大日本近世史料』（一〇）細川家史料二十三巻（刊行中）、東京大学出版会、一九六九〜二〇〇九年

『寛政重修諸家譜』巻二、群書類従完成会、一九六四年

吉田兼見『兼見卿記』二巻（『史料纂集』第四）続群書類従完成会、一九七一・七六年

太田牛一『信長公記』新人物往来社、一九九七年

多聞院英俊ほか『多聞院日記』（『続史料大成』三十八〜四十二巻）京都・臨川書店、一九七八年

山科言継『言継卿記』六巻（新定増補版）続群書類従完成会、一九六五〜六七年

奥野高広『増訂　織田信長文書の研究』（三冊）吉川弘文館、一九七七・七八年

二木謙一・荘美知子校訂『木下延俊慶長日記』新人物往来社、一九九〇年

「水藩蓮田市五郎憂囚筆記」（『野史台維新史料叢書』三十三所収）東京大学出版会、一九七四年（日本史籍協会叢書復刻））

細川家編纂所編『肥後藩国事史料』二巻、国書刊行会、一九七三年

〈単行本〉

池辺義象『細川幽斎』金港堂書籍、一九〇三年

細川護貞『細川幽斎』求竜堂、一九七二年

桑田忠親『細川幽斎』講談社学術文庫、一九九六年

土田将雄『細川幽斎の研究』正続、笠間書院、一九七六・九四年

山本博文『江戸城の宮廷政治』読売新聞社、一九九三年

同　『寛永時代』吉川弘文館（日本歴史叢書）、一

九八九年
高柳光寿『明智光秀』吉川弘文館（人物叢書）、一九五八年
水藤真『朝倉義景』吉川弘文館（人物叢書）、一九八一年
奥野高広『足利義昭』吉川弘文館（人物叢書）、一九六〇年
河合正治『安国寺瓊恵』吉川弘文館（人物叢書）、一九五九年
鈴木良一『織田信長』岩波新書、一九六七年
田中健夫『島井宗室』吉川弘文館（人物叢書）、一九六一年
芳賀幸四郎『千利休』吉川弘文館（人物叢書）、一九七三年
長江正一『三好長慶』吉川弘文館（人物叢書）、一九六八年
北島万次『豊臣秀吉の朝鮮侵略』吉川弘文館（日本歴史叢書）、一九九五年
魚住孝至『宮本武蔵――日本人の道』ぺりかん社、二〇〇二年
野口武彦『忠臣蔵――赤穂事件・史実の肉声』ちくま新書、一九九四年

〈論文〉

中村勝「肥後能楽の源流――細川家入国のころ」『市史研究くまもと』（新熊本市史編纂委員会）十二号、二〇〇一年三月
吉村豊雄「異説『巌流島』」『東光原――熊本大学付属図書館報』三十四号、二〇〇二年十月
福原透「松井家三代――文武に生きた人々」同名展覧会目録、八代市立博物館未来の森ミュージアム、一九九五年
藤本千鶴子「歴史上の『阿部一族事件』」『日本文学』二十二巻、日本文学協会、一九七三年二月
同「『阿部一族』殉死事件の真相と『阿部茶事談』の史料的性格」『熊本史学』四四号、熊本史学会、一九七四年
同「阿部一族の反乱と鴎外の『阿部一族』」『武庫川国文』十四／十五合併号、武庫川女子大学文学部、一九七九年

細川三代年表（1534-1648）

年号	幽斎藤孝	三斎忠興	忠利／光尚
天文3（一五三四）	藤孝、京都で三淵晴員の次男として誕生、幼名万吉		
天文8（一五三九）	将軍義晴にお目見え、台命により細川元常の養子となる		
天文15（一五四六）	十三歳。近江坂本で元服、藤孝と称す。新将軍義藤（義輝）の側近となる		
天文21（一五五二）	従五位下、兵部大輔に任じられる		
天文23（一五五四）	養父元常（七十三歳）死す。和泉細川家の家督を継ぐ。三好長慶の圧迫で将軍義藤は近江朽木谷へ移る。これに従う。連歌を学び始める		
永禄元（一五五八）	将軍義輝（天文二十三年に義藤より改名）、京都に戻る。藤孝はこれに従い上洛、山城の青龍寺城（勝龍寺城）の城主となる		
永禄5（一五六二）	沼田上野介光兼の娘・麝香と結婚		
永禄6（一五六三）	正妻麝香とのあいだに嫡子・忠興出生、幼名は熊千代		

年号	幽斎藤孝	三斎忠興	忠利／光尚
永禄8（一五六五）	将軍義輝、暗殺さる。藤孝、弟の興福寺一乗院門跡覚慶を脱出させる		
永禄9（一五六六）	覚慶、近江矢島で還俗して義秋（のち義昭）と称す。朝倉義景に迎えられて越前一乗谷に移る。藤孝、終始そばにあり		
永禄11（一五六八）	義秋、織田信長を頼り、尾張に移る。信長、義秋を報じて上洛、藤孝その先鋒を勤める。義昭（義秋より改名）、将軍となる		
元亀3（一五七二）	藤孝、三条西実枝から古今伝授の講義を受け始める。天正四年、正式に免許を授けられる		
天正元（一五七三）	将軍義昭と信長の関係決裂。藤孝、信長の臣となる。長岡と改姓	淀城攻めで初陣。十一歳	
天正5（一五七七）		松永久秀の反乱で大和の片岡城を攻めに参陣、信長自筆の感状を授けられる。十五歳	
天正6（一五七八）		八月、忠興、明智光秀の娘・玉と結婚。ともに十六歳	
天正8（一五八〇）	丹後の平定なる。藤孝・忠興父子、丹後で十二万石を授けられる。宮津に築城		

年号	幽斎藤孝	三斎忠興	忠利／光尚
天正9(一五八一)	藤孝四十八歳、忠興十九歳。二月、信長、京都で馬揃え		
天正10(一五八二)	五月、本能寺の変。信長死す。藤孝・忠興父子、光秀からの援助要請を拒絶。藤孝は剃髪して幽斎玄旨と称す		
天正12(一五八四)		四月、小牧長久手の戦い。忠興、劣勢のなかで二度の戦功をあげ、秀吉より感状を授けられる	
天正14(一五八六)	忠興、玉のあいだに三男光千代誕生。のちの忠利。幽斎五十三歳、忠興二十四歳		
天正15(一五八七)	三月秀吉の九州平定、忠興参陣。四月、幽斎、博多で秀吉に会い、勝利を祝う。『九州道の記』の紀行あり。十月、北野大茶湯の催しに忠興、茶室を出す		
天正18(一五九〇)	幽斎五十七歳、忠興二十八歳。秀吉の小田原攻めに父子ともに参戦		
天正19(一五九一)		二月、利休、秀吉の勘気をこうむり忠興、奔走するがかなわず切腹	
天正20／文禄元(一五九二)	秀吉、朝鮮征伐を宣言、六月、忠興、海を渡って参戦。同月、幽斎、秀吉の意をうけて名護屋から薩摩に赴き、島津龍伯の弟、晴蓑を自殺させる		
文禄2(一五九三)		和平交渉進展、閏九月、忠興交代のため名護屋へ引き揚げ	
文禄3(一五九四)	吉野の花見。幽斎、秀吉に随行して吉野へ		
文禄4(一五九五)		秀次追放事件に関連して忠興、容疑を受ける。家康から借金して切り抜ける	

年号	幽斎藤孝	三斎忠興	忠利／光尚
文禄5／慶長元（一五九六）	九月、秀吉、明使節と大坂城で会見、和平破綻する		
慶長2（一五九七）	秀吉軍、再度、朝鮮へ侵入		
慶長3（一五九八）	八月、秀吉死す。喪を秘したまま撤兵、十一月、全軍撤退して「文禄慶長の役」終わる		
慶長4（一五九九）		家康と石田三成らの対立深まる。八月、忠興は前田利長の陰謀に加担の容疑を受け、三男光千代（のちの忠利）を質として家康に差し出す	
慶長5（一六〇〇）	二月、忠興、豊後で六万石加増。上杉攻めが宣言され、忠興、出兵。七月、石田三成ら挙兵、大坂の邸で忠興妻玉（ガラシャ）自害。同月、幽斎、田辺籠城、九月に到る。九月、関ヶ原合戦、忠興参戦。十月、亀山城を開城させる。十月、忠興、豊後豊前で三十九万石。中津、のち小倉を本拠とする		
慶長8（一六〇三）	幽斎七十歳（京都）、忠興四十一歳（中津）、忠利十八歳（江戸）。二月、家康、将軍となる		
慶長9（一六〇四）		忠興、重病、家督相続を願って許される	
慶長10（一六〇五）	四月、家康、将軍職を秀忠に譲る		
慶長14（一六〇九）			四月、忠利結婚
慶長15（一六一〇）	八月、幽斎死す。七十七歳		
慶長16（一六一一）		三月、家康、京都で豊臣秀頼と会見。忠興は小倉から、忠利は江戸から京都へでて家康に伺候	
慶長18（一六一三）		忠興五十一歳、忠利二十八歳。江戸の忠利、日出の木下延俊とともに帰国の途につく。キリシタン禁止令	
慶長19（一六一四）		大坂冬の陣、忠利参戦。忠興は小倉で待機	

年号	幽斎藤孝	三斎忠興	忠利／光尚
慶長20／元和元(一六一五)		大坂夏の陣、忠興参戦、豊臣氏滅ぶ。忠興は大坂方に参陣した次男与五郎興秋を切腹させる。この年、細川姓にもどる	
元和2(一六一六)	家康死す		
元和4(一六一八)	幽斎の妻、麝香（光寿院）江戸で死す		
元和5(一六一九)			忠利の嫡子六丸（のち光尚）誕生
元和6(一六二〇)		忠興江戸で病む。隠居して三斎宗立と称す。翌年、帰国後、中津へ移る。忠利は藩主として小倉城へ入る	
元和7(一六二一)			忠利、六丸を伴って江戸へ。将軍秀忠、六丸と謁見
元和9(一六二三)	徳川家光、将軍となる		
元和10(一六二四)	寛永と改元		
寛永7(一六三〇)			六丸十二歳。烏丸光賢の孫ねねと婚約、幕府の許可を得る（十一年結婚）
寛永9(一六三二)		秀忠死す。肥後藩の加藤氏改易され、忠利、肥後五十四万石を継ぐ。三斎は八代を隠居領として与えられる	
寛永12(一六三五)			六丸、江戸で元服。光利と名乗る。（のち光貞、さらに光尚）
寛永14(一六三七)			十月、島原の乱。在国の光尚、熊本勢を率いて参陣

年号	幽斎藤孝	三斎忠興	忠利／光尚
寛永15（一六三八）			幕府、九州諸大名に出陣を命ず。江戸の藩主忠利、急行して参陣。三月に鎮圧
寛永16（一六三九）	四月二十二日、将軍家光、諸大名と観能（秩序安定の象徴）。ポルトガル人の来航禁止（鎖国の完成）		
寛永17（一六四〇）			忠利、宮本武蔵を召し抱える
寛永18（一六四一）			三月、忠利、熊本で急死、五十六歳。五月、光尚（当時は光貞）藩主を継ぐ
寛永19（一六四二）		三斎、江戸で八十歳を迎える。京都大徳寺高桐院に石灯篭を献じ、墓所と定める	
寛永21（一六四五）	正保と改元		
正保2（一六四六）		閏五月、忠興四男の立孝、江戸で病死、三十一歳。十二月、三斎忠興死す、八十三歳	
正保4（一六四八）		三斎の三回忌に興津弥五右衛門、京都で殉死	

＊著者作成

ま　行

や・ら・わ　行

は 行

な 行

た　行

さ 行

か行

主要地名索引

主要な地名，城・寺社名を本文から採り，五〇音順で配列した。
読みが不明の場合は漢字の音読みに従った。

や　行

ま　行

は　行

な　行

た　行

さ　行

か　行

主要人名索引

主要人名を本文から採り，姓名の五〇音順で配列した。読みが不明の場合は漢字の音読みに従った。細川幽斎・三斎・忠利は除いた。別名のある人物は⇒で相互参照を示した。

あ 行

著者紹介

春名徹（はるな・あきら）
作家，歴史研究者。
1935年東京生まれ。1959年東京大学文学部東洋史学科卒業。『にっぽん音吉漂流記』（晶文社，1978年）で大宅壮一ノンフィクション賞。著書『細川幽斎』（ＰＨＰ文庫，1998年）『北京——都市の記憶』（岩波新書，2008年）など。論文「東アジアにおける漂流民送還体制の成立」『調布日本文化』4号（調布学園短期大学，1994年）など。神奈川文学振興会（神奈川近代文学館）評議員，日本海事史学会理事。

細川三代《ほそかわさんだい》——幽斎《ゆうさい》・三斎《さんさい》・忠利《ただとし》

2010年10月30日　初版第1刷発行 ©

著　者　春　名　　徹
発行者　藤　原　良　雄
発行所　株式会社　藤　原　書　店

〒162-0041　東京都新宿区早稲田鶴巻町523
電　話　03（5272）0301
FAX　03（5272）0450
振　替　00160 - 4 - 17013
info@fujiwara-shoten.co.jp

印刷・製本　中央精版印刷

落丁本・乱丁本はお取替えいたします
定価はカバーに表示してあります
Printed in Japan
ISBN978-4-89434-764-9